编 委 会

主　编:

梁玉茹　张德荣

副主编:

李巧霞　肖义刚　杨颖超　张昇立

编委会成员:

马金库　王佳楠　王　倩　王　梨

王　超　王静澄　叶　静　付合军

白函鹭　邢　辉　朱　琳　向　敏

杨　昊　杨颖超　李巧霞　李桂英

李博书　李寒蕾　肖义刚　吴凤丽

何　矗　张昇立　张　悦　张德荣

赵梓凯　钟万梅　高　畅　曹弘扬

梁玉茹　琚　敬　彭镇坤　缪　衢

魏广林

云亭法律实务书系

公司法
重点条文
及
经典案例解读

梁玉茹　张德荣／主编

李巧霞　肖义刚　杨颖超　张昇立／副主编

中国法治出版社

CHINA LEGAL PUBLISHING HOUSE

前　言

历时近五年的修订，公司法在 2023 年 12 月 29 日公布，并于 2024 年 7 月 1 日正式实施。新公司法在公司资本制度、公司治理、股东权利保护、股权转让、实际控制人规制等多个方面进行了修订。

北京云亭律师事务所公司法专业委员会对本次公司法的重大修订高度关注。每一次公司法修订稿出来以后，都召开公司法沙龙，针对公司法修订的细节进行研读和讨论，邀请亲自办理过涉及修订条文相关案件的律师进行专题分享，并将分享的内容撰写专题文章，针对新修订条文的来龙去脉、理论依据、典型案例、争议焦点、实务要点等进行介绍。

2023 年 9 月 1 日，全国人大常委会公布了公司法三审稿，我们预测新公司法很快会出台。基于此，我们决定把历次公司法沙龙研习公司法修订稿的研究成果以及专委会成员撰写的专题文章整理出来，编纂成册，以便系统归纳本次公司法修订所涉及的重要变动点。

2023 年 12 月新公司法颁布之后，我们又对全部文章统一进行了多次修订，通过历史沿革、案情简介、律师分析、实操建议等模块梳理，力争对新公司法变动要点做到深度分析。

本书共分为六章，其中第一章为资本制度篇，重点解读新公司法关于注册资本制改革、股权债权出资、发起人、股东及董、监、高出资责任，股东失权制度，公司增资减资等制度的变动；第二章为股东权利与股权转让篇，主要介绍新公司法在股东知情权、股东分红权、股东优先购买权等股权权利保护的新变化，以及股权变动时点、股权转让后出资责任的承担、股权回购等制度的新变化；第三章为公司治理篇上，该篇重点介绍公司三会、法定代表人等公司治理结构的新变化，以及公司决议效力瑕疵制度的新变化；第四章为公司治理篇下，该篇主要围绕董、监、高的任职条件，董、监、高的忠实勤勉义务，实际控制人滥用权利的规制，以及股东代表诉讼制度来展开；第五章为公司主体变动篇，该篇涉及新公司法在公司登记、设立、合并分立、解散、清算、注销等制度上的新变化；第六章为特殊公司篇，该篇重点介绍上市公司、国家出资公司、一人公司的新变化。

本书从律师的视角，以经典案例为依托，围绕新公司法的修订和实务问题，对新公司法进行了全面的解读。可以说本书有如下三大特点：

第一，以案例的方式写条文且援引人民法院案例库精选案例。每一篇文章都对应一个新修订的公司法条文以及一个经典案例，且这些案例大都是最高法的指导案例、公报案例；特别是在最高法发布文件要求地方各级法院在审理案件时须参照人民法院案例库的案例后，本书作者精研人民法院案例库中公布的 79 篇公司法案例，并将其中与本次公司法修订相关的案例在本书中进行了剖析，用人民法院案例库精选的裁判规则来解读新公司法相关的条文，极大地增加了本书的权威性和实用性。

第二，实操可用。本书作者均是具有丰富公司法实战经验的执业律师，针对新公司法每一个变动点所涉及的实务问题，结合实务经验和公司法原理，进行了深度解析，并从公司、股东、董、监、高、债权人等不同的角色考虑，提炼出具体实用的建议。

第三，简洁明快。本书的每一篇文章，对于条文的解读，抛开繁杂的学理分析，仅保留条文的历史沿革和核心要义，力求进行通俗易懂的解读；同时要求每一篇案例必须浓缩到 500 字以内，直接展示问题、暴露焦点。

因新公司法颁布不到一年，很多条文还需要时间和实践的检验。虽然本书作者均为战斗在第一线的律师，但也难免挂一漏万，敬请广大读者予以批评指正。不积跬步，无以至千里，不积小流，无以成江海，愿本书能够为新公司法的实践做出些许贡献。

北京云亭律师事务所

公司法专业委员会

2024 年 7 月 1 日

释　义

本书中，除非文义另有所指，下列词语具有如下含义：

释义项	指	释义内容
原《公司法》	指	《中华人民共和国公司法》（2018 修订）
新《公司法》	指	《中华人民共和国公司法》（2023 修订）
《民法典》	指	《中华人民共和国民法典》
《公司法司法解释一》	指	《最高人民法院关于适用〈中华人民共和国公司法〉若干问题的规定（一）》（2014 修正）
《公司法司法解释二》	指	《最高人民法院关于适用〈中华人民共和国公司法〉若干问题的规定（二）》（2020 修正）
《公司法司法解释三》	指	《最高人民法院关于适用〈中华人民共和国公司法〉若干问题的规定（三）》（2020 修正）
《公司法司法解释四》	指	《最高人民法院关于适用〈中华人民共和国公司法〉若干问题的规定（四）》（2020 修正）
《公司法司法解释五》	指	《最高人民法院关于适用〈中华人民共和国公司法〉若干问题的规定（五）》（2020 修正）
《九民纪要》	指	《全国法院民商事审判工作会议纪要》【法〔2019〕254 号】

目　录

一、公司资本制度篇（出资、增减资）

001 注册资本五年缴足的必要性及意义 ……………………………………… 1

002 股权如何出资 ………………………………………………………………… 6

003 股东的债权可以用作出资吗 …………………………………………………… 8

004 公司有权要求出资不实股东对公司承担赔偿责任吗 ……………… 12

005 公司发起股东未全面履行出资义务，其他发起人要承担什么责任 16

006 股东未履行出资义务，负有责任的董事承担什么责任 ………… 20

007 失权制度是优化版的原股东除名制度吗 ………………………… 23

008 股东不得以任何形式抽逃出资，否则要对公司债务承担责任 …… 29

009 董、监、高协助股东抽逃出资，须承担什么责任 ……………… 38

010 债权人或者公司要求未届缴资期限的股东提前出资的情形有哪些 …… 44

011 发起设立股份公司的股东是否应当实缴出资 …………………… 51

012 股份公司发起人瑕疵出资，其他发起人是否承担责任 ………… 54

013 新增的无面额股制度会对股份公司产生什么影响 ……………… 57

014 股份有限公司增资，股东是否有优先认购权 …………………… 60

015 公司不同比减资是否应经全体股东一致同意 …………………… 63

016 公司未通知债权人进行减资需要承担什么样的法律后果 ……… 65

017 公司为弥补亏损进行减资是否必须通知债权人 ………………… 68

二、公司股东权利与股权转让篇

018 股东知情权是否包含查阅会计凭证 ……………………………… 72

019 股东行使知情权，如何委托专业人员查阅 ·················· 76

020 将公司全资子公司列入股东知情权范畴有何意义 ·········· 79

021 股份公司股东知情权如何行使 ·························· 82

022 公司分配利润须由股东会具体分配方案 ················ 86

023 股东利润分配的时间应当如何确定 ···················· 89

024 违法分配公司利润，后果是什么 ······················ 92

025 有限责任公司的股权受让人取得股东资格的时间点如何认定 ·· 94

026 "股权转让款+向公司借款"是否为股东行使优先购买权的"同
等条件" ··· 104

027 侵犯股东优先购买权的合同是否有效 ·················· 108

028 转让股东在股权转让过程中是否拥有"反悔权"呢 ········ 112

029 股权转让合同生效后，公司不配合办理工商变更登记怎么办 ·· 114

030 未届出资期限转让股权后，是否可以不再承担出资义务 ···· 117

031 瑕疵股权转让后，受让人是否应当承担责任 ············ 121

032 大股东滥用股东权利，小股东可否诉请公司回购股权 ······ 124

033 新公司法也允许同股不同权了吗 ······················ 130

034 股东会能否授权董事会限制股东处分股份 ·············· 133

035 公司章程对股份转让的限制性规定，是否影响受让人取得股东
资格 ··· 136

036 "股民"是否有特定事项异议回购权如何计算回购价格 ········ 140

三、公司治理篇（上）（组织机构、"三会"）

037 仅有法定代表人签字未盖章的法律文件，公司是否担责 ······ 145

038 法定代表人超越公司章程对其职权的限制，对外签订合同是否有效 ·· 148

039 兼任法定代表人的董事、经理辞任会产生哪些后果 ········ 151

040 辞任或被公司免除职务的法定代表人是否有权请求公司办理法
定代表人变更登记 ····································· 155

041 "挂名法定代表人"能否要求公司涤除其登记信息 ·········· 161

042 公司决议变更法定代表人，原法定代表人不配合办理变更登记，

怎么办 ·· 166

043 被冒名登记为公司股东、法定代表人，有什么风险？该怎么办 ······· 169

044 采用电子通信方式召开公司会议应当注意什么 ····················· 173

045 如何认定股东会或董事会"出席人数不足""同意人数不足" ······· 176

046 有限责任公司一般事项的议事规则明确为过半数表决权通过 ······· 179

047 新公司法下公司经营权，股东会和董事会谁说了算 ··············· 182

048 公司章程对董事会职权的限制不得对抗善意相对人 ··············· 186

049 有限责任公司什么情形下可以不设监事会或监事 ··············· 190

050 轻微程序瑕疵对决议未产生实质影响的，决议不可撤销 ··········· 192

051 未通知全体股东参会的股东会决议，依法可撤销 ··············· 197

052 股东会或董事会决议在什么情况下会不成立 ····················· 199

053 公司决议效力被否定后，据此与他人签订的合同是否仍有效 ······· 203

054 公司登记行为的对抗效力不适用于非交易第三人 ··············· 207

055 公司有必要设置审计委员会或监事会吗 ························· 210

056 股份有限公司召开股东会可以豁免提前通知期限吗 ··············· 214

057 公司一定要为董事履职购买董事责任保险吗 ····················· 218

058 债券受托管理人与债券持有人会议间的职权如何区分 ··········· 221

四、公司治理篇（下）（董事、监事、高级管理人员）

059 新公司法下职工董事、监事如何任免 ····························· 224

060 董事只要提出辞职就可以成功辞职吗 ····························· 227

061 董事没有犯错，股东会可以随意解除董事的职务吗 ··············· 230

062 在缓刑考验期的人可否被聘为董事高管、法人 ····················· 233

063 如何判断"董监高"、控股股东、实际控制人是否违反忠实义务 ······· 237

064 如何判断董事、高管是否尽到勤勉义务 ··························· 241

065 影子董事忠实勤勉义务的实务规范 ······························· 245

066 公司董事、高管投资设立的其他公司与本公司交易，是否属于
自我交易行为 ·· 249

067 关联交易经过股东会批准，股东是否就不再担责 ············ 252

068 合法的关联交易应当具备哪些条件 ·························· 256

069 如何判断董事高管获得的商业机会是否属于公司 ············ 259

070 母公司董事高管谋取子公司商业机会，需要承担赔偿责任吗 ··· 263

071 公司"董监高"若想利用公司商业机会都有哪些特殊情形 ······ 265

072 公司或股东如何证明公司高管的同业竞争行为成立 ·········· 268

073 "董监高"以其亲属名义另行设立竞业公司，是否构成同业竞争 ··· 272

074 关联股东、董事对关联交易表决未回避能否导致决议无效 ······ 276

075 公司可否同时主张行使归入权与损害赔偿请求权 ············ 279

076 母公司股东可否代表子公司提起股东代表诉讼 ·············· 281

077 董事、高管执行职务时给他人造成损害的是否应当承担赔偿责任 ··· 286

078 控股股东、实际控制人在何种情形下与公司董高一起承担连带
责任 ··· 289

五、公司主体变动篇（登记设立、合并分立、解散注销）

079 有限公司签署"设立协议"的必要性及其与章程的区别 ········ 294

080 公司设立失败，发起人应当如何承担责任 ·················· 297

081 公司设立成功，债权人能否选择承担责任主体 ·············· 301

082 有限公司初始章程与修订章程关注要点有哪些 ·············· 303

083 公司合并中，哪些情形无须被合并公司和合并股东会同意 ······ 307

084 分立后公司在何种情形下需要对公司债务承担连带责任 ········ 308

085 公司解散需注意哪些事项 ·································· 311

086 清算组和清算义务人在哪些情形下承担责任 ················ 315

087 谁可以在哪种情形下申请法院强制清算 ···················· 318

088 简易注销的情形和流程有哪些 ······························ 321

089 强制注销的情形和流程有哪些 ······························ 325

六、上市公司、国家出资公司、一人公司篇

090 上市公司拒绝股东临时提案是否影响董事会、股东会决议效力 ……… 328

091 上市公司重要事项未经审计委员会审议有什么后果 ………… 331

092 上市公司控股股东信息披露不完整会被监管处罚 ………… 335

093 上市公司股份代持协议是否有效 ………… 339

094 新公司法下如何处理交叉持股情形 ………… 343

095 上市公司违反规定提供财务资助会有什么后果 ………… 346

096 上市公司的法定信息披露范围扩张了吗 ………… 349

097 国有独资公司股权回购条款是否需报履行出资人职责的机构审
批后才生效 ………… 352

098 国有独资公司单层治理架构的有效运行 ………… 355

099 国家出资公司未设立股权转让审批程序，其股权转让行为是否
无效 ………… 359

100 公司构成人格混同的判断要素是什么 ………… 363

101 关联公司人格混同能否导致人格否认而承担连带责任 ………… 366

102 夫妻公司可否认定为实质一人公司 ………… 370

后 记 ………… 373

一、公司资本制度篇（出资、增减资）

001 注册资本五年缴足的必要性及意义[1]

法律条文[2]

第四十七条 有限责任公司的注册资本为在公司登记机关登记的全体股东认缴的出资额。全体股东认缴的出资额由股东按照公司章程的规定自公司成立之日起五年内缴足。

法律、行政法规以及国务院决定对有限责任公司注册资本实缴、注册资本最低限额、股东出资期限另有规定的，从其规定。

条文演变

我国公司法关于有限责任公司注册资本的规定经历了从"实缴+行业最低限额""有限认缴+首次出资限额+限两年内缴足+最低限额三万元"到"全面认缴+无限额+无限期"，再到现行的"认缴+限五年内缴足"这一"严—松—严"的演变过程。

1993年《公司法》颁布至2004年修订前，多个版本《公司法》第二十三条第一款均规定了有限责任公司的注册资本为在公司登记机关登记的全体股东实缴的出资额，第二款规定了不同行业的最低注册资本限额要求，第三款则为特定行业的注册资本限额由法律、行政法规另行规定。

2005年《公司法》修订版第二十六条对有限责任公司的出资做了较大调整，该条第一款规定了有限责任公司的注册资本为在公司登记机关登记的全体股东认缴的出资额。公司全体股东的首次出资额不得低于注册资本的百分之二十，也不

---

[1] 本节作者王梨，北京云亭律师事务所律师。

[2] 本书中"法律条文"为《中华人民共和国公司法》（2023修订）相关条文。

得低于法定的注册资本最低限额，其余部分由股东自公司成立之日起两年内缴足；其中，投资公司可以在五年内缴足。第二款则规定了有限责任公司的注册资本最低限额为 3 万元。

2013 年修订至本法修订前，我国有限责任公司的出资实现了从实缴制到认缴制的重大跨越，多个版本《公司法》第二十六条第一款均直接规定有限责任公司的注册资本为在公司登记机关登记的全体股东认缴的出资额，取消了首次出资限额、实缴出资时间限制规定、注册资本最低限额要求、全面验资义务，刑法中"虚假出资、抽逃出资罪"的适用范围也缩小到法律规定的特定行业企业及上市公司，普通公司不再适用。

本法第四十七条在坚持原注册资本认缴制的基础上，增加了全体股东认缴的出资额由股东按照公司章程的规定自公司成立之日起五年内缴足的规定，对股东实缴出资的时间作出了新的限制性规定，同时本条第二款亦增加了法律、行政法规以及国务院决定对"股东出资期限"另有规定的，从其规定。

条文修订背景及必要性

通过前面条文演变分析，新《公司法》第四十七条关于有限责任公司的出资规定经历了多次调整，本条在公司法修订通过前亦经历了赞同与质疑等不同声音的讨论。关于本条修订背景及必要性，十四届全国人大常委会第五次会议听取了全国人大宪法和法律委员会副主任委员袁曙宏作的关于公司法修订草案修改情况的汇报[1]：有的地方、部门、专家学者和社会公众提出，自 2014 年修改公司法实施注册资本认缴登记制，取消出资期限、最低注册资本和首期出资比例以来，方便了公司设立，激发了创业活力，公司数量增加迅速。但实践中也出现股东认缴期限过长、影响交易安全、损害债权人利益的情形。建议在总结实践经验的基础上，进一步完善认缴登记制度，维护资本充实和交易安全。对此，本法增加有限责任公司股东认缴期限的规定，明确全体股东认缴的出资额应当按照公司章程的规定自公司成立之日起五年内缴足。

2013 年《公司法》修订后，注册资本认缴制实施近十年来，有限责任公司注册资本实缴门槛较低，股东随意认缴上亿注册资本，承诺五十年后缴足，显然缺乏投资诚意，导致现存大量僵尸公司，这类公司在市场交易活动中极易损害债

---

[1] 《公司法修订草案进入三审：拟规定股东认缴出资额五年内缴足》，载中国人大网：http://www.npc.gov.cn/c2/c30834/202308/t20230829_431296.html，最后访问时间：2023 年 8 月 29 日。

权人的权益，也直接导致了司法程序中的执行难、债权人权利主张门槛高和程序复杂、审判和执行衔接不清晰、司法依据不明确等问题。

就注册资本全面认缴制实施十年来遇到的上述问题，中国人民大学法学院商法教授刘俊海认为：在过去注册资本实缴的实践下，社会普遍存在一种思维定式，即注册资本越高，企业信用越高。很多公司盲目追求大数额的注册资本，"一方面为了吸引更多债权人进行交易，吸引银行放贷，另一方面倘若股东无法偿还债务，甚至空手套白狼，注册资本对债权人还有望梅止渴之效；适度锁定注册资本的实际缴纳期限，有助于鼓励诚信，鼓励公司之间公平竞争，扭转股东'打肿脸充胖子'的损人害己的双输现象"。

综上，笔者认为，虽然原公司法关于认缴制的规定鼓励了投资，但忽视了交易安全。规定五年内缴足认缴的注册资本，有助于维护交易安全，提高公司制度的公信力，也顺应了中国特色社会主义市场经济环境、司法环境的阶段性需求。

裁判要旨

股东享有出资的"期限利益"，公司债权人在与公司进行交易时有机会在审查公司股东出资时间等信用信息的基础上综合考察是否与公司进行交易，债权人决定交易即应受股东出资时间的约束。

案情简介

一、2015 年 10 月 27 日，曾某与甘肃华某公司签订《股权转让协议》，协议约定：曾某将其持有的深圳华某公司 70% 股权转让给甘肃华某公司，股权转让价款为人民币 3500 万元；深圳华某公司注册资本为 5000 万元，实缴出资为 1601 万元，欠缴 3399 万元；甘肃华某公司注册资本为 5000 万元，股权受让时股东为冯某、冯大某，该公司注册资本未完成实缴出资。

二、协议签订后，深圳华某公司向工商管理部门申请变更登记，将 70% 股权变更到甘肃华某公司名下，并修改了公司章程。现甘肃华某公司已支付股权转让款 1200 万元，剩余 2300 万未按约定期限支付。

三、曾某向一审法院起诉请求：（1）甘肃华某公司支付股权转让款 2300 万元及逾期违约金；（2）冯某、冯大某对上述债务承担补充赔偿责任。甘肃华某公司答辩主张在本案中暂停支付，待曾某补足出资后再行支付剩余股权转让款。

四、最高人民法院二审①认为：甘肃华某公司原股东冯某、冯大某的认缴出资期限截至 2025 年 12 月 31 日。本案中，冯某、冯大某二人转让全部股权时，所认缴股权的出资期限尚未届满，不构成"未履行或者未全面履行出资义务即转让股权"的情形，且曾某并未举证证明其系基于上述股东的特定出资期限产生确认或信赖后才与甘肃华某公司产生债权债务关系。曾某主张冯某、冯大某二人在未出资本息范围内对甘肃华某公司债务不能清偿的部分承担补充赔偿责任的实质是主张冯某、冯大某的出资加速到期，该上诉请求没有法律依据，本院不予支持。

律师分析

在原公司法注册资本认缴制且无限期实缴要求的框架下，有限公司股东充分享有出资的"期限利益"，导致有限公司的债权人利益在一定程度上受到该种"期限挤压"。前述案例中，最高法的裁判观点认为"债权人决定交易即应受股东出资时间的约束"而对债权人主张的出资加速到期不予支持，该种观点在一定程度上提高了债权人在公司不能清偿债务、资不抵债时主张出资加速到期的门槛，增加了债权人债权不能完全实现的风险以及维权的时间成本、司法资源成本。本次增加限期五年内缴足，并在本法后续第五十四条明确规定了出资加速到期制度，使得债权人主张出资加速到期具备了充分的上位法依据及程序依据。

同时，新《公司法》规定的全体股东认缴的出资额由股东按照公司章程的规定自公司成立之日起五年内缴足，也对公司章程的制定提出了新的要求，公司股东在订立章程时应充分结合法律法规关于注册资本金的限额要求、行业特性、经营需要、各股东出资金额及出资形式等各个方面去制定符合公司实际运行需要的章程（或章程修正案）、股东会决议、投资协议等，以避免出现出资违约或者出资违约后主张权利无明确合同依据的情况。比如，最高人民法院在审理经典案例②中铁某局集团有限公司、内蒙古某集团股份有限公司建设工程施工合同纠纷二审一案中，在判断内蒙古某集团是否全面履行出资义务从而应承担补充赔偿责任时认为，股东会决议同意将 4 亿元债权通过债转股的方式转增注册资本 4 亿元，且《承诺函》中承诺前述股东会决议及债转股事宜真实有效；中铁某局集团股权因办理出质登记而被冻结，暂无法办理注册资本变更登记，并非为损害债

---

① （2019）最高法民终 230 号。
② （2019）最高法民终 65 号。

权人中铁某局的权利而恶意拖延；且公司注册资本发生变更而未办理登记，不能否定内蒙古某集团已经实际出资 8 亿元的事实。可见，股东关于出资的时间、方式、变更等均应达成书面协议约定，在有明确出资事实依据及合同依据的情况下，不能仅因注册资本变更未经登记而否认实际出资事实。

实操建议

通过以上对《公司法》第四十七条关于有限公司出资的条文演变、修改背景、学界观点、司法裁判观点的分析，笔者提出以下实操建议供参考：

1. 已经设立的公司应根据现行新《公司法》及相关配套法律法规的要求，重新审视公司章程，重点关注实缴出资的期限约定是否需要根据新规进行调整，同时需要关注法律、行政法规以及国务院决定对公司所在行业是否有股东出资期限的特殊规定，若存在行业特殊规定，应从其特殊规定要求进行实缴出资期限的调整；为引导公司依法有序调整注册资本，市场监管总局组织起草的《国务院关于实施〈中华人民共和国公司法〉注册资本登记管理制度的规定（征求意见稿）》（以下简称征求意见稿）明确对新《公司法》施行前设立的存量公司设置三年过渡期，过渡期自 2024 年 7 月 1 日起至 2027 年 6 月 30 日止。有限责任公司可以在过渡期内将出资期限调至五年以内，2032 年 6 月 30 日前完成出资即符合要求。同时，明确有限责任公司自 2027 年 7 月 1 日起剩余认缴出资期限不足五年的，不需要调整出资期限。具体调整办法仍需待新规生效后进行进一步明确。

2. 准备新设公司的股东，应严格按照新《公司法》的要求，在章程中明确约定实缴出资的最迟缴纳期限为五年；公司亦可在投资协议、股东会决议等文件中明确未按期缴纳出资的责任承担方式，包括对内责任及对外责任等。

3. 本法第四十九条明确规定了股东出资违约给公司造成损失的赔偿责任，在司法实践中，股东应对其已按期足额缴纳出资承担举证责任，其中货币出资需要股东提供银行转账凭证、债转股协议约定等出资凭证，非货币出资需要股东提供产权转移登记凭证、动产交付凭证或占有使用凭证等。

4. 鉴于本条限期五年内缴纳出资是法律强制性规定，已经取消的验资义务以及刑法中的"虚假出资、抽逃出资罪"的适用问题有可能将以新的司法解释予以配套规定，以作为这一限期缴纳出资强制性规定的配套执行措施。

002 股权如何出资①

法律条文

第四十八条　股东可以用货币出资，也可以用实物、知识产权、土地使用权、股权、债权等可以用货币估价并可以依法转让的非货币财产作价出资；但是，法律、行政法规规定不得作为出资的财产除外。

对作为出资的非货币财产应当评估作价，核实财产，不得高估或者低估作价。法律、行政法规对评估作价有规定的，从其规定。

条文演变

本条是从原《公司法》第二十七条②演变而来。相较于原法条，该法第四十八条明确"股权""债权"可以作为股东的出资，其他内容未作调整。

裁判要旨

出资人以其持有的其他公司的股权作为出资，应该有明确的以股权作为出资的意思表示，且该等转让方式应该召开股东会并取得股东会决议，经过验资程序，否则即使已经发生了股权变更，亦无法认定该股权变更属于出资。

案情简介

一、关于爱某彼公司注册资本、股东变更的事实。③

2013年，爱某彼公司（目标公司）成立，刘某平认缴1800万元，占股90%。

2011年，刘某平将其持有的菜某奥公司80%的股权转让给蔡某鹏。2013年，爱某彼公司（受让公司）受让菜某奥公司100%的股权；同年，刘某平将其名下

---

① 本节作者李博书，北京云亭律师事务所律师。

② 原《公司法》第二十七条　股东可以用货币出资，也可以用实物、知识产权、土地使用权等可以用货币估价并可以依法转让的非货币财产作价出资；但是，法律、行政法规规定不得作为出资的财产除外。

对作为出资的非货币财产应当评估作价，核实财产，不得高估或者低估作价。法律、行政法规对评估作价有规定的，从其规定。

③ 广东省高级人民法院（2021）粤民终1071号。

的博某利公司、玛某萨公司的股权以 1 元价格转让给了爱某彼公司。以上转让均办理了变更登记手续。

二、爱某彼公司认为刘某平没有履行出资义务，向一审法院起诉请求：判令刘某平履行出资义务，缴纳认缴的注册资本 324 万元。刘某平认为，其已经履行了出资义务，且转让标的的股权价值已远高于爱某彼公司诉求的人民币 324 万元，符合法律的相关规定。

三、法院认为，刘某平转让给爱某彼公司的股权，未经评估作价、验资，不符合法律规定的以股权出资的形式要件；爱某彼公司未通过股东会决议确认该股权转让为刘某平的出资行为，不能证明股东之间达成合意；同时，爱某彼公司《清产核资专项审核报告》对公司的实收资本记载为零。因此，不足以证明上述股权转让行为系刘某平出资的行为。

律师分析

股权出资属于非货币出资，是指股东以其持有的第三方公司的股权向某公司（以下简称受让公司）作价出资的行为。

根据新《公司法》第四十八条、《公司法司法解释三》第十一条、《市场主体登记管理条例实施细则》第十三条以及相关法律规定，出资人以其他公司股权出资，一般应符合下列程序：第一，受让公司应该通过股东会决议，同意发起人或股东以股权出资；第二，对拟进行出资的股权进行价值评估；第三，股权公司通过股东会决议，同意股权转让，其他股东放弃优先购买权；第四，发起人或股东与受让公司签订股权转让协议；第五，办理工商变更登记；第六，受让公司完成股权出资工商登记。

具体到本案，刘某平认为其已足额缴纳对爱某彼公司的出资，出资形式为其持有的对博某利公司、莱某奥公司和玛某萨公司三家公司的股权。其中，莱某奥公司的股权系案外人以 1 元价格转让给爱某彼公司（关于两人的股权为代刘某平持有的行为，二人均向法院提交了书面说明予以确认），刘某平未提交证据证明蔡某鹏系为其代持对该公司的股权，故其主张其以对莱某奥公司 80% 的股权出资无法认定属于刘某平；刘某平持有的对博某利公司 90% 的股权和玛某萨公司 70% 的股权系通过商业谈判协议转让的方式由爱某彼公司受让，刘某平作为出资人，并未有将股权作为出资的意思表示，且该等转让方式未经验资程序，也未经股东会决议，不足以证明上述股权转让行为系刘某平出资的行为。

刘某平关于其已经用三个公司的股权完成了对爱某彼公司出资义务的主张未能得到法院的支持，主要是因为刘某平将三个公司的股权转移至爱某彼公司名下，缺乏明确的关于"股权出资"的意思表示；爱某彼公司以及其他股东都表示对该股权出资行为不知情亦不认可，没有任何证据能够证明该股权为刘某平的出资，爱某彼公司未对该"出资"进行工商登记，公司内部亦未进行任何记载。爱某彼公司受让了其他公司股权并且登记在公司名下，从法律上并不能与该股权属于出资行为画上等号。因为出资程序的严重缺失，刘某平最终不仅丧失了三个公司的股权，对于爱某彼公司还被认定为零出资，需要继续承担出资责任。

实操建议

以股权作为出资，关键的程序不能省略。不管是出资人还是受让公司，均应注意以下几点：

一、受让公司应注意审查，确认用作出资的股权必须由出资人合法持有并依法可以转让，该股权无权利瑕疵或者权利负担，未设定质押，非处于查封、冻结的状态，无收益权转让等问题。同时，需要依法对出资股权进行价值评估。

二、出资人应履行关于股权转让的法定手续，包括拟转让股权公司已经召开了股东会并且形成了有效的股东会决议，拟转让股权公司的其他股东已经明示放弃优先购买权。

三、受让公司应通过同意发起人或股东以股权出资的股东会决议，及时办理股权工商变更登记以及股权出资工商登记。

003 股东的债权可以用作出资吗[①]

法律条文

第四十八条 股东可以用货币出资，也可以用实物、知识产权、土地使用权、股权、债权等可以用货币估价并可以依法转让的非货币财产作价出资；但是，法律、行政法规规定不得作为出资的财产除外。

---

① 本节作者李博书，北京云亭律师事务所律师。

对作为出资的非货币财产应当评估作价，核实财产，不得高估或者低估作价。法律、行政法规对评估作价有规定的，从其规定。

裁判要旨

债权人的董事会决议与债务人股东会决议均同意将债权人对债务人享有的债权通过债转股的方式转增注册资本。同时，债务人已作出公司章程修正案，将该债转股的出资金额计入变更后的公司章程。虽然债务人公司股权因办理出质登记而被冻结，暂无法办理注册资本变更登记，但其并非为损害债权人的权利而恶意拖延。因此，公司注册资本发生变更但未办理登记，不能否定该股东已经实际完成出资的事实。

案情简介①

一、中铁某局与金某铁路公司签署了施工合同，施工完毕后中铁某局与金某铁路公司于2013年进行结算，结算金额为321051875.14元。现金某铁路公司欠中铁某局工程款14281449.5元。中铁某局向一审法院起诉，请求判令金某铁路公司立即支付工程欠款（含质保金）14281449.5元，股东太某集团对金某铁路公司的债务承担补充赔偿责任。

二、关于金某铁路公司注册资本演变过程。

2007年，甘肃省发改委核准案涉工程项目，项目估算投资为7.8亿元。金某铁路公司《公司章程》规定，公司最终注册资本全为项目批准概算总投资的100%。

2015年，太某集团通过债转股的方式为金某铁路公司增资4亿元。金某铁路公司作出《公司章程修正案》，变更后《公司章程》载明公司股东太某集团出资额为人民币8亿元，占注册资本的100%。在庭上，太某集团提交了《审计报告》《股东会决议》《董事会决议》《公司章程修正案》等证据。

三、最高法二审认定，太某集团已全面履行了出资义务，不应就金某铁路公司的债务承担补充赔偿责任。

律师分析

当一些企业面临庞大的债务无力偿还或者因为各种因素的考虑，债权人和债务人协商一致后可能会选择将债权转为股权，即"债转股"。2022年，《市场主

---

① 最高人民法院（2019）最高法民终65号。

体登记管理条例实施细则》正式实施，该细则第十三条第三款规定："依法以境内公司股权或者债权出资的，应当权属清楚、权能完整，依法可以评估、转让，符合公司章程规定。"现实中，"债权出资"一般存在两类情形：一是出资人以对公司以外的第三人享有的债权出资；二是出资人以对公司本身享有的债权出资。以债权进行出资的，应确保债权合法、真实、有效，债转股后确保债权消灭，形成股东会决议并修改公司章程、办理工商变更登记。如果用于出资的债权属于对第三方的债权，还应该通知债务人，对第三方债权依法进行评估，同时，建议公司要求出资人提供担保，在第三方债务到期后无法受偿的情况下，由出资人补足。

前述案例中关于股东太某集团应否承担补充赔偿责任的问题，核心即太某集团对金某铁路公司4亿元的债转股是否能够认定为已经实缴出资的问题。律师分析认为：第一，债权人单方作出放弃部分或全部债权的意思表示，即可产生债务部分或全部消灭的法律后果。本案中，太某集团将对金某铁路公司享有的4亿元债权通过债转股的方式对其进行增资，即表示同时免除了金某铁路公司4亿元债务。太某集团出具《承诺函》表示在任何情况下均不以债权人身份向金某铁路公司主张，其单方法律行为已经产生了金某铁路公司4亿元债务消灭的效果。第二，太某集团的董事会决议与金某铁路公司股东会决议，均同意将太某集团对金某铁路公司享有的4亿元债权通过债转股的方式转增注册资本4亿元。第三，2015年，金某铁路公司作出《公司章程修正案》，变更后《公司章程》载明公司股东太某集团出资额为人民币8亿元，占注册资本的100%，证明太某集团增资4亿元情况属实，亦符合金某铁路公司设立时公司章程中"最终注册资本金为项目批准概算总投资的100%"的规定。因此，应该认为太某集团通过债转股已经缴纳了全部的出资额。

最高法（2020）最高法民终303号案件也涉及"债转股"问题。新某风公司载至2013年9月18日注册资本为31142万元，其中经某机公司出资2.5亿元，持股比例80.28%。债权转为公司股权的，公司应当增加注册资本。会计师事务所《验资报告》显示，截至2013年8月，经某机公司认缴的25000万元已全部实缴到位。根据2013年至2016年经某机公司与新某风公司的《借款合同》以及协议、新某风公司与经某机公司借款明细、中国工商银行客户回单、《增资协议》、新某风公司《第二届第四次股东会决议》、经某机公司和新某风公司记账凭证，可以证明经某机公司至2016年3月对新某风公司享有本金304660000元借款债权。2016年5月，各方签订《增资协议》，约定经某机公司以债转股的形式向新某风公司增资 122085640 元，增资后经某机公司累计出资 372085640 元，债转股完成后，经某机公司不再享有对新某风公司 122085640 元的债权。上述事实也有某市人民政府国有资产监督管理委员会《关于新某风增资扩股方案的批复》证明。经某机公司向新某风公司 122085640 元的增资，经债转股的形式已经实缴到位并在工商行政管理局申请登记备案。2017 年 6 月公示新某风公司《2016 年度报告》显示，经某机公司债转股增资 122085640 元已实缴。同时，国家企业信用信息公示系统企业信用信息公示报告显示经某机公司认缴出资和实缴 37208.564 万元，认缴出资方式为货币和债权、股权。综上，应该认为经某机公司的增资已经通过债转股的方式全部实缴到位，无须对新某风公司的债务承担连带责任。

实操建议

债权出资具体应该如何操作才能使"债转股"合法成立，避免被法院认定为出资不实，杜绝对投资公司的债务承担补充赔偿责任的风险。建议在债权出资时做好以下几点：

一、就以债权出资的相关登记事宜咨询当地的市场监督管理部门，了解当地政策，为下一步开展相关工作做好充足的准备。

二、聘请专业机构进行评估、验资、审计。如果该债权为第三方公司的债权，则要着重审查该第三方债权的真实性、合法性。这里需要注意审计过程避免发生重大瑕疵，如审计师并未实际看到与债权债务有关的合同、协议以及相关资料，仅凭双方认可即出具审计报告，此种情况法院有可能认定该债转股不成立，出资人出资不实。

三、签署债转股协议，作出将债权转为股权的明确意思表示。如果该债权为第三方债权，则应由出资人书面通知第三方，同时出资人应该对该第三方债权无法实现之后的补足出资行为作出书面承诺。

四、受让债转股的公司召开股东会并作出确认债转股的股东会决议。

五、修改公司章程，及时完成关于出资额变更的工商登记。

六、此外，如果债权人本身就是公司的股东，那么在该债权合法真实有效、可以用货币评估转让的情况下，同时亦符合公司章程的规定，也可以进行"债转股"。结合目前的司法实践，在公司对外无其他优先债权需要偿还的情况下，倾向于认为可以将该债权转为股东的实缴出资，也可以增加公司注册资本。

004　公司有权要求出资不实股东对公司承担赔偿责任吗[①]

法律条文

第四十九条　股东应当按期足额缴纳公司章程规定的各自所认缴的出资额。

股东以货币出资的，应当将货币出资足额存入有限责任公司在银行开设的账户；以非货币财产出资的，应当依法办理其财产权的转移手续。

股东未按期足额缴纳出资的，除应当向公司足额缴纳外，还应当对给公司造成的损失承担赔偿责任。

条文演变

本条由原《公司法》第二十八条演变而来，原条文对于股东未按期足额缴纳出资的责任承担方式规定为"股东不按照前款规定缴纳出资的，除应当向公司足额缴纳外，还应当向已按期足额缴纳出资的股东承担违约责任"；本条第三款则将原条文规定的对已出资股东的"违约责任"调整为对公司的"损失赔偿责任"。

本条演变实际上亦是对《公司法司法解释三》第十三条第一款[②]规定的上位法确认，直接在公司法立法层面确定了公司及已实缴出资股东的诉权。

裁判要旨

股东约定以国有土地使用权作价出资的，应将土地使用权变更至公司名下，否则视为未能按期履行出资义务，应按合同约定承担未按期出资的违约责任。

案情简介

一、2013年5月13日，滕某公司与中某公司、龙某公司签订《合作协议》，主要约定：滕某公司、中某公司及龙某公司合作进行房地产开发建设，以第三人同某公司为三方履行合作协议的载体和平台，并就项目用地、增资扩股、拆迁安置、违约责任、利益分配等作出约定。

二、三方就《合作协议》签订了系列《补充协议》及《增资扩股协议》，该等协议约定，中某公司应分别最迟于 2014 年 6 月 30 日前、2014 年 12 月 31 日前、2015 年 4 月 1 日前、2015 年 9 月 30 日前，完成地块 6、地块 4、地块 3、地块 2 和地块 1 的土地确权、拆迁和土地性质变更并将该地块国有土地使用权变更登记至同某公司名下；其他股东的认缴出资方式均为货币出资。

三、上述协议签署后，除地块 6 的土地使用权于 2015 年 9 月 23 日变更至同某公司名下外，其余地块的变更登记等义务至今未按约完成。

四、原告滕某公司向一审法院起诉要求中某公司分别履行出资义务将案涉地块 4、地块 3 和地块 2、地块 1 的国有土地使用权权属变更登记至同某公司名下，并承担迟延缴纳出资义务违约责任。

五、最高人民法院审理认为①：依照《中华人民共和国公司法》之规定，滕某公司有权依据案涉《增资扩股协议》中关于违约责任之约定，要求中某公司继续履行案涉土地使用权作价出资义务，并有权要求中某公司按照合同约定自逾期之日起至实际完成土地使用权权属变更至同某公司之日止，分别以对应的认缴出资额为基数，承担因迟延缴纳出资义务导致的违约责任。原告的诉讼请求具有事实和法律依据。

律师分析

注册资本是公司最基本的资产，确定和维持公司一定数额的资本，对于奠定公司基本的债务清偿能力，保障债权人利益和交易安全具有重要价值。按时足额缴纳出资是公司股东最基本、最重要的义务，同时也是公司法规定的股东必须承担的法定义务。

股东的实缴出资义务应贯穿始终，不因公司被吊销而消灭。最高人民法院在审理沧州华某公司与新疆天某公司股东出资纠纷二审一案②中认为："天某公司未依章程规定全面履行出资义务，依法应当向天某、华某公司承担相应的民事责任。天某、华某公司在华某公司提起本案诉讼前，虽然已被吊销营业执照，但该事实并不影响股东继续向公司履行出资义务，也与股东在公司清算程序、破产清

---

① （2020）最高法民终 629 号。
② （2015）民二终字第 248 号。

算中继续履行出资义务不相矛盾。"

股东以货币出资的，应当将货币出资足额存入有限责任公司在银行开设的账户。未按法律法规或公司章程规定方式缴纳出资的，司法实践中一般不予认定股东履行了实缴出资义务。常见的股东对公司债权转实缴出资，股东替公司垫付第三方款项视为实缴出资，股东与公司、其他股东以协议方式约定股东支付公司对外债务后视为该股东的实缴出资等情形，在审判实务中一般不予认定为实缴出资。例如，北京市高级人民法院在审理北京优某公司与北京丽某公司执行异议之诉二审一案①中，在审理争议焦点"股东北京优某公司为三某公司垫付资金是否能视为对公司的实缴出资问题"时认为：《专项审计报告》反映了公司财务状况，只是印证贵州优某公司代三某公司的付款行为及付款金额，三某公司记账凭证中"实收资本——北京优某"的记载，不能作为对款项性质的认定。股东北京优某公司履行出资义务，应当依照法律法规及公司章程的规定。本案中，北京优某公司称其已履行实缴出资义务，但未经公司机关决议、公司章程记载并进行相应工商变更登记。故，北京优某公司以贵州优某公司垫付三某公司费用主张已履行股东实缴出资义务，缺乏事实和法律依据，本院不予支持。

股东以非货币财产出资的，应当依法办理其财产权的转移手续。公司已实际占有使用该等非货币财产但未办理相应产权变更手续的，仍视为股东未依法履行出资义务。最高人民法院 2016 年发布的十起依法平等保护非公有制经济典型案例中沈阳某制造公司与沈阳某设备研制公司等股东出资纠纷一案②中，审理法院认为，沈阳某制造公司虽然将出资厂房交付沈阳某设备研制公司使用，但未办理房产变更手续，沈阳某制造公司未履行完出资义务，构成违约，应向沈阳某设备研制公司履行出资义务。判决：沈阳某制造公司于判决生效后十日内向沈阳某设备研制公司履行股东出资义务，并协助办理房产的更名过户手续。

司法实践中，如股东约定将划拨土地使用权作为出资设立公司，工商行政管理部门已经办理了公司登记，公司和履约股东要求以划拨土地使用权出资人履行出资义务，人民法院在诉讼过程中应根据相关法律规定，责令未出资股东在指定的合理期间内办理土地变更手续。已经实际补正的，人民法院可以认定划拨土地使用权出资的效力；逾期未办理的，应当认定股东未依法全面履行出资义务。如

---

① （2021）京民终 873 号。
② （2014）沈中民三终字第 00102 号。

最高人民法院审理周某某、三亚某公司诉三亚某管理处股东出资纠纷再审一案①
时认为，案涉出资土地系国有划拨用地，依据《中华人民共和国土地管理法》
等相关法律法规，划拨土地使用权只能用于划拨用途，不能直接用于出资。出资
人欲将划拨土地使用权作为出资，应由国家收回直接作价出资或者将划拨土地使
用权变更为出让土地使用权。三亚某管理处未能在人民法院指定的合理期间内办
理土地变更登记手续，其无法自行补正划拨土地使用权出资的瑕疵，故三亚某管
理处虽将案涉土地交付给三亚某公司使用，但未将案涉土地过户登记至三亚某公
司名下，因而其以案涉土地使用权出资的承诺并未履行到位。周某某、三亚某公
司请求确认三亚某管理处未履行作为三亚某公司股东的出资义务，有事实和法律
依据，予以支持。但因案涉出资土地系划拨用地，故周某某、三亚某公司请求将
案涉土地办理过户登记至三亚某公司名下，没有法律依据，不予支持。

本条明确规定了股东未按期足额缴纳出资的，除应当向公司足额缴纳外，还
应当对给公司造成的损失承担赔偿责任，该等损失一般为股东在出资逾期期间其
应当出资的资金产生的利息损失。在股东出资纠纷的审判实践中，一般首先是在
诉讼请求第一项请求未按期缴纳出资的股东在限期内补足认缴出资款，其次是解
决未按期缴纳出资股东给公司造成的损失问题，在司法实践中，此处给公司造成
的损失范围一般为股东在出资逾期期间其应当出资的资金产生的利息损失。例
如，北京高级人民法院审理的中某建设公司等与联某股份公司等股东出资纠纷二
审一案②中，审理法院认为：公司股东向公司的出资是基于股东意思自治而产生
的法定义务，结合《公司法司法解释三》第十三条第二款的规定，公司各股东
在没有特别约定的情况下，未按期出资的股东中某通公司、北京帝某公司和联某
股份公司给中某欧公司造成的损失应为各股东在出资逾期期间其应当出资的资金
产生的利息损失。

本条生效后，未按时缴纳出资的股东是否对其他守约股东承担违约责任，有
待后续司法解释更进一步明确。笔者倾向认为，出资义务是股东最基本的义务，
是股东的法定义务，同时也是股东之间以及股东和公司之间的一种约定义务。股
东未按约定缴纳出资，违反了确定性义务，已构成违约，按照民法典合同编的规
定，也应向守约股东承担违约责任。

---

① 人民法院案例库 2023-16-2-265-002 号案例：（2016）最高法民再 87 号。
② （2021）京民终 143 号。

实操建议

1. 本法生效后，注册资本的实缴出资要求会比之前更严格，股东无论以何种方式出资，均应按期足额缴纳出资，货币出资应按时存入公司开立的银行账户，实物出资应办理相关权属变更登记手续，如以房产出资的应在不动产登记机构办理权属转移登记手续；以知识产权出资的，应在相应知识产权登记机构办理权属变更登记；以动产出资的，应办理动产转移交付手续，该等动产应由公司占有使用。非货币出资，均应当评估作价，核实财产，不得高估或者低估作价。若以受市场因素影响较大的非货币财产作价出资，建议在《股东协议》或者《公司章程》中对该等财产可能存在贬值时的差额补足进行约定。

2. 公司审计报告中关于股东支付款项性质的记载内容并不能直接证明该等款项性质为股东的实缴出资，股东实缴出资后，应及时修改《公司章程》中关于实缴出资事项的记载并办理相关工商变更登记手续，以避免股东之间或债权人对实缴出资款项性质出现其他争议。

3. 股东应在《合作协议》《投资协议》《公司章程》等设立公司的投资性文件中明确约定未按时缴纳出资的股东对其他守约股东的违约责任承担方式、违约金计算依据，给公司造成的损失金额计算依据以及对公司的损失赔偿方式等，以避免诉争时合同依据不明或举证不能的情况。

005 公司发起股东未全面履行出资义务，其他发起人要承担什么责任①

法律条文

第五十条 有限责任公司设立时，股东未按照公司章程规定实际缴纳出资，或者实际出资的非货币财产的实际价额显著低于所认缴的出资额的，设立时的其他股东与该股东在出资不足的范围内承担连带责任。

① 本节作者曹弘扬，北京云亭律师事务所律师。

条文解读

在原《公司法》第三十条①规定了有限公司设立人对于其他股东的非货币出资显著不足的（瑕疵出资）承担连带责任，但并未规定有限公司发起股东未履行或未全面履行出资义务的发起人责任。而《公司法司法解释三》第十三条②将原《公司法》第三十条进行了扩大解释。新《公司法》第五十条将《公司法司法解释三》第十三条的规定纳入其中，确定了有限公司的发起股东，对于未履行或未全面履行出资义务的发起股东，承担连带责任。

裁判要旨

公司发起人依法负有确保公司资本充实的义务，还应对其他发起人或股东未全面履行出资义务的行为承担连带责任。某磷瑞阳公司系发起人股东，其应对蒲某、王某应当缴付的出资款本息承担连带责任。

案情简介③

一、某帕瑞公司成立于2015年6月25日，发起股东为蒲某、王某、某磷瑞阳公司。

二、2015年6月1日通过的《公司章程》约定注册资本为2000万元。2016年3月24日，某帕瑞公司通过股东会决议，确定该公司注册资本为2000万元，其中某磷瑞阳公司出资1400万元，蒲某出资240万元，王某出资200万元，陈

---

① 原《公司法》第三十条　有限责任公司成立后，发现作为设立公司出资的非货币财产的实际价额显著低于公司章程所定价额的，应当由交付该出资的股东补足其差额；公司设立时的其他股东承担连带责任。

② 《公司法司法解释三》第十三条　股东未履行或者未全面履行出资义务，公司或者其他股东请求其向公司依法全面履行出资义务的，人民法院应予支持。

公司债权人请求未履行或者未全面履行出资义务的股东在未出资本息范围内对公司债务不能清偿的部分承担补充赔偿责任的，人民法院应予支持；未履行或者未全面履行出资义务的股东已经承担上述责任，其他债权人提出相同请求的，人民法院不予支持。

股东在公司设立时未履行或者未全面履行出资义务，依照本条第一款或者第二款提起诉讼的原告，请求公司的发起人与被告股东承担连带责任的，人民法院应予支持；公司的发起人承担责任后，可以向被告股东追偿。

股东在公司增资时未履行或者未全面履行出资义务，依照本条第一款或者第二款提起诉讼的原告，请求未尽公司法第一百四十七条第一款规定的义务而使出资未缴足的董事、高级管理人员承担相应责任的，人民法院应予支持；董事、高级管理人员承担责任后，可以向被告股东追偿。

③ 案例来源：上海市第三中级人民法院（2023）沪03民终23号。

某出资 80 万元，占某出资 40 万元，王某萍出资 40 万元，出资日期均为 2016 年 5 月 31 日前，公司执行董事、法定代表人变更为蒲某。2016 年 4 月，某帕瑞公司完成上述变更登记。

三、2021 年 3 月 29 日，某帕瑞公司向蒲某、王某及王某萍发出《关于履行股东出资义务的提示函》，要求该三人补缴出资。

四、2022 年 5 月 22 日，一审法院作出（2022）沪 0115 破××号民事裁定书，受理某帕瑞公司的破产清算申请。2022 年 5 月 26 日，一审法院依法指定上海××事务所有限公司担任某帕瑞公司的管理人。

五、2022 年 7 月 6 日，管理人分别向蒲某、王某发送补缴出资通知书，要求两人分别缴纳出资款 1542121.50 元、160 万元。

六、某帕瑞公司向一审法院提起诉讼请求：（1）要求蒲某补足出资款及利息；（2）要求王某补足出资款及利息；（3）要求蒲某、王某对对方应当补足的出资承担连带责任；（4）要求某磷瑞阳公司对蒲某、王某承担连带责任。

七、一审法院经审理，支持了原告的全部诉讼请求，各被告不服，上诉于上海市第三中级人民法院，该院最终驳回上诉，维持原判。

律师分析

由于该案发生于新《公司法》生效之前，因此适用于原《公司法》的规定。根据《公司法司法解释三》第十三条规定，发起股东未履行或未全面履行出资义务的，由其他发起股东承担连带责任。对于该项规定，结合新《公司法》第五十条，具体分析如下：

一、从责任类型上来看，该责任实际上是发起股东对其他发起股东出资义务的保证责任，也即该责任的类型为无过错责任，并不要求其他发起股东对未履行出资义务股东的违约行为具有过错，只要存在其他发起股东并未履行或未全面履行出资义务，其他发起股东即需要承担连带责任。

二、从责任承担主体来看，该责任的承担主体为发起人股东。对于受让股东而言，无须承担此项责任。本质上，该责任是基于各发起人之间相互的信任关系的保证责任，而对于受让股东而言，与其他发起股东之间并没有很强的信任关系，各方也并不存在互相保证的责任，受让股东无须对其他发起股东的出资义务承担连带责任。

三、从责任对象来看，该责任是发起股东未履行或未全面履行出资义务对公司的合同违约责任或对债权人的侵权责任。但是股东未到认缴期限而未实缴的，由于该股东存在期限利益，因此其他发起股东并不需要为此承担责任。

四、公司债权人在债务不能得到清偿的情况下，有权依新《公司法》第五十三条①要求所有未届出资期限的股东提前缴纳出资。

实操建议

通过上述对新《公司法》修订第五十条的系统分析，我们了解到有限责任公司的发起人对于其他发起股东未履行或未全面履行出资义务负有相应的责任，因此通过梳理相关规定和判例，具体实操建议如下：

一、股东应当及时向未实缴的股东在新《公司法》中，将有限责任公司的认缴期间最长规定为五年，在公司正常经营、债务能够正常偿付的情况下，股东是否出资对公司的影响不大。但是如果公司的财务风险过大，债务人可能随时要求未出资的股东向公司进行出资。因此，只要股东的认缴期限届满，或公司可能出现无法清偿到期债务的情况，各发起股东应当及时履行催缴责任，向各股东催缴出资。

二、要对其他发起人充分了解。各发起股东设立公司创业是基于对其他发起人的信任。但是在信任的基础上，应当对其他发起股东进行基本的调查，以了解该发起股东的出资条件，能否到期足额缴纳其认缴出资。

三、按实际情况确定公司的注册资本和认缴出资额。原《公司法》未对股东认缴期限进行限制。因此出现了非常多注册资本虚高的公司。发起股东通过认缴的方式，虚增注册资本，以对外显示公司的"实力"。但是新《公司法》修订中规定了认缴的最长期限，且明确了发起股东的连带责任。创业者在创业时，应当考虑到自身和其他股东的实际能力，确定合理的注册资本和认缴出资额，避免承担过高的风险。

四、对非货币出资应当及时进行评估。对于股东采用非货币形式进行出资的，其他发起股东应当及时查验相应资产的评估报告。如果所出资的资产远低于该股东的认缴出资额，应当及时要求该股东补缴出资。若未来债权人对此提出要求，其他发起人股东也会承担连带责任。

---

① 新《公司法》第五十四条 公司不能清偿到期债务的，公司或者已到期债权的债权人有权要求已认缴出资但未届出资期限的股东提前缴纳出资。

006 股东未履行出资义务，负有责任的董事承担什么责任①

法律条文

第五十一条　有限责任公司成立后，董事会应当对股东的出资情况进行核查，发现股东未按期足额缴纳公司章程规定的出资的，应当由公司向该股东发出书面催缴书，催缴出资。

未及时履行前款规定的义务，给公司造成损失的，负有责任的董事应当承担赔偿责任。

条文演变

原《公司法》并没有专门对董事的注册资本催缴义务作出明确规定，仅在原《公司法》第一百四十七条第一款规定了董监高的忠实义务和勤勉义务："董事、监事、高级管理人员应当遵守法律、行政法规和公司章程，对公司负有忠实义务和勤勉义务。"该规定并未列举董事勤勉义务的具体情形。

《公司法司法解释三》第十三条第四款②规定了公司增资股东未履行出资义务时，公司董事及高级管理人员未尽勤勉义务时的责任承担，未明确公司设立时股东出资不实的董事、高管勤勉义务责任承担方式。

2019年，最高人民法院在其审理的经典案例深圳斯某特公司、胡某损害公司利益责任纠纷再审一案③中，认为董事负有向未履行或未全面履行出资义务的股东催缴出资的义务，这是由董事的职能定位和公司资本的重要作用决定的。根据董事会的职能定位，董事会负责公司业务经营和事务管理，董事会由董事组成，董事是公司的业务执行者和事务管理者。股东全面履行出资是公司正常经营的基础，董事监督股东履行出资是保障公司正常经营的需要。上述规定的目的是

---

① 本节作者王梨，北京云亭律师事务所律师。

② 《公司法司法解释三》第十三条第四款　股东在公司增资时未履行或者未全面履行出资义务，依照本条第一款或者第二款提起诉讼的原告，请求未尽公司法第一百四十七条第一款规定的义务而使出资未缴足的董事、高级管理人员承担相应责任的，人民法院应予支持；董事、高级管理人员承担责任后，可以向被告股东追偿。

③ （2018）最高法民再366号。

赋予董事、高级管理人员对股东增资的监管、督促义务，从而保证股东全面履行出资义务、保障公司资本充实。在公司注册资本认缴制下，公司设立时认缴出资的股东负有的出资义务与公司增资时是相同的，董事、高级管理人员负有的督促股东出资的义务也不应有所差别。该裁判观点从司法实践的角度确认了董事对公司的勤勉义务，包含了对公司设立时股东出资的催缴义务。

本条的修订，实际上是顺应了司法实践的实际需求，对董事勤勉义务的责任承担方式提供了上位法依据，避免同案不同判的尴尬；同时，进一步确保了注册资本认缴制度下，股东未全面出资时公司各主体的监督责任，从而保障公司资本充实。

裁判要旨

股东欠缴的出资即为公司遭受的股东出资未到位的损失，股东欠缴出资的行为与董事消极不作为共同造成损害的发生、持续。董事未履行向股东催缴出资义务的行为与公司所受损失之间存在法律上的因果关系，董事应对该等损失承担损失赔偿责任。

案情简介

一、深圳斯某特公司股东开曼斯某特公司应在 2006 年 3 月 16 日前缴清全部认缴出资额，其于 2005 年 3 月 16 日至 11 月 3 日分多次出资后，欠缴出资4912376.06 美元。

二、2005 年 1 月 11 日至 2006 年 12 月 29 日，胡某、薄某、史某担任深圳斯某特公司中方董事；2006 年 12 月 30 日起，贺某、王某、李某担任深圳斯某特公司中方董事，胡某等六名董事在股东开曼斯某特公司认缴出资额期限届满即 2006 年 3 月 16 日之后均担任过深圳斯某特公司董事。

三、胡某等六名董事作为深圳斯某特公司的董事，同时又是股东开曼斯某特公司的董事。

四、胡某等六名董事未能提交证据证明其在股东出资期限届满即 2006 年 3 月 16 日之后向股东履行催缴出资的义务。

五、深圳斯某特公司向一审法院起诉请求，胡某等六名董事对深圳斯某特公司股东欠缴出资所造成深圳斯某特公司的损失 4912376.06 美元承担连带责任。

六、最高人民法院再审审理①认为：在公司注册资本认缴制下，股东未履行或未全面履行出资义务，董事、高级管理人员负有向股东催缴出资的义务。董事、监事、高级管理人员执行公司职务时违反法律、行政法规或者公司章程的规定，给公司造成损失的，应当承担赔偿责任。

股东开曼斯某特公司欠缴的出资即为深圳斯某特公司遭受的损失，开曼斯某特公司欠缴出资的行为与胡某等六名董事消极不作为共同造成损害的发生、持续，胡某等六名董事未履行向股东催缴出资义务的行为与深圳斯某特公司所受损失之间存在法律上的因果关系。一、二审判决认为胡某等六名董事消极不作为与深圳斯某特公司所受损失没有直接因果关系，系认定错误，应予纠正。最高法判决撤销广东高院及深圳中院的判决，并判决胡某等六名董事应向深圳斯某特公司连带赔偿 4912376.06 美元。

律师分析

本条要解决的是股东出资不实的董事勤勉义务责任承担问题，实践中仍应注意董事承担责任的前提是董事确实未履行出资催缴这一勤勉义务，若董事/董事会能够提供证据证明其履行了出资催缴义务，则董事与股东出资不实给公司造成的损失之间不存在因果关系，董事不应再承担该等损失赔偿责任。

本条中关于董事承担责任的损失范围一般为股东应缴未缴出资的本息范围，可参照未履行出资股东承担责任范围。在经典案例江苏省常州市人民检察院与常州某盛公司、江苏斯某公司等一审民事公益诉讼一案②中，审理法院认为，郭某、王某乾、王某俊三人共同参与成立斯某贸易公司，三人的认缴出资额分别为720万元、160万元和160万元并分别有180万元、40万元、40万元到期出资未缴纳。公司债权人请求未履行或者未全面履行出资义务的股东在未缴出资本息范围内对公司债务不能清偿的部分承担补充赔偿责任的，人民法院应予支持。

司法实践中，负有责任的董事不能仅以其对股东增加及增资情况不知情来抗辩免除其董事催缴义务。比如，在北京市高级人民法院审理的熊某明等与北京银某公司追收未缴出资纠纷二审一案③中认为，熊某明自2011年6月15日起担任北京银某公司法定代表人、经理、执行董事，应当按照公司章程约定对黎某豪已

---

① （2018）最高法民再366号。
② （2019）苏04民初373号。
③ （2022）京民终562号。

届期限的出资进行催收。虽然熊某明主张陈某武为北京银某公司的实际控制人，但这不能免除其作为公司经理、执行董事对黎某豪的出资催收义务。熊某明称其对北京银某公司的股东增加、增资情况完全不知悉，恰说明其未尽到相应的勤勉义务。故，北京银某公司要求熊某明对黎某豪100万元的出资本息承担补充责任，理由充分，予以支持。

实操建议

1. 本法生效后，尤其是注册资本限期五年内缴足后，董事会负有对股东的出资情况进行核查的勤勉义务，董事会应定期核查公司注册资本实缴情况以及增资实缴情况，在核查时，应仔细核查货币出资对应的出资凭证、非货币出资对应的相关权属转移证明等。对于实缴出资期限届满前未能实缴出资的股东，应及时以公司的名义向其发出催缴书，以避免承担公司出资不实的损害赔偿责任。

2. 公司应在章程中明确约定董事会的出资催缴义务以及责任承担主体、责任承担方式以及未尽出资催缴义务董事的任免、更换程序等内容，以减少可能产生的诉讼举证责任及确保公司董监高都能及时、勤勉、忠实履职，最大程度维护公司及各股东利益。

3. 董事会及董事应及时保存履职记录，关于股东出资核查及出资催缴事项应形成董事会决议，该等履职记录及董事会决议将成为证明董事已尽勤勉义务的证据。

007 失权制度是优化版的原股东除名制度吗[①]

法律条文

第五十二条　股东未按照公司章程规定的出资日期缴纳出资，公司依照前条第一款规定发出书面催缴书催缴出资的，可以载明缴纳出资的宽限期；宽限期自公司发出催缴书之日起，不得少于六十日。宽限期届满，股东仍未履行出资义务的，公司经董事会决议可以向该股东发出失权通知，通知应当以书面形式发出。自通知发出之日起，该股东丧失其未缴纳出资的股权。

---

① 本节作者曹弘扬，北京云亭律师事务所律师。

依照前款规定丧失的股权应当依法转让，或者相应减少注册资本并注销该股权；六个月内未转让或者注销的，由公司其他股东按照其出资比例足额缴纳相应出资。

股东对失权有异议的，应当自接到失权通知之日起三十日内，向人民法院提起诉讼。

条文演变

原《公司法》并未对股东失权规则进行相应的规定，在《公司法司法解释三》第十七条①中，对有限责任公司的股东未履行出资义务或者抽逃全部出资，经催告后在合理期限内并未补足或返还的，公司可以通过股东会决议解除该股东的股东资格，不过该条并未说明未全面履行出资义务（部分出资）或抽逃部分出资的股东应当如何处理，也未明确被解除股东资格后，对应的股权应当如何处理。在新《公司法》第五十二条中，设立了股东失权规则，即公司股东未履行或未全面履行出资义务时，公司应当向其以书面方式进行催缴，在合理期限内仍未缴足的，公司可以向其发送失权通知，该股东丧失其未出资的部分股权，对于此部分股权应当依法转让或在六个月内注销，未转让或注销的，应当由其他股东按比例购买。该规定在补足了未全面履行出资义务股东的失权规则的同时，也补足了对应股权的处理方式，填补了原《公司法》此处的空白。

裁判要旨

解除股东资格的方式属于最严厉的公司救济方式，该方式具有终局性，因此对于该规则的适用应当更为严格，仅能适用于股东完全未出资或抽逃全部出资的情形。对于股东未足额出资或抽逃部分出资的，不适用该规则。

案情简介②

一、2007 年 4 月，烟台某光房地产开发有限公司、某豹公司出资设立某泊公

---

① 《公司法司法解释三》第十七条　有限责任公司的股东未履行出资义务或者抽逃全部出资，经公司催缴纳或者返还，其在合理期间内仍未缴纳或者返还出资，公司以股东会决议解除该股东的股东资格，该股东请求确认该解除行为无效的，人民法院不予支持。

在前款规定的情形下，人民法院在判决时应当释明，公司应当及时办理法定减资程序或者由其他股东或者第三人缴纳相应的出资。在办理法定减资程序或者其他股东或者第三人缴纳相应的出资之前，公司债权人依照本规定第十三条或者第十四条请求相关当事人承担相应责任的，人民法院应予支持。

② （2022）最高法民再 215 号。

司，注册资金 1000 万元。其后某泊公司注册资本及股东发生多次变更。2010 年 11 月 17 日某泊公司修改公司章程，注册资本变更为 9000 万元，其中某口大酒店出资 5940 万元，出资比例占 66%，王某京出资 2910 万元，出资比例占 32.33%，某豹公司出资 150 万元，出资比例占 1.67%，某口大酒店最后一次出资时间为 2010 年 11 月 17 日。

二、2015 年 9 月 17 日，王某京、某豹公司将某口大酒店、汤某众诉至威海中院，请求确认某口大酒店抽逃了对某泊公司的出资 5420.2 万元并予以返还，汤某众对某口大酒店上述返还义务承担连带责任，2016 年 6 月 27 日威海中院 117 号判决判令：（1）确认某口大酒店抽逃了对某泊公司出资 5420.2 万元；（2）某口大酒店于判决生效后十日内向某泊公司返还抽逃的出资 5420.2 万元；（3）汤某众对某口大酒店上述返还义务承担连带责任。

三、2016 年 8 月 8 日，某泊公司监事孙某亮以快递邮寄的方式向全体股东发出《关于召开威海某泊温泉度假有限公司临时股东会会议的通知》，通知全体股东于 2016 年 8 月 25 日上午 9 时在威海市文登区某豹公司办公室二楼会议室召开公司临时股东会，会议议题为减少股东某口大酒店在某泊公司的出资额 5420.2 万元，某泊公司注册资本相应减少 5420.2 万元。2016 年 8 月 10 日，孙某亮向某泊公司全体股东发出《关于召开威海某泊温泉度假有限公司临时股东会会议的通知（二）》，通知股东会议时间改为 2016 年 8 月 27 日上午 9 时，会议地点及议题不变。

四、2016 年 8 月 27 日，某泊公司召开 2016 年第一次临时股东会。会议对议题进行了表决，王某京、某豹公司均投同意票，并制作股东会决议。股东会决议载明：根据已生效的威海中院 117 号判决确认，某口大酒店抽逃在某泊公司的出资 5420.2 万元，且该股东未在判决确定的时间内向公司返还抽逃的出资，因此其有效表决权金额法定应当减少 5420.2 万元，故本次会议有效表决权总额为 3579.8 万元（其中某豹公司 150 万元、王某京 2910 万元、某口大酒店 519.8 万元）。王某京、某豹公司对会议议题投赞成票，占有效表决权比例的 85.48%；某口大酒店弃权（其拥有的表决权比例为 14.52%）。会议通过决议：减少某口大酒店在某泊公司的出资额 5420.2 万元，相应减少某泊公司注册资本 5420.2 万元。

五、对此，王某京、某豹公司向威海中院起诉，诉求：（1）判决确认某泊公司于 2016 年 8 月 27 日作出的股东会决议有效；（2）判决某泊公司根据生效的股东会决议修改《公司章程》，并在公司登记机关办理工商变更登记手续。本案经过一审、二审，均支持了原告的诉讼请求。

六、某泊公司、某口大酒店不服，向最高人民法院申请再审，经过再审，最高人民法院撤销原一、二审判决，改判驳回王某京、某豹公司的诉讼请求。

律师分析

该案发生于新《公司法》生效前，适用当时的法律。根据《公司法司法解释三》第十七条关于"有限责任公司的股东未履行出资义务或者抽逃全部出资，经公司催告缴纳或者返还，其在合理期间内仍未缴纳或者返还出资，公司以股东会决议解除该股东的股东资格，该股东请求确认该解除行为无效的，人民法院不予支持"的规定，虽然认可了公司对股东资格的解除，但由于这种解除股东资格的方式相较于其他救济方式更为严厉，也更具有终局性，所以该规定的适用场合应限定在股东未履行出资义务或者抽逃全部出资的情形，而未全面履行出资义务或者抽逃部分出资的股东不适用该种规则。在本案中：一是2010年11月17日某泊公司《公司章程》确认某口大酒店的出资为5940万元，而2016年6月27日威海中院117号判决确认某口大酒店抽逃出资是5420.2万元，故属于抽逃部分出资的情形；二是王某京、某豹公司已通过诉请某口大酒店返还抽逃出资的方式进行了权利救济，并在威海中院1492号判决中得到支持，若本案认可其通过解除股东资格的方式再行权利救济，对某口大酒店而言属于双重惩罚，亦会产生两份生效判决相互矛盾的后果。因此，对王某京、某豹公司诉请确认解除某口大酒店股东资格的股东会决议合法效力的主张，最高人民法院最终予以驳回，即并未支持公司对抽逃部分出资的股东除名。

该案实际上暴露了原《公司法》中关于股东除名规则的弊端，即对于部分抽逃出资或未全面履行出资义务的股东，即使其抽逃了绝大部分的出资，也不能对其除名。股东一旦除名，即解除了其股东资格，其全部的出资也将归于失效。但是实务中，股东通常不会完全不履行出资义务或抽逃全部出资，那么对于不全面履行出资义务或抽逃部分出资的股东，原《公司法》除要求其补足出资并赔偿损失外，对于公司并没有其他的救济路径。在本案中，虽然原告创新性地提出了"部分除名"的诉讼请求（这也与新《公司法》股东失权规则相似），但是缺乏相应的法律依据，因此最终被驳回。但是在本案中，某口大酒店所抽逃的出资额占其全部出资额的91%，不过由于当时的法律规定的缺失，导致公司无法寻求"返还出资"之外的其他救济途径。新《公司法》第五十二条很好地补充了这一漏洞。公司可就股东未缴纳的部分出资失权，这样既完善了公司的救济手段，也保护了已实际出资的股权。

在采取"失权"措施后，也要及时对股权进行处理（转让或注销）并履行相应的程序。另外，新《公司法》对于股东失权规定了明确的前置程序，在公司决定对股东失权通知之前，应当先由董事会书面催缴出资，在宽限期（60 日以上）满后仍未出资的，才可以对其采取"失权"措施。

股东失权的决策机关是董事会。相比于除名制度由股东会作出决议的方式来说，股东"失权"由董事会作出决议，更能体现新《公司法》向董事会中心主义的迈进。该规则也与新《公司法》对董事会催缴制度进行衔接，将催缴与失权的决策权都赋予董事会。对于股东除名制度而言，如果各股东均存在未履行全部出资义务或抽逃全部出资的情形，部分股东对其他股东作出除名决议会因违反诚实信用原则而无效。在人民法院案例库刘某某诉常州某某化学科技有限公司等公司决议效力确认纠纷案①中，法院认为："本案争议焦点为，案涉股东除名决议的效力应如何认定？本案中，案涉股东除名决议的作出和内容于法无据，于实不符，应属无效。一方面，结合除名权的法理基础和功能分析，公司是股东之间、股东与公司以及公司与政府之间达成的契约结合体，因此股东之间的关系自当受该契约的约束。在公司的存续过程中，股东始终应恪守出资义务的全面实际履行，否则构成对其他守约股东合理期待的破坏，进而构成对公司契约的违反。一旦股东未履行出资义务或抽逃全部出资，基于该违约行为已严重危害公司的经营和其他股东的共同利益，背离了契约订立的目的和初衷，故公司法赋予守约股东解除彼此间的合同，让违约股东退出公司的权利。这既体现了法律对违约方的惩罚和制裁，又彰显了对守约方的救济和保护。由此可见，合同'解除权'仅在守约方手中，违约方并不享有解除（合同或股东资格）的权利。本案中，某某公司的所有股东在公司成立时存在通谋的故意，全部虚假出资，恶意侵害公司与债权人之权益。但就股东内部而言，没有所谓的合法权益与利益受损之说，也就谈不上权利救济，否则有悖于权利与义务相一致、公平诚信等法律原则。即洪某甲、洪某乙无权通过召开股东会的形式，决议解除刘某某的股东资格，除名决议的启动主体明显不合法。另一方面，从虚假出资和抽逃出资的区别来看，前者是指股东未履行或者未全部履行出资义务，后者则是股东在履行出资义务之后，又将其出资取回。案涉股东除名决议认定刘某某抽逃全部出资，事实上某某公司

---

① （2018）苏 04 民终 1874 号。

包括刘某某在内的所有股东在公司设立时均未履行出资义务，属于虚假出资，故该决议认定的内容亦有违客观事实。"

对于股东失权制度而言，由于作出决策的机关为董事会，是可以出于公司利益的考量，对部分或全部应当被失权的股东作出失权的决议。但如果董事会作出该部分决议并非基于公司的利益，则可能被追究违反忠实或勤勉义务的责任。

需要注意的是，一般来说，在公司经营顺利之时，小股东或公司倾向于失权未实缴的大股东，反之一般倾向于向股东追缴。但是如果大股东控制了公司的董事会，则有可能形成相反的效果。大股东通过控制董事会让自己"失权"，实现自己从经营不善的公司中"金蝉脱壳"的目的。对于此，新《公司法》并没有进行明确的规定，仅能以董事违反信义义务为由要求董事承担相应的责任。

实操建议

通过上述对新《公司法》新增第五十二条的系统分析，我们了解到原股东除名制度优化版股东失权规则的具体规定，具体梳理实操建议如下：

一、在公司章程中应当明确股东失权规则的适用条件、表决程序及表决方式。公司章程有大量的自治空间，对于股东失权规则，新《公司法》中并未规定明确的程序及表决规则。但是为保证公司在使用相应规则时的合规性，建议在公司章程中明确规定相应的程序，特别是拟被失权的股东是否有表决权，以及表决权比例的确定方式（以现有全部股权还是未失权的股权），表决所需要的表决权比例（全体一致或一定比例以上）。

（一）实体条件，应当在公司章程中明确记载各股东认缴出资金额、出资方式、出资期限。对于非货币出资的，还需要明确出资资产的评估方式以及实物资产评估不足的处理，如要求资产评估金额低于认缴出资额30%以上的股东，于出资期限届满后三十日内以现金的方式补足。

（二）程序条件，确定股东未全面履行出资义务时公司的催缴方式和联系方式；确定不少于六十日的宽限期，并确定通知的方式和时间。

（三）对于失权股权的处理，建议在公司章程中确定在决定失权后，被失权股东应当于确定的时间内转让股权。例如，在公司章程中确定在决定失权后，被失权股东应当于三十日内转让股权，超过三十日未转让的，应当由股东会决议是否对该部分股权进行注销（减少注册资本）。不同意减少注册资本的，应当购买相应股权，存在多名股东反对的，应当按各自实缴股权比例购买。既不同意减少注册资本，又不同意购买导致全体股东补足出资的，同意进行减资的股东有权利要求不同意减资的股东购买其补足部分股权。

二、在失权之前应当给予股东不少于六十日的宽限期。股东失权规则虽然相对于原《公司法》中的股东除名规则更加温和，但是仍具有很强的终局性，滥用股东失权规则，也不利于公司资本稳定和资本维持。因此，新《公司法》中明确了股东失权的前置程序，即由公司董事会进行催缴，并给予不少于六十日的宽限期。公司在采用股东失权救济时，应当履行催缴的前置程序。

三、公司在对股东采取失权措施后，拟注销股权的，应当依法履行减资程序。新《公司法》明确了在采取股东失权措施后，对应的股权应当在六个月内转让或注销。如果公司拟对该部分股权进行注销，则应当履行相应的减资程序，即经股东会表决并经三分之二以上表决权通过。同时还应当通知编制资产负债表及财产清单，通知债权人并进行公告。如果没有履行相应的程序，给债权人造成损失，还可能承担赔偿责任。

四、在公司章程中规定失权股东关联董事的表决回避制度。新《公司法》规定由公司董事通过决议确定对股东的失权。但是为防止大股东借此绕过"全体股东一致决议"，实现对自己的定向减资，应当在公司章程中规定在董事会对股东失权进行决议时关联董事的回避制度，以避免该权利被滥用。

008 股东不得以任何形式抽逃出资，否则要对公司债务承担责任[①]

法律条文

第五十三条第一款　公司成立后，股东不得抽逃出资。

条文演变

原《公司法》第三十五条规定"公司成立后，股东不得抽逃出资"仅是针对抽逃出资股东的行为责任约束，并未约定法定后果。新《公司法》在明确了股东责任义务的同时，对股东抽逃出资的责任承担方式作出了明确规定，将《公

---

① 本节作者赵梓凯，北京云亭律师事务所律师。

司法司法解释三》第十四条①立法要旨及精神融入其中，意在增强股东的责任意识，避免抽逃出资现象的出现。

裁判要旨

1. 公司登记机关因非股东本人签名所作出的撤销该股东登记的行政许可决定仅对变更登记具有撤销的效力，不具有否定当事人股东资格的效力，应由司法机关就当事人是否具有股东资格进行实质审查与判断，以保护善意债权人的交易安全，维护法律关系及经济秩序的稳定。

2. 债权人提供了对股东履行出资义务产生合理怀疑证明的，如股东抽逃出资相关的资金流向等，被告股东应当就其已履行出资义务承担举证责任，举证不能的视为抽逃出资，应在抽逃出资的本息范围内对公司债务不能清偿部分承担补充赔偿责任。

3. 公司多名股东抽逃出资，不能仅以增资款系一次性全部转移或者股东之间存在亲属关系及商业合作，即认定股东之间存在协助抽逃出资，并要求各股东对抽逃出资互负连带责任。

案情简介

一、上海某实业有限公司（以下简称实业公司）成立于 2000 年 6 月 10 日，注册资本 500000 元，成立时的股东为詹某（出资 260000 元）与周某（出资 240000 元）。实业公司于 2004 年 11 月 25 日第一次增资，将注册资本变更为 1000000 元，詹某缴纳增资 200000 元，周某缴纳增资 200000 元，新股东詹某甲缴纳增资 100000 元。实业公司于 2010 年 11 月 29 日第二次增资，将注册资本增至 10000000 元，詹某缴纳增资 1250000 元，周某缴纳增资 1125000 元，詹某甲缴纳增资 125000 元。

二、上海某针织制衣有限公司（以下简称针织公司）对实业公司的执行案件因实业公司无财产可供执行被终结本次执行，遂以实业公司三名被告股东詹某、周某、詹某甲在增资过程中存在抽逃出资行为为由，诉求前述三人在抽逃出

---

① 《公司法司法解释三》第十四条 股东抽逃出资，公司或者其他股东请求其向公司返还出资本息、协助抽逃出资的其他股东、董事、高级管理人员或者实际控制人对此承担连带责任的，人民法院应予支持。

公司债权人请求抽逃出资的股东在抽逃出资本息范围内对公司债务不能清偿的部分承担补充赔偿责任、协助抽逃出资的其他股东、董事、高级管理人员或者实际控制人对此承担连带责任的，人民法院应予支持；抽逃出资的股东已经承担上述责任，其他债权人提出相同请求的，人民法院不予支持。

资本息范围内对实业公司不能清偿的债务承担补充赔偿责任，并对三被告各自承担的补充赔偿责任互负连带责任。

三、法院查明，第一次增资款500000元于2004年12月16日进入实业公司验资户，2005年1月6日，实业公司将500000元一次性转至代办公司上海某经济发展公司，款项用途为"往来"；第二次增资2500000元于2010年11月30日进入实业公司验资户，2010年12月22日，实业公司将2500000元一次性转至关联公司上海某服饰公司，款项用途为"货款"。

四、另查明，詹某甲曾委托司法鉴定机构对实业公司工商内档中多份《股东会决议》等文件落款处签名是否为其本人所签进行鉴定，鉴定结果显示材料上的"詹某甲"签名均非詹某甲所写。据此，静安市场监管局作出"撤销2004年12月28日对当事人的变更登记"的决定。

五、本案历经上海市静安区人民法院一审、上海市第二中级人民法院二审①，最终判定，詹某、周某、詹某甲分别于其抽逃出资的1450000元、1325000元、225000元及利息范围内对公司不能清偿债务承担补充赔偿责任，同时，判令詹某对周某及詹某甲的补充赔偿责任承担连带责任。

律师分析

1. 工商行政部门所出具的针对股东资格确认的行政许可决定，仅为依据形式性审查作出，股东资格的效力及最终认定权需要经过司法机关实质性审判后作出。综合本案事实，虽然司法鉴定科学研究院出具了《司法鉴定意见书》认定涉案公司登记文件中载明的"詹某甲"签名均非本人所签，静安市场监管局亦以此为据出具了《撤销行政许可决定书》撤销公司变更登记，但根据在案证据及事实调查所得出的詹某甲身份证从未遗失、出资验资需要出具身份证原件、上海某实业公司三名股东关系密切等相关事实，詹某甲对于成为实业公司股东的事宜应为知情且同意具有高度可能性。一、二审法院均对詹某甲的股东资格进行了实质性的审查，这是行政决定所不可替代的。据此，认定其具有成为实业公司股东的意思表示，判定詹某甲关于其在实业公司的股东资格系被冒名登记的抗辩尚缺乏充分证据证明，不能成立，不予支持。

---

① 人民法院案例库：上海某针织制衣有限公司诉詹某、周某、詹某甲股东损害公司债权人利益责任纠纷一案。一审：上海市静安区人民法院（2020）沪0106民初24416号民事判决，二审：上海市第二中级人民法院（2021）沪02民终7070号民事判决。

2. 涉抽逃出资案件，债权人提供抽逃出资的初步证据线索后，举证责任转移，被告股东若未充分举证证明其主张涉案资金往来的真实性，视为抽逃出资。根据《公司法司法解释三》第二十条①，对于该类诉讼案件，被告股东的举证行为及举证力度能达到何种证明程度，对案件结果起到举足轻重的作用。上述案件因被告股东未对涉案资金转出行为的正当性、合理性提供充足有效的证据加以证明，需承担不利后果。在最高法北京新某投资有限公司、北京北某未名生物工程集团有限公司与公司有关的纠纷一案②中，法院认为，被告公司仅以财务列支科目备注 5160 万元系往来款即证明该款项系借款，并未提供其他证据证明借贷的合意、期限、利率及其还款情况等，被告公司的举证显然未达到法定的证明标准；同时，最高法再审案例张某军与天津某凯房地产开发有限公司股东出资纠纷一案中③，法院认为张某军主张某凯公司转出的款项是正常的股东借款，但是未提交证据证明，故此认定张某军以公司资金归还张某军个人借款和利息的行为属于抽逃出资。

若被告股东充分举证，可否定抽逃出资的嫌疑。在最高法深圳市爱某动力电池有限公司、深圳市爱某电子有限公司股东出资纠纷一案④中，被告公司提供了资金转出的股东会议决议，约定了返还期限的书面借款协议，并记入财务账册，法院认为上述借款行为系真实的债权债务关系且符合有关金融管理、财务制度等规定，亦不违反法律禁止性规定，最终认定为正常的借款交易而非抽逃出资。河南省高院中国华某资产管理股份有限公司河南省分公司与姬某某、张某某金融借款合同纠纷一案⑤及湖北省高院宜昌市大某小额贷款有限公司、王某某民间借贷纠纷一案⑥中，在被诉股东及公司承担了相应证明责任并达到相应证明标准后，法院亦最终否定了抽逃出资的原告诉求。

同时，根据现有《公司法司法解释三》第十四条第二款⑦的规定，抽逃出资

① 《公司法司法解释三》第二十条 当事人之间对是否已履行出资义务发生争议，原告提供对股东履行出资义务产生合理怀疑证据的，被告股东应当就其已履行出资义务承担举证责任。
② （2018）最高院民申 790 号。
③ （2015）民申字第 162 号。
④ （2020）最高院民申 4625 号民事裁定书。
⑤ （2016）豫民终字第 796 号。
⑥ （0215）鄂民一终字第 00015 号。
⑦ 《公司法司法解释三》第十四条第二款 公司债权人请求抽逃出资的股东在抽逃出资本息范围内对公司债务不能清偿的部分承担补充赔偿责任、协助抽逃出资的其他股东、董事、高级管理人员或者实际控制人对此承担连带责任的，人民法院应予支持；抽逃出资的股东已经承担上述责任，其他债权人提出相同请求的，人民法院不予支持。

的股东应在抽逃出资本息范围内对公司债务不能清偿的部分承担补充赔偿责任，而非连带赔偿责任。

3. 债权人请求协助抽逃出资的其他股东、董事、高管或者实控人对抽逃出资股东的补充赔偿责任承担连带责任的，需要提供充分证据证明上述人员存在协助抽逃行为，不能以"推定"代替"认定"。上述案件的在案证据足以证明，詹某系实业公司大股东、法定代表人、总经理，其应为公司实际控制人。同时，在涉案抽逃出资的银行贷记凭证与支付凭证中，均有"詹某"的签章，且涉案两笔出资均为整笔一次性转出至案外人账户，并未按照实业公司三名股东的出资额分别转出，詹某应为涉案两次抽逃出资的实际操作人，其对于周某、詹某甲的涉案两次抽逃出资存在协助行为。综上，上海二中院最终认定詹某对于周某、詹某甲的涉案两次抽逃出资应当承担连带责任。

相反，因詹某甲与周某在涉案资金转账凭证上并无签章行为，不能仅以其系实业公司股东、涉案增资款系一次性全部转移或者三名股东存在亲属关系及商业合作，即认定詹某甲对于詹某、周某的抽逃出资行为，以及周某对于詹某、詹某甲的抽逃出资行为存在知情或者共同的故意。对于该项诉求，针织公司并未提供充分证据予以证明。据此，一审、二审法院对针织公司要求詹某甲对于詹某、周某的涉案两次抽逃出资，以及周某对于詹某、詹某甲的涉案两次抽逃出资承担连带责任的主张，均以依据不足为由未予支持。

4. 所有股东均可诉求抽逃出资的股东返还出资，不因行权股东自身股权存在瑕疵出资等情形而失权。股东抽逃出资侵害的是目标公司财产权益，公司其他股东依据《公司法司法解释三》第十四条第一款①行使出资请求权属于共益权范畴，目的是维持公司资本，不应对上述法条中行使出资请求权的"其他股东"进行限缩。

在天津某教育公司诉上海某泵业公司等股东出资纠纷一案中②，虽然天津某教育公司通过法院公开拍卖获得的上海某泵业公司持有的上海某小贷公司10%股权属于瑕疵股权，但是二审中，上海一中院最终认定作为天津某教育公司仍有权

---

① 《公司法司法解释三》第十四条第一款　股东抽逃出资，公司或者其他股东请求其向公司返还出资本息、协助抽逃出资的其他股东、董事、高级管理人员或者实际控制人对此承担连带责任的，人民法院应予支持。

② 人民法院案例库：天津某教育公司诉上海某泵业公司等股东出资纠纷案。一审：上海市闵行区人民法院（2021）沪0112民初19563号民事判决，二审：上海市第一中级人民法院（2021）沪01民终14513号民事判决。

请求抽逃出资的股东上海某泵业公司向上海某小贷公司返还全部出资。二审法院认为，全体股东都有向公司出资的义务，该出资并非股东之间的对待给付，权利主体是上海某小贷公司，包括上海某泵业公司在内的任一股东均不得以对方未履行出资义务或者抽逃出资或者受让之股权存在瑕疵为由拒绝履行自身的出资义务。即便行权股东自身出资存在瑕疵，或公司明确表示无须返还，从出资责任、请求权性质、价值选择三个方面考虑，抽逃出资的股东也不能以此主张免除自己的返还义务。

5. 未履行法定减资程序便将投资款退回的，属于抽逃出资。公司法对公司的减资程序有着严格的程序性规定，未履行法定减资程序属于公司法所规定的违法减资行为，针对违法减资，司法实践中对其有形式性减资与实质性减资两种区分。

实质性减资，是指目标公司违法减资的同时，股东从公司抽取了实质性资产，最为常见的实质性减资便为公司将股东减资部分所对应的投资款予以全部或部分返还。对于该种减资行为，一方面会因为违法减资而导致减资无效①；另一方面也会因为公司资产实质性外流而被认定为抽逃出资行为。在公司实施实质性减资的情况下，其整体经营状况通常表现为危机状态。这种减资是为了维护内部股东的利益，将减少的资本归还给股东。然而，这种实质性减资会削弱公司对外部债权人的偿债能力和担保能力，从而直接影响了外部债权人实现其债权的可能性，与抽逃出资本质上并无较大差别。

形式性减资，是指公司在违法减资的同时，股东并未从公司抽回实质性资产，仅是减少了公司注册资本的数额，公司的净资产不会发生实质性降低或减少，降低、减少的部分仅为公司账面所呈现的股本。该种情形是否会被认定为抽逃出资，司法实务界存有不同争议。第一种观点认为，该种违法减资可以视为抽逃出资，在《最高人民法院公报》2017年第11期刊载的上海德某西集团有限公司诉江苏博某世通高科有限公司、冯某、上海博某世通光电股份有限公司买卖合同纠纷案中②，法院认为公司减资未直接通知债权人，既损害了公司的清偿能力，又侵害了债权人公司的债权，公司未对已知债权人进行减资通知时，该情形与股东违法抽逃出资的实质以及对债权人利益受损的影响，在本质上并无不同，应视为名为违法减资实为抽逃出资的行为。第二种观点相对保守，认为股东在违法减资过程中若未实质从公司抽回资产，公司对外部债权人的偿债能力以及担保

---

① （2019）最高法民申5203号。
② （2016）沪02民终10330号。

能力并不会实质性降低，此公司减资情形对债权人的权益影响并不大，不应认定为抽逃出资。如在北京昌某建设投资有限公司等与北京弘某汽车空调散热器有限公司买卖合同纠纷一案①中，最高法认为，《公司法司法解释三》（2011年）第十二条具体规定了抽逃出资的构成要件有两个：一是形式要件，即"将出资款项转入公司账户验资后又转出""通过虚构债权债务关系将其出资转出"等各种情形。二是实质要件，即"损害公司权益"。本案虽然符合该法条规定的形式要件，但实质要件难以认定。所以无法按照上述两个条文的规定认定目标公司构成抽逃注册资金。同时，《最高人民法院第二巡回法庭2019年第27次法官会议纪要》中认为，如果在公司减资过程中股东并未实际抽回资金，则属于形式上的减资，即公司登记的注册资本虽然减少，但公司责任财产并未发生变化。这种情形下，虽然公司减资存在违法行为，应由相关管理机关对其实施一定的处罚，但股东并未利用公司减资程序实际抽回出资、侵犯公司财产权，亦未损害债权人的利益，因此不能因公司减资程序不合法就认定股东构成抽逃出资。本文亦赞同第二种观点，同时建议债权人以追讨债权为目的时，若目标公司涉及形式性违法减资，可从违法减资股东出资期限这一角度做一切入口研究，本文此处不再赘述。

需要特别注意的是，即使形式性减资不等同于抽逃出资，基于新《公司法》依旧沿袭了减资流程的严格法定程序，公司减资程序中，对于在减资变更登记前已经产生且未受清偿的债权，无论该债权数额是否确定、债权履行期间是否届满，均应纳入公司履行法定通知义务的债权人范围。如负有注意义务的股东在减资过程中对未能通知债权人存在过错的，该股东应就公司减资后不能偿付的债务对债权人承担补充赔偿责任②。

6. 股权重置发生时，若新股东知悉原始股东存在抽逃出资并在加入公司后进行了股权重置，原始股东在公司的出资数额满足变更后登记数额，公司起诉原始股东补足抽逃出资，不应予以支持。在某房地产公司诉厉某某、卢某某股东出资纠纷一案③中，在厉某某、卢某某已被确认存在抽逃出资的前提下，新股东某公司对某房地产公司进行了股权重置，使得原始股东历某某在公司的实际出资数

① （2014）执申字第9号。

② 人民法院案例库：上海某建筑装潢材料有限公司诉陆某、汤某损害公司债权人利益责任纠纷案。一审：上海市虹口区人民法院（2020）沪0109民初24683号民事判决，二审：上海市第二中级人民法院（2021）沪02民终8377号民事判决，再审审查：上海市高级人民法院（2021）沪民申3189号民事裁定。

③ 人民法院案例库：某房地产公司诉厉某某、卢某某股东出资纠纷一案。一审：山东省威海市中级人民法院（2020）鲁10民初201号民事判决，二审：山东省高级人民法院（2021）鲁民终2360号民事判决。

额满足了变更后的登记数额，据此，一、二审法院均以厉某某在某房地产公司的注册资本出资满足了约定的股东出资额为由，驳回了某房地产公司的诉讼请求。

7. 投资者通过股权投资方式获得股东身份并取得固定投资回报，而非参与或控制目标公司的经营管理，后通过收取股权价款方式退出公司，一般不属于股东抽逃出资。收取股权价款属于以合理的对价获取投资款，该行为非无偿获取资金，属于股东获取投资收益的主要方式之一，不应认定为抽逃出资。在最高法审理的方某信托有限责任公司与赣州菊某高科技实业有限公司、中某信托股份有限公司的金融借款合同纠纷一案中①，中某公司虽以自己的名义将委托人中国建行的信托资金 1.2 亿元以增资扩股方式向被投资公司菊某公司进行股权投资，但中某公司不参与菊某公司的日常经营管理，只是按固定利率收取约定的红利，持股期满收回资金后未再收取菊某公司的红利等，可见，中某公司进行股权投资的实质是以增资扩股方式取得固定投资回报，而非参与或控制目标公司的经营管理。中某公司虽然通过工商变更登记取得了菊某公司的股东身份，但其股东权利义务与普通股东有所不同。再审法院认定，中某公司按照《增资扩股协议》约定的投资期满收回股权价款后即退出菊某公司的行为并非无偿获取资金，不符合公司法及有关司法解释规定的股东抽逃出资的情形。

8. 股东抽逃后又主张通过其他方式注入公司的款项，必须有明确的意思表示，否则不能认定为补足出资。股东出资义务系股东的法定义务，股东的实缴出资应当实际用于公司经营，一旦实缴出资非经法定程序不能抽回。股东抽逃后又主张通过其他方式注入公司的款项，除非有股东会或公司认可等明确的补足出资意思表示，否则不能认定为补足出资。在股东对公司存在经营控制的情形下，如果认可股东对抽逃出资补足的随意性，将动摇公司财产的独立性，影响公司潜在债权人及其他股东利益。最高法在曾某治、龙岩市新某公路工程有限公司等案外人执行异议之诉再审一案②中，山东省高院齐某伟、潍坊百某文化传播有限公司等股东损害公司债权人利益责任纠纷民事申请再审案件中③便持有上述观点。

9. 股东抽逃出资后，为公司偿付债务，亦不能直接认定为补足出资。公司的资本是作为公司独立财产的存在，而并非仍以股东个人财产为表现。广州中院广东群某网络有限公司、邹某股东出资纠纷一案④中法院认为，邹某没有将款项

---

① （2017）最高法民终 309 号。
② （2021）最高法民申 5302 号。
③ （2022）鲁民申 721 号。
④ （2019）粤 01 民终 6989 号。

汇入公司账户，而是个人为公司偿付债务，其意思表示并不明确。该款项没有转化为公司的财产。公司是拟制法人，是独立的主体。公司对其承担债务，股东并不需要承责。因此，邹某代群某公司对外偿付债务的行为，在没有明确是出资的意思表示的前提下，形成的是债权债务关系，并非一概而论成为公司的资本。

实操建议

通过对新《公司法》第五十三条新增内容的系统分析，我们了解到股东与公司之间的正常经济往来与股东抽逃出资存在诸多易混淆之处，从规避该类行为的发生及维护债权人利益两个角度考虑，具体梳理实操建议如下：

1. 作为股东及目标公司债权人，首先应明知法律所规定的抽逃出资行为的具体表现形式。根据《公司法司法解释三》第十二条①规定，结合司法实践，股东抽逃出资主要有以下几种：股东将出资款足额出资到公司后，将注册资金全部或者部分直接转走或者抽走；将实物投资部分变相转移给抽逃股东本人或者抽逃股东指定的第三人；虚构债权债务关系或利用关联交易进行抽逃出资；股东利用债权收回的方式，将债权收回为其个人所有；违法以单独给个别股东分红的方式实现买断股权；以减资方式变相抽逃资金等。

2. 作为股东，若与公司经济往来较为密切，每笔正常资金往来应履行完备的程序性事项，避免被认定为抽逃出资。在实践中，公司股东向公司进行借款的情况屡见不鲜。但就公司股东借款问题，真实借贷关系与抽逃出资行为之间的界限并不清晰。股东与公司所进行的包含借款在内的任何资金往来应尽量签订书面协议，每笔资金往来尽可能备注清楚转款性质，如列明"投资款""出资款""货款""借款"或"还款"等，避免以"往来款"做默认备注。股东与公司进行正常的资金往来时，应在严格遵守公司章程约定及公司法相关规定的前提下，遵循会计财务制度，按照会计准则有关规定处理每笔交易，财务账册记载要做到独立、清晰。若存在多个公司主体，应独立建账，杜绝财务账目混同。

3. 作为股东，为避免其他股东以抽逃出资方式损害自身权益，应密切关注

---

① 《公司法司法解释三》第十二条　公司成立后，公司、股东或者公司债权人以相关股东的行为符合下列情形之一且损害公司权益为由，请求认定该股东抽逃出资的，人民法院应予支持：

（一）制作虚假财务会计报表虚增利润进行分配；

（二）通过虚构债权债务关系将其出资转出；

（三）利用关联交易将出资转出；

（四）其他未经法定程序将出资抽回的行为。

公司的资金流动，定期查阅公司账目，防止其他股东抽逃资金。股东获取公司的银行账户和财务信息存在天然优势。就防范公司内部出现抽逃出资而言，首先，可以通过制定公司章程来设定股东与公司之间资金往来的严格程序，如大额资金的出借等需要经过股东会或董事会的决议，防止股东随意与公司发生资金往来。其次，在公司章程中规定股东与公司之间的资金往来需要向其他股东及时披露，以防止某些股东以隐蔽方式抽逃出资。最后，加强对公司财务管理的规范，建立完善的账目内部查阅机制，防止股东抽逃出资。

4. 作为目标公司的债权人，若公司股东存在抽逃资金行为，尽最大可能先行收集资金抽逃的线索。在抽逃出资股东具有债务清偿能力的前提下，抽逃出资的数额可以视为债权人对公司的潜在债权追偿数额。建议债权人详细收集公司相关资料，或委托律师或法院调查取证，发现股东抽逃出资的蛛丝马迹。只要能提供公司账户与股东个人账户或关联账户之间存在不正常交易往来的初步证据，主张抽逃的一方也就完成了"产生合理怀疑"的举证责任。

5. 作为裁判者等相关法律工作者，建议应结合抽逃出资的形式要件与实质要件，以股东行为是否侵蚀公司资产为标准判断股东是否构成抽逃出资。股东抽逃出资行为成立，在客观上必须满足该转出资金的行为侵蚀了公司资本这一实质条件，而非公司资产是否被转出。厦门中院发布的保护中小投资者典型案例三[①]亦认为，出于资金移转事实较易查明之便利性，在公司诉讼实务中，债权人较广泛地将以上规定作为追究"股东赔偿责任"的请求权基础，但在这一类型的案件中，存在一些"表象上为抽逃出资，实质并不损害公司资本充足性"的情形，亟须辨别判断，与真实的抽逃出资行为进行区分，以免对合法之股东造成不利打击，防止刚性的法律规定成为商业创新的掣肘。

009 董、监、高协助股东抽逃出资，须承担什么责任[②]

法律条文

第五十三条 公司成立后，股东不得抽逃出资。

---

① 《保护中小投资者典型案例》案例三：厦门市益某飞工贸有限公司与深圳冠某创业投资有限公司、罗某生等债权人利益责任纠纷一案——对股东抽逃出资行为的判断。

② 本节作者赵梓凯，北京云亭律师事务所律师。

违反前款规定的，股东应当返还抽逃的出资；给公司造成损失的，负有责任的董事、监事、高级管理人员应当与该股东承担连带赔偿责任。

条文演变

原《公司法》第三十五条规定"公司成立后，股东不得抽逃出资"，并未明确约定股东抽逃出资时董、监、高的责任及承担方式。新《公司法》新增董、监、高作为股东抽逃出资责任承担的主体，同时，将原《公司法》第一百四十七条①所规定的董、监、高忠实勤勉义务与《公司法司法解释三》第十四条②所规定的董、监、高协助抽逃出资下的连带责任承担考虑在内，使得公司对抽逃出资的追缴主体更广泛与明确，更强调保护公司的财产。

裁判要旨

董、监、高等相关人员以积极实施和不履行忠实勤勉义务的方式协助股东抽逃出资，应当与抽逃出资股东共同承担返还抽逃资金本息的连带责任。

案情简介

一、国某公司由石某山青年曼公司、石某山乘用车公司、莲某控股公司、石某山矿业集团四股东发起设立。石某山青年曼公司、石某山乘用车公司、莲某控股公司第一期出资共计 4824.44 万元。

二、2010 年 12 月 30 日，国某公司将 4900 万元转入其中国银行金华市分行账户，又于 2011 年 1 月 4 日将 4900 万元转入莲某控股公司在中国银行金华市分行的账户，此后该笔款项的去向以及是否返还国某公司，均未有有效证据证明。

三、石某山青年曼公司、石某山乘用车公司、莲某控股公司第二期注册资本出资共计 6795.56 万元。2012 年 3 月 16 日，国某公司分两笔将 6800 万元转入石某山青年曼公司。同日，石某山青年曼公司将 2300 万元转入其中国银行石某山

---

① 原《公司法》第一百四十七条第一款　董事、监事、高级管理人员应当遵守法律、行政法规和公司章程，对公司负有忠实义务和勤勉义务。

② 《公司法司法解释三》第十四条　股东抽逃出资，公司或者其他股东请求其向公司返还出资本息、协助抽逃出资的其他股东、董事、高级管理人员或者实际控制人对此承担连带责任的，人民法院应予支持。

公司债权人请求抽逃出资的股东在抽逃出资本息范围内对公司债务不能清偿的部分承担补充赔偿责任、协助抽逃出资的其他股东、董事、高级管理人员或者实际控制人对此承担连带责任的，人民法院应予支持；抽逃出资的股东已经承担上述责任，其他债权人提出相同请求的，人民法院不予支持。

市分行账户，将4500万元转入金某汽车制造公司。该笔款项的去向各方均未提交有效证据证明。

四、庞某年、王某丹、庞某萍、厉某平、孙某海、傅某均为国某公司董事。其中，石某山青年曼公司委派厉某平、孙某海、傅某担任国某公司董事，石某山乘用车公司委派王某丹、庞某萍担任国某公司董事，莲某控股公司委派庞某年担任国某公司董事、董事长。

五、宁夏高院一审认定，莲某控股公司与石某山青年曼公司、石某山乘用车公司构成人格混同，共同构成抽逃出资，应当共同向国某公司返还抽逃出资款11620万元及利息。庞某年作为国某公司董事，涉案六家公司的法定代表人，国某公司资金被抽逃与其有关。孙某海系国某公司董事、石某山青年曼公司的财务总监，又是石某山项目基地负责人。傅某系国某公司董事、石某山青年曼公司的财务总监，国某公司资金被转出多系二人签字或指令他人签字，其应承担连带责任。王某丹系青年汽车集团有限公司执行总裁，厉某平系副总裁，分管战略项目、对外合作、价格中心，该二人与庞某萍明知国某公司资金被抽逃而不制止和监督，存在过错，未尽到忠实、勤勉义务。上述6名董事应当承担返还抽逃资金本息的连带责任。

六、最高法二审①维持原判，认为庞某年、孙某海、傅某系抽逃国某公司资金的具体决策和直接实施者。王某丹、庞某萍、厉某平身为国某公司董事，应当遵守法律、行政法规和公司章程，未妥善履行对国某公司负有的忠实义务和勤勉义务。后当事人不服提请再审，最高法对原判予以维持②。

律师分析

1. 董、监、高人员对抽逃出资的连带赔偿责任本质上为对股东侵权责任的连带承担。第一，抽逃出资是在公司成立后股东将原已实缴到位的出资通过各种隐蔽复杂手段抽回，本质上属于侵占公司财产的侵权行为；第二，原《公司法》第一百四十七条及新《公司法》第一百七十九条③及第一百八十条④，明确规定

---

① （2018）最高法民终913号。
② （2020）最高法民申200号。
③ 新《公司法》第一百七十九条　董事、监事、高级管理人员应当遵守法律、行政法规和公司章程。
④ 新《公司法》第一百八十条　董事、监事、高级管理人员对公司负有忠实义务，应当采取措施避免自身利益与公司利益冲突，不得利用职权牟取不正当利益。
董事、监事、高级管理人员对公司负有勤勉义务，执行职务应当为公司的最大利益尽到管理者通常应有的合理注意。
公司的控股股东、实际控制人不担任公司董事但实际执行公司事务的，适用前两款规定。

了公司董、监、高人员对公司负有忠实义务和勤勉义务，董、监、高人员违反上述法定义务而导致公司损失的，构成公司法中的侵权责任，最高法民二庭编撰的《最高人民法院商事审判指导丛书公司案件审判指导》"公司法中侵权责任"篇章便作此论述。

结合《民法典》第一千一百六十九条第一款①所规定连带责任制度，董、监、高人员的协助抽逃出资行为违反了忠实勤勉义务，与抽逃出资股东共同实施了侵权行为，应对此承担连带责任。

2. 股东瑕疵出资可以分为抽逃出资及未履行或未全面履行出资义务，新《公司法》将公司股东瑕疵出资时董、监、高人员的相关责任均予以明确规定。

股东未出资或未全面履行出资义务是瑕疵出资最为常见的表现形式之一。新《公司法》第五十一条②新增公司催缴的相应制度设计，即"董事会资本充实责任"。该新增规定从董事对债权人的信义义务出发，董事若未能在出资、增资阶段通过催缴义务合理控制公司不能清偿到期债务的风险，则会影响其对债权人的资本监管义务之履行。同时，赋予董事会催缴职权后，可以增强董事会对公司的资本话语权，提升解决认缴难题的有效性。这也与原《公司法》第一百四十七条所规定的忠实勤勉义务及《公司法司法解释三》第十三条第四款③的法律精神相吻合，有利于资本充实原则的贯彻与落实。

抽逃出资是股东瑕疵出资的第二种表现形式。《公司法司法解释三》第十四条规定了董事、高管对抽逃出资的连带责任，明确规定了董、监、高人员对股东抽逃出资行为承担连带责任的前置条件为"协助抽逃出资"。据此，新《公司法》第五十一条与第五十三条共同对股东瑕疵出资时目标公司主要人员的责任承担问题予以规定。

3. 对抽逃出资行为"负有责任"是董、监、高人员对抽逃出资行为承担连带责任的前提条件。具体而言，可以解释为董、监、高人员对股东的抽逃出资行

---

① 《民法典》第一千一百六十九条第一款　教唆、帮助他人实施侵权行为的，应当与行为人承担连带责任。

② 新《公司法》第五十一条　有限责任公司成立后，董事会应当对股东的出资情况进行核查，发现股东未按期足额缴纳公司章程规定的出资的，应当由公司向该股东发出书面催缴书，催缴出资。

未及时履行前款规定的义务，给公司造成损失的，负有责任的董事应当承担赔偿责任。

③ 《公司法司法解释三》第十三条第四款　股东在公司增资时未履行或者未全面履行出资义务，依照本条第一款或者第二款提起诉讼的原告，请求未尽公司法第一百四十七条第一款规定的义务而使出资未缴足的董事、高级管理人员承担相应责任的，人民法院应予支持；董事、高级管理人员承担责任后，可以向被告股东追偿。

为实施了积极的作为或消极的不作为。

董、监、高人员协助抽逃出资的行为可以分为积极的作为与消极的不作为。积极的作为是指董、监、高的人员以实际行动对股东的抽逃出资行为实施了帮助或促进，如实施的签字、盖章和转账操作行为。按照侵权责任的举证责任原则，原告需要提供证据证明董、监、高人员确实协助了抽逃出资的行为，否则将承担举证不能的法律后果。在最高法深圳市亿某信某科技有限公司、李某进等追收抽逃出资纠纷、股东出资纠纷案中①，李某进作为董事兼经理，法院认定其不仅未监督股东履行出资义务，反而放任并协助股东抽逃出资，应对信某公司的返还出资责任承担连带责任。

消极的不作为是指董、监、高对于股东抽逃出资的行为持有不作为的态度，多指对抽逃出资行为存有失职性过失或刻意放任。具体而言，如果在某些特定情况下董、监、高人员有能力发现并阻止抽逃出资行为，但选择沉默应对或无动于衷，这种不作为则违反了公司法所要求的忠实勤勉义务，因此需要对此承担连带责任。判断董、监、高人员是否有能力发现并阻止抽逃出资，需要综合考虑其担任相应职位时间长短、权限大小以及抽逃出资的具体行为特点等多种因素。需要特别注意的是，该类不作为不应作扩大解释，即不应对董、监、高的忠实勤勉义务做出无限制扩张，不应仅依据自然人具有董、监、高身份而径行认定因抽逃出资行为的发生其当然构成违反忠实义务或勤勉义务。如果董、监、高人员对抽逃出资行为不存在察觉、监管或纠正的可能性，则不宜对其施加连带责任。在最高人民法院青海金某成矿业有限责任公司、河南金某建设有限公司损害公司利益责任纠纷一案中，原告要求作为董事、总经理的李某对抽逃出资1100万元承担连带责任。一审法院判决李某承担连带责任。但二审最高法认为，资金转出发生时李某刚被任命为公司执行董事未超过一周，且转出资金加盖印鉴为原执行董事印鉴而非李某印鉴，该案中没有证据显示李某实施了"协助"抽逃出资行为，仅仅依据转款发生在李某担任公司法定代表人、董事、总经理期间不能径行认定李某未尽勤勉义务和协助转款，原告未举证证明李某的侵权行为、损失及因果关系，据此最高法撤销了一审认定李某应当承担连带责任的判项。

---

① （2021）最高法民申4683号。

实操建议

通过对新《公司法》第五十三条新增内容的系统分析，我们了解到公司董、监、高人员权利背后是更高的法律责任。从公司债权人视角及董、监、高规避股东抽逃出资连带责任的视角，具体梳理实操建议如下：

1. 作为公司债权人，在目标公司确实存有股东抽逃出资情形的基础上，可尝试扩大责任人范围，追究目标公司董、监、高人员连带责任。一方面，梳理在案证据线索，核查涉案股东抽逃出资过程的整个环节及流程中，是否涉及相关董、监、高人员，是否有公司董、监、高人员的部分参与乃至全程参与，尝试追究其以"作为"方式协助股东抽逃出资的法律责任。另一方面，核查涉案股东抽逃出资行为是否属于公司特定董、监、高人员监管权限的范围，如公司规章制度是否将涉案股东抽逃出资的相关环节约定为董、监、高人员的监管范围，核查董、监、高人员与抽逃出资股东是否存在特殊利害关系，抽逃出资股东为法人时，该董、监、高人员是否属于该法人的主要责任人或实控人，是否存在以消极的不作为方式协助抽逃出资的情形。

2. 作为公司董、监、高人员，不应协助股东抽逃出资。若发现公司存在股东抽逃出资情形，应协助追索被抽逃的资金。第一，加强对股东与公司之间业务往来、财务往来的监管，加强公司财务、交易方面的管理，重点核查股东与公司之间关联交易、财务往来的真实性，防止股东通过虚假交易、虚构债权债务等方式抽逃出资，确保自己的履职行为不违背公司法所规定的忠实勤勉义务。第二，若股东已完成抽逃出资，董、监、高仍应积极履职，避免因"不作为"而被追究股东抽逃出资的连带责任。一方面，董、监、高人员可以采取相应措施限制抽逃出资股东的权利，如根据《公司法司法解释三》第十六条规定①，限制抽逃出资股东的利润分配请求权、新股优先认购权、剩余财产分配请求权等；另一方面，可以采取向股东发函进行催告乃至以公司的名义提起诉讼等方式，积极向股东追索被抽逃的出资，避免自身责任的进一步扩大。

① 《公司法司法解释三》第十六条 股东未履行或者未全面履行出资义务或者抽逃出资，公司根据公司章程或者股东会决议对其利润分配请求权、新股优先认购权、剩余财产分配请求权等股东权利作出相应的合理限制，该股东请求认定该限制无效的，人民法院不予支持。

010 债权人或者公司要求未届缴资期限的股东提前出资的情形有哪些①

法律条文

第五十四条 公司不能清偿到期债务的，公司或者已到期债权的债权人有权要求已认缴出资但未届出资期限的股东提前缴纳出资。

条文演变

原《公司法》并无股东出资加速到期的相关规定，仅在《公司法司法解释三》第十三条第二款②规定了未全面履行出资义务的股东对公司债务不能清偿部分承担补充赔偿责任，实践中，各地法院对公司注册资本认缴制下"未履行或者未全面履行出资义务"以及"公司债务不能清偿"的认定均存在不同意见，导致裁判标准不统一、同案不同判的情形时有发生，且最高法在多个司法判例中改判了地方法院的观点，明确该条中"未履行或者未全面履行出资义务"通常并不包括股东因出资期限没有届满而尚未完全缴纳其出资份额的情形，从而否认有些法院以该条作为认定是否满足出资加速到期的法律适用的合理性。

本法生效前，《中华人民共和国企业破产法》第三十五条③、《公司法司法解释二》第二十二条④、《九民纪要》第六条⑤共同构建了我国股东出资加速到期的

---

① 本节作者王梨，北京云亭律师事务所律师。

② 《公司法司法解释三》第十三条第二款 公司债权人请求未履行或者未全面履行出资义务的股东在未出资本息范围内对公司债务不能清偿的部分承担补充赔偿责任的，人民法院应予支持……

③ 《中华人民共和国企业破产法》第三十五条 人民法院受理破产申请后，债务人的出资人尚未完全履行出资义务的，管理人应当要求该出资人缴纳所认缴的出资，而不受出资期限的限制。

④ 《公司法司法解释二》第二十二条 公司解散时，股东尚未缴纳的出资均应作为清算财产。股东尚未缴纳的出资，包括到期应缴未缴的出资，以及依照公司法第二十六条和第八十条的规定分期缴纳尚未届满缴纳期限的出资。

公司财产不足以清偿债务时，债权人主张未缴出资股东，以及公司设立时的其他股东或者发起人在未缴出资范围内对公司债务承担连带清偿责任的，人民法院应依法予以支持。

⑤ 《九民纪要》第六条 【股东出资应否加速到期】在注册资本认缴制下，股东依法享有期限利益。债权人以公司不能清偿到期债务为由，请求未届出资期限的股东在未出资范围内对公司不能清偿的债务承担补充赔偿责任的，人民法院不予支持。但是，下列情形除外：（1）公司作为被执行人的案件，人民法院穷尽执行措施无财产可供执行，已具备破产原因，但不申请破产的；（2）在公司债务产生后，公司股东（大）会决议或其他方式延长股东出资期限的。

规则体系，从该体系中不难看出，我国出资加速到期制度经历了仅在企业破产、清算阶段的要求股东出资加速到期到《九民纪要》非破产、清算阶段的例外出资加速到期的转变。可见，对于出资加速到期，我国之前采取的态度相对比较谨慎，一般情况倾向于保护股东出资期限利益，不支持出资加速到期，只有在公司具备"被申请强制执行+无可供执行财产+具备破产条件未申请破产"或者恶意延长出资期限的例外情况下支持出资加速到期。虽然该制度规则下，债权人主张出资加速到期仍然存在很多司法实践上的难点，如程序复杂、法律依据不清晰、举证责任重等问题，但也确实使得股东在认缴制下对公司不能清偿的债务责任承担问题在司法审判层面得到一定程度的解决。

《九民纪要》的出台解决的是在司法机构内部统一裁判思路的问题，并未在立法层面确定股东出资加速到期的法定情形及法定义务。本法的修订生效，直接从立法层面解决了认缴制下股东对公司不能清偿的债务责任承担问题，打破了之前出资加速到期的一般限制性规则，使得出资加速到期的适用情形更加广泛，债权人主张出资加速到期的上位法依据更加充分，进一步保障了公司资本充实、维护市场交易安全、保护债权人的合法权益。

裁判要旨

股东应按期缴纳出资，股东出资是公司财产的重要组成部分，应当用于公司对外承担债务，公司因股东增资可获得的财产当然不能免于用来对外承担责任。换言之，只要公司债务尚未清偿，公司就应当持续以其财产清偿债务，无论该财产是公司的新增资本还是其他收入。

案情简介

一、2018 年，上海嘉定法院作出 10242 号判决书，判令：某建筑装饰公司于判决生效之日起十日内支付烨某公司工程款 3457689.50 元以及该款自 2015 年 8 月 26 日起至实际清偿之日止的利息，退还履约保证金 35 万元，赔偿停、窝工损失 225000 元。上述判决生效后，烨某公司向嘉定法院申请强制执行。

二、2018 年 12 月 10 日，嘉定法院作出执行裁定书，以某建筑装饰公司暂无财产可供执行为由裁定终结执行程序。

三、某建筑装饰公司系于 1995 年 1 月 20 日登记设立的有限责任公司。2015 年 5 月 12 日，某建筑装饰公司形成股东会决议，内容为：原注册资本 600 万元变更为 3000 万元。其中练某华原出资 420 万元变更为 2700 万元，王某燕原出资 180 万元变更为 300 万元，出资时间为 2025 年 12 月 30 日。同日，某建筑装饰公司形成公司章程修正案，对上述注册资本变更事宜作了修正。

四、某建筑装饰公司公示信息显示，2015 年 6 月 12 日，公司注册资本变更至 3000 万元，练某华实缴出资 2700 万元，王某燕实缴出资 300 万元，实缴出资时间为 2015 年 5 月 27 日。

五、经查，2015 年 5 月 27 日，王某燕、练某华账户内收到案外公司转账的 120 万元、2280 万元后，将上述款项转账至某建筑装饰公司，用于缴纳增资款，但某建筑装饰公司收款后随即又转回至案外公司，增资款进出前后不满五分钟。

六、原告烨某公司向一审法院提出诉讼请求：（1）判令被告练某华在 2280 万元范围内对 10242 号判决书中确认的债务本息承担补充赔偿责任；（2）被告王某燕在 120 万元范围内对 10242 号判决书中确认的债务本息承担补充赔偿责任。

七、上海市崇明区人民法院在审理中①认为：即使按股东会决议或公司章程的规定认定某建筑装饰公司增资款的缴纳时间尚未到期，根据《九民纪要》第六条规定，本案原告主张的其对某建筑装饰公司享有的债权，已经向人民法院申请执行，但法院在穷尽执行措施后，某建筑装饰公司仍无财产可供执行，且该公司因多起诉讼被法院强制执行并被裁定终结执行程序。现某建筑装饰公司未提供其他可以清偿原告债务的财产，其股东出资也应加速到期，两被告作为股东也应对公司债务不能清偿部分承担补充赔偿责任。

律师分析

一、本法生效前，我国司法实践中债权人主张股东出资加速到期一般应满足以下几个实质性条件：

（1）公司已被申请强制执行，无可供执行的财产，具备破产条件但未申请破产。

（2）该出资加速到期的实质性条件要求为《九民纪要》第六条规定的例外情形之一，缺一不可。

在司法实践中，债权人需举证证明公司已被申请强制执行且无可供执行的财产，具备破产条件但未申请破产，对债权人的举证责任要求较高，实务中，很多

---

① 人民法院案例库 2023-08-2-277-003 号案例：（2021）沪 0151 民初 9042 号。

债权人因举证不能而承担了举证不能的法律后果。例如，最高人民法院审理①的中某建设集团股份有限公司、江西某实业有限公司合同纠纷再审审查与审判监督一案时，认为：因某实业公司的股东出资期限为2038年1月26日，目前均未届出资期限，中某公司没有证据证明某实业公司作为被执行人的案件，人民法院穷尽执行措施无财产可供执行，已具备破产原因，但不申请破产的情形。发生案涉债务后，虽投资发展公司和科技集团公司进行了股权转让及变更，但中某公司并未举证证明某实业公司以股东（大）会决议或以其他方式延长股东出资期限。因此，某实业公司的股东并不属于法定出资加速到期情形。二审判决认定中某公司要求某实业公司股东在未出资范围内承担连带清偿责任缺乏法律依据，并无不当。

此处需要注意的是，若公司已经申请破产或被其他债权人申请破产，则已适用法定加速到期情形，对于债权人要求单独清偿法院则不予受理。比如，在最高人民法院审理②的广州迅某公司、广州离某公司等著作权许可使用合同纠纷民事二审一案中，最高法院认为，黄某强、肖某玲作为股东认缴了对离某公司的出资，其实际出资额均为0元，二人未履行出资义务。但是，广东省广州市中级人民法院已于2022年11月4日受理阿某云公司对离某公司的破产清算申请，故迅某公司要求黄某强、肖某玲对离某公司的债务承担补充赔偿责任，于法无据，本院不予以支持。

（3）在公司债务产生后，公司股东（大）会决议或以其他方式延长股东出资期限的。

该实质性条件是《九民纪要》规定的第二个例外情形，实务中以该条规定主张适用出资加速到期的情况相对较少，笔者理解债权人适用该条的举证责任要更难，该条的本质实际上与股东恶意逃废债异曲同工。其法律逻辑均是，如果出资期限未届满而未缴纳出资的股东明知存在侵权之债，为逃避债务而恶意延长股东出资期限或转让其未届出资的股权，增加公司注册资本不能实缴到位的风险，明显损害债权人利益，该恶意延长出资期限或股权转让行为属于股东滥用其出资期限利益逃避债务的行为，对于股东侵权之债应承担相应的法律责任。

二、在过往司法实践中，债权人可以通过以下程序寻求救济途径：

（1）债权人可在确认债权的诉讼中直接增加诉讼请求，请求出资加速到期的股东对公司债务承担补充赔偿责任。

---

① （2021）最高法民申1080号。
② （2022）最高法知民终1579号。

实务中，该救济途径是最节约时间成本及司法资源的方式，但此时，债权人往往面临举证责任压力，债权人需证明公司满足出资加速到期条件。在债权确认案件结果没有审结之前，若债权人无相关证据（如公司存在其他已结执行终本案件及其他符合破产原因但未申请破产等）证明公司满足出资加速到期条件，则在实体审理中会因无证据证明满足出资加速条件而被驳回该项诉讼请求。在前述最高人民法院审理①的广州迅某公司、广州离某公司等著作权许可使用合同纠纷民事二审一案中，原告迅某公司向一审法院起诉请求：①离某公司向迅某公司支付分成款；②离某公司赔偿迅某公司经济损失 4725838.20 元；③黄某强、肖某玲分别以 190 万元、10 万元为上限，对上述债务连带承担补充赔偿责任。一审法院认定迅某公司于本案没有举证证明离某公司当前存在解散或其他足以导致要求股东出资加速到期的情形，故要求黄某强、肖某玲对离某公司承担补充清偿责任，缺乏依据；最高法二审时认定因存在第三方在其他法院申请公司破产所以本案不存在出资加速到期的情形。在该案中，人民法院完成了对股东出资加速到期的实体性审理。此外，笔者认为，债权确认诉讼作为债权人解决诉争的第一步，在主张出资加速到期未得到支持的情况下，仍可以待胜诉判决出具后，根据新的事实、新的证据情况在后续执行阶段继续主张追加股东作为被执行人。

（2）向执行法院提出追加被执行人申请，提起执行异议之诉。

关于在执行程序中追加被执行人，司法实践中，追加执行依据之外的当事人为被执行人涉及被追加人的重要实体和程序权益，一般是严格限制的，只有在符合《最高人民法院关于民事执行中变更、追加当事人若干问题的规定》追加事由的情况下，人民法院才应在异议之诉中予以追加并确定责任范围。该规定第十七条②明确规定了追加未足额缴纳出资股东作为被执行人的法定情形。

通常情况下，执行法院在执行阶段收到以出资加速到期为由的追加申请后，因涉及实体审理，法院执行部门会裁定驳回追加请求，并告知当事人对人民法院依据该规定作出的变更、追加裁定或驳回申请裁定不服的，可以自裁定书送达之日起十五日内，向执行法院提起执行异议之诉，此时案件转由民事审判部门进行审理。例如，北京市高级人民法院在审理隆某伟等与北京墨某科技股份有限公司

---

① （2022）最高法知民终 1579 号。

② 《最高人民法院关于民事执行中变更、追加当事人若干问题的规定》第十七条　作为被执行人的企业法人，财产不足以清偿生效法律文书确定的债务，申请执行人申请变更、追加未缴纳或未足额缴纳出资的股东、出资人或依公司法规定对该出资承担连带责任的发起人为被执行人，在尚未缴纳出资的范围内依法承担责任的，人民法院应予支持。

变更、追加执行人异议之诉二审一案①中，墨某公司向一审法院申请强制执行，一审法院立案执行后，在执行过程中，经查东某海公司暂无财产可供执行，一审法院终结本次执行程序的裁定。后墨某公司向一审执行法院申请追加隆某伟为被执行人，一审法院于作出执行裁定书予以驳回。墨某公司遂提起本案执行异议之诉。北京高院在执行异议之诉中经审查认定隆某伟应在未出资范围内承担责任，并判决追加隆某伟为（2020）京03执1713号执行案件的被执行人，在450万元范围内对北京仲裁委员会作出的（2020）京仲裁字第2169号仲裁裁决确定的东某海公司债务承担补充赔偿责任。而广东高院在审理②刘某彪、杨某利租赁合同纠纷执行审查一案中，一审法院在杨某利向该院申请追加裕某公司的股东郑某、刘某彪为被执行人后直接作出执行裁定，追加郑某、刘某彪为该院（2019）粤01执171号案被执行人，对裕某公司的债务在其未缴纳出资的范围内承担责任。

可见，不同法院对于执行阶段追加股东作为被执行人仍然存在不同处理意见，实务中仍需根据各地法院的观点决定下一步救济途径。

根据以上可总结债权人提起执行异议之诉的完整程序为：起诉确定债权—申请强制执行—执行终本—申请追加股东为被执行人并恢复执行程序—就驳回裁定提起执行异议之诉—胜诉后向原执行法院直接申请追加股东为被执行人并恢复执行程序。

（3）提起股东损害公司债权人利益责任之诉。

执行局驳回申请执行人的追加请求后，债权人也可以选择提起股东损害公司债权人利益责任之诉，此时，与执行异议之诉不同的是，原告诉讼请求只有请求股东对公司未能清偿的债务在未出资范围内承担补充赔偿责任这一项。例如，前述上海市松江区人民法院2022沪0117民初15388号案件中，原告在债权确认纠纷已经胜诉的情况下，直接另行起诉请求未出资股东在未出资范围内对在先判决确认的公司债务承担补充赔偿责任，获得法院支持。

司法实践中，仍需注意股东损害公司债权人利益责任之诉的管辖法院及后续执行与债权确认纠纷的执行衔接问题。

三、未届缴资期限的股东，即使被法院认定不存在出资加速情形，但仍可能被认定为恶意逃避债务从而对公司债务承担补充责任。比如，最高人民法院在审

---

① （2022）京民终502号。
② （2020）粤执复967号。

理扬州今某种业有限公司、戴某梅等侵害植物新品种权纠纷民事二审①一案中认为，本案戴某梅、杨某银转让全部股权时认缴时间尚未届满，尚不满足股东出资加速到期的情形。戴某梅、杨某银未实缴出资、0元转让公司、减资等行为具有连续性和目的性，明显存在逃避出资的故意，公司减资后已不能偿付公司减资前产生的侵权之债。此时，如果不判决公司原股东就该债务对债权人承担补充赔偿责任，实际上纵容了原股东戴某梅、杨某银利用股权转让的形式，损害债权人利益，逃避出资义务的行为。综上，戴某梅、杨某银为恶意逃避债务，在出资期限届满前恶意转让股权，目前公司财产不足以清偿债务，根据原《公司法》第二十条②的规定，债权人要求戴某梅、杨某银承担补充赔偿责任的请求应当得到人民法院的支持。

四、股东出资期限既是未出资股东的法定性权利，也是未出资股东的契约性权利，涉及股东的根本利益，非法定出资加速情形，不能适用资本多数决规则对出资期限加速进行约定。上海市虹口区人民法院在审理经典案例③姚某某与鸿某投资管理有限公司、章某等公司决议纠纷案中，认为：有限责任公司章程或股东出资协议确定的公司注册资本出资期限系股东之间达成的合意。除法律规定或存在其他合理、紧迫事由需要修改出资期限的情形外，股东会会议作出修改出资期限的决议应经全体股东一致通过。大股东滥用控股地位，以多数决方式通过修改出资期限决议，损害其他股东期限利益，其他股东请求确认该项决议无效的，人民法院应予支持。章某、何某某、蓝某某等股东形成的临时股东会决议，剥夺了被上诉人姚某某作为公司股东的出资期限利益，限制了姚某某的合法权益，故该项决议无效。

实操建议

一、本法生效后债权人或者公司主张股东出资加速到期的实质条件及程序可能会发生很大变化。本条关于出资加速到期的条件仅规定为"公司不能清偿到期债务的"，该条件设置使得债权人在主张出资加速到期时的证明标准降低，债权

---

① （2021）最高法知民终884号。

② 原《公司法》第二十条　公司股东应当遵守法律、行政法规和公司章程，依法行使股东权利，不得滥用股东权利损害公司或者其他股东的利益；不得滥用公司法人独立地位和股东有限责任损害公司债权人的利益。

公司股东滥用股东权利给公司或者其他股东造成损失的，应当依法承担赔偿责任。

公司股东滥用公司法人独立地位和股东有限责任，逃避债务，严重损害公司债权人利益的，应当对公司债务承担连带责任。

③ （2019）沪0109民初11538号。

人将无须证明"公司满足破产条件而未申请破产"或者"恶意延长出资期限"，人民法院的终本执行裁定即可达到证明"公司不能清偿到期债务"的目的。至于具体证明标准及证明程度仍有待司法解释出台后予以明确。

二、本法生效后，公司或债权人主张出资加速到期的诉讼请求可能会和过往司法实践有很大不同。在《九民纪要》规定下，债权人主张的是股东在未出资范围内承担的补充赔偿责任，本条直接规定了债权人有权要求股东提前缴纳出资，届时，该等提前缴纳的出资是支付给公司再由公司支付债权人还是直接支付债权人后视为实缴了对应金额的出资？具体实操仍有待司法解释出台后进行更进一步的明确。

三、对于股东来说，在举证责任上，股东应举证证明公司能够清偿到期债务，证明公司对外有债权、公司有资产等还远远不够，只有证明公司对外债权能收回，公司资产具有价值且能够变现，并且数额达到能够偿还债务的程度才可以。

011 发起设立股份公司的股东是否应当实缴出资①

法律条文

第九十七条第一款 以发起设立方式设立股份有限公司的，发起人应当认足公司章程规定的公司设立时应发行的股份。

条文演变

原《公司法》第八十三条第一款规定："以发起设立方式设立股份有限公司的，发起人应当书面认足公司章程规定其认购的股份，并按照公司章程规定缴纳出资。以非货币财产出资的，应当依法办理其财产权的转移手续。"

新《公司法》将原《公司法》第八十三条和第八十四条进行了修改，并将其合并为新的第九十七条。修改后简化了发起人出资的义务：原《公司法》第八十三条中对发起人认购股份的描述较为详细，包括了书面认足、缴纳出资和非货币出资转移手续等要求。修订后的第九十七条则简化了这些要求，仅提及"应当认足公司章程规定的公司设立时应发行的股份"。

---

① 本节作者王倩，北京云亭律师事务所律师。

裁判要旨

股份有限公司的发起人应当足额缴纳出资。公司作为被执行人，财产不足以清偿生效法律文书确定的债务，股份有限公司的发起人在未缴纳出资的情形下转让公司股份，应当在未依法出资的范围内承担责任。

案情简介

一、李某依据生效判决书申请对债务人辽某投资公司强制执行，后因未执行到财产，李某申请追加关某、阎某等四人为被执行人，要求其作为被告辽某投资公司的股东在未依法出资范围内承担还款责任。

二、法院作出执行裁定书，认为关某、阎某等四人系认缴制出资，其未缴纳的出资并未到期，亦无法定的加速到期情形，不能认定属于未缴纳或未足额缴纳出资的股东。故，李某提起执行异议之诉。

三、一审法院认为，辽某投资公司的设立及运营实行认缴制。债权人以公司不能清偿到期债务为由，请求未届出资期限的股东在未出资范围内对公司不能清偿的债务承担补充赔偿责任的，人民法院不予支持。但依据《九民纪要》第6条，本案债务人辽某投资公司不申请破产，债权人以辽某投资公司不能清偿到期债务为由，请求追加未届出资期限的股东即关某、阎某等四人被执行人，具有事实和法律依据，应予以准许。阎某不服一审判决，遂提起上诉。

四、二审法院认为①辽某投资公司的企业性质为股份有限公司，阎某作为发起人应当足额缴纳出资，应当在未依法出资的范围内承担责任。本案虽一审对辽某投资公司的企业性质认定有误，但判决结果正确。故，判决驳回上诉，维持一审判决。

律师分析

本案的二审法院依据原《公司法》第八十三条第一款规定，认为股份有限公司的发起人应当足额缴纳出资。

根据新《公司法》第九十七条规定，发起设立股份有限公司的股东（初始股东）应认购公司设立时应发行的股份，该条款明确了股份有限公司发起人对所承诺的股份应当履行认缴义务。

---

① 辽宁省沈阳市中级人民法院，（2022）辽01民终6726号。

在注册资本认缴制下，股东依法享有期限利益。债权人以公司不能清偿到期债务为由，请求未届出资期限的股东在未出资范围内对公司不能清偿的债务承担补充赔偿责任的，人民法院不予支持。但是，下列情形除外：（1）公司作为被执行人的案件，人民法院穷尽执行措施无财产可供执行，已具备破产原因，但不申请破产的；（2）在公司债务产生后，公司股东（大）会决议或以其他方式延长股东出资期限的[①]。本案中，被告辽某投资公司作为被执行人的案件，经人民法院穷尽执行措施查无财产可供执行，已具备破产原因，但不申请破产。

依据原《公司法》，股份有限公司的发起人可以在公司设立后缴足出资。若股东未缴纳的出资并未到期，亦无法定的加速到期情形，不能认定属于未缴纳或未足额缴纳出资的股东。但本案中，辽某投资公司已具备《九民纪要》第六条第一项规定的除外情形，因此债权人以辽某投资公司不能清偿到期债务为由，请求追加未届出资期限的股东为被执行人，具有事实和法律依据，人民法院予以准许。

实操建议

新《公司法》第九十七条虽简化了发起设立股份有限公司的出资程序，但对发起人认购股份的要求依然明确。根据新《公司法》及相关司法解释的规定，针对发起设立股份有限公司的股东出资义务，我们为股东提出以下法律建议：

1. 充分了解出资义务：在参与发起设立股份有限公司之前，股东应充分理解其出资义务，包括出资的数额、时间、方式和后果。

2. 及时足额缴纳出资：股东应按照公司章程的规定及时足额缴纳出资。任何迟延或未足额缴纳都可能导致对公司债务承担连带责任。

3. 保留出资证明：缴纳出资后，股东应确保保存好银行转账凭证、收据或其他有效的出资证明，以防未来出现任何纠纷。

4. 监督出资使用：股东有权监督和查询其出资的使用情况，确保资金按照约定的目的和方式使用，防止滥用。

5. 遵守法律规定的程序：在出资过程中，股东应遵循法定程序和要求，包括与公司注册登记机关的沟通，确保出资行为合法有效。

6. 明确书面协议：任何关于出资的协议都应以书面形式明确记录，并由所有相关方签署，以避免未来可能产生的因口头约定而引起的争议。

---

① 《九民纪要》，法〔2019〕254 号，第六条。

7. 咨询法律专业人士：在发起设立股份有限公司前，建议股东咨询律师或法律顾问，对公司章程、出资协议等进行审查，以确保其合法性和有效性。

012 股份公司发起人瑕疵出资，其他发起人是否承担责任①

法律条文

第九十九条 发起人不按照其认购的股份缴纳股款，或者作为出资的非货币财产的实际价额显著低于所认购的股份的，其他发起人与该发起人在出资不足的范围内承担连带责任。

条文演变

原《公司法》第九十三条规定"股份有限公司成立后，发起人未按照公司章程的规定缴足出资的，应当补缴；其他发起人承担连带责任。股份有限公司成立后，发现作为设立公司出资的非货币财产的实际价额显著低于公司章程所定价额的，应当由交付该出资的发起人补足其差额；其他发起人承担连带责任。"由于新《公司法》规定股份公司实行注册资本实缴制，股份公司发起人的出资期限变更为公司成立前，因此新《公司法》关于发起人资本充实责任的规定去掉了"股份有限公司成立后"的限制性表述。

裁判要旨

股份公司发起人未能提供充足证据证明其他发起人按公司章程规定履行出资义务的，应对其他发起人的补缴出资义务承担连带责任。

案情简介

一、星际某宇公司成立于 1994 年 6 月 30 日，公司采取定向募集方式设立，其中翔某数据公司 3000 万股，占总股本的 37.5%，以部分净资产折价入股。发起人设立协议书记载，公司为以公有法人投资入股为主的股份有限公司，如公司发行的股份未能缴足，发起人应负连带认缴责任。

---

① 本节作者张悦，北京云亭律师事务所律师。

二、星际某宇公司工商档案材料留存的《验资报告书》显示：翔某数据公司以房地产作价 3000 万元作为出资；实物出资已办理财产转移手续，有财产转移单为依据。该验资报告附件《资产评估报告》显示翔某数据公司以五项自有不动产出资，共计 3000 万元。但经查询相关不动产登记中心，前述五项不动产均非翔某数据公司所有或无相关信息记录。

三、星际某宇公司债权人润某公司在申请执行生效判决过程中，因星际某宇公司及其担保人均无财产可供执行，润某公司申请追加该公司发起人企某合作公司为被执行人，并要求其对翔某数据公司出资不实金额以及同期银行利息范围内承担连带清偿责任。经人民法院裁定驳回后，润某公司以相同理由提起本案执行异议之诉。

四、二审人民法院经审理认为①，企某合作公司作为星际某宇公司的发起人股东，未能提供证据证明翔某数据公司实物出资入账情况、交接情况，故其负有公司发起人股东间的资本充实责任，应对未履行出资义务的股东翔某数据公司的补缴出资义务承担连带责任。

律师分析

1. 所谓发起人资本充实责任，是指公司的发起人股东之间需要互相担保出资义务的履行，即如发起人股东未依照公司章程履行出资义务，则其他股东需对此承担连带责任。2005 年《公司法》即规定了股份公司发起人的资本充实责任，相较而言，有限公司发起人的资本充实责任长期依赖于《公司法司法解释三》第十三条相关规定，直至本次新《公司法》的出台，方统一了有限公司与股份公司发起人的资本充实规则，即有限公司与股份公司的发起人，均应对其他发起人未足额缴纳货币出资或非货币出资的资产价值显著低于定价的瑕疵出资行为承担连带责任。

值得注意的是，长期以来，资本认缴制背景下，司法实践中针对发起人的责任范围究竟为其他发起人的全部认缴出资还是公司设立阶段即需完成实缴的出资，尚未形成统一的裁判规则。鉴于新《公司法》实施限定最长期限的认缴制，可以合理预见这一争议对有限公司而言仍将持续；而根据新《公司法》第九十八条第一款之规定②，股份公司的注册资本实行实缴制，发起人在股份公司设立

---

① （2020）京民终 684 号。
② 新《公司法》第九十八条第一款　发起人应当在公司成立前按照其认购的股份全额缴纳股款。

前即应完成实缴，否则公司无法完成设立。因此，这意味着对于股份公司而言，发起人的资本充实责任边界相对明确：股份公司的发起人应当对其他发起人认购的股份所应缴纳的全部股款承担连带责任。我们认为，这同样意味着新《公司法》语境下，股份公司发起人股东的资本充实责任将相对减轻——至少发起人未足额缴纳货币出资的瑕疵出资行为理论上将不再具有现实可能性。

2. 实践中，因公司作为债务人，其财产不足以清偿生效法律文书确定的债务，债权人依据《公司法》及《公司法司法解释三》第十三条①相关规定，要求追加公司瑕疵出资股东及对瑕疵出资股东负有连带责任的发起人的情况屡见不鲜，本案即属于该等情形。我们注意到，本案的争议焦点之一为翔某数据公司是否足额缴纳出资之证明责任的分配。对此，二审法院认为，根据《公司法司法解释三》第二十一条规定，当事人之间对是否已履行出资义务发生争议，原告提供对股东履行出资义务产生合理怀疑证据的，被告股东应当就其已履行出资义务承担举证责任。故，在润某公司已经举证证明《验资报告书》后所附《附件》中列明的翔某数据公司的实物出资并非翔某数据公司名下资产的情况下，企某合作公司有义务进一步提交证据证明翔某数据公司实物出资入账情况、交接情况，否则应承担举证不能的法律后果。这意味着发起人股东对其他发起人已经依据章程规定履行完毕出资义务负有举证责任。

实操建议

通过对新《公司法》第九十九条及相关规定的系统分析，结合上述案件，虽然新《公司法》实施后，股份公司发起人承担资本充实责任的法律风险预计将呈现下降的趋势，但从实操角度，我们仍建议关注如下方面：

1. 新设股份有限公司时，发起人谨慎选择合作伙伴，设计合理的注册资本金额，并互相监督实缴情况，尤其是存在以非货币财产出资的发起人时，要求其提供充分完整的完成出资义务的证明，包括验资报告、资产评估报告及资产

---

① 《公司法司法解释三》第十三条　股东未履行或者未全面履行出资义务，公司或者其他股东请求其向公司依法全面履行出资义务的，人民法院应予支持。

公司债权人请求未履行或者未全面履行出资义务的股东在未出资本息范围内对公司债务不能清偿的部分承担补充赔偿责任的，人民法院应予支持；未履行或者未全面履行出资义务的股东已经承担上述责任，其他债权人提出相同请求的，人民法院不予支持。

股东在公司设立时未履行或者未全面履行出资义务，依照本条第一款或者第二款提起诉讼的原告，请求公司的发起人与被告股东承担连带责任的，人民法院应予支持；公司的发起人承担责任后，可以向被告股东追偿……

转移证明等，尽量降低发起人承担资本充实责任的风险以及涉诉时的举证难度。

2. 对于存量公司，出资期限超过新《公司法》规定期限的，原则上应当逐步调整至新《公司法》规定的期限以内，具体由后续出台的配套规则实施过渡期管理。对此，建议存量股份公司发起人及控股股东等主体评估考量相关股权合作方的资信情况，关注其是否具备满足新《公司法》要求的出资能力，评估公司的运营状况及偿债能力，尽量避免或减少因其他股东未按规定履行出资义务而承担连带责任的风险，以及因公司偿债能力不足而需要在其他股东瑕疵出资范围内对公司债务承担责任的风险。

013 新增的无面额股制度会对股份公司产生什么影响[①]

法律条文

第一百四十二条 公司的资本划分为股份。公司的全部股份，根据公司章程的规定择一采用面额股或者无面额股。采用面额股的，每一股的金额相等。

公司可以根据公司章程的规定将已发行的面额股全部转换为无面额股或者将无面额股全部转换为面额股。

采用无面额股的，应当将发行股份所得股款的二分之一以上计入注册资本。

条文演变

新《公司法》为股份有限公司引入无面额股的选项，在我国之前的《公司法》及其他法律法规中均没有无面额股或类似的概念。

除第一百四十二条外，新《公司法》中还有四个法条涉及无面额股，即第一百四十九条第二款（发行无面额股的，股票应当载明其代表的股份数）、第一百五十一条第一款（发行无面额股的，股东会应当对新股发行所得股款计入注册资本的金额作出决议）、第一百五十四条第二款（招股说明书应当载明无面额股的发行价格）、第二百一十三条（发行无面额股所得股款未计入注册资本的金额

---

① 本节作者杨颖超，北京云亭律师事务所律师。

应当列入公司资本公积金)①。

律师分析

新《公司法》的一个重要的变化就是股份有限公司可以设置无面额股，且可以将已经发行的面额股全部转换为无面额股，或将已经发行的无面额股全部转换为面额股。这一变化不仅是对传统公司股权结构的一次重大调整，也会对公司治理和资本市场产生深刻的影响。

原《公司法》规定股份有限公司仅可以设置面额股。面额股，是指股份有限公司的股份均设置为统一且固定的面额。面额即股份的票面价值，是在所发行的股份票面上标明的金额，以"元/股"为单位，但这仅是一个单位，与股份的实际价值没有关系。采用面额股的公司，股本总额等于每股面额与已发行股份总数的乘积。在我国资本市场，除部分红筹企业以及具有特殊历史背景的紫金矿业（601899）（0.1元/股）、洛阳钼业（603993）（0.2元/股）等个别公司外，上市公司股票的面值通常为人民币1元/股，因此，股本总额也等于注册资本。

面额股出现之初，与注册资本密切相关。1993年《公司法》第七十八条第一款规定："股份有限公司的注册资本为在公司登记机关登记的实收股本总额。"1993年《公司法》第一百三十一条规定："股票发行价格可以按票面金额，也可

---

① 新《公司法》

第一百四十九条第二款　股票采用纸面形式的，应当载明下列主要事项：

（一）公司名称；

（二）公司成立日期或者股票发行的时间；

（三）股票种类、票面金额及代表的股份数，发行无面额股的，股票代表的股份数。

第一百五十一条第一款　公司发行新股，股东会应当对下列事项作出决议：

（一）新股种类及数额；

（二）新股发行价格；

（三）新股发行的起止日期；

（四）向原有股东发行新股的种类及数额；

（五）发行无面额股的，新股发行所得股款计入注册资本的金额。

第一百五十四条第二款　招股说明书应当附有公司章程，并载明下列事项：

（一）发行的股份总数；

（二）面额股的票面金额和发行价格或者无面额股的发行价格；

（三）募集资金的用途；

（四）认股人的权利和义务；

（五）股份种类及其权利和义务；

（六）本次募股的起止日期及逾期未募足时认股人可以撤回所认股份的说明。

第二百一十三条　公司以超过股票票面金额的发行价格发行股份所得的溢价款、发行无面额股所得股款未计入注册资本的金额以及国务院财政部门规定列入资本公积金的其他项目，应当列为公司资本公积金。

以超过票面金额，但不得低于票面金额。以超过票面金额为股票发行价格的，须经国务院证券管理部门批准。以超过票面金额发行股票所得溢价款列入公司资本公积金。股票溢价发行的具体管理办法由国务院另行规定。"这就形成了我国股份公司在发行面额股框架下注册资本等于实收股本总额、不得折价发行、股票发行溢价款列入资本公积金等规则。

发行面额股，可以量化公司每一股股份所代表的资本额。外部的债权人和投资者对公司资本有直观的认识，对公司的资本充足情况及偿债能力也可以有一定的判断。因此，面额股有利于保护债权人和投资者的权益。但面额股不得折价发行，其限制了股份价值低于票面价值的公司发行新股融资。例如，某股份有限公司经营困境，每股净资产为 0.5 元，低于每股 1 元的票面金额。在禁止折价发行新股的情况下，投资者至少要按每股 1 元的价格认购新股，这必然会影响到投资者认购新股的动力，实际上限制了公司融资能力。

无面额股，是指股票上不记载每股的票面金额，仅载明股票所代表的股份数量。由于公司股份总数固定，无面额股的股东持有的股份数量可以换算成公司股份总额的一定比例，因此无面额股也可以称为比例股。无面额股制度最早起源于1912 年的美国纽约州，1913 年比利时也允许发行无面值股票。日本（1951 年）、南非（1973 年）、加拿大（1996 年）、澳大利亚（1998 年）、新加坡（2006 年）、韩国（2012 年）、中国台湾地区（2012 年）、中国香港地区（2014 年）等国家和地区也先后引入了无面额股制度。中国移动（600941）是一家注册在中国香港地区并在香港联交所上市的公司，由于香港《公司条例》2014 年已全面采用无面额股制度，因此 2021 年中国移动回归 A 股时发行的人民币普通股票就是无面额股。

无面额股的出现，突破了禁止折价发行的限制，公司在发行股份时更为便利，有助于公司根据自身状况快速响应市场变化，提高资本运作效率。无面额股也可能为资本市场带来更多的创新机会，便利实施股票回购、股权激励等措施。此外，我国资本市场注册制改革以来，增加了不少红筹上市企业（注册地在中国境外但主要经营活动在境内的企业），新《公司法》也为它们参与跨境资本市场融资发行股份提供了法律依据。

无面额股在我国是一个全新的概念，目前新《公司法》对无面额股仅作了一些框架性、原则性的规定，实际落地过程中，还有很多问题需要解决。例如，无面额股与面额股的转换规则、无面额股与注册资本的协调与融合、无面额股情境下资本公积金等财税规则的适应与调整、无面额股在资本市场的应用等。

014 股份有限公司增资，股东是否有优先认购权①

法律条文

第二百二十七条 有限责任公司增加注册资本时，股东在同等条件下有权优先按照实缴的出资比例认缴出资。但是，全体股东约定不按照出资比例优先认缴出资的除外。

股份有限公司为增加注册资本发行新股时，股东不享有优先认购权，公司章程另有规定或者股东会决议决定股东享有优先认购权的除外。

条文演变

原《公司法》第三十四条没有规定增资优先购买权是适用于有限责任公司还是股份有限公司。新《公司法》第二百二十七条删除了"股东按照实缴的出资比例分取红利"部分，对有限责任公司和股份有限公司分别进行规定。有限责任公司强调"在同等条件下"享有优先认购权。股份有限公司则强调，除了例外情况，股东不享有优先认购权。

裁判要旨

股份有限公司基于其资合性的组织形式与管理运行模式，公司法未对其增资优先认购权进行强制性规范，股东会作出有效的决议系其内部经营决策合意的结果，在不违反相关强制性法律法规的前提下，按照股东会决议执行。

案情简介

一、张某系云南某国企职工，基于认购和赠送的职工股共持 7616 股，后云南某国企改制为云南某（集团）股份有限公司，2006 年 4 月 21 日云南某（集团）股份有限公司改制过程中，张某买断工龄，双方解除劳动关系。

二、2006 年 9 月云南某（集团）股份有限公司股东会作出《关于增加注册资本金的决议》等文件，确定的增资扩股范围包括在职在岗的持股会员、离退休

---

① 本节作者李桂英，北京云亭律师事务所律师。

的持股会员、办理了已故继承手续的持股会员。之后公司完成增资扩股，张某不在增资扩股的范围内。

三、张某认为，其系云南某（集团）股份有限公司股东，请求法院判令确认，其对增资扩股按比例享有股东优先认购权。本案争议的焦点之一在于：张某是否具有云南某（集团）股份有限公司增资扩股的优先认购权。

四、二审中，云南某（集团）股份有限公司提交新证据，2007年公司临时股东大会决议，决议第五条：辞职自谋职业的原持股会会员不得参加增资认购。

五、昆明市中级人民法院①认为：股份有限公司的增资扩股行为系其内部经营决策合意的结果，在不违反相关强制性法律法规的前提下，应遵照股东会决议。依据决议，张某不具有增资扩股的优先认购权。

律师分析

为什么法律赋予有限责任公司股东优先认购权，股份有限公司除了例外情形，没有优先认购权？有限责任公司的特点是人合性，在公司增资时，充分保证了有限责任公司股东的优先认购权。而股份公司的特点是资合性，为了增强股份的流动性，股份公司股东一般没有新股优先认购权。但公司法是私法，私法更尊重经济主体的意思自治，新《公司法》第二百二十七条规定了两种例外情形，公司章程另有规定或者股东会决议决定股东享有优先认购权的情况下，股东可享有优先认购权。

例外情形之一，股东会决议决定股东享有优先认购权情形。云南某（集团）股份有限公司股东会2006年9月作出股东会决议等文件确定，公司增资扩股范围包括在职在岗的持股会员、离退休的持股会员、办理了已故继承手续的持股会员，二审提交的临时股东会决议确定，辞职自谋职业的原持股会员不得参加本次增资认购。云南省昆明市中级人民法院认为，股份有限公司的增资扩股行为系其内部治理的经营决策行为，由公司的决策机构作出决议并遵照执行。对于股份有限公司，基于其资合性的组织形式与管理运行模式，其增资扩股行为系其内部经营决策合意的结果，在不违反相关强制性法律法规的前提下，尊重公司的意思自治。张某已经与云南某（集团）股份公司解除劳动关系，根据系列股东会决议，张某属于辞职自谋职业持股人员，不在增资扩股的范围内，无权要求行使增资扩

---

① （2015）昆民五终字第44号。

股认购权。

例外情形之二，公司章程另有规定情形。深圳市某新材料创业投资合伙企业与赣州某新材料股份有限公司新增资本认购纠纷、买卖合同纠纷案①中，法院经审理查明，赣州某新材料股份有限公司现有章程规定了股东优先认购权。为履行与深圳市某新材料创业投资合伙企业公司的增资扩股协议，现有股东均签署了《公司股东放弃优先认购权的承诺》，放弃本次股票发行的优先认购权。虽然因为股票发行失败，增资扩股协议终止，双方产生纠纷，但值得肯定的是，公司利用"公司章程另有规定"将股东优先认购权规定在章程中。股东用好优先认购权，能够防止因公司增发新股而稀释自己在公司的股权比例，保证公司的股权结构不发生对其不利的变更。当然，优先权也可以放弃。

实操建议

通过上述对新《公司法》第二百二十七条的系统分析，我们了解到股份有限公司新增资本优先认购权的两个例外，具体梳理实操建议如下：

1. 法律赋予章程大量的自治空间，股份有限公司股东如需保护自己的利益不受损害，就应借助这些自治条款充分维护自己的利益，将股东是否有优先认购权规定在初始章程中。某些地方在公司注册时会被要求必须使用市场监督管理部门提供的公司章程示范文本，建议与市场监督管理部门充分沟通，争取将关键内容写入公司章程中，若沟通不成，可以由全体股东另行签订合作协议进行明确。

2. 如公司已经成立，但公司章程中没有规定相关条款，股东可以通过修改公司章程，将相关条款补充规定在章程中。

3. 亦可通过召开股东会，在股东会决议中确定增资方式、增资对象、增资数额、增资价款等相关事项。

4. 需要注意的是，初始章程需经全体股东一致同意，修改章程需要内容和程序均合法，作出股东会决议，公司股东会召集程序需符合公司法的相关规定，决议内容不得违反法律、行政法规的强制性规定。

---

① （2020）粤 0304 民初 25964 号。

015 公司不同比减资是否应经全体股东一致同意[①]

法律条文

第六十六条 股东会的议事方式和表决程序，除本法有规定的外，由公司章程规定。

股东会作出决议，应当经代表过半数表决权的股东通过。

股东会作出修改公司章程、增加或者减少注册资本的决议，以及公司合并、分立、解散或者变更公司形式的决议，应当经代表三分之二以上表决权的股东通过。

第二百二十四条第三款 公司减少注册资本，应当按照股东出资或者持有股份的比例相应减少出资额或者股份，法律另有规定、有限责任公司全体股东另有约定或者股份有限公司章程另有规定的除外。

条文演变

新《公司法》第六十六条沿袭原《公司法》第四十三条的规定，规定股东会作出减资决议应当经代表三分之二以上表决权的股东通过。

在沿袭原《公司法》规定的同时，新《公司法》新增第二百二十四条第三款，针对不同比减资作出特殊规定。

裁判要旨

原《公司法》第四十三条规定，公司减少注册资本必须经代表全体股东三分之二以上表决权的股东通过，此处的"减少注册资本"应当仅仅指公司注册资本的减少，而并非涵盖减资后股权在各股东之间的分配。减资存在同比减资和不同比减资两种情况，不同比减资会直接突破公司设立时的股权分配情况，如只需经三分之二以上表决权的股东通过即可作出不同比减资决议，实际上是以多数决形式改变公司设立时经发起人一致决所形成的股权架构。对于不同比减资，在全体股东或者公司章程另有约定除外，应当由全体股东一致同意。

---

① 本节作者朱琳，北京云亭律师事务所律师。

案情简介

一、某甲虫公司注册资本为 6313131 元，某退公司持有该公司 10% 股权，华某伟亦系某甲虫公司股东。

二、某甲虫公司章程规定：股东会作出减少注册资本的决议，必须经代表全体股东三分之二以上表决权的股东通过。

三、2018 年，某甲虫公司作出同意某退公司定向减资 210438 元的股东会决议，同意某甲虫公司的注册资本从 6313131 元减少至 6102693 元，减资后华某伟认缴 1544912 元，占 25.32%；某退公司认缴 420875 元，占 6.90%。决议经持有三分之二以上表决权的股东同意。

四、华某伟向一审法院起诉请求：确认某甲虫公司股东会决议不成立。

五、一审法院判决驳回华某伟的诉讼请求。华某伟不服一审判决，向上海一中院提起上诉，上海一中院二审判决[①]：撤销一审判决，改判支持华某伟的诉讼请求。

律师分析

原《公司法》规定，公司减资须经代表全体股东三分之二以上表决权的股东通过，未区分同比减资和不同比减资。但在司法实践中，有裁判观点（如本文案情简介所涉案例）认为，不同比减资会直接突破公司设立时的股权分配情况，在全体股东或者公司章程无另有约定的情况下，应当由全体股东一致同意。该案例在实务界影响较大，还入选为上海市高级人民法院第 82 号参考性案例。而持相反裁判观点的案例，则通常以公司法并未区分减资类型为由，认为不同比减资和同比减资一样，经代表全体股东三分之二以上表决权的股东通过即可。

新《公司法》第二百二十四条第三款规定，实际上是区分了同比减资和不同比减资两种情形。根据该款规定，在法律另有规定、有限责任公司全体股东另有约定或者股份有限公司章程另有规定的情形下，公司可以进行非同比减资。

我们认为，新《公司法》第二百二十四条第三款的规定是合理的。如果定向减资可以通过资本多数决的方式实施，则拥有控制权的大股东完全可以通过定向减资随意将小股东除名，从而变相规避股东除名的法定条件。

---

① 华某伟诉上海某甲虫电子商务有限公司公司决议纠纷一案二审民事判决书［上海市第一中级人民法院（2018）沪 01 民终 11780 号］。

实操建议

通过上述分析，关于公司非同比减资，具体梳理实操建议如下：

一、对于有限公司来说，实施非同比减资应取得全体股东的一致同意。

二、对于股份有限公司来说，公司可在章程中约定："非同比减资事项需要全体股东一致同意"或"三分之二的多数决即可"。如公司章程对非同比减资的表决规则没有特别约定，为避免诉讼风险，建议公司作出非同比减资的决议须取得全体股东一致同意。

三、对于被减资股东来说，有限公司未经本人知晓或同意实施非同比减资，或股份有限公司违反章程约定未经本人知晓或同意实施非同比减资，被减资股东可以尝试向法院提起诉讼，要求确认股东会决议不成立或撤销股东会决议。

016 公司未通知债权人进行减资需要承担什么样的法律后果①

法律条文

第二百二十四条第二款 公司应当自股东会作出减少注册资本决议之日起十日内通知债权人，并于三十日内在报纸上或者国家企业信用信息公示系统公告。债权人自接到通知之日起三十日内，未接到通知的自公告之日起四十五日内，有权要求公司清偿债务或者提供相应的担保。

第二百二十六条 违反本法规定减少注册资本的，股东应当退还其收到的资金，减免股东出资的应当恢复原状；给公司造成损失的，股东及负有责任的董事、监事、高级管理人员应当承担赔偿责任。

条文演变

关于公司减资程序，新《公司法》第二百二十四条第二款基本沿袭了原《公司法》第一百七十七条第二款的规定。相比原《公司法》，新《公司法》的主要变化是，将国家企业信用信息公示系统作为公告渠道之一。

新《公司法》第二百二十六条是新增条款，规定了公司违规减资的法律后

---

① 本节作者朱琳，北京云亭律师事务所律师。

果，即股东应当退还资金或恢复出资义务，以及因违规减资给公司造成损失的，股东、董事、监事、高级管理人员应承担赔偿责任。

裁判要旨

公司减资未通知已知债权人，不符合减资的法定程序，也使得债权人丧失了在公司减资前要求公司清偿债务或提供担保的权利。该情形与股东违法抽逃出资的实质以及对债权人利益受损的影响，在本质上并无不同。因此，尽管我国法律未具体规定公司不履行减资法定程序导致债权人利益受损时股东的责任，但可比照公司法相关原则和规定加以认定，当公司减资后不能偿付减资前的债务时，公司股东应就该债务对债权人承担补充赔偿责任。

案情简介

一、2011年3月，A公司与B公司签订《买卖合同》，约定B公司向A公司购买111万元的设备。合同生效后，A公司如约交付全部设备，但是B公司仅支付货款333000元，尚欠777000元未付。

二、2012年8月，B公司召开股东会，通过减资决议，决定减资19000万元，注册资本由2亿元减为1000万元。

三、随后，B公司在未直接通知A公司的情形下，在《江苏经济报》上发布了减资公告，并办理了工商变更登记，但其在减资前未向A公司清偿前述债务。

四、2016年，A公司向法院诉请B公司偿付货款，并要求B公司各股东承担补充赔偿责任。

五、本案经上海青浦法院一审、上海一中院二审，最终判定B公司各股东在减资范围内承担补充赔偿责任。

律师分析

公司注册资本既是公司股东承担有限责任的基础，也是公司对外承担民事责任的担保。公司注册资本的不当减少将直接影响公司对外偿债能力，危及债权人的利益，因此法律对公司减资规定了严格的程序和条件。公司法明确规定，公司减资不仅应当以公告的形式广而告之，还应直接通知债权人，并且赋予债权人要求公司减资前清偿债务或提供担保的权利。实践中，部分公司为防止债权人要求清偿债务或提供担保，基于侥幸心理仅发布减资公告，并未直接通知债权人，侵害了债权人的合法权益。

针对公司违规减资侵害债权人权益的情形，债权人应向谁主张何种法律责任，原《公司法》没有明确规定。司法实践中，法院通常比照《公司法司法解释三》第十四条第二款关于股东抽逃出资（如本文案情简介部分所涉案例）或比照《公司法司法解释三》第十三条第二款关于股东未履行或未全面履行出资（如北京市第一中级人民法院（2023）京01民终2590号案例）的规定判令股东向债权人承担补充赔偿责任。

新《公司法》规定了违规减资的民事法律后果，明确规定公司违反本法规定减少注册资本的，股东应当退还其收到的资金，减免股东出资的应当恢复原状。新《公司法》实施后，在司法实践中，债权人是否还可以直接要求股东在减资范围内承担补充赔偿责任，有待观察。当然，债权人可以选择在公司怠于请求股东返还的情况下，通过行使民法上的代位权获得救济。

实操建议

结合以上的分析，具体梳理实操建议如下：

一、公司减资时，公司务必严格履行减资告知程序，即在股东会减资决议作出之日起十日内通知债权人，并于三十日内在报纸或者统一的企业信息公示系统上公告，并注意保留好能够证明履行通知和公示义务的相关证据（快递单、电子邮件、公证书等）。需要注意的是，所有已知或应知的债权人都要通知，包括债务已到期未偿还和债务未到期的债权人、双方对债务存在争议正在诉讼中的债权人、减资决议作出后但尚未完成减资登记期间新产生的债权人。

二、对于公司债权人来讲，其应当自接到通知书之日起三十日内（未接到通知书的自公告之日起四十五日内）向公司提出要求清偿债务或提供相应的担保。当债权人发现公司未履行通知或公告义务即进行减资的，其可以在公司怠于请求股东返还的情况下，通过行使民法上的代位权获得救济，债权人亦可以尝试依据《公司法司法解释三》第十四条第二款参照股东抽逃出资的规定，或在以免除认缴出资的方式减资时依据《公司法司法解释三》第十三条第二款参照股东未履行或未全面履行出资的规定，要求股东在减资范围内承担补充赔偿责任。

017 公司为弥补亏损进行减资是否必须通知债权人[①]

法律条文

第二百二十五条 公司依照本法第二百一十四条第二款的规定弥补亏损后，仍有亏损的，可以减少注册资本弥补亏损。减少注册资本弥补亏损的，公司不得向股东分配，也不得免除股东缴纳出资或者股款的义务。

依照前款规定减少注册资本的，不适用前条第二款的规定，但应当自股东会作出减少注册资本决议之日起三十日内在报纸上或者国家企业信用信息公示系统公告。

公司依照前两款的规定减少注册资本后，在法定公积金和任意公积金累计额达到公司注册资本百分之五十前，不得分配利润。

条文演变

新《公司法》第二百二十五条是新增条款，针对弥补亏损型减资设定了不同于普通减资的程序。弥补亏损型减资不需通知债权人，不需向债权人提前清偿或者提供担保，只需履行公告程序。同时，针对弥补亏损型减资规定了一些限制条件：公司减资不得向股东分配，也不得免除股东缴纳出资或者股款的义务，减少注册资本后，在法定公积金累计额达到公司注册资本百分之五十前，不得分配利润。

裁判要旨

公司在减资过程中，存在违反公司法关于减资程序规定的情形，但股东并未利用公司减资实际实施抽回出资的行为。公司因亏损原因将注册资本由5000万元减至3000万元，股东并未抽回出资，公司减资前与减资后的财产未发生变化，未导致公司对外承担责任的财产减少或偿债能力下降，公司的权益并未因股东的行为受到损害。故，股东的行为不属于《公司法司法解释三》第十二条规定的情形，不存在抽逃出资的行为，不应当被追加为被执行人。

[①] 本节作者朱琳，北京云亭律师事务所律师。

案情简介

一、2008 年省农资公司投资 5000 万元设立了寒某集团。2011 年，省农资公司与丰某公司签订增资协议，约定丰某公司向寒某集团增资 9800 万元。

二、2012 年，征某公司和美某公司分别向寒某集团增资 2000 万元、4000 万元后，寒某集团注册资本达 11000 万元。2013 年，寒某集团因亏损公告减资，股东会决议将其注册资本减少至 3000 万元。

三、2014 年，丰某公司和寒某集团在履行增资协议过程中发生纠纷，法院最终判定寒某集团应向丰某公司返还投资款 1500 万元。

四、在执行过程中，哈尔滨中院以省农资公司抽逃出资为由，裁定追加其为被执行人。省农资公司提出异议，被哈尔滨中院驳回。

五、省农资公司向哈尔滨中院起诉请求：（1）撤销原追加被执行人裁定；（2）判决不得追加省农资公司为被执行人，省农资公司不承担给付丰某公司 1500 万元的义务。

六、哈尔滨中院驳回了省农资公司的诉讼请求；省农资公司上诉后，黑龙江高院改判支持了省农资公司；丰某公司不服黑龙江高院二审判决，向最高法申请再审；最高法经审查，判决维持二审判决①。

律师分析

按照是否有资产支付给股东，减资可以分为支付型减资与非支付型减资。支付型减资一般表现为公司回购股份，公司资产随着回购款的支付流向股东，公司的偿债能力受损，直接影响债权人利益，此时公司应严格遵守公司法规定的减资程序，及时通知并公告债权人，债权人可以要求提前清偿或者提供担保。非支付型减资根据减资目的的不同，可以进一步区分为免除股东出资义务的减资与弥补亏损的减资。免除股东出资义务的减资虽然在减资时未发生资产从公司流出的情形，但公司将股东的出资义务予以免除，事实上减少了公司今后能获取此财产的数额，该减资行为势必会导致公司的实际偿债能力受到实质性影响。因此对于免除股东出资义务的减资，亦应严格遵守公司法规定的减资程序，及时通知并公告债权人，债权人可以要求提前清偿或者提供担保。

弥补亏损的减资，实质就是用资产负债表中"实收资本"账户的金额冲抵

① （2019）最高法民再 144 号。

因亏损而呈负数的"未分配利润"账户，从账面上消除亏损。这种减资仅涉及不同会计科目之间的数额调整，不会发生公司资产的返还，公司偿债能力并不会因减资而削弱。原《公司法》没有区分减资类型，在司法实践中，即使是弥补亏损的减资，债权人仍会要求股东在减资本息范围内对公司债务不能清偿的部分承担补充赔偿责任，而股东则以其未实际取回减资款为由主张未构成抽逃出资，不承担责任。有裁判观点（如本文所引案例）认为，公司为弥补亏损减资未实施实际抽回出资的行为，未导致公司对外承担责任的财产减少或偿债能力下降，债权人的权益并未因减资行为受到损害，债权人要求股东承担补充赔偿责任的诉讼请求应予驳回。

新《公司法》对减资做了区分，针对弥补亏损型减资单独设定了简易程序，公司作出弥补亏损的减资决议后，便可据此从事后续的减资行为，无须通知债权人，债权人也无权要求其立即清偿或提供担保。同时，为防止公司以弥补亏损型减资之名行普通减资之实，从而导致损害债权人的利益而债权人毫不知情，新《公司法》保留了公告程序要求，确保债权人享有最低限度的知情权。

虽然弥补亏损型减资不会对债权人的权益造成直接损害，但如果不加任何限制，弥补亏损型减资可能会间接损害债权人利益。弥补亏损是公司分红的必要条件，通过减资弥补亏损使公司分红的条件更容易被满足。此外，允许使用资本弥补亏损，意味着公司提取法定公积金的最大限额降低，从而增加公司资产向股东分配的可能性①。因此，新《公司法》在为弥补亏损型减资简化程序的同时，对公司向股东分配利润做了相应的限制。

实操建议

通过以上分析，具体梳理实操建议如下：

一、对于公司来说，虽然弥补亏损型减资不需要通知债权人，也不需要向债权人提前清偿或提供担保，但仍需要履行一定的公告程序。相对于通过报纸公告，通过国家企业信用信息公示系统公告更加简便且易于证明。

另外需要注意的是，在通过减资方式弥补亏损之前，公司首先应该用当年利润、任意公积金与法定公积金补亏，不足的才能用资本公积金补亏，仍有不足的才能使用资本补亏。减少注册资本后，在法定公积金累计额达到公司注册资本百

---

① 公司法规定，公司分配利润必须提取税后利润的10%作为法定公积金，如果公司法定公积金累计额为公司注册资本的50%以上，可以不再提取。

分之五十前，不得分配利润。

二、对于债权人来说，如果发现公司是假装亏损走简易减资程序，实际上产生了资产的返还或免除了股东出资义务，则构成违法的普通减资，应当适用普通减资下的债权人救济途径。需要注意的是，新《公司法》明确规定了违反法律规定减资的法律后果，即股东退还其收到的资金或减免股东出资的应当恢复原状，新《公司法》实施后，在司法实践中，债权人是否还可以直接要求股东在减资范围内承担补充赔偿责任，有待观察。当然，债权人可以选择在公司怠于请求股东返还的情况下，通过行使民法上的代位权获得救济。

二、公司股东权利与股权转让篇

018 股东知情权是否包含查阅会计凭证①

法律条文

第五十七条 股东有权查阅、复制公司章程、股东名册、股东会会议记录、董事会会议决议、监事会会议决议和财务会计报告。

股东可以要求查阅公司会计账簿、会计凭证。股东要求查阅公司会计账簿、会计凭证的，应当向公司提出书面请求，说明目的。公司有合理根据认为股东查阅会计账簿、会计凭证有不正当目的，可能损害公司合法利益的，可以拒绝提供查阅，并应当自股东提出书面请求之日起十五日内书面答复股东并说明理由。公司拒绝提供查阅的，股东可以向人民法院提起诉讼。

股东查阅前款规定的材料，可以委托会计师事务所、律师事务所等中介机构进行。

股东及其委托的会计师事务所、律师事务所等中介机构查阅、复制有关材料，应当遵守有关保护国家秘密、商业秘密、个人隐私、个人信息等法律、行政法规的规定。

股东要求查阅、复制公司全资子公司相关材料的，适用前四款的规定。

条文演变

股东知情权是法律赋予公司股东了解公司信息的权利。原《公司法》第三十三条②规定了股东知情权，新《公司法》在此基础上增加了"股东名册"和"会计凭证"作为股东可查阅的对象；在查阅方法中，相比《公司法司法解释

---

① 本节作者向敏，北京云亭律师事务所律师。
② 原《公司法》第三十三条第二款 股东可以要求查阅公司会计账簿。

四》第十条①股东有权委托会计师事务所、律师事务所等中介机构辅助查询，进一步赋予了股东委托第三方中介机构的权利，不再需要股东在场；并且进一步扩大了知情权范围，突破公司的人格独立，增加股东可以查阅全资子公司相关材料，更强调保护股东查阅权的实现。

本篇文章及后两篇文章《股东行使知情权，如何委托专业人员查阅》《将公司全资子公司列入股东知情权范畴有何意义》共同解读本法条。本篇文章为本法条第二款解读。

裁判要旨

股东对公司经营状况的知悉，最重要的内容之一就是通过查阅公司账簿了解公司财务状况。公司的具体经营活动只有通过查阅原始凭证才能知晓，查阅权行使的范围应当包括会计账簿和会计凭证，公司拒绝查阅应证明股东行权具有不正当目的并可能损害其合法利益。

案情简介

一、2005 年 7 月 16 日，美国阿某斯公司通过受让股权，成为河北阿某斯公司的股东，中外股东双方持股比例均为 50%。

二、中外股东合资合同中有"合同各方有权各自承担费用自行指定审计师审计合营公司的账目"的特别约定，河北阿某斯公司章程亦规定："合营各方有权自费聘请审计师查阅合营公司账簿。查阅时，合营公司应提供方便。"

三、后因美国阿某斯公司与中方股东存在矛盾，合营公司陷入僵局。美国阿某斯公司起诉合营公司，要求行使会计账簿查阅权。

四、本案历经一审、二审、再审，一审、二审法院均认定美国阿某斯公司无权查阅包括原始凭证和记账凭证在内的会计账簿。最高院人民法院再审②，认为公司未能举证证明股东查阅会计账簿具有不正当目的，应当允许合资一方查阅包括原始凭证和记账凭证在内的会计账簿。

---

① 《公司法司法解释四》第十条第二款　股东依据人民法院生效判决查阅公司文件材料的，在该股东在场的情况下，可以由会计师事务所、律师事务所等依法或者依据执业行为规范负有保密义务的中介机构执业人员辅助进行。

② 人民法院案例库：美国阿某斯公司诉河北阿某斯公司股东知情权纠纷案，（2020）最高法民再 170 号。

律师分析

股东知情权是法律赋予股东通过查阅公司的财务会计报告、会计账簿等有关公司经营、管理、决策的相关资料，实现了解公司的经营状况和监督公司高管人员活动的权利。

股东可以查阅的公司文件材料分为两类：一是股东可以不受限制查阅的文件档案材料，包括公司章程、股东名册、股东大会会议记录、董事会会议决议、监事会会议决议、财务会计报告，这些是在公司内部需要向股东公开的资料，股东查阅无须提出请求说明目的。

二是股东要求查阅公司会计账簿和会计凭证的，应当向公司提出书面请求，说明目的。原《公司法》查阅范围并没有包含会计凭证，在司法实践中，因为会计凭证和会计账簿是不同的概念，会计账簿不包含会计凭证，股东要求查阅会计凭证的要求没有得到支持的并非个案。

考虑到目前多数公司的治理现状，做假账、隐瞒真实财务信息的情况比较普遍，财务信息必须全面、真实、客观、合法，才能真实反映公司资产经营状况。股东行使知情权不是只知道一个数额，而是要知道这些数额的真实性[1]。

公司的具体经营活动只有通过查阅原始凭证才能知晓，如不允许股东查阅原始会计凭证，公司完全可能拿出一份虚假的会计账簿欺瞒中小股东。方某群与淳安千岛湖某电子工程有限公司股东查阅权纠纷一案中，法官在裁判理由部分阐述道："如何平衡公司与股东之间的利益，使原告的股东权利得以实现是解决本案的关键。允许股东查阅不易造假的会计账簿，才能使股东行使知情权具有意义，否则股东的投资利益就可能落空[2]。"

新《公司法》将会计凭证作为查阅权范围，对广大中小投资者来说无疑是个利好消息，但不意味着股东在任何情况下都可以查阅会计凭证，基于会计凭证记载内容可能涉及公司重要商业秘密，如果任由股东查阅可能会影响公司正常经营。因此，强调股东行使权利应尽可能选择对公司和其他股东影响最小的方式，其查阅的目的也应当与该权利的救济程度相适应，避免股东滥用知情权影响公司的正常经营或者利用知情权损害公司利益[3]。

---

[1] （2017）冀09民终5453号。
[2] 李建伟：《股东知情权诉讼研究》，载《中国法学》2013年第2期。
[3] 人民法院案例库：某甲国际有限责任公司诉德国某甲公司（上海）有限公司股东知情权纠纷案，（2014）沪二中民四（商）终字第S488号。

另外，股东查阅会计账簿需要说明目的，考量股东是否具有不正当目的，在司法实践中，主要依据《公司法司法解释四》第八条规定①审查股东查阅公司会计账簿是否具有"不正当目的"。其中"股东自营或者为他人经营与公司主营业务有实质性竞争关系业务"为常见争议点，认定具有"实质性竞争关系"往往依据营业范围、客户群体、经营地域、产品定位等因素综合考虑。此外，即便处在不同地域的同行业公司，基于我国传统的亲属观念与家庭观念，近亲属出资设立的公司与股东之间自然形成了实际利益链条，也容易认定与公司存在实质性竞争关系②。

鉴于股东知情权是股东行使其他权利的基础，对于股东查阅账簿"目的不正当"应限制在"可能损害公司合法利益"的范围内，即便股东某些行为导致公司遭受损害，但不是借助查阅公司会计账簿来实施，其与股东要求查阅会计账簿的主观目的无关，也不能认定具有不正当目的。

实操建议

通过上述对新《公司法》第五十七条第二款的系统分析，我们了解到股东有权查询会计凭证，具体梳理实操建议如下：

1. 股东查阅会计账簿、凭证之类的文件，首先需要向公司提出书面请求，并说明目的，不能口头告知，并且确保书面请求公司能够签收。如果公司有多个地址，建议对不同地址都发送书面请求，并保存好送达记录。

2. 股东知情权是法定权利，无论持股比例多少，是否实际参与公司经营，均有获悉公司相关信息的权利，不能由公司章程、协议或者股东会决议予以限制或者剥夺，股东也不能将股东知情权转让给他人。

3. 公司章程可以扩充股东知情权的范围，当公司章程赋予股东知情权大于公司法规定范围时，约定应当优先于法律规定适用。

4. 股东对会计账簿和会计凭证行权方式仅为"查阅"，不包含复制，考虑到会计资料包含大量数据信息，查阅权应包含查看、摘抄、记录等方式。

---

① 《公司法司法解释四》第八条　有限责任公司有证据证明股东存在下列情形之一的，人民法院应当认定股东有公司法第三十三条第二款规定的"不正当目的"：（一）股东自营或者为他人经营与公司主营业务有实质性竞争关系业务的，但公司章程另有规定或者全体股东另有约定的除外；（二）股东为了向他人通报有关信息阅公司会计账簿，可能损害公司合法利益的；（三）股东在向公司提出查阅请求之日前的三年内，曾通过查阅公司会计账簿，向他人通报有关信息损害公司合法利益的；（四）股东有不正当目的的其他情形。
② 人民法院案例库：孙某某诉北京某某科技有限公司股东知情权纠纷案，（2020）京02民终816号。

5. 鉴于会计凭证包含原始凭证，法律规定并没有要求股东证明查询的合理性和必要性，只是规定存在不正当目的且可能对公司产生损害的情况才能予以拒绝，但是此时的举证责任在于公司，也就是公司必须拿出证据证明股东查阅有不正当目的，可能损害公司利益，如果公司拿不出证据，法院就不会支持。

019 股东行使知情权，如何委托专业人员查阅[①]

法律条文

第五十七条第三款 股东查阅前款规定的材料，可以委托会计师事务所，律师事务所等中介机构进行。

第五十七条第四款 股东及其委托的会计师事务所、律师事务所等中介机构查阅、复制有关材料，应当遵守有关保护国家秘密、商业秘密、个人隐私、个人信息等法律、行政法规的规定。

裁判要旨

股东查阅权的核心内容是公司重要财务信息和经营管理信息，既涉及公司会计事实，也关涉公司管理的合规性。股东如缺乏必要的会计、法律等专业知识，在没有专业第三人辅助的情况下，其股东知情权必将难以有效行使，通过专业第三人辅助查阅，其目的是更好地行使知情权。

案情简介

一、慈某加油站于 1989 年 4 月 3 日成立，现注册资本为 50 万元。鲍某作为股东之一，持股 50%。

二、鲍某多次与慈某加油站法定代表人张某中沟通经营管理、分配红利等事宜无果后，鲍某起诉要求行使股东知情权，要求查阅慈某加油站自 2015 年 1 月 1 日起至 2018 年 5 月 31 日的会计账簿和会计凭证。此案经一审、二审到再审，法院最终支持了鲍某的诉求。

---

① 本节作者向敏，北京云亭律师事务所律师。

三、在执行过程中①，慈某加油站提出异议，认为生效法律文书没有规定股东可以委托他人行使查阅权，从保护公司商业秘密的角度，本案执行的查阅人应仅为鲍某，其无权委托代理律师、会计师等人辅助查阅。

四、法院认为股东在场的情况下，可以由中介机构执业人员辅助进行，查阅人为鲍某，不含其他辅助人员的执行异议，理由不成立。

律师分析

《公司法》关于股东知情权的规定，立法目的在于保障股东了解公司经营状况并充分行使股东权利。公司的财务会计报告、会计账簿具有较强的专业性，不具有专业知识的股东查阅上述资料时往往会因资料的晦涩难懂而无法掌握相关文件的真实内涵，具备专业知识、技能，能够满足对公司提供资料和信息的解读，从理性角度为股东提供客观专业意见，这是委托专业人员行使知情权的现实基础。并且，犹如本文所列举案例中的公司多年由实际控制人掌控，拒绝向其他股东分红，那些中小股东长期脱离公司实际经营管理，对公司经营话语权很小，只能通过对知情权行权的实际落地，以实现股东的投资利益。

《公司法司法解释四》出台之后，第十条规定"股东在场的情况下，可以由会计师、律师等依法或者依据执业行为规范负有保密义务的中介机构执业人员辅助进行"。至此，对于委托中介机构行使股东知情权有了明确的裁判依据，司法实践趋于统一，但此时对中介机构的定位仍然是辅助性角色，也因此在诉讼中，会以股东在场作为委托中介查阅的前提条件。

对查阅主体的谨慎和限制，主要集中在两点考虑，一方面认为股东知情权与股东的身份密切相关；另一方面担心股东委托他人查阅公司会计账簿会导致公司运营状况被股东以外的人知悉，有可能带来公司商业秘密的泄露，进而会对公司合法利益造成损害。

故《公司法司法解释四》第十条规定，只有在该股东在场的情况下，才能由会计师、律师等依法或者依据执业行为规范负有保密义务的中介机构执业人员辅助进行查阅。但是，在股东基于不能或不便由其本人行使知情权的客观情况下，要求股东在场才能查阅公司文件对股东行权来说并不便捷。故，本次《公司法》修订，在吸收了《公司法司法解释四》第十条的情况下，将"股东在场"

---

① （2020）浙0304执异55号。

去掉，股东行使知情权的阻却事由仅为"不正当目的，可能损害公司合法利益的"情况。如果公司未证明股东行使股东知情权有不正当目的，并且可能存在损害公司的具体合法权益的情况，则公司应提供相关材料给股东及其委托的专业人士查阅。

考虑到保护公司商业秘密的需要，《公司法》对于参与查阅的中介机构的保密义务范围，定位在"应当遵守有关保护国家秘密、商业秘密、个人隐私、个人信息等法律、行政法规的规定"，该条规定实际上对应着《律师法》《中国注册会计师职业道德规范指导意见》《中华人民共和国审计法》等专业保密义务的相关规定。虽然《公司法》没有直接规定泄密的法律责任，但实际上已经通过"法律、行政法规的规定"提供了适用参照①，以此来实现对公司商业秘密的保护。

实操建议

通过上述对新《公司法》第五十七条第三款、第四款的系统分析，我们了解到股东可以委托第三方中介机构来行使股东知情权，具体梳理实操建议如下：

1. 股东委托第三方中介机构之前需要对该中介机构及其具体专业人员的资质做调查：了解中介机构的规模；专业人员的过往工作经验、是否具备较强的专业分析和判断能力；同时注意审查是否与股东、公司利益存在冲突，确保其独立性和客观性。

2. 鉴于第三方中介机构会接触到需要保密的文件资料，对第三方中介机构职业道德有较高的要求，建议对第三方中介机构做背景调查了解，在执业过程中是否有过泄密情况，以及是否有相关保密制度及措施防范风险。

3. 股东委托第三方中介机构查阅的情况下，站在公司角度出发，担心被查询和查阅的内容被用于公司经营以外的目的，可以要求股东在行使知情权之前提前告知委托的第三方中介机构的具体人员信息以及提供相关委托手续备查，公司也可以要求专业人士签订保密协议或者承诺书，避免其滥用信息损害公司利益。

---

① 李建伟：《股东查阅权辅助人制度之立法完善—兼评〈公司法（修订草案）〉"征求意见稿"条款设计之得失》，载《中国应用法学》2023年第1期。

020 将公司全资子公司列入股东知情权范畴有何意义[①]

法律条文

第五十七条第五款 股东要求查阅、复制公司全资子公司相关材料的,适用前四款的规定。

裁判要旨

就股权结构与公司架构而言,母公司股东行使查阅子公司资料的权利实质是母公司行使对子公司的知情权。在母公司完全控股尤其系全资控股子公司的情况下,子公司利益与母公司利益具有高度一致性,充分保障母公司的知情权在根本上与子公司的利益是一致的。

案情简介

一、2010 年 5 月 20 日,上海某乙公司经批准整体改制为中外合资股份有限公司,某甲公司系上海某乙公司股东。

二、2012 年 3 月,上海某乙公司报送首次公开发行股票并上市的申请材料。2012 年 6 月 7 日,某会计师事务所在审计过程中致函某甲公司等上海某乙公司的全体股东,希望上海某乙公司股东立即对财务报表相关文件问题进行独立核查。

三、2012 年 8 月 13 日,上海某乙公司向股东出具现金自查报告,对 2011 年 9 月 30 日至 2012 年 6 月 30 日的现金资产进行了核查。某甲公司对报告存有异议,2013 年 2 月 28 日,某甲公司致函上海某乙公司要求查阅相关资料并对相关财务问题进行审计,上海某乙公司未予回复。

四、某甲公司遂诉至法院主张查阅包括上海某乙公司及其分公司、子公司的财务报表、会计账簿、会计凭证、原始单据等在内的资料。一审法院认为某甲公司要求查阅范围超越了法律规定,并且子公司作为独立个体,不能作为知情权查阅对象。

[①] 本节作者向敏,北京云亭律师事务所律师。

五、二审法院认为①，股东有权依据公司章程的规定主张相应的知情权利，上海某乙公司的章程载明上海某乙公司应向股东提交子公司财务报表、股东享有检查公司及其子公司的会计账簿、记录和管理账目的权利。且就股权结构与公司架构而言，母公司股东行使查阅子公司资料的权利实质是母公司行使对子公司的知情权。在母公司完全控股尤其系全资控股子公司的情况下，子公司利益与母公司利益具有高度一致性，充分保障母公司的知情权在根本上与子公司的利益是一致的。故，二审法院判决支持某甲公司查阅上海某乙公司的子公司的财务报表、会计账簿、会计凭证、原始单据。

律师分析

子公司与母公司为两个独立的法律主体，母公司的股东并不是子公司的股东，在新《公司法》实施之前，以往的司法实践中，母公司股东对子公司行使知情权基本上是不支持的。

在北京某存空间科技有限公司与张某伟股东知情权纠纷一案中②，法院就从三个方面比较详尽地做了说明。第一，股东知情权源于公司股东身份，只有具备股东身份方可享有知情权；第二，股东知情权查阅范围并未包含公司的子公司；第三，股东也没有依据《公司法司法解释四》③ 基于自治的意思对知情权内容进行扩大规定。综上，股东穿越行使知情权无法支持。

在第二点上，有股东曾借鉴法人人格否认来主张股东知情权，如陈某清与润某投资集团有限公司股东知情权纠纷④案中，股东主张润某公司侵害股东权益、无法穿越行使权利将使股东权利空壳化，进而要求行使对润某公司子公司、孙公司的知情权，最终法院认为公司损害股东权益的理由所指争议与案件并非同一法律关系，不具备穿越行使知情权的依据基础，没有予以支持。

少数获得支持的其中就有上述第三点所说的"股东意思自治"，也就是本文开头所列案例因为公司章程扩大了股东知情权的范畴，法院认定章程约定不违反禁止性规定，在章程有效的基础上支持了股东知情权的扩展。

---

① 人民法院案例：某甲公司诉上海某乙公司股东知情权纠纷案，（2013）沪二中民四（商）终字第S1264号。
② （2022）京0118民初5184号。
③ 《公司法司法解释四》第七条第一款　股东依据公司法第三十三条、第九十七条或者公司章程的规定，起诉请求查阅或者复制公司特定文件材料的，人民法院应当依法予以受理。
④ （2019）京03民终6181号。

实践中，随着公司架构的复杂程度越来越高，母公司与子公司之间存在着非常紧密的联系，甚至母公司往往只是企业集团和空壳公司，实质的经营都在子公司层面，且大量资金在各公司间长期往来，很多成本虚增、利润隐瞒都在下层项目公司账目中运作，单凭母公司报表及其数据，不足以说明母公司的财务状况，而母公司长期被大股东操控，公司财务报表数据并不真实，小股东无从得知公司真实的经营状况及资产情况，导致小股东合法权利无从保护。

在郭某林与金某浦集团股东知情权纠纷案①中，法院是从投资性控股公司的结构特点出发，鉴于投资性控股公司情形之下，股东的实际利益在子公司而非母公司，尤其是对于投资性控股公司而言，其成员企业的经营管理状况对于控股公司的股东具有重大利益，成员企业的账簿记录对母公司股东而言尤其重要。如果仅将其知情权局限于母公司集团或其合并报表层面而不延伸形成该合并报表的基础会计资料，仍然无法判断公司编制的合并报表是否客观真实，也必然会导致股东知情权诉讼从根本上无法实现。

目前，新《公司法》的规定为母公司股东对全资子公司行使股东知情权提供了法律支持，降低了股东行权的成本。股东知情权相关材料同样包括查阅、复制公司章程、股东名册、股东会会议记录、董事会会议决议、监事会会议决议和财务会计报告；查阅会计账簿、会计凭证，股东行使知情权也可以委托会计师事务所、律师事务所等中介机构进行。

由于公司运营过程中，由投资型控股公司设立若干子公司，再由子公司设立由其控股的孙公司，从事相关行业具体经营业务，是企业组织架构的常见形式。子公司作为依法独立享有民事权利、承担民事责任的法人，为避免可能损害子公司其他股东的权利，《公司法》将子公司范围限制为"全资子公司"也是对股东知情权合理性的界定。

实操建议

通过上述对新《公司法》第五十七条第五款的系统分析，我们了解到股东穿越行使股东知情权的突破性意义，具体梳理实操建议如下：

1. 在设立公司之初，股东需要谨慎考虑公司架构，可以考虑设置多个子公司，尽量避免纵向设置多层孙公司，甚至重孙公司，避免股东权利"鞭长莫及"。

2. 股东要求查阅子公司会计账簿和会计凭证的，仍然应当向子公司提出书

---

① （2017）苏执监 648 号。

面请求，说明目的；股东如果自营或者为他人经营与子公司主营业务有实质性竞争关系业务，较易被认定为有"不正当目的"，建议在公司章程中予以提前规划。

3. 考虑到查阅、复制涉及子公司相关材料，为避免材料丢失损毁，或减少对公司经营的影响，可以在章程中对股东行使知情权作出相应的详细规定，指引查阅、复制工作规范有序进行。

021 股份公司股东知情权如何行使①

法律条文

第一百一十条　股东有权查阅、复制公司章程、股东名册、股东会会议记录、董事会会议决议、监事会会议决议、财务会计报告，对公司的经营提出建议或者质询。

连续一百八十日以上单独或者合计持有公司百分之三以上股份的股东要求查阅公司的会计账簿、会计凭证的，适用本法第五十七条第二款②、第三款③、第四款④的规定。公司章程对持股比例有较低规定的，从其规定。

股东要求查阅、复制公司全资子公司相关材料的，适用前两款的规定。

上市公司股东查阅、复制相关材料的，应当遵守《中华人民共和国证券法》等法律、行政法规的规定。

条文演变

原《公司法》第九十七条规定："股东有权查阅公司章程、股东名册、公

---

①　本节作者杨昊，北京云亭律师事务所律师。
②　新《公司法》第五十七条第二款　股东可以要求查阅公司会计账簿、会计凭证。股东要求查阅公司会计账簿、会计凭证的，应当向公司提出书面请求，说明目的。公司有合理根据认为股东查阅会计账簿、会计凭证有不正当目的，可能损害公司合法利益的，可以拒绝提供查阅，并应当自股东提出书面请求之日起十五日内书面答复股东并说明理由。公司拒绝提供查阅的，股东可以向人民法院提起诉讼。
③　新《公司法》第五十七条第三款　股东查阅前款规定的材料，可以委托会计师事务所、律师事务所等中介机构进行。
④　新《公司法》第五十七条第四款　股东及其委托的会计师事务所、律师事务所等中介机构查阅、复制有关材料，应当遵守有关保护国家秘密、商业秘密、个人隐私、个人信息等法律、行政法规的规定。

司债券存根、股东大会会议记录、董事会会议决议、监事会会议决议、财务会计报告，对公司的经营提出建议或者质询。"该条款对股份公司股东的知情权进行了一般性的规定，但是对于具体的权利内容和行权方式，并没有进一步的说明和细化；而《公司法司法解释四》①中同样也仅仅是确认了股份公司股东的基本诉权。

新《公司法》的修订，新增了多项股东知情权的相关内容：

第一，在原有对相关资料"查阅权"的基础上，新增了"复制权"。

第二，特定股东（连续一百八十日以上单独或者合计持有公司百分之三以上股份）可以按照有限公司股东知情权的行权方式行使知情权。具体包括两项权利和一项义务：

1. 有权查阅公司的会计账簿、会计凭证（注意：不得复制）。

2. 有权委托会计师事务所、律师事务所等中介机构进行查阅。

3. 应当按照法律、行政法规的规定履行保密义务（国家秘密、商业秘密、个人隐私、个人信息等）。

第三，公司章程可在法定条件以下（仅可低于上述持股比例，不得低于上述持股期限），对"特定股东"的条件进行规定。

第四，新增了对股份公司全资子公司相关材料的查阅权、复制权。

第五，明确规定了上市公司股东行使知情权时，应同时遵守证券法法律法规的有关规定。

裁判要旨

股份有限公司的股东有权依照公司章程和公司法相关规定行使知情权。在《公司法》及公司章程均未规定股东可以查阅会计账簿、会计凭证的情况下，股东主张查阅股份有限公司会计账簿、会计凭证的请求，不会得到支持。

案情简介

一、2008年8月18日，四川某股份有限公司注册成立。2012年4月27日，该公司原股东甲、乙、丙、丁、戊、己分别与深圳某公司签署《股权转让协议》，将六人名下四川某股份有限公司共计70%的股权转让给深圳某公司。

---

① 《公司法司法解释四》第七条第一款 股东依据公司法第三十三条、第九十七条或者公司章程的规定，起诉请求查阅或者复制公司特定文件材料的，人民法院应当依法予以受理。

二、2012 年 4 月 28 日，四川某股份有限公司召开股东会会议，改组董事会、监事会，并任命了新的法定代表人，同时制定了新的公司章程。

三、公司新章程第二十八条规定："公司股东享有下列权利：（六）依照法律、公司章程的规定获得有关信息……"第二十九条规定："股东提出查阅前条所述有关信息或者索取资料的，应当向公司提供证明其持有公司股份的种类以及持股数量的书面文件，公司经核实股东身份后应按股东的要求予以提供。"

四、2016 年 10 月 13 日，深圳某有限公司向四川某股份有限公司发出《会计账簿查阅函》，以拥有 70% 股份股东的身份，要求查询、复制四川某股份有限公司自成立以来各年度的财务会计账簿和会计凭证。2016 年 10 月 27 日，四川某股份有限公司发出《关于不同意美林资产查阅公司账簿要求的复函》，拒绝了深圳某有限公司的请求。

五、深圳某有限公司将四川某股份有限公司诉至法院，要求对方提供自设立之日起的所有公司章程、股东会会议记录、董事会会议决议、监事会会议决议以及历年全部财务会计报告、财务会计账簿、会计凭证供其查阅、复制。

六、经过二审终审，终审法院依据《公司法》第九十七条的规定，判决四川某股份有限公司在规定的时间内向深圳某有限公司提供自公司成立以来至判决生效之日止的公司章程、股东（大）会会议记录、董事会会议决议、监事会会议决议、财务会计报告供其查阅。但驳回了深圳某有限公司关于复制上述材料，以及查阅、复制会计账簿、会计凭证的诉讼请求。

七、四川省高级人民法院再审①认为：深圳某有限公司继受取得四川某股份有限公司 70% 股份，为四川某股份有限公司股东，深圳某有限公司有权提起股东知情权诉讼。四川某公司系股份有限公司，依照《公司法》第九十七条和公司章程之规定，深圳某有限公司有权查阅公司章程、股东名册、公司债券存根、股东大会会议记录、董事会会议决议、监事会会议决议、财务会计报告。二审法院据此对深圳某有限公司就股东知情权的诉讼请求在上述法律规定范围内予以支持，认定基本事实清楚，适用法律正确。

律师分析

该案是按照原《公司法》有关规定进行裁判的关于股份公司股东行使知情权的典型案例。由于原《公司法》中对股份公司股东行使知情权的内容仅作了

---

① （2019）川民申 4520 号。

较为宏观的一般性规定，相关司法解释中也未对其进行扩张解释，因此审判实践当中，对于有限公司和股份公司股东行使知情权的内容和方式方法有着较为严格的区分，股份公司股东主张参照有限公司的规定，对有关材料进行复制或者查阅、复制公司的会计账簿和会计凭证时，往往无法得到法院的支持。除该案外，河南省高级人民法院亦有相似的案例①，采用了相同的裁判观点。可见，就该问题，各地的裁判观点较为统一。

但是，对于法定的，股份公司股东无法实现的上述主张，在事先采取相应措施的基础上，也并非绝对无法实现。例如，在北京市第三中级人民法院审理的(2017) 京 03 民终 2000 号知情权纠纷案中，最终支持了股东要求复制相关资料的请求，在深圳市宝安区人民法院审理的（2015）深宝法民二初字第 3815 号知情权纠纷案中，法官支持了股东查阅会计凭证的诉讼请求。上述两则案例的共同点是，在公司章程中，均对股东行使知情权的内容进行了对股东有利的规定。可见，"章程优先"的原则在该问题中同样适用。

本次新《公司法》的修订，对股份公司股东知情权的行使进行了较大幅度的新增，将原本只有有限公司股东才享有的权利扩充到股份公司股东，同时授权公司章程可在法定标准之下作进一步规定股东对于会计账簿和会计凭证的知情权。可见新《公司法》中，在不违背法律基本规定的基础上，"章程优先"的原则得到了沿用，因此对于广大投资人而言，利用好公司章程，将会有助于保护自身的投资权益。

实操建议

新《公司法》第一百一十条对于股份公司股东知情权内容的修订，无疑会对未来股份公司股东知情权的司法实践产生重大的影响。对比条款内容可以发现，本次修订使股份公司股东知情权的内容与行权方式与有限公司趋于一致，只在查阅、复制会计账簿、会计凭证和对上市公司主张知情权方面保留了较为明显的资合性特征及监管要求。因此，新《公司法》正式实施后，股份公司股东向公司主张知情权，一定程度上可以参考之前有限公司的裁判观点和案例实践。

一、股份公司在制定公司章程时，可以根据新法相应增加股东的知情权内容，但是需要注意不要与新法中的限制性条款相抵触。

---

① （2021）豫民申 6464 号。

新《公司法》中对于公司章程、股东名册、股东会会议记录、董事会会议决议、监事会会议决议、财务会计报告的"复制权"作出了明确的规定且不限制股东身份，即任何股东均可享有，但是在适用有限公司的相关规定查阅股份公司的会计账簿和会计凭证时，提出主张的股东需要满足相应的条件——连续一百八十日以上以及单独或合计持有百分之三以上股份，新法允许章程对持股比例进行更低（不能更高）的规定，但是并没有放宽对持股期限的要求。因此，股东在入股股份公司时需要特别注意，持股期限达标是行使该项知情权的必要条件，具体包括两项：一是连续性，其间不得中断；二是时长要求，需要达到一百八十天。入股股份公司不符合上述条件的股东无权查阅、复制会计账簿和会计资料，或者担任股东连续时长不足期限的股东也无权查阅、复制其担任股东期间公司的会计账簿和会计凭证。[①]

二、可以通过对子公司主张知情权，掌握更为翔实的企业经营数据，从而对公司的经营状况有更为准确的了解。

新法修订以前，由于缺少相关的法律依据，受困于公司法人人格与财产相互独立的司法原则，母公司的股东往往很难查阅子公司的财务会计资料，从而掌握子公司真实的经营数据，这在一定程度上必然影响股东了解母公司经营状况的准确性和完整性。新法实施后，符合条件的股东在向母公司主张知情权时，可以一并主张对其全资子公司的知情权，从而达到对公司经营状况的整体把握，如此对于不参与日常经营的中小股东而言，将更有利于维护自身的合法权益。

022 公司分配利润须由股东会具体分配方案[②]

法律条文

第二百一十二条　股东会作出分配利润的决议的，董事会应当在股东会决议作出之日起六个月内进行分配。

---

① 注：该意见系根据新《公司法》原文文义进行的判断，若后续相关司法解释放宽对股东持股期限的要求，则以具体司法解释的规定为准。
② 本节作者向敏，北京云亭律师事务所律师。

条文演变

在原《公司法》第四条①及《公司法司法解释四》第十四条②、第十五条③的基础上，再次明确利润分配以股东会有效决议为前提；关于股东利润分配的时间，将《公司法司法解释五》④规定的一年期限改成了六个月。

本篇文章及后一篇文章《股东利润分配的时间应当如何确定》共同解读本法条。

裁判要旨

股东要求公司分配利润的必要条件是提交载明具体分配方案的股东会决议。具体的利润分配方案应当包括待分配利润数额、分配政策、分配范围以及分配时间等具体分配事项内容。载明具体分配方案的股东会决议一经作出即成为分配利润的依据。

案情简介

一、2013年，甘肃金某达公司持有万某公司52.5%股份。2014年万某公司进行2013年度财务审计，审计报告载明万某公司净利润为169649601.28元，可供股东分配利润218930221.51元。

二、2014年3月27日，万某公司召开股东会，决定在2014年6月之前，将2013年剩余未分配利润56930221.51元分配完毕。

三、2014年6月25日，万某公司召开第二次临时股东会，会议同意对2013年未分配利润在7月底之前进行分红，2014年按季度分红，但对于2014年股东

---

① 原《公司法》第四条 公司股东依法享有资产收益、参与重大决策和选择管理者等权利。

② 《公司法司法解释四》第十四条 股东提交载明具体分配方案的股东会或者股东大会的有效决议，请求公司分配利润，公司拒绝分配利润且其关于无法执行决议的抗辩理由不成立的，人民法院应当判决公司按照决议载明的具体分配方案向股东分配利润。

③ 《公司法司法解释四》第十五条 股东未提交载明具体分配方案的股东会或者股东大会决议，请求公司分配利润的，人民法院应当驳回其诉讼请求，但违反法律规定滥用股东权利导致公司不分配利润，给其他股东造成损失的除外。

④ 《公司法司法解释五》第四条 分配利润的股东会或者股东大会决议作出后，公司应当在决议载明的时间内完成利润分配。决议没有载明时间的，以公司章程规定的为准。决议、章程中均未规定时间或者时间超过一年的，公司应当自决议作出之日起一年内完成利润分配。

决议中载明的利润分配完成时间超过公司章程规定时间的，股东可以依据民法典第八十五条、公司法第二十二条第二款规定请求人民法院撤销决议中关于该时间的规定。

应分配利润比例及具体数额，均未作出决议。

四、因万某公司未实际分配 2013 年、2014 年的利润，2018 年甘肃金某达公司起诉万某公司，主张 2013 年及 2014 年的公司利润分红。

五、最高人民法院再审支持了甘肃金某达公司 2013 年的分红主张，认为 2014 年并没有形成具体的利润分配方案，驳回了甘肃金某达公司 2014 年的分红诉求①。

律师分析

股东基于股东资格享有利润分配请求权，这是股东固有的权利。但是由于股东与公司互为独立主体，在司法实践中，公司利润是否应该分配、分配的比例如何等一般被认为是公司的自治范围。

首先，公司暂不分配当年税后利润并不意味着侵犯股东的合法权益，没有违反现行法律的规定②。

其次，径直诉讼公司的逾期分配盈余，其实质为以司法权干预公司的内部经营管理权，违背公司法关于公司依法自主经营的原则③。只有在部分股东滥用股东权利，如变相分配利润、隐瞒或转移公司利润等损害其他股东实体利益的情况下，司法才可以介入干预。

最后，公司利润分配取决于公司存在可以分配的利润，公司的利润是要覆盖公司成本、归还欠款、弥补亏损、缴纳税款等之后公司的盈余。

综合来说，公司利润不能直接量化为每个股东的分配数额，公司分配利润须由公司作出相关决议后实施，在公司作出利润分配决议之前，股东分红权只是表明股东具有分取利润的资格。只有在公司作出具体利润分配的决议后，能够根据待分配利润数额、分配政策、分配范围以及分配时间等具体分配事项内容，确定股东根据方案能够得到的具体利润数额，股东获取利润资格才能转化为实际权利。此时股东享有的是具体利润分配请求权，作为权利人有权要求公司向其分红。

实操建议

通过上述对新《公司法》第二百一十二条的系统分析，我们了解到公司分

---

① 《最高人民法院公报》2023 年第 1 期（总第 317 期）。
② （2015）衢江商初字第 440 号。
③ （2019）沪 0112 民初 44899 号。

配利润不仅要有股东会有效决议，有效决议还要载明具体分配方案，具体梳理实操建议如下：

1. 鉴于公司利润分配取决于公司自治范畴，在公司成立之初，可考虑在公司章程中对利润分配作出具体的约定，包括但不限于分红的条件、方式、程序以及分红的频率等。

2. 有效股东会决议是具体利润分配请求权的基础，该决议形式应当为正式决议，而非会议纪要、对账表等其他文件，决议内容需规范无瑕疵。

3. 如果股东要以公司惯例操作证明虽然没有形式上的股东会决议，但是公司实质上以其他合意的方式达成了分红决议，并且一直按照分红决议实施的情况，需要将以往分红决议与分红款项的入账明细对应作为证据，一旦金额或者入款明细无法对应，法院将不会予以支持。

4. 公司作出有效具体的利润分配决议后，公司即对股东负有分配利润的义务，如果不存在法律规定的效力瑕疵，原则上公司不能撤销和更改，应该按照利润分配决议规定的内容履行给付义务。

023 股东利润分配的时间应当如何确定[①]

法律条文

第二百一十二条　股东会作出分配利润的决议的，董事会应当在股东会决议作出之日起六个月内进行分配。

裁判要旨

分配利润的股东会或者股东大会决议作出后，公司应当在决议载明的时间内完成利润分配，决议没有载明时间的，以公司章程规定的为准。决议、章程中均未规定时间或者时间超过法律/司法解释规定的期限的，公司应当在法律/司法解释规定的期限内完成利润分配。

---

① 本节作者向敏，北京云亭律师事务所律师。

案情简介

一、王某群系泰某公司股东，在该公司持股比例为 4.58%。

二、2021 年 2 月 2 日，泰某公司股东会决议通过了《关于公司留存利润的分配方案》，同时会议决议修改了公司章程，对公司退休或离职股东在公司司龄满 15 年及以上者，强制转让全部或部分股份。王某群明确表明对要求其出让50% 股份的内容不同意。

三、泰某公司依据修改后的章程认定王某群按持股比例 2.29% 分配公司利润，王某群因对利润分配表载明的按持股比例有异议没有签字，公司也未给其分红。

四、2021 年 8 月 1 日，王某群起诉要求泰某公司按照 4.58% 股份比例给其分红，并认为泰某公司在 2021 年 2 月 2 日已向其他所有股东支付了分红款，该日就是决议确定的或者实际执行的分红时间，并以该日为基础主张逾期支付分红款的利息。

五、法院认为①泰某公司应按照王某群 4.58% 的持股比例向王某群分配 2020年度利润。关于利润分配时间，在股东会决议和公司章程均没有规定的情况下，泰某公司完成利润分配的期限为一年，王某群主张自 2021 年 2 月 3 日起利息的请求不予支持。

律师分析

本文上述案例中裁判观点按照《公司法司法解释五》第四条②来认定，对于已经作出分配决议的公司，利润分配时间首先是按照决议载明的分配时间；如果决议中没有规定时间的，以公司章程为准；决议和公司章程中均没有规定，或者有规定但时限超过一年的，则应当在一年内分配完毕。

新《公司法》对于利润分配的时间，在《公司法司法解释五》基础上，直接将利润分配的时间规定为自"决议作出之日"起六个月内，这对实现股东分红权是有积极作用的。起诉分红的股东大多数处于弱势地位，未按期分配利润直接影响股东收益，实践中不少利润分配方案没有记载时间或者虽然记载了时间但是分配时间可能长达几年，对于中小股东来说无疑存在巨大风险。

---

① （2022）新民再 3 号。

② 《公司法司法解释五》第四条第一款　分配利润的股东会或者股东大会决议作出后，公司应当在决议载明的时间内完成利润分配。决议没有载明时间的，以公司章程规定的为准。决议、章程中均未规定时间或者时间超过一年的，公司应当自决议作出之日起一年内完成利润分配。

在欣某原公司与宛某耀置业公司盈余分配纠纷案①中，虽然公司章程中规定"公司产生利润时，每年至少分配一次"，在公司也有利润可以分配的情况下，控股股东利用优势地位，未经另一股东的同意就调用资金向其全资控股的关联公司转账，同时阻碍小股东行使知情权，上述行为导致公司无法按公司章程规定向股东分配利润，严重损害小股东的利益。

另外，也有控股股东通过指派董事、高级管理人员通过高薪酬来变相分配公司利润，导致本该股东按照约定分红的总金额变少或者是控股股东通过购买与经营不相关的服务或者财产导致公司管理不善，资金受损。

不及时分配公司利润，当公司遭遇经营困难或者重大风险的情况时，未分配利润将优先进行债务偿还和重组、清算，势必会损害股东利益。

在实践案例中，还有公司作出具体利润分配方案后，又以股东决议方式暂缓分配利润的情况，在刘某恩与某东方公司盈余分配纠纷案中，法院认为②公司对股东的分红金额确定后，公司股东与公司之间就确定的分红金额形成了债权债务法律关系，公司股东对公司享有给付请求权，该法律关系不再属于公司内部事务，即便公司作出决议调整也缺乏依据。

实操建议

通过上述对新《公司法》第二百一十二条的系统分析，我们了解到公司分配利润时间规定的重要性，具体梳理实操建议如下：

1. 章程对利润分配时间的规定很重要。对中小股东来说，最好是要求在章程中明确公司利润分配的具体时间，时间可以小于法定的六个月的时间，尽可能将利润分配时间缩短，以避免可分配利润的不当流失。

2. 如果章程中没有确定利润分配时间，建议在股东会决议中明确分配时间，否则将按照法定的时间"作出决议"之日起六个月来分配。

3. 明确公司利润分配的支付方式，公司在分配利润时，在无特别委托的前提下，最好直接向股东支付，防止不必要的纠纷。

4. 利润分配方案确定后，公司未按期分配利润，股东可以向公司主张逾期支付利息，该利息无须以股东会决议为前提，对公司来说按期支付很重要。

---

① （2021）豫民终 445 号。
② （2016）苏 04 民初 444 号。

024 违法分配公司利润，后果是什么①

法律条文

第二百一十一条 公司违反本法规定向股东分配利润的，股东应当将违反规定分配的利润退还公司；给公司造成损失的，股东及负有责任的董事、监事、高级管理人员应当承担赔偿责任。

条文演变

原《公司法》第一百六十六条第五款规定了股东违法分配利润的责任，即"股东会、股东大会或者董事会违反前款规定，在公司弥补亏损和提取法定公积金之前向股东分配利润的，股东必须将违反规定分配的利润退还公司"，该条仅规定了违规分配的利润退还。新《公司法》则规定不仅要退还，如果给公司造成损失，还需承担赔偿责任，且赔偿责任主体不仅限于股东，还包括董事、监事和高级管理人员。

裁判要旨

公司收益未经法定程序不得直接向股东分配，股东的违法获利应当返还给公司。

案情简介

一、模某特公司设立于 1995 年 5 月 8 日，股东为王某阳、张某、魏某、王某辰。

二、2013 年模某特公司审计报告显示，王某辰和王某阳 2008 年取得股利分红 195625 元。

三、模某特公司向人民法院提起诉讼，要求股东返还上述违法分红款。

四、王某辰、王某阳就上述分红款提交 2008 年 2 月 5 日股东会决议，该决议决定按照股东股份比例逐步安排资金进行分红。但是，没有证据证明股东会的

---

① 本节作者邢辉，北京云亭律师事务所律师。

召开符合法定程序且公司已弥补亏损、提取公积金。

五、一审法院支持了原告的诉讼请求，二审法院①维持一审判决。

律师分析

公司分红需要满足两个条件：一是公司有可供分配的利润；二是公司股东会对公司分红作出有效决定。本案中，股东没有证据证明 2008 年 2 月 5 日模某特公司实际召开过股东会，也没有证据证明公司分红之前已经弥补亏损并提取法定公积金，股东的举证责任未完成。因此，法院认定分红严重违反法律规定，应当将取得的分红款返还给公司。

司法实践中，与股东违法分红相关的另一个问题是作出该分红决议的效力如何。对此有不同观点出现在实务案例中，如在（2023）新 42 民终 242 号案件中，法官认为公司在弥补亏损和提取法定公积金之前向股东分配利润，法律后果为股东必须将违反规定分配的利润退还公司，该规定系对分配利润的程序性规定，尚不足以得出违反该规定必然导致股东会决议无效的结果。在人民法院案例库的谢某、刘某诉安徽某化工有限责任公司决议纠纷案②中，法官认为案涉股东会决议无论是以向股东支付股息或红利的形式，还是以股息或红利形式之外的、以减少公司资产或加大公司负债的形式分发款项，均是为股东谋取利益、变相分配公司利益的行为，该行为贬损了公司的资产，使得公司资产不正当地流失，损害了部分股东的利益，更有可能影响债权人的利益。因此，该股东会决议是公司股东滥用股东权利形成，决议内容损害公司、公司其他股东等人的利益，违反了《公司法》的强制性规定，应为无效。

关于违法分配利润的责任承担，旧法的责任主体仅限于股东，且股东仅需退还。新法则将责任主体扩张至董监高，同时增加了股东的赔偿责任，相当于违法分配利润的后果更加严重。

实操建议

一、公司的利润分配要严格遵守法律规定。公司分红需要有效的股东会决议，在缴纳税款、弥补亏损、提取法定公积金之后仍有盈余的情况下才可分红。违规的分红可能给公司埋下隐患，如该分红决议可能无效、违法分红给公司造成

---

① （2021）京 02 民终 734 号。
② （2014）合民二终字第 00036 号。

了损害、股东及董、监、高产生承担赔偿责任等。

二、董监高要尽到勤勉忠实义务。此次《公司法》修法的一大趋势就是细化并强化董、监、高的责任。因此新法生效之后，董监高在履行职责过程中要做到谨慎勤勉，避免不必要的责任承担。

三、审查股东会决议效力时，要重视决议内容的合法性审查。公司股东会决议以"补偿金"或其他名义向股东发放大额款项，在公司无实际补偿事由且无法明确款项来源的情形下，此类行为不符合《公司法》对公司分红的要求，实际是变相分配公司资产，此类决议将会因内容违反法律规定而无效。

025 有限责任公司的股权受让人取得股东资格的时间点如何认定[①]

法律条文

第五十六条　有限责任公司应当置备股东名册，记载下列事项：

（一）股东的姓名或者名称及住所；

（二）股东认缴和实缴的出资额、出资方式和出资日期；

（三）出资证明书编号；

（四）取得和丧失股东资格的日期。

记载于股东名册的股东，可以依股东名册主张行使股东权利。

第八十六条　股东转让股权的，应当书面通知公司，请求变更股东名册；需要办理变更登记的，并请求公司向公司登记机关办理变更登记。公司拒绝或者在合理期限内不予答复的，转让人、受让人可以依法向人民法院提起诉讼。

股权转让的，受让人自记载于股东名册时起可以向公司主张行使股东权利。

条文演变

一、股东转让股权，受让人何时取得股东资格，原《公司法》没有明确的规定。

---

① 本节作者白函鹭（本名白秀清），北京云亭律师事务所律师。

二、2019 年 11 月，最高法发布了《九民纪要》①，对该问题进行了回应：当事人之间转让有限责任公司股权，受让人以其姓名或者名称已记载于股东名册为由主张其已经取得股权的，人民法院依法予以支持。但法律、行政法规规定应当办理批准手续生效的股权转让除外。未向公司登记机关办理股权变更登记的，不得对抗善意相对人。

三、新《公司法》吸收了《九民纪要》的观点，以受让人的姓名或者名称记载于股东名册，作为其取得股东资格的认定依据。

裁判要旨

有限责任公司的股东名册记载，在效力上属于设权登记，即有关事项登记后产生创设权利或者法律关系的效力。登记在股东名册上的股东，能以股东身份对公司主张行使股东的权利。公司登记机关登记是以公司股东名册登记为基础和根据，具有向社会不特定多数人公示的作用，不具有设权效力，仅产生对抗效力。

案情简介②

一、某金融公司成立于 2014 年 8 月 1 日，类型为有限责任公司，注册资本10000 万元。2018 年 6 月，该公司先后作出两份股东会决议，内容包括：股东按照实缴出资比例行使表决权。尚未完成全部实缴出资的股东，应于 2018 年 7 月30 日之前完成实缴出资，或与现有股东达成出资权利转让协议并由受让股东在上述时限内完成实缴出资。逾期视为相关股东无条件放弃未实缴部分的股权，由已完成全部出资义务的股东履行上述股权的出资而取得对应的股东权利，上述股东权利的变更无须另行签署转让协议。包括某农业投资公司在内的股东参加会议。

二、2018 年 8 月，某金融公司作出《2018 年股东会第一次临时会议决议（一）》，内容包括：股东北某融通公司未实缴出资占公司注册资本 5%，股东首某商公司未实缴出资占公司注册资本 5%，股东顺某控股公司未实缴出资占公司注册资本 2.1%，上述三位股东不再实缴未到位资金且放弃对应的股东权利，其他各股东亦放弃对上述股权进行出资。提议由股东华夏某宝公司负责安排公司后

---

① 2019 年 11 月 8 日，最高人民法院发布《关于印发〈全国法院民商事审判工作会议纪要〉的通知》[法（2019）254 号]。

② （2021）京 01 民终 5712 号。

续实缴出资事宜。包括某农业投资公司在内的股东参加会议。

三、2018 年 10 月 15 日，某金融公司、股东华夏某宝公司向宝某富瑞公司发出《出资通知函》：根据 2018 年股东会第一次临时会议决议，股东北某融通公司放弃其未出资到位的 5% 股权、股东顺某控股公司放弃其未出资到位的 2.1% 股权，同意由宝某富瑞公司完成上述注册资本（710 万元）的实缴，成为某金融公司股东。2018 年 11 月，宝某富瑞公司向某金融公司转账支付 710 万元。

四、又因股东顺某控股公司将其持有的 12.9% 的股权全部转让给宝某纯正公司。2019 年 5 月，某金融公司的股东名册载明的股东变更为：华夏某宝公司（40%）、汇某基业公司（15%）、首某商公司（15%）、宝某纯正公司（12.9%）、宝某富瑞公司（7.1%）、北某融通公司（5%）、某农业投资公司（5%）。

五、2019 年 8 月 15 日，某金融公司召开 2019 年第一次股东会会议，上述全体股东均参加了会议。会议经代表 90% 表决权的股东同意（某农业投资公司不同意决议内容；首某商公司持股 5% 对应的出资未完成实缴，不享有表决权），通过了修改后的《公司章程》，删除了原章程第十三条中对外融资、提供担保和关联交易需要经全体股东通过的内容；选举确认了第二届董事会成员和监事会成员；通过了公司债权融资方案。

六、某农业投资公司向一审法院提起诉讼，其诉讼请求包括确认 2019 年 8 月 15 日决议部分内容不成立，其理由包括某农业投资公司未曾参与某金融公司股东变更（如有）的表决，某金融公司工商登记中未能查询到宝某纯正公司和宝某富瑞公司及其他股东的股权变更情况等，不认可该两家公司的股东身份。一审法院判决驳回了其诉讼请求。

七、某农业投资公司不服，提起上诉，主张《公司章程》的效力高于股东名册的效力，在二者关于股东信息的记载不一致的情况下，应以章程的记载为准，进而否认宝某纯正公司、宝某富瑞公司的股东身份。二审法院驳回其上诉，维持原判。

律师分析

一、股东转让股权，受让人何时取得股东资格，原《公司法》没有明确的规定，司法实践中存在不同的观点，导致审判实践中同案不同判的现象比较突出。

观点 1：在法无明文规定的情况下，以股权转让协议约定为准。

观点 2：股权转让协议生效时，受让人取得股东身份。

观点 3：转让人将股权转让的事实通知到公司时，受让人取得股东身份。

观点 4：受让人被记载在股东名册中时，受让人取得股东身份。

观点 5：公司就股权转让完成工商变更登记时，受让人取得股东身份。

观点 6：受让人被记载于公司章程中时，取得股东身份。

……

二、最高人民法院为统一裁判尺度，在《九民纪要》中对该问题进行了明确，即以受让人的姓名或名称记载于股东名册，作为受让人取得股东资格的确认依据，但法律、行政法规规定应当办理批准手续生效的股权转让除外。未向公司登记机关办理股权变更登记的，不得对抗善意相对人。

最高法通过《九民纪要》明确该问题的裁判规则，意在统一裁判尺度，有其积极意义。但我们认为，针对该问题，《九民纪要》在促进法律适用的统一，尤其在促进公司规范治理方面，效果是有限的，原因如下：

1. 《九民纪要》并不是法律、行政法规，也不是部门规章。法院在审理案件的过程中，可以援引《九民纪要》的观点进行说理，但不能将《九民纪要》作为裁判依据。换言之，《九民纪要》确立的裁判规则，并不具有强制性的法律约束力。

2. 司法实践中，很多公司管理不规范，设置股东名册的公司非常少。股东名册更多情况下是处于"名存实亡"的状态。故，最高法表示"在不存在规范股东名册的情况下，有关公司的文件，如公司章程、会议纪要等，只要能够证明公司认可受让人为新股东的，都可以产生相应的效力①"。

最高法基于公司管理现状的这种"让步"性描述，实际又将"股东名册"这一确认受让人取得股东资格的依据虚化，导致《九民纪要》确认的"股东名册是确认受让人取得股东资格的依据"这一标准无法得到贯彻执行，也无法通过该规则达到引导、督促公司设立股东名册的目的。

因此，非常有必要将《九民纪要》确定的裁判规则，以法律的形式固定下来，并明确当公司未及时将受让人登记在股东名册中时，受让人的法律救济路径，以促进公司治理的完善，进而促进司法裁判规则的统一，实现同案同判。

三、新《公司法》一方面吸收了《九民纪要》确立的规则，即以股东名册

① 最高人民法院民事审判第二庭编著：《〈全国法院民商事审判工作会议纪要〉理解与适用》，人民法院出版社 2019 年版，第 135 页。

作为受让人取得股东资格的认定依据；另一方面完善了股权受让人在股东身份确认这一问题上的救济路径，这对促进公司设置规范的股东名册，完善公司治理，减少因股权转让导致的股东资格确认纠纷，具有重要意义。

（一）新《公司法》第五十六条在原《公司法》规定的基础上，要求公司在股东名册中同时记载股东"取得和丧失股东资格的日期"，以强化股东名册在确认股东身份中的重要作用。

（二）新《公司法》第八十六条规定：股东转让股权的，应当书面通知公司，请求变更股东名册；需要办理变更登记的，并请求公司向公司登记机关办理变更登记。公司拒绝或者在合理期限内不予答复的，转让人、受让人可以依法向人民法院提起诉讼。股权转让的，受让人自记载于股东名册时起可以向公司主张行使股东权利。

1. 股东转让股权的，"应当"书面通知公司，并请求公司变更股东名册，即请求公司变更股东名册，是转让股东的法定义务。而转让股东履行义务的行为，必然促进公司设置规范的股东名册，对完善公司治理具有重要意义。如果转让股东不履行该义务，受让人可主张其承担违约责任。

2. 如果公司接到转让股东的通知后，拒绝变更股东名册或消极不作为，转让股东和受让人都可以以公司为被告提起诉讼，主张公司履行相应的义务。

3. 明确股权受让人自被记载于股东名册时起，取得股东资格，即股东名册具有创设股东权利的法律效果。

4. 区分股东名册和工商登记的变更。股东转让股权的，应当书面通知公司，请求变更股东名册；需要办理变更登记的，并请求公司向公司登记机关办理变更登记。这就进一步区分了股东名册和工商登记的变更，即股东名册的记载是创设股东资格，而工商登记是将股东资格对外公示，起到对抗效力。换言之，不能因受让人仅被登记在股东名册中，而未被工商登记为股东，就否认其股东身份。

5. 如何理解"需要办理变更登记的，并请求公司向公司登记机关办理变更登记"？

新《公司法》第三十二条规定，公司登记事项包括：（1）名称；（2）住所；（3）注册资本；（4）经营范围；（5）法定代表人的姓名；（6）有限责任公司股东、股份有限公司发起人的姓名或者名称。公司登记机关应当将前款规定的公司登记事项通过国家企业信用信息公示系统向社会公示。

《中华人民共和国市场主体登记管理条例》第八条规定：市场主体的一般登

记事项包括：（1）名称；（2）主体类型；（3）经营范围；（4）住所或者主要经营场所；（5）注册资本或者出资额；（6）法定代表人、执行事务合伙人或者负责人姓名。

除前款规定外，还应当根据市场主体类型登记下列事项：

（1）有限责任公司股东、股份有限公司发起人、非公司企业法人出资人的姓名或者名称。

……

以上可见，有限责任公司股东的姓名或者名称属于法定登记事项，股东的认缴出资额或持股比例，并非法定登记事项。

股权转让分为对内转让和对外转让。前者是指股东之间转让股权，后者是指向股东以外的人转让股权。在股东对内转让其部分股权的情况下，公司股东的姓名或名称不会发生变化，无须进行工商变更登记。如股东对内转让其全部股权，则转让股东退出公司，公司股东的姓名或名称会发生变化；如股东对外转让股权，股东的姓名或者名称亦会发生变化，这两种情况均需要进行工商变更登记。因此，在发生股权转让的情况下，不是必然需要进行工商变更登记，只有在股东对内转让其全部股权和对外转让股权的情况下，需要进行工商变更登记。

……

四、本文引用的案例中法院的裁判观点与新《公司法》确立的裁判规则是一致的，即股东名册具有创设权利的法律效力，受让人被记载于股东名册即取得股东身份。

该案中，某农业投资公司主张案涉股东会决议的内容部分不成立。某农业投资公司在一审阶段的理由是，其未曾参与某金融公司股东变更（如有）的表决，某金融公司工商登记中未能查询到宝某纯正公司和宝某富瑞公司及其他股东的股权变更情况，故而该两家公司不是某金融公司的股东，其没有权利行使表决权。其在二审阶段的理由是公司章程具有最高效力，在章程记载的内容与股东名册不一致的情况下，应该以章程记载为准，进而不认可宝某纯正公司、宝某富瑞公司的股东身份，并主张其无权参加股东会并进行表决。

根据判决书查明的事实，我们认为某农业投资公司的观点不应被采信，理由如下：

1. 工商登记仅具有公示对抗效力，不具有设权效力，这在原《公司法》的背景下，也是共识，所以某农业投资公司在一审阶段的主张，没有法律依据。

2. 原《公司法》第三十二条第二款明确规定，记载于股东名册的股东，可以依股东名册主张行使股东权利。股东名册具有创设权利的法律效力，在上述两家公司已经被某金融公司记载于其股东名册的情况下，该两家公司即已经取得股东身份，其有权参加股东会并行使表决权。

3. 原《公司法》第七十三条规定：依照本法第七十一条、第七十二条转让股权后，公司应当注销原股东的出资证明书，向新股东签发出资证明书，并相应修改公司章程和股东名册中有关股东及其出资额的记载。对公司章程的该项修改不需再由股东会表决。

因此，公司章程中关于股东信息的记载和变更，是基于股权已经发生变动的事实，而进行自然变更的结果。也就是说，在股东的资格已经通过股东名册确认的情况下，相应修改公司章程中有关股东及其出资额的记载，无须再由股东会表决。在宝某纯正公司和宝某富瑞公司已经被记载于公司股东名册的情况下，某农业投资公司以其未被记载于章程中为由，否认其股东身份，缺乏法律依据。

4. 从历史沿革的角度看，针对某金融公司于 2018 年 6 月和 8 月的股东会决议，某农业投资公司并没有对其效力提出质疑，前述决议的内容包括：股东应该在决议确定的时间内足额实缴出资，逾期视为其无条件放弃该部分股权，由其他已经完成出资的股东履行上述股权的出资而取得对应的股东权利，上述股东权利的变更无须另行签署转让协议。后因部分股东不再实缴未到位资金且放弃对应的股东权利，其他各股东亦放弃对上述股权进行出资，故公司决议由股东华夏某宝公司负责安排公司后续实缴出资事宜。后续宝某富瑞公司取得某金融公司 7.1% 的股权，实质是履行上述决议的结果。在宝某富瑞公司完成 710 万元的注册资本实缴后，某金融公司依约将其登记在股东名册中，符合上述决议的内容。故，某农业投资公司关于不认可宝某富瑞公司股东身份的主张不能成立。

宝某纯正公司是通过受让顺某控股公司的股权而成为某金融公司的股东。2019 年 8 月 15 日的股东会决议，由全体股东参加，经代表 90% 表决权的股东同意（某农业投资公司 5% 的表决权反对，首某商公司持有的 5% 的股权未实缴，不享有对应的表决权）。在投赞成票的 90% 的表决权中，除去宝某纯正公司自顺某控股公司受让的 12.9% 的表决权，可以证明其他持股 77.1% 的股东就顺某控股公司与宝某纯正公司的股权转让行为是认可的，即该股权转让经过"其他过半数的股东"同意，该转让行为符合原《公司法》的规定，合法有效。在某农业投资公司并未主张其优先受让权因此受到侵害的情况下，其仅以对股权转让和股东变更不知情为由，否认宝某纯正公司的股东身份，难以获得法院的支持。

五、非上市股份有限公司发起人股东对外转让股份时，受让人取得股东资格的认定，与有限责任公司股权受让人取得股东资格的认定规则是一致的，即自公司将受让人的姓名或名称记载于股东名册时起，受让人取得股东身份。

1. 在原《公司法》的背景下，非上市股份有限公司发起人转让股份，应自其持有的记名股票载于股东名册时发生效力。

人民法院案例库参考案例①即某医疗股份有限公司、荆某某、陈某某等股权转让执行纠纷执行复议一案（2021）最高法执复 19 号执行裁定中，湖南省高级人民法院向某医疗股份有限公司送达协助执行通知书，冻结陈某某在该公司所持有的 30% 的股权及上述股权所产生的股息、红利等。某医疗股份有限公司以陈某某系代持股，其本人实际持股不到 30%，协助事项超出其协助范围为由，请求暂缓本案执行并解除协助执行通知书所载内容。湖南高院认为，某医疗股份有限公司工商登记信息，案涉股权登记在陈某某名下，某医疗股份有限公司的主张缺乏有效证据予以证明，故作出（2020）湘执异 25 号执行裁定，驳回了其异议请求。某医疗股份有限公司不服，申请复议。最高法裁定撤销（2020）湘执异 25 号执行裁定，发回湖南高院重新审查。

本案的争议焦点为：湖南高院要求某医疗股份有限公司协助冻结陈某某在其公司持有的 30% 的股份是否有充分依据。

最高人民法院审理查明：某医疗股份有限公司为非上市股份有限公司，陈某某为该公司的发起人之一。某医疗股份有限公司提交的《某医疗股份有限公司股本金明细表 2018 年》显示，陈某某本人持股比例为 7.7%，代孙某持股 0.48%，合计持股 8.18%。

从最高人民法院查明的事实可见，在工商部门登记的陈某某的持股比例，与陈某某的实际持股比例不一致，且存在较大的差距，这也是某医疗有限公司不同意配合协助执行，并提出异议请求的原因。针对这一问题，最高法认为：《中华人民共和国公司登记管理条例》② 第九条规定：公司的登记事项包括：（八）有限责任公司股东或者股份有限公司发起人的姓名或者名称。根据上述规定，股份有限公司发起人的姓名或者名称属于公司的登记事项，但发起人持股情况并非公

---

① 人民法院案例库第 2023-17-5-202-022 号参考案例。

② 《中华人民共和国公司登记管理条例》被自 2022 年 3 月 1 日起施行的《中华人民共和国市场主体登记管理条例》废止。

司登记事项，发起人持股比例发生变更时也无须向登记机关办理变更登记。

针对受让人何时取得转让的股份，即股份转让的生效时间，最高法认为：原《公司法》第九十六条规定，股份有限公司应当将公司章程、股东名册、公司债券存根、股东大会会议记录、董事会会议记录、监事会会议记录、财务会计报告置备于本公司。第一百二十九条第二款规定，公司向发起人、法人发行的股票，应当为记名股票，并应当记载该发起人、法人的名称或者姓名，不得另立户名或者以代表人姓名记名。第一百三十九条第一款规定，记名股票，由股东以背书方式或者法律、行政法规规定的其他方式转让；转让后由公司将受让人的姓名或者名称及住所记载于股东名册。根据前述规定，股份有限公司发起人股东转让股份，应自其持有的记名股票载于股东名册时发生效力。

2. 在新《公司法》的背景下，非上市股份有限公司股东转让股份的，应自其持有的股票载于股东名册时发生效力。

根据原《公司法》第一百二十九条规定，股份有限公司发行的股票，可以是记名股票，也可以是无记名股票。但发起人持有的股票，应当是记名股票。而新《公司法》删除了无记名股票的规定①，规定公司发行的股票，均为记名股票。

同时，根据新《公司法》第一百五十九条第一款规定：股票的转让，由股东以背书方式或者法律、行政法规规定的其他方式进行；转让后由公司将受让人的姓名或者名称及住所记载于股东名册。第一百零二条规定：股份有限公司应当制作股东名册并置备于公司。股东名册应当记载下列事项：（1）股东的姓名或者名称及住所；（2）各股东认购的股份种类及股份数；（3）发行纸面形式的股票的，股票的编号；（4）各股东取得股份的日期。

对比原《公司法》和新《公司法》的相关规定，根据最高法在上述案例中的认定规则，可以得出结论，即在新《公司法》的背景下，非上市股份有限公司股东转让股权的，受让人自被记载于股东名册时起取得股东身份。

实操建议

在新《公司法》生效后，针对有限责任公司的股权转让交易，我们建议：

一、股东转让股权的，应书面通知公司，请求公司变更股东名册，公司应在股东名册中记载转让股东丧失股东资格的时间，以及受让人取得股东资格的时

---

① 新《公司法》第一百四十七条第二款 公司发行的股票，应当为记名股票。

间。通知并请求公司变更股东名册，是转让股东的法定义务。具体的通知时间应以股权转让协议的约定为准，建议转让股东与受让人在转让协议中进行明确约定。

二、在转让股东不履行通知义务的情况下，受让人是否可以书面通知公司，请求公司变更股东名册？公司在仅收到受让人的通知时，是否有义务进行股东名册信息的变更和记载？我们认为，转让股东是股权的所有人即有权处分股权的人，未经转让股东同意并确认，公司不应仅因收到受让人的通知和请求，就将股权记载在受让人名下。但公司可以在收到受让人的通知后，向转让股东寻求确认，在得到转让股东的确认后，再进行股东名册的变更。

三、在转让股东不履行上述法定义务的情况下，受让人应如何维护自己的权利，新《公司法》没有明确规定。我们认为，在股权转让法律关系中，转让股东的主要义务是股权交付义务，受让人的主要义务是转让款的支付义务。在受让人已经完成转让款支付义务的情况下，转让股东不履行向公司的通知义务和请求变更股东名册的义务，即不履行股权的交付义务，属于根本违约行为，受让人有权主张解除股权转让协议，并要求转让股东承担违约责任。

四、如果双方约定先由转让股东履行股权交付义务，而后由受让人支付转让价款，则在转让股东已经交付股权即公司已经将受让人记载于股东名册的情况下，如果受让人拒绝支付转让价款，转让股东应如何维护自己的合法权益？转让股东是否可以以受让人构成根本违约为由，主张解除股权转让协议，并请求公司将股东名册恢复至转让前的状态呢？我们认为，此时转让股东已经丧失股东资格，受让人已经成为公司的股东，由转让股东通知公司将股东名册恢复至股权转让前的状态，可能存在操作上的障碍。同时，也不利于公司股权结构的稳定性，不利于维护公司的正常经营秩序。

既然转让股东转让股权的目的是取得股权转让款，故而在这种情况下，其可以通过提起诉讼或仲裁的方式，请求受让人支付转让款并承担逾期付款的违约责任。但是这种操作方式，对转让人而言也存在风险，如受让人丧失付款能力的风险，且会导致交易成本的增加。

所以，在具体的股权转让交易中，建议股权转让双方充分考虑各种可能的风险状况，并设计对己方有利的交易模式，通过协议明确双方的权利义务，包括双方履行义务的方式和时间，违约方应承担的违约责任等，形成彼此的制衡和约束，以避免产生纠纷，或者在纠纷发生后，能通过协议约定更好地维护自己的利益，避免处于被动的局面。

五、新《公司法》规定，公司在接到请求变更股东名册的通知后，拒绝答复，或在合理的期限内不予答复的，转让人、受让人可以依法向人民法院提起诉讼，请求公司履行相应的义务。建议公司：

1. 严格按照新《公司法》的规定，置备完善的股东名册，并依法记载如下信息：

（1）股东的姓名或者名称及住所；

（2）各股东认缴和实缴的出资额、出资方式和出资日期（认缴出资的日期，实缴出资的日期等）；

（3）出资证明书的编号。这就要求公司依法向股东出具出资证明书，并对出资证明书进行编号，提高规范化管理的水平；

（4）股东取得和丧失股东资格的日期。

2. 股权转让完成后，如需要进行工商变更登记，公司应及时办理变更登记手续。

026 "股权转让款+向公司借款" 是否为股东行使优先购买权的 "同等条件"[1]

法律条文

第八十四条　有限责任公司的股东之间可以相互转让其全部或者部分股权。

股东向股东以外的人转让股权的，应当将股权转让的数量、价格、支付方式和期限等事项书面通知其他股东，其他股东在同等条件下有优先购买权。股东自接到书面通知之日起三十日内未答复的，视为放弃优先购买权。两个以上股东行使优先购买权的，协商确定各自的购买比例；协商不成的，按照转让时各自的出资比例行使优先购买权。

公司章程对股权转让另有规定的，从其规定。

---

[1] 本节作者张德荣，北京云亭律师事务所律师。

条文演变

原《公司法》第七十一条规定，经股东同意转让的股权，在同等条件下，其他股东有优先购买权；但是何为"同等条件"前述法条并没有明确列举。为解决这一难题，原《公司法司法解释四》规定"人民法院在判断是否符合公司法第七十一条第三款及本规定所称的'同等条件'时，应当考虑转让股权的数量、价格、支付方式及期限等因素"。此次，新《公司法》第八十四条吸收了《公司法司法解释四》的内容，将司法解释四的司法经验，上升为正式的法律条文。新《公司法》第八十四条，在列举了数量、价格、支付方式、期限四个核心要素后，还列举了一个"等"因素，而这个"等"因素到底包含哪些因素，笔者将通过司法案例，来解读"等"因素的真面目。

裁判要旨

优先购买权的同等条件，是指出让股东与股东以外的第三人之间合同确定的主要转让条件，如出让股东与受让人约定的投资、业务合作、债务承担等条件，也应认定为主要条件。第三人除股权转让款外的借款相当于对公司的一种投资方式，是股权转让的条件之一，可视为一种"同等条件"。

案情简介

一、1989 年 11 月 4 日，气门厂成立，此后改制为有限责任公司，股东为梁某、徐某、郝某，持股比例分别约为 30.51%、43.54%、25.95%。

二、2011 年 4 月 8 日，杨某与梁某签订《股权转让协议》约定：梁某将气门厂 0.1% 的股权以 1 万元的价格转让给杨某，3 日内付清，且杨某在完成转让后 10 日内完成以下两项附加条件中的一项：（1）杨某借款 300 万元给气门厂，年息 6%，期限为 1 年；（2）若气门厂未能同意向杨某借款的决定，则杨某提供给梁某 150 万元的无息借款。

三、同日，梁某向徐某及郝某寄送了召集股东会通知及《股权转让协议》复印件，告知两人可在同等条件下行使优先购买权。

四、2011 年 5 月 3 日，徐某回复称：对梁某出让 0.1% 股权的价格及履行方式均表示同意，但对所附条件不认可，主张行使优先购买权。

五、2011 年 5 月 9 日，气门厂召开股东会，三名老股东同意向杨某借款 300

万元,但对于 0.1% 的股权转让,徐某表示行使优先购买权,但不同意借款 300 万元给公司。最终股东会结论为:无股东以借款 300 万元给公司和支付 1 万元的同等条件行使优先权购买本次转让的股权。

六、2011 年 5 月 10 日,杨某向梁某支付了 1 万元股权转让款。此后,杨某向气门厂的三位股东及负责人寄送了要求办理股权转让工商备案登记的通知,要求办理股权变更登记,但至今未果。

七、杨某遂向法院起诉,要求判令气门厂到工商局办理过户登记,其他股东予以协助。许某则以"对公司借款不属于同等条件"侵害其优先购买权为由进行抗辩。本案经上海虹口法院一审、上海二中院二审,最终认定,股权转让款+向公司借款属于同等条件。

律师分析

本案的争议焦点在于股权转让中的杨某向气门厂借款 300 万元是否构成优先购买权中的"同等条件"。

上海虹口法院认为,在股权转让款外加向公司借款不属于同等条件。因为,股权转让基于支付相应对价而取得相应股权,故优先购买权中的"同等条件"不适宜超出股权转让主体、客体及内容以外作扩大解释。杨某向气门厂提供 300 万元借款用于归还高息借款属于公司经营范畴,系与气门厂之间的借贷法律关系,不应视为股权转让主体间的"同等条件"。涉案《股权转让协议》载明了股权转让的数量、价格和履行方式,应当作为其他股东行使优先购买权的"同等条件",但借款 300 万元的"附加条件"作为"同等条件"缺乏法律依据,损害了有利害关系的其他当事人利益,不应支持。

上海二中院认为,股东外第三人在支付股权转让款外附加向公司借款属于同等条件,但是附加向转让股东个人借款不属于同等条件。因为,所谓优先购买权的同等条件,是指出让股东与股东以外的第三人之间合同确定的主要转让条件,如出让股东与受让人约定的投资、业务合作、债务承担等条件,也应认定为主要条件。梁某在向杨某转让股份的同时,杨某承诺向气门厂借款 300 万元,相当于是杨某对气门厂的一种投资方式,是股权转让的条件之一,可视为一种"同等条件"。徐某等气门厂股东应按此条件行使优先购买权。但是,梁某和杨某约定,若气门厂不同意借款,则杨某承诺借款给梁某 150 万元,该借款是梁某与杨某之间的借贷关系,并牵涉到对个人信用的评价,且与气门厂无关,不应视为股权转让的"同等条件"。

本书作者也同意上海二中院的观点，将对公司的借款视为老股东行使优先购买权的条件，而将对转让股东的个人借款不视为同等条件。因为，根据新《公司法》第八十四条规定（原《公司法司法解释四》第十八条），人民法院在判断是否符合"同等条件"时，应当考虑转让股权的数量、价格、支付方式及期限等因素。本条虽然明确将股权转让的数量、价格、支付方式和期限作为主要的衡量因素，但同时以"等"字为其他因素的综合适用留足了空间。该处的其他因素，我们认为除前述关键因素外，向公司增资扩股、提供无息或低息贷款促进经营、提供公司经营发展所必需的技术秘密、销售渠道等有助于维护公司和其他全体股东整体利益的因素，也可以作为同等条件予以考虑，其他股东在不能够提供同等条件时，应当不允许其行使优先购买权。

但需要提醒的是，同等条件虽然是一个广义的概念，但是出让股东和第三人仍需要保持必要的克制和理性，不能够滥用同等条件，故意增加不公平、不合理的条件，专用于"吓"跑老股东。比如，该案中"股权转让款+对股东个人借款"的条件，明显侵害了老股东的合法权益，因而不能被法院认可。

实操建议

股东优先购买权制度是维持转让股东自由转让股权的财产利益和其他股东人合性利益平衡的司法制度。同等条件的设置，平衡了转让股东、老股东、第三人三方的利益，既保护了公司的人合性也保障了股权的正常流通。因此，准确地识别"同等条件"的内涵和外延便成为重中之重。新《公司法》第八十四条明确列举了认定股权转让"同等条件"的转让股权的数量、价格、支付方式以及期限等因素。对于上述要素的界定，我们认为应当注意以下几点：

1. 股权转让数量同等，也就意味着排除了老股东部分行使优先购买权的可能，因为转让股东整体转让股权的价值可能远高于部分转让股权的价值，很有可能股权数量不同，包含了不同的控制权溢价。

2. 价格等同，意味着老股东应当以等于或高于第三人价格的条件行使优先购买权，同等对于其他能够通过金钱进行衡量的因素，一并加到价格因素中进行考虑。

3. 支付方式等同，主要目的在于保障转让股东能够及时、足额地获得股权转让价金的权利，因此，原则上应当肯定老股东有权按照转让股东和第三人的支付方式行使优先购买权。

4. 支付期限等同，目的在于老股东行使优先购买权时的支付期限应当不晚于第三人的支付期限；但是，如果转让股东和第三人约定明显不合理的较短期限，人民法院也应当根据股权转让款的金额大小、其他股东支付能力的强弱来综合判断支付期限。

027　侵犯股东优先购买权的合同是否有效[1]

法条沿革

股权转让纠纷中最常见的问题就是，如何识别侵犯股东优先购买权的合同效力，即转让股东在未经公司其他股东同意且未征询老股东是否放弃优先购买权的情形下，即与股东外受让人签订股权转让合同的效力如何？原《公司法司法解释四》[2] 的规定，老股东优先购买权的行使并不导致转让股东与股东外受让人之间股权转让合同的无效，仅产生合同不能履行的法律后果。[3] 本次新公司法的修订并未涉及这一问题，但是笔者认为仍应当坚持原《公司法司法解释四》的精神，认定合同有效。

裁判要旨

股东优先购买权是为维护公司人合性而赋予老股东在转让股东对外转让股权

---

[1]　本节作者张德荣，北京云亭律师事务所律师。

[2]　《公司法司法解释四》第二十一条　有限责任公司的股东向股东以外的人转让股权，未就其股权转让事项征求其他股东意见，或者以欺诈、恶意串通等手段，损害其他股东优先购买权，其他股东主张按照同等条件购买该转让股权的，人民法院应当予以支持，但其他股东自知道或者应当知道行使优先购买权的同等条件之日起三十日内没有主张，或者自股权变更登记之日起超过一年的除外。

前款规定的其他股东仅提出确认股权转让合同及股权变动效力等请求，未同时主张按照同等条件购买转让股权的，人民法院不予支持，但其他股东非因自身原因导致无法行使优先购买权，请求损害赔偿的除外。

股东以外的股权受让人，因股东行使优先购买权而不能实现合同目的的，可以依法请求转让股东承担相应民事责任。

[3]　关于本观点更深度的分析可参见王东敏，《公司法审判实务与疑难问题案例解析》第212-216页，人民法院出版社。贺小荣、曾宏伟，解读《最高人民法院关于适用〈中华人民共和国公司法〉若干问题的规定（四）》，刊载于《商事法律文件解读》第157辑，人民法院出版社。

时的一种在购买顺序上的先买权，该种优先顺位权的行使并不能否定转让股东与股东以外人之间股权转让合同的效力；如果转让股东与股东以外受让人之间签订的股权转让合同不存在合同法上的无效事由，股权转让合同合法有效。

即使转让股东与股东以外受让人之间的合同有效，因老股东优先购买权的行使，合同履行产生法律上履行不能的情形，进而不能产生合同履行和股权变动的效力。但是，股东以外受让人可以依据有效合同的约定，要求转让股东承担解除合同、返还价款、赔偿损失、承担违约责任等民事责任。

案情简介①

一、某力公司系有限责任公司，注册资本为 1000 万元，其中王某宝出资 300 万元，持股 30%；季某珊出资 300 万元，持股 30%；阎某柱出资 300 万元，持股 30%；孙某成出资 100 万元，持股 10%。

二、2012 年 12 月 17 日，季某珊和刘某海签订《股权转让协议一》约定：季某珊将某力公司 30% 的股权转让给刘某海，在法律确认生效时一次性付清 350 万元价款；如季某珊将股权转让给他人，甲方赔偿乙方价款的 20%（70 万元）。股东王某宝在场，并与刘某海也签订了内容类似的协议。刘某海与季某珊的协议签订后，该协议内容一直未履行。

三、2013 年 1 月 8 日，季某珊与老股东孙某成签订《股权转让协议二》约定：季某珊将某力公司 30% 的股权以 300 万元价格转让给孙某成，按每期 50 万元，分六期付清。协议签订后，孙某成分两期向季某珊支付股权转让款 60 万元。

四、另外，季某珊曾于 2012 年 11 月 18 日向孙某成等其他股东寄发是否行使优先购买权的律师函，载明有公司外股东欲以 900 万元收购其 30% 股权，征询孙某成等股东是否同意出让，是否行使优先购买权。孙某成收到了前述律师函。

五、2013 年 2 月 1 日，某力公司的股权结构变更为季某珊持股 30%，孙某成持股 70%。

六、此后，刘某海提起诉讼，要求季某珊继续履行合同，并承担 70 万元的违约金责任。在庭审过程中，孙某成表示要行使优先购买权。

七、本案经南京栖霞法院一审、南京中院二审、江苏高院再审，最终判定，

---

① 江苏省高级人民法院，刘某海与季某珊股权转让纠纷再审民事判决书［（2015）苏商再提字第 00042 号］。

季某珊向刘某海转让股权的合同有效，但履行不能，其需向刘某海承担 70 万元的违约金责任。

律师分析

首先，从立法目的看，股东优先购买权的设置目的是维系有限责任公司的人合性，以免未经其他股东同意的新股东加入后破坏股东之间的信任与合作。而要实现这一目的，只要阻止股东以外的股权受让人成为新股东即为已足，亦即只要股权权利不予变动，而无须否定股东与股东以外的人之间的股权转让合同的效力。

其次，从法律性质上看，股东优先购买权是在股权转让过程中，老股东拥有第一顺位的购买权，该顺位的购买权，其他股东可以放弃，也可以行使。老股东优先购买权的行使或者放弃，不排除后一顺位购买权的存在和有效性。对老股东优先顺位权的保护，支持老股东第一顺位权利的实现，无须取消下一顺位权利关系。具体到本案中，季某珊与刘某海签订的股东转让合同，通过合同建立的是一种债权关系，而债权具有相对性，对合同之外的人没有约束力，进而二人之间订立的《股权转让协议一》对老股东孙某成没有约束力，该《股权转让协议一》的存在与效力如何，不会影响孙某成享有第一顺位的优先购买权。

最后，从反面解释来看，如果因转让股东违反要求老股东行使优先购买权的程序，而认定股权转让合同无效，那么在其他股东放弃优先购买权后，转让股东需与受让人重新订立股权转让合同，否则任何一方均可不受已订立的股权转让合同的约束，显然不合理。

综上，股东未经上述程序向股东以外的人转让股权与股权转让协议的效力无涉。因此，刘某海与季某珊签订的协议系双方的真实意思表示，不违反法律、行政法规的强制性规定，合法有效。

需要提请注意的是，合同有效并不意味着合同就能够得到履行，我们应当将合同有效和合同履行区分来看，虽然转让股东与第三人签订的股权转让合同有效，但是在其他老股东主张行使优先购买权的情形下，第三人是否可以要求继续履行呢？我们认为，对于此种情形属于法律上不能履行的非金钱债务，对方不得要求履行，对第三人提出的继续履行合同的请求，不能得到支持。因为，第三人要求继续履行的请求，遭遇了"法律"上的履行不能，该处的"法律"就是《公司法》第八十四条赋予其他老股东的第一顺位的优先购买权。如果继续履行转让股东与第三人的股权转让合同，就会侵犯其他老股东的优先购买权。换言之，其他老股东主张按照同等条件优先购买的行为，阻却了转让股东和第三人之间股权转让合同的履行以及股权变动的效力。具体到本案中，老股东孙某成行使优先购买权的行为，导致季某珊与刘某海之间《股权转让协议一》在法律上的履行不能，江苏高院也就没有支持其继续履行合同的诉求。

但是，即使转让股东与第三人之间的股权转让合同发生了法律上不能履行的情形，也不代表股权转让合同对于双方没有任何的约束力。参考原《公司法司法解释四》第二十一条第三款的规定，股东以外的股权受让人，因股东行使优先购买权而不能实现合同目的的，可以依法请求转让股东承担相应的民事责任。因此，第三人可以基于双方之间签订的股权转让合同，行使除继续履行外的请求权。例如，解除合同、返还已支付的价款、赔偿损失、承担违约责任、承担违约金，等等。本案中，江苏高院虽然未判决双方继续履行合同，但是判决季某珊向刘某海赔偿 70 万元的违约金。

另外，除前述原股东的优先购买权有可能会影响到股权转让合同的效力和履行外，出让方是否对股权拥有完全的处分权也会影响到股权转让合同的效力。例如，最高人民法院案例库发布的"孙某某诉张某某、张某公司股权转让纠纷案（2019）最高法民申 4083 号"确认"未经配偶同意转让股权的不影响股权转让合同的效力"。换言之，股权转让这一商事行为受《公司法》调整，股东个人是《公司法》确认的合法处分主体，股东对外转让登记在其名下的股权并非必须经过其配偶同意，不能仅以股权转让未经配偶同意为由否认股权转让合同的效力。但夫妻一方实施的以不合理低价转让股权的行为，股权受让人知道或者应当知道的，配偶作为债权受损方可以通过债权保全制度请求撤销。有证据证明受让人与出让人恶意串通损害出让人配偶合法权益的，该配偶有权依法主张股权转让合同无效。

实操建议

在其他股东成功行使股东优先购买权的情形下，必然在转让股东与第三人、其他股东之间成立两个合同。如何识别转让股东与第三人签订的股权转让合同的效力，我们需要树立合同效力和合同履行相区分的原则，即合同有效并不意味着合同一定能够正常履行，且产生合同履行的效果；合同履行存在法律上的障碍，也并不意味着合同就归于无效，对双方当事人完全没有约束力。实际上，转让股东与第三人签订的股权转让合同在遭遇老股东的优先购买权时，仅是该合同遇到了法律上履行不能的法律障碍，第三人只是不能够再要求合同的继续履行，其仍可以基于该合同要求转让股东承担解除合同、返还对价、赔偿损失、承担违约责任的权利。

为平衡老股东与第三人之间的利益，维持交易秩序和公司经营秩序的稳定，防止老股东在没有购买股权意愿的情况下仅要求确认转让股东与第三人之间的合同或股权变动的效力，但不主张优先购买，构成无意义的诉讼，侵犯第三人的合法权益，《公司法司法解释四》第二十一条第二款规定，人民法院对该种请求不予支持。也即，对老股东来讲，其只要行使优先购买权务必主张在同等条件下购买，不可仅主张合同不能产生股权变动的效力。

028 转让股东在股权转让过程中是否拥有"反悔权"呢[①]

法条沿革

原《公司法司法解释四》第二十条的规定，转让股东在老股东主张优先购买权时放弃转让的权利，也即转让股东拥有反悔权；该规定厘清了优先购买权的制度目的，平衡了转让股东和老股东的利益。新公司法该次修订并未提及，但是也未作禁止性的规定。笔者认为转让股东在股权转让过程中拥有反悔权。

裁判要旨

股东优先购买权以股东对外转让股权为前提，若转让股东与第三人解除了股权转让合同，老股东行使优先购买权的前提就不复存在，进而老股东也就不能再主张行使优先购买权。

案情简介[②]

一、南京某工程设计院为一家有限责任公司，其中张某、周某某均为该设计院的股东。

---

① 本节作者张德荣，北京云亭律师事务所律师。
② 南京市中级人民法院，周祝勇与张鹰、阎星华股权转让纠纷民事裁定书［（2013）宁商申字第7号］。

二、2009 年，张某欲转让股权，并与公司外第三人阎某华签订了《股权转让协议》，并在设计院股东会上将该转让协议的条件告知其他股东，征询是否行使优先购买权。

三、周某某在股东会上表示，不同意张鹰某第三人转让公司股权，并主张在同等条件下的优先购买权。

四、此后，张某又与第三人阎某华协商解除了《股权转让协议》，放弃了对外转让股权。

五、周某某以"优先购买权作为形成权，只要股东将其股权转让给第三人，公司的其他股东就可以行使优先购买权，无论张某与第三人之间的股权转让协议是否解除，对优先购买权都无影响"为由提起诉讼，要求行使优先购买权。

六、本案经历一审、二审、最终由南京中院再审认定，张某放弃转让股权，周某某不享有优先购买权。

律师分析

新《公司法》设置股东优先购买权的目的，在于协调"转让股东自由处分股权的利益"与"老股东保持公司人合性的利益"，当二者产生冲突时，转让股东礼让老股东，老股东在同等条件下拥有优先购买权。但是，老股东的该种优先购买权仅是一种顺位上的优先权，其只要达到防止新的陌生股东进入公司破坏公司人合性的目的即可，而不需要过分限制转让股东自由处分的股权的自由。当转让股东放弃对外转让股权时，老股东行使优先购买权的顺位前提也已不复存在，维持公司人合性的制度目的也已实现；转让股东仍拥有股东资格，其仍可根据自己的意志决定是否转让股权。

本案中，张某与阎某华协商解除《股权转让协议》后，张某仍为股权持有人，仍具有自由处分股权的权利，同时周某某行使优先购买权的"同等条件"也就丧失了，即使其已经同意以同等条件行使优先购买权，也不能得到支持。

实操建议

对于转让股东来讲，当其不想将股权转让给老股东，而老股东又行使优先购买权时，其可以行使反悔权，放弃与第三人之间的股权转让事宜，以阻止老股东获得自己的股权。但其行使反悔权时，不可滥用该权利，反复反悔，恶意规避老股东的优先购买权，否则法院也可能支持老股东行使优先购买权的主张。

对于老股东来讲，其务必意识到转让股东拥有反悔权，即使其行使优先购买权，也不必然就可以获得股权。

另外，当其优先购买权被侵害提起诉讼时，在诉讼请求中务必做到以下几点，以免法院判决了其有优先购买权，但转让股东又主张反悔权，造成执行上的争议。

1. 请求确认转让股东与第三人之间的股权转让协议无效或终止履行；

2. 请求确认老股东有权按照转让股东与第三人同等的合同条件，优先购买股权（无此请求，法院不予支持）；

3. 在老股东以上述同等条件支付股权转让对价后，一并取得所转让的股权（无此请求，执行扯皮）。

029 股权转让合同生效后，公司不配合办理工商变更登记怎么办①

法律条文

第八十六条第一款　股东转让股权的，应当书面通知公司，请求变更股东名册；需要办理变更登记的，并请求公司向公司登记机关办理变更登记。公司拒绝或者在合理期限内不予答复的，转让人、受让人可以依法向人民法院提起诉讼。

条文演变

新《公司法》第八十六条是新增条款。该条吸收了原《公司法》第三十二条第三款②、《公司法司法解释三》第二十三条③的内容，同时结合新《公司法》第四十条第一款第二项将有限责任公司股东的股权变更信息作为需通过国家企业信用信息公示系统公示事项，确定了本条内容。该条增加了股权转让过程中，股

---

① 本节作者吴凤丽，北京云亭律师事务所律师。

② 原《公司法》第三十二条第三款　公司应当将股东的姓名或者名称向公司登记机关登记；登记事项发生变更的，应当办理变更登记。未经登记或者变更登记的，不得对抗第三人。

③ 《公司法司法解释三》第二十三条　当事人依法履行出资义务或者依法继受取得股权后，公司未根据公司法第三十一条、第三十二条的规定签发出资证明书、记载于股东名册并办理公司登记机关登记，当事人请求公司履行上述义务的，人民法院应予支持。

权转让人的书面通知义务及提起变更公司登记诉讼，需以公司拒绝办理变更手续或在合理期限内不予答复为条件。

裁判要旨

有限责任公司股东转让股权后，应当由公司向登记机关提交文件，办理股权变更登记。在股权变更登记过程中，公司是直接履行义务的主体，其应履行办理义务，而不是履行协助股东办理变更登记手续的协助义务。

案情简介

1. 某冷冻公司成立于2000年7月6日，股东为罗某立、罗某清、林某赐等。

2. 2010年3月9日，林某赐将其所持股权的4.66%转让给罗某立、7%转让给罗某清。后，双方因股权转让协议的效力发生争议，2015年，法院生效判决确认双方股权转让协议合法有效。

3. 罗某立、罗某清于2018年11月8日，以某冷冻公司为被告，以林某赐为第三人提起请求变更公司登记诉讼，请求某冷冻公司将林某赐名下的股权份额中的4.66%股权变更登记至罗某立名下、7%股权变更登记至罗某清名下。

4. 海南高院二审①认为：公司登记事项发生变更的，公司应当向登记机关提交文件，办理变更登记。该办理变更登记的义务主体是公司，不是股东，公司主张其履行的是协助股东办理登记手续的义务，没有法律依据，因此判令公司履行办理变更登记义务。

律师分析

1. 股权转让后，及时办理变更手续，对转让人和受让人而言均有现实必要性。对转让人而言不及时办理变更登记，涉及股东承担责任时，仍有可能被权利人追究责任，对受让人而言不及时办理变更登记，会有股权被再次转让或质押等法律风险。因此，股权转让后如不能顺利办理变更登记，应及时提起诉讼。因股权转让办理变更登记而发生纠纷，需要提起诉讼的，通常涉及两个案由，一是请求变更公司登记纠纷，二是股权转让合同纠纷。

2. 如除股权变更登记争议外，不涉及其他股权转让争议或虽有争议但已有生效裁决的，可以向法院提起请求变更公司登记纠纷的诉讼。此时，应将公司列

① （2020）琼民终292号。

为被告，视情况将进行股权交易的相对方列为第三人。根据原《公司法》第三十二条、《公司法司法解释三》第二十三条规定，有限责任公司变更股东的，由公司办理变更登记手续，故公司作为直接义务人，如不履行法定义务应作为被告身份参加诉讼。而股权交易相对方之所以列为第三人，主要是为了查清案件事实。因为公司办理股权变更登记，直接涉及股权转让双方的利益，只有双方均参加诉讼，才能确认股权转让交易的真实性，不致因办理变更手续而损害一方的合法权益。

3. 如在股权转让过程中，除股权变更登记争议外，还涉及其他争议，通常情况下需提起股权转让合同纠纷诉讼，在解决其他争议的同时，一并要求公司履行办理变更登记义务。这种情况下，通常将股权交易相对方列为被告，将公司列为第三人，如最高法审理的中集某公司与林某及某现代农业发展中心等股权转让纠纷案①。这是因为，在股权转让合同中，公司不是合同当事人，所以不列公司为被告。但实际履行股权转让合同时，确需公司履行办理变更登记的义务，从诉讼经济的角度，将公司列为第三人，一并解决相关争议。

4. 原《公司法》没有规定股权转让后，提起变更公司登记诉讼需要履行前置程序，故如因变更公司登记发生争议，直接诉讼即可。新《公司法》实施后，因股权转让提起变更公司登记诉讼需要履行前置程序，即股权转让双方需先向公司提出变更登记的请求，公司拒绝或怠于办理的才能提起诉讼。如未履行前置程序直接提起诉讼，即便诉讼请求所依据的事实理由是成立的，仍有被判决驳回诉讼请求的法律风险。

实操建议

新《公司法》新增的第八十六条第一款与原有相关规定相比，股权转让后，履行股东名册变更及公司变更登记义务的主体仍为公司，这一点没有变化，有变化的是，如发生争议寻求司法救济前，需要履行前置程序。股权转让双方为更好地维护自身权益，需要注意：

1. 股权转让后及时办理股东名册变更及股权变更登记手续。在股权转让过程中，通常要完成两个变更：一是内部的股东名册变更；二是外部的登记机关登记变更。股东名册变更是公司内部确认股权归属的重要依据，但这种变更不能产生对抗第三人的法律效果。只有公司到登记机关办理了股权变更登记，才取得对抗第三人的法律效果。所以股权转让后，要完成内部变更、外部登记，才是完整

---

① （2021）最高法民终 675 号。

的手续变更。

2. 寻求司法救济，先要履行前置程序。对于公司治理而言，以公司自治为原则，司法干预为例外。故，新《公司法》第八十六条第一款规定，只有转让人及受让人要求公司办理变更手续被拒绝或公司在合理期限内怠于办理的，转让人或受让人才可以向法院起诉，通过司法程序强制变更。故，股权转让过程中，转让人、受让人注意履行司法救济的前置程序：（1）转让人及时书面通知公司股权转让的事实；（2）在书面通知中明确需要公司办理股东名册变更及向登记机关变更登记的要求；（3）根据相关变更情况，将请求公司履行变更手续的合理期限予以明确。比如，可以写明"恳请某公司于某年某月某日前办理完股东名册变更以及股权变更登记手续，如不能在该期限内办理完毕，烦请告知"。将相关时间量化后，可避免长时间的等待，并及时通过司法救济程序行使权利。

030 未届出资期限转让股权后，是否可以不再承担出资义务[①]

法律条文

第八十八条第一款 股东转让已认缴出资但未届出资期限的股权的，由受让人承担缴纳该出资的义务；受让人未按期足额缴纳出资的，转让人对受让人未按期缴纳的出资承担补充责任。

条文演变

原《公司法》没有对未届出资期限股权转让的责任承担作出规定。但《公司法司法解释三》第十八条第一款规定："有限责任公司的股东未履行或者未全面履行出资义务即转让股权，受让人对此知道或者应当知道，公司请求该股东履行出资义务、受让人对此承担连带责任的，人民法院应予支持；公司债权人依照本规定第十三条第二款向该股东提起诉讼，同时请求前述受让人对此承担连带责任的，人民法院应予支持。"新《公司法》在吸收《公司法司法解释三》第十八条规定的基础上，进一步规定了未届出资期限转让股权的，由受让人承担出资义务，并且明确当受让人未按期足额缴纳时，转让人需对此承担的责任为补充责任。

---

① 本节作者彭镇坤，北京云亭律师事务所律师。

裁判要旨

1. 延长股东的出资期限本属于公司自治的范畴，但对于股东在明知公司财产无法清偿债务情形下延长出资期限的，在审判实践中一般认定为存在逃避债务的恶意，产生对外部债权人无约束力的法律后果，债权人有权按照先前的出资期限主张股东在尚未出资的额度范围内承担补充责任。

2. 出资期限未届期即转让股份，转让人的出资义务是否随股权转让而转移，需要进一步区分转让人是否存在恶意。实践中，可从债务形成时间早于股权转让、股权转让双方的交接情况、标的公司的实际经营情况、股权转让双方是否存在特殊身份关系、转让对价等多角度，判断是否存在恶意情形。认定存在恶意的，应当根据民法共同侵权的理论判令转让人对受让人承担连带清偿责任。

案情简介

一、2011年11月20日，装饰公司经工商机关核准登记设立，注册资本为10万元，公司性质为一人有限责任公司，股东为石业公司。2015年11月25日，公司注册资本增至100万元，出资期限为2021年11月20日。石业公司将装饰公司95%的股权转让给被告庄某某、5%的股权转让给案外人朱某。2016年7月15日，公司注册资本增至1000万元，庄某某认缴出资995万元（出资比例99.5%）、朱某认缴出资5万元（出资比例5%），出资期限为2021年11月19日。2019年3月1日，庄某某将装饰公司99.5%的股权作价0元转让给矿业公司。2020年12月25日，矿业公司将装饰公司99.5%的股权作价0元转让给石业公司，同时延长出资期限至2040年11月19日。装饰公司2020年的企业年报显示，公司注册资本实缴15万元，分别为朱某实缴5万元、石业公司实缴10万元。

二、2018年9月27日，法院作出民事判决书，判决装饰公司于判决生效后十日内给付原告建材公司租赁费568589.39元及违约金和丢失物品折款586378.75元，并给付建材公司运费14400元。嗣后，建材公司向法院申请执行。2019年6月21日，因装饰公司无财产可供执行，法院裁定终结案件的执行程序。

三、审理中，建材公司明确债权金额为判决确定的债权182073.14元减去执行到的款项384700.27元和诉讼费7771元，得出主债权金额789601.87元，同时加收迟延履行期间的债务利息。

四、上海市嘉定区人民法院审理①认为：

1. 关于现股东石业公司的责任承担。根据法律规定，股东应当按期足额缴纳公司章程中规定的各自所认缴的出资额。这是公司资本充实原则的具体体现。未履行或未全面履行出资义务的股东应在未出资本息范围内对公司债务不能清偿的部分承担补充赔偿责任。股东可基于意思自治，通过修改公司章程的方式延长出资期限，但不得滥用该期限利益逃避出资义务、损害公司债权人的利益。本案系争的主债权发生时，装饰公司的出资期限为 2021 年 11 月 19 日，石业公司应于 2021 年 11 月 19 日前缴足其认缴的出资 995 万元。但截至目前，根据工商登记记载，仅实缴 10 万元，且在装饰公司已欠付建材公司债务的情况下，石业公司通过修改公司章程的方式延长了出资期限，进而损害了建材公司作为债权人的合法权益。故，装饰公司内部延长出资期限的约定对建材公司不发生法律效力，石业公司应在未缴纳出资 985 万元的范围内对建材公司的债务承担补充赔偿责任。

2. 关于前股东庄某某、矿业公司的责任承担。庄某某与矿业公司、矿业公司与石业公司之间内部股权转让时股权出资期限虽未届至，已经工商变更登记，但被告庄某某和矿业公司在出让股权时装饰公司已负债务，同时结合上述转让受让方均未支付对价，与认缴的出资比例明显不符，且庄某某同时系现股东石业公司的法定代表人和矿业公司的股东、监事等情形。本院认为上述两手股权转让的转让方和受让方均存在逃避债务的主观恶意，股权转让行为损害了原本在装饰公司股东认缴出资届满后债务可能得到清偿的建材公司的合法权益，出让方和受让方属于共同侵权行为，出让方庄某某、矿业公司均应当与受让方一起向债权人建材公司承担连带责任。

律师分析

根据原《公司法》第二十八条（新《公司法》第四十九条）之规定，在注册资本认缴制下，股东依法享有期限利益。故，股东在认缴期限内未缴纳或未全部缴纳出资，不属于未依法履行出资义务。一般来说，当未届出资期限的股东转让股权时，到期出资义务随股权的转让而转让，原股东因股权转让而失去股东地位，无须履行股东义务，同时不再享有目标公司股东的权利，而由受让股东享有

---

① 人民法院案例库：保定市某建材公司诉庄某某、上海某矿业公司等股东损害债权人利益纠纷案，(2021) 沪 0114 民初 24658 号。

在认缴期限内实缴出资的期限利益，承担按期缴纳出资的义务。因此，在认缴期限届满前转让股权的公司原股东无须在未出资本息范围内对公司不能清偿的债务承担连带责任，相关责任自应由受让股东承担。但是，具有转让股权以逃废出资义务的恶意，或存在注册资本不高的情况下零实缴出资并设定超长认缴期等例外情形的，原股东行为构成滥用其期限利益损害公司债权人利益，有违原《公司法》第二十条关于"不得滥用公司法人独立地位和股东有限责任损害公司债权人的利益"之规定，原股东应就未出资本息范围内对公司不能清偿的债务承担责任。但该种责任应该是连带责任还是补充责任，在司法实践中存在争议。而新《公司法》则在第八十八条中明确该责任为补充责任，结束了司法实践中的争议，增强了法律的可预见性。

关于判断股东滥用期限利益转让未届认缴期股权的认定标准，人民法院通常会结合以下几个方面进行综合判断：第一，股权转让时间。如转让股权时公司债务是否已经形成，是否处于诉讼期间或者已经处于执行程序当中。第二，公司资产是否不足以清偿债务。股东转让股权时是否知道、应当知道，或者应当预见到公司资不抵债、已具备破产原因的情形。第三，转让行为是否符合市场交易规律。转让股权是否约定对价、对价是否合理，转让股权后是否交接公章、证照等材料，是否告知公司资产、债务等情况。第四，其他因素。例如，受让股东是否具备出资能力、偿债能力和经营能力，受让后是否有实际参与经营活动；再如，原股东是否仍实际控制公司等。

实操建议

通过上述对新《公司法》新增第八十八条第一款的系统分析，在通常情况下未届出资期限转让股权的，由当事人在股权转让协议中对该等出资进行安排，但该等转让和安排以不滥用权利、不损害债权人利益为前提，否则出让人就要对该等出资承担补充责任。为此我们实操建议如下：

1. 在股权转让时，务必在协议中对相关未届期限的出资进行明确安排，以避免后续的纠纷以及不确定的风险。

2. 股权转让一定要符合通常的交易习惯，要有合理的对价。

3. 股权转让一定要避免在敏感期间进行，尤其是不能在公司已产生巨额债务，已经被强制执行的时间段里进行。如确实需要在该等时间内转让股权，一定要能够合理解释此时转让股权的合理性和必要性。

4. 在出现可能需要承担补充责任的情况下，需要提前就该风险的负担作出相应安排。

031 瑕疵股权转让后，受让人是否应当承担责任[①]

法律条文

第八十八条第二款 未按照公司章程规定的出资日期缴纳出资或者作为出资的非货币财产的实际价额显著低于所认缴的出资额的股东转让股权的，转让人与受让人在出资不足的范围内承担连带责任；受让人不知道且不应当知道存在上述情形的，由转让人承担责任。

条文演变

原《公司法》没有对瑕疵股权转让后，受让人应否对修复瑕疵股权承担责任以及承担何种责任作出规定。《最高人民法院关于民事执行中变更、追加当事人若干问题的规定》第十七条虽然有相关规定，但受限于执行程序对实体审理的缺失，要想成功追加受让人为被执行人相当困难。而《公司法司法解释三》第十三条和第十八条虽然有关于"未履行或者未全面履行出资义务即转让股权，受让股东对此知道或者应当知道的，受让人应当与转让人就公司债务不能清偿部分向债权人连带承担补充赔偿责任"的规定，但该等规定仍然在一定程度上存在模糊性。新《公司法》第八十八条第二款在吸收前述规定的基础上，明确瑕疵股权转让的两种情形，转让人与受让人承担连带责任，但以受让人不知道且不应当知道为例外。

裁判要旨

《最高人民法院关于民事执行中变更、追加当事人若干问题的规定》主要解决民事执行中变更、追加当事人问题，是执行法院追加变更执行当事人的程序性法律依据。执行法院依据《最高人民法院关于民事执行中变更、追加当事人若干问题的规定》第十七条规定追加股东为被执行人，其实体法基础是未缴纳或未足额缴纳出资的股东依法应当在尚未缴纳出资本息的范围内对公司不能清偿的债务

---

① 本节作者彭镇坤，北京云亭律师事务所律师。

承担补充赔偿责任。由于执行程序对效率的追求，为避免执行程序中对实体权利义务判断与当事人之间的实际法律关系出现明显背离，因此，执行法院在执行程序中追加股东为被执行人，应当以股东承担责任的事实具有外观上的明显性为基础。根据《公司法司法解释三》第十三条、第十八条规定精神，有限责任公司的股东未履行或者未全面履行出资义务即转让股权，受让股东对此知道或者应当知道的，受让人应当与转让人就公司债务不能清偿部分向债权人连带承担补充赔偿责任。由于受让人是否知道或者应当知道转让股东未履行或者未全面履行出资义务这一事实，通常不具有外观上的明显性，因此，一般不宜在执行程序中依据《最高人民法院关于民事执行中变更、追加当事人若干问题的规定》第十七条规定，由执行法院裁定追加受让股东为被执行人。但是当受让人承担补充赔偿责任具有明显性时（知道或者应当知道原股东未足额缴纳出资），则可以在执行异议之诉程序中审理是否追加受让人为被执行人。

案情简介

一、法院于2009年作出执行依据，内容为宋某、能源公司在2010年12月21日前共同偿还刘某、贾某欠款和违约金（利息）。后，刘某、贾某向法院申请强制执行。执行过程中，法院于2015年作出执行裁定书，追加天某公司为被执行人，在注册资金不实的范围内对刘某、贾某承担责任。天某公司不服，提起执行异议之诉。

二、2006年11月外贸局《关于股权转让的批复》及工商档案记载，能源公司的股东为煤业公司和天某公司，公司注册资本为22620万元，其中天某公司认缴股份为6786万元。截至2008年12月天某公司应缴付5412.55万元，但至今未缴足出资额。

三、2014年案外人与能源公司、天某公司民间借贷纠纷一案，法院作出民事判决书，该生效判决认定天某公司系能源公司股东，应对能源公司的债务在其未出资范围内承担补充赔偿责任。该案中法院认定："天某公司向本院提供工商局作出的《撤销决定》及天某公司企业工商登记资料查询表，欲证明天某公司不是能源公司股东，不应对案涉借款承担出资不实的补充赔偿责任。经审查，由于该《撤销决定》载明能源公司采用欺诈手段隐瞒重要事实且情节严重，违反了相关行政法规，因此，工商局决定撤销其2006年12月15日变更登记的情况，但天某公司未向本院提供工商局作出该决定所依据的相关证据材料，无法确定

《撤销决定》中载明的隐瞒重要事实且情节严重的具体情形及与本案的关联性。因股权经工商登记在物权上仅具有公示效力而非发生股权变动的法律效力，因此，尽管该《撤销决定》在能源公司股东工商登记的对外公示效力上撤销了天某公司的股东身份，但尚不足以因此即认定天某公司不是能源公司股东的事实。天某公司企业工商登记资料查询表中的对外投资情况系其公司内部填写的投资信息，对其与能源公司之间关系的证明效力较弱。根据原审查明的事实，能源公司工商档案中有对外贸易局同意能源公司将部分股权转让给天某公司而作出的《关于股权转让的批复》，能源公司股东会记录以及《股权转让协议书》上均加盖有天某公司的公章。天某公司申请再审中并未提供证据证明上述工商档案中的相关材料不具备真实性，因此，该两份证据不足以证明原审判决认定天某公司为能源公司股东，因未履行出资义务而应对案涉借款承担补充赔偿责任的基本事实缺乏证据证明。"

四、最高人民法院审理[①]认为：天某公司知道或者应当知道原股东未足额缴纳出资，但其仍自愿受让案涉股权，成为被执行人能源公司的股东，根据《公司法司法解释三》第十八条规定，应对原股东未全面履行出资义务承担相应的责任。天某公司在受让股权后，未在分期缴付期限内缴足应缴付的出资额，负有补足出资的义务，应在未出资本息范围内对公司债务不能清偿部分承担相应补充赔偿责任。

律师分析

一般而言，执行追加程序追求的是效率，通常不宜对当事人的实体权利进行审理，因此，只有当股东承担责任的事实具有外观上的明显性时，执行法院才会同意追加。而外观上的明显性一般很难证明，这就导致在此之前，很多执行法院通常不会在执行程序中追加受让人股东，而要求申请执行人先通过诉讼确定受让人的责任。但局限于原《公司法》关于瑕疵股权转让规定的缺失，而原《公司法》解释所规定的情形又不够明确，致使另案诉讼存在巨大风险。现行《公司法》第八十八条第二款对瑕疵股权转让的两种典型情况作出了明确规定，并明确了构成要件以及责任性质，从而在根源上解决了司法实践中存在的前述问题。

同时，瑕疵出资与股权转让合同系属两个层面的法律关系，出让方是否实际履行出资义务与股权转让协议的效力并无必然联系，只要股权转让协议不存在其他法定无效事由，即为有效。股权转让合同中，出让方的出资情况对合同签订时股权的价值并不具有实质性的影响。即便出让方未实际出资，股权合同签订时，

---

① （2021）最高法民再218号。

公司可能因为经营情况较好，亦会具有相当的资产，当受让方基于对公司资产的信赖而与出让方签订股权转让合同时，受让方对股权价值的衡量并不受出让方出资情况的影响。故，出让方并无义务且无必要告知自己的出资情况。受让方不得以此为由主张撤销股权转让合同①。

但股权转让协议的双方在协议中明确约定各方对转让前后的债务承担，股权受让方在受让后发现公司需承担转让前未结清的债务，主张股权转让方承担违约责任的，法院应予支持。违约赔偿责任应以实际损失为限，可通过股权受让方持股比例、股权转让金额等因素综合确定②。

实操建议

通过上述对新《公司法》新增第八十八条第二款的系统分析，在通常情况下，我们实操建议如下：

1. 受让股权时，务必充分调查和了解标的股权的实缴情况。

2. 根据所调查和了解到的情况，在股权转让中作出如下安排：（1）在签署股权转让协议前，要求出让人缴足出资；（2）以出让人缴足出资作为股权转让协议生效的条件；（3）在出让人实缴之前，仅支付一部分股权转让款；（4）减少股权转让价款。

3. 有针对性地就"知道或应当知道"的情形作出相应的安排，如要求出让人明确承诺标的股权不存在瑕疵。

032 大股东滥用股东权利，小股东可否诉请公司回购股权③

法律条文

第八十九条第三款　公司的控股股东滥用股东权利，严重损害公司或者其他股东利益的，其他股东有权请求公司按照合理的价格收购其股权。

---

① 参见人民法院案例库 2024-08-2-269-002 "某保险公司诉北京某科技公司、杨某勇股权转让纠纷案"（2013）奉民二（商）初字第 2379 号。

② 参见人民法院案例库 2023-08-2-269-005 "范某诉徐某股权转让纠纷案"（2020）沪 02 民终 7420 号。

③ 本节作者吴凤丽，北京云亭律师事务所律师。

条文演变

原《公司法》第七十四条第一款①规定了异议股东行使回购请求权的三种情形，新《公司法》第八十九条保留了原《公司法》第七十四条第一款规定的内容并将其列为第一款，又增加了一种情形作为第三款。该条款为当大股东滥用股东权利，严重损害公司或者中小股东利益时，中小股东为维护自身利益提供了新的救济途径，为当事人和法院处理公司僵局提供了更多解决机制。

裁判要旨

有限责任公司股东因利益纠纷多次诉讼，人合性不复存在。在股东要求公司回购股权，符合法律规定及公司章程约定的情况下，准许股东退出公司，有利于解决股东矛盾，保障公司利益及各股东利益。

案情简介

1. 2010 年 3 月 5 日，某置业公司形成股东会决议，明确由袁某、沈某、钟某三位股东共同主持工作，确认全部开支经全体股东共同联合批签后执行，对重大资产转让以股东决议批准方式执行。

2. 某置业公司在没有通知袁某参与股东会的情况下，于 2010 年 5 月 31 日作出股东会决议，取消了袁某的一切经费开支。

3. 实行联合审批办公制度之后，某置业公司对二期资产进行了销售，该资产转让未取得股东袁某的同意，也未通知其参加股东会。

4. 袁某在 2010 年 8 月 19 日申请召开临时股东会会议，明确表示反对二期资产转让，要求立即停止转让资产，某置业公司驳回了袁某的申请，并继续对二期资产进行转让。

5. 某置业公司《公司章程》中规定，股东权利受到公司侵犯，股东可书面请求公司限期停止侵权活动，如公司未在所要求的期限内终止侵权活动，被侵权的股东可根据自己的意愿退股。

6. 袁某向法院诉请要求某置业公司收购其持有的 20% 的股权。湖南高院二

---

① 原《公司法》第七十四条第一款 有下列情形之一的，对股东会该项决议投反对票的股东可以请求公司按照合理的价格收购其股权：（一）公司连续五年不向股东分配利润，而公司该五年连续盈利，并且符合本法规定的分配利润条件的；（二）公司合并、分立、转让主要财产的；（三）公司章程规定的营业期限届满或者章程规定的其他解散事由出现，股东会会议通过决议修改章程使公司存续的。

审支持了其诉请。某置业公司不服，向最高法申请再审。

7. 最高法再审①认为：袁某对某置业公司转让主要财产持反对意见，某置业公司没有保障袁某作为股东应享有的决策权及知情权，符合原《公司法》第七十四条规定及公司章程约定的"股东权利受到公司侵犯"，股东要求公司回购股权的情形。另，某置业公司股东之间因利益纠纷多次诉讼，公司人合性不复存在，袁某退出公司有利于尽快解决股东矛盾，保障公司利益和各股东利益。

律师分析

1. 新《公司法》第八十九条规定的股东回购请求权，通常被称为法定回购权，该条规定了两种不同类型的回购请求权。

（1）第八十九条第一款规定的请求权通常被称为异议股东回购请求权，主要包括三种情形：①公司连续五年盈利且符合分配利润的条件，连续五年不向股东分配利润；②公司合并、分立、转让主要财产；③公司解散事由出现后股东会会议通过决议修改章程使公司存续。从法理上来说，资本维持不变始终是公司法的基本原则，法律规定中小股东可请求公司收购自身股权是基于保护异议中小股东的例外安排，该安排突破了资本维持原则，因此，必须是以公司的重大决议导致公司发生根本性的变化，从而将使异议股东遭受重大损失为前提。基于此，前述第一项是从大股东严重损害小股东利益、导致小股东参与设立公司获取利益的目的落空这一角度作了规定，第三项则是从大股东依托控股权强行使应当解散的公司存续、致使小股东通过清算收回原有出资目的落空这一角度作了规定，这两项规定充分体现了法律对异议股东请求公司收购股份这一例外安排的严格把握。第二项规定因公司合并、分立导致了责任主体的变动，公司发生根本性的变化，异议股东可以要求公司收购股权。对于公司转让主要财产，因其与公司合并、分立并列作为异议成立的理由，故应将该行为对公司的影响程度与公司合并、分立造成的影响程度相当作为判断标准。人民法院案例库的上海某实业公司诉上海某房地产公司等请求公司收购股份纠纷案②中，上海静安区法院一审认为，对于是否属于公司法意义上的公司主要财产，应当从转让财产价值占公司资产的比重、转让的财产对公司正常经营和盈利的影响，以及转让财产是否导致公司发生根本性变化等多角度进行考察。在该三个角度的考察中，应以转让财产是否导致公司

---

① （2014）民申字第2154号。
② （2020）沪02民终2746号。

发生根本性变化，即对公司的设立目的、存续等产生实质性影响，作为判断的主要标准，其余两项则作为辅助性判断依据。

行使第八十九条第一款规定的请求权，第一，需成为异议股东，对股东会决议投反对票。如未对股东会决议提出异议不可归责于该股东，不影响该股东行使回购请求权。如前述最高法公报案例袁某与某置业公司请求公司收购股权纠纷案即如此。第二，股东需要自股东会决议作出之日起六十日内与公司协商回购，如协商不成可提起诉讼。如不经协商程序可否直接提起诉讼，目前司法实践中尚有争议。比如，上海市二中院在张某与上海某投资公司请求公司收购股份纠纷一案①中认为，公司负有收购异议股东股权的法定义务，股东与公司就股权收购进行协商，目的在于确定收购的合理价格，此属于双方契约自由而非异议股东的法定义务。重庆市高院在某资产管理公司与某矿业公司请求公司收购股份纠纷一案②中认为，不能与公司达成股权收购协议是股东提起收购诉讼的前提。如果股东未在六十日内向公司提出收购申请，即丧失向法院提出诉讼的权利。从公司治理以公司自治为原则，司法干预为例外的角度，本人更倾向于第二种观点。第三，股东需要自股东会决议作出之日起九十日内向法院提起诉讼。该九十日为不变期间，不可延长或中断。如公司未召开股东会会议或未通知异议股东参加股东会会议，应以异议股东知晓异议事由时起算。比如，前述人民法院案例库中上海某实业公司诉上海某房地产公司等请求公司收购股份纠纷案，法院认为，根据原《公司法》第七十四条第二款规定，异议股东可以自股东会会议决议通过之日起九十日内向人民法院提起诉讼。该条关于主张期间的规定应以异议股东参加股东会并提出异议为前提，在公司应召开而未召开股东会进行表决的情况下，则应以异议股东知道或者应当知道异议事项时起算主张期间。

（2）第八十九条第三款规定的回购请求权，是新增条款。与前述第一款股东回购请求权主要基于股东之间的经营理念不同产生的股权回购不同，本款主要是控股股东滥用股东权利，利用持股优势压迫小股东，侵犯公司及小股东权利时，小股东基于侵权事由享有的回购请求权。所以第一款规定的股权回购，需要考虑公司自治因素，诉讼之前有协商程序，而本款规定的股权回购是因侵权事由引起的，股东可以直接诉讼。以往司法实践中，当控股股东滥用股东权利损害公司或中小股东利益时，中小股东只能选择按照股东代表诉讼或者股东直接诉讼的

---

① （2021）沪 02 民终 2457 号。
② （2018）渝民初 146 号。

规定，追究控股股东的赔偿责任。如此一来，双方矛盾尖锐，公司治理困难，小股东为了维权往往会再提起公司解散诉讼。一是大股东压迫小股东不是公司解散事由，二是提起公司解散诉讼的小股东需要持有公司全部股东表决权的10%以上，如达不到这两个条件，小股东的诉求很难得到支持。比如，人民法院案例库中邢某等人诉威海公司解散纠纷案①，最高法认为，大股东滥用股东权利，侵害小股东利益，由此虽然导致大、小股东之间存在矛盾冲突，但大股东压迫小股东并非我国法律规定的公司强制解散情形。另外，二审判决不予解散公司后，大股东通过收购公司其他股东股权，持股比例到达90%以上，绝对控股公司，能够召开股东会并作出有效决议，提起公司解散诉讼的原告合计持有的股份已经不足法定的持股比例要求，其再审请求解散公司，人民法院不予支持。新《公司法》实施后，中小股东维权之路会更加顺畅，根据前述第八十九条第三款的规定，当控股股东滥用股东权利影响到有限公司人合性时，中小股东可以要求公司回购股权退出公司，既可以避免公司解散，又可以实现中小股东权利维护，一举两得。

2. 除新《公司法》第八十九条规定的法定回购外，司法实践中还存在约定回购。《公司法司法解释二》第五条、《公司法司法解释五》第五条规定，法院在审理涉及有限责任公司解散诉讼案件或股东重大分歧案件时，如当事人协商一致，由公司回购部分股东股权，不违反法律、行政法规的强制性规定，人民法院予以支持。根据上述规定，当事人可以通过协议的方式实现股权回购。司法实践中，因触发回购条款，如章程规定的股东退出公司条款、投资协议中的业绩对赌条款等，股东与公司自愿达成回购协议，在不违反法律规定的前提下，法院均予以支持。比如，2018年最高法公布的第96号指导案例宋某与某餐饮公司股东资格确认纠纷案②，法院认为有限责任公司通过章程约定的条款和条件回购股东股权的，应属有效。再如，本文前述所举的袁某与某置业公司的股权回购案③，法院也依据了公司章程规定的"股东权利受到公司侵犯"的情形作出裁判。

3. 公司无论依据何种情形收购股东股权，均应在六个月内依法转让或注销。在股权转让或注销前，股东不得以公司收购其股权为由对抗公司债权人。

实操建议

鉴于前述第八十九条第三款为维护中小股东的利益允许公司回购股权，突破

---

① （2021）最高法民申304号。
② （2014）陕民二申字第00215号。
③ （2014）民申字第2154号。

了资本维持原则，可能影响到公司及债权人利益，司法实践中仍应从严把握。只有控股股东滥用股东权利，"严重"损害公司和其他股东利益时，其他股东才可以行使回购请求权，实践中适用需要注意以下事项：

1. 只有侵权主体为"控股股东"时才可适用该条款。新《公司法》第二百六十五条规定，有限责任公司的控股股东是指其出资额占有限责任公司资本总额超过百分之五十或出资额虽然低于百分之五十，但依其出资额所享有的表决权已足以对股东会的决议产生重大影响的股东。

2. 只有控股股东"滥用股东权利"时才可适用该条款。确认控股股东滥用股东权利，是中小股东依据前述第八十九条第三款请求公司行使回购请求权的关键环节。对某一特定交易情形是公司的正常经营还是控股股东滥用股东权利，司法实践中往往争议很大。实践中，控股股东利用控制权，通过关联交易、关联担保、挪用公司资金等方式侵害中小股东利益的现象较为常见。由于公司法本身并不禁止关联交易和关联担保等行为，但要求相关交易符合法律法规和公司章程的规定。因此，对特定类型或特定金额交易的决议程序、关联交易及关联担保的披露及决议程序等进行约定，并明确如违反该等约定即构成控股股东滥用股东权利，十分必要。

3. 对控股股东"严重"损害公司或其他股东利益的情形进行约定。公司回购股东股权，是公司为了维护中小股东利益突破资本维持原则的例外安排，只有控股股东"严重"损害公司和其他股东利益时，其他股东才可以行使回购请求权。如达不到"严重"程度，只能通过赔偿损失的途径解决争议。在认定"严重"的标准时，司法实践中往往结合对公司正常经营和盈利能力的影响程度、是否导致公司发生根本性变化、是否对公司人合性造成严重破坏等作为考量的因素。股东可以根据公司实际经营状况在投资协议或公司章程中对"严重"损害公司或其他股东利益的情形进行设定。

4. 如何确定公司收购股权的合理价格。关于何谓合理价格法律未有规定。司法实践中如果章程或相关协议有约定的则按约定，未有约定的，通常采用两种方式。一是双方协商，二是委托第三方机构进行审计评估确定价格。为使回购价格更符合各方意愿，可事先约定回购价格或回购价格的计算方式，以便争议发生后可高效快捷地解决纠纷。

5. 在回购协议中约定公司的减资或股权转让义务及违约责任。公司完成回购、减资、注销股权或转让股权、变更登记等一系列操作，中小股东才算与公司彻底脱钩。中小股东可以要求控股股东提供担保等增信措施，以确保公司回购义务的履行，有效维护自身权益。

033 新公司法也允许同股不同权了吗[1]

法律条文

第一百四十四条　公司可以按照公司章程的规定发行下列与普通股权利不同的类别股：

（一）优先或者劣后分配利润或者剩余财产的股份；

（二）每一股的表决权数多于或者少于普通股的股份；

（三）转让须经公司同意等转让受限的股份；

（四）国务院规定的其他类别股。

公开发行股份的公司不得发行前款第二项、第三项规定的类别股；公开发行前已发行的除外。

公司发行本条第一款第二项规定的类别股的，对于监事或者审计委员会成员的选举和更换，类别股与普通股每一股的表决权数相同。

条文演变

本条是新增法条，是对原《公司法》第一百二十六条"同股同权"规定的变革，以及原《公司法》第一百三十一条的扩张。在"普通股"的基本框架下，本次在法律层面明确新增三种类别股：优先股、特别表决权股、"须经公司同意等"的转让受限股。

国务院于 2013 年 11 月下发《关于开展优先股试点的指导意见》，证监会及原银监会分别于次年发布《优先股试点管理办法》《关于商业银行发行优先股补充一级资本的指导意见》。更早可以追溯至 1993 年公司法颁布前，国务院办公厅转发的《股份有限公司规范意见》也曾采用过"优先股/普通股"的表述。

特别表决权股在部分地区有探索。例如，《深圳经济特区科技创新条例》第九十九条"在本市依照《中华人民共和国公司法》登记的科技企业可以设置特

---

[1]　本节作者张昇立，北京云亭律师事务所律师。

殊股权结构，在公司章程中约定表决权差异安排，在普通股份之外，设置拥有大于普通股份表决权数量的特别表决权股份"、《深圳经济特区商事登记若干规定（2020 修订）》第四条规定的"公司依法设置特殊股权结构的，应当在章程中明确表决权差异安排"。

转让限售股是原《公司法》第七十一条第四款的延续。即"公司章程对股权转让另有规定的，从其规定"，受限股的存在首次在法律层面确定，因此章程相关限定的合法性近无争议。

参考文本

特别表决权股是本次重要新增制度之一，优先股和转让受限股是实践中已有长期实践的两类新增类别股。类别股的设置为不同需求的股东提供了股东会共治的可能，但是可能存在一定不公平，因此需要通过约定限制类条款平衡不同类别的股东利益。

类别股宜在章程中予以规定。以特别表决权股为例，某科创板上市公司章程相关条款摘录如下：

"第三十一条　公司的股份由具有特别表决权的股份（以下简称 A 类股份）和普通股份（以下简称 B 类股份）共同组成。

第三十二条　公司股票在证券交易所挂牌交易之日后（上市后），除同比例配股、转增股本情形外，不得在境内外发行 A 类股份，不得提高 A 类股份比例。

第三十三条　出现下列情形之一的，A 类股份应当按照 1∶1 的比例转换为 B 类股份：

（一）持有 A 类股份的股东不再符合本章程第三十一条规定的资格和最低持股要求，或者丧失相应履职能力、离任、死亡；

（二）持有 A 类股份的股东向他人转让所持有的 A 类股份，或者将 A 类股份的表决权委托他人行使；

（三）公司的控制权发生变更；

（四）法律法规的其他规定。

发生前款第三项情形的，公司已发行的全部 A 类股份均应当转换为 B 类股份。

发生本条第一款情形的，A 类股份自相关情形发生时即转换为 B 类股份，相关股东应当立即通知公司，公司应当及时披露具体情形、发生时间、转换为 B 类股份的 A 类股份数量、剩余 A 类股份数量等情况。"

第三十四条　A 类股份及 B 类股份持有人就所有提交公司股东大会表决的决议案进行表决时，A 类股份持有人每股可投六票，而 B 类股份持有人每股可投一票……

律师分析

除普通股外，本次新增三种类别股：优先股、特别表决权股、转让受限股。以普通股为参照，类别股与普通股属于不同类别，因此其股权的权能也有差异。优先股的权能差异在于股权分红权、剩余财产优先分配权等财产性权能的优先，代价是对股东表决权范围等人身性权能的限制。特别表决权股和转让受限股都带有股东人身权的扩张或限制。典型表现为特别表决权股在同一事项上的表决票数要远胜普通股，通常由普通股的一股一票，提升为一股五票乃至一股十票。

股份公司设置类别股有利于提供满足不同风险类别的股票，在资合性背景下增加股东对所持股票类型的选择。仍以本次新增的特别表决权股为例，其合理性在于：首先，通常认为公司的创始团队人员（原始股东）控制并经营公司较为符合多数股东的集体长期利益，而财务型投资人则囿于持股周期等因素的限制不利于股东的长期利益。其次，公司通过多轮融资扩展的发展模式往往导致创始团队人员持股比例每轮稀释，上市发行也会进一步稀释前述原始股东的持股比例，最终丧失对股东会的控制。最后，针对前述问题，上市公司现有的解决方案是股东间联合签署"一致行动协议"等文件加强控制。但是相关股东如果违反一致行动协议，并不当然导致其违反约定的表决无效，其后果存在法律上的不确定性。因此，原始股东如果设置特别表决权股，可以避免上述因稀释股权导致的公司控制权失控。

设置转让受限股是实践中章程自治纠纷中常见的情形。需要注意的是，转让受限股是指通过章程约定条件限制股东转让股权的类别股。与国务院等发布的《关于上市公司股权分置改革的指导意见》（证监发〔2005〕80 号）中表述的"非流通股"无关。与因首次公开发行上市取得的自愿承诺锁定交易的"限售股"也不完全等同。限售股通常是为了强化对中小投资者保护而通过证券监管措施单方面向原股东作出的股权权能的限制，而转让受限股的类别股设置更多是对全体股东意思自治的全面保护。

实操建议

通过上述对《公司法》修订的第一百四十四条的系统分析，我们了解到公司可以根据具体需求来决定是否设置类别股，具体梳理实操建议如下：

1. 如无特殊需求，公司可以不设置类别股。如无类别股设置，全体股东所持股份均为普通股，按照出资情况等享受同等权利，既享有同等的表决权，也享有同等的分红权。不设置类别股的公司股权结构较为简单，公司治理结构清晰。

2. 如有特殊需求，公司可以在章程中约定类别股，但类别股设置应当具有合理性。如上所述，如果公司原始股东担心因多轮融资稀释股权而导致丧失公司控制权，可以考虑设置特别表决权股。但是设置类别股应当注意不宜单方面加强部分股东的权利而损害其他股东的权益，应当对其限制。例如，表决权的特殊比例与普通股相比，不宜超过 1∶10，否则其股东权利过大后一旦出现纠纷，法院可能不会认可该股东会表决结果有效。再如，优先股的设置如果过度增加优先股股东的分红权，实际上会使两类股东出现类似"股东权利/债权人权利"的复杂矛盾，多生诉累。

3. 设置类别股的公司应当根据实际情况在章程中设置限制类条款。为了平衡类别股产生的不均衡，章程中的限制条款至关重要。例如，可以从人身性出发，为特别表决权股增加人身性，限定于特定股东，限定特定数量，并增加从特别表决权股恢复普通股的单向条件，保障类别股设立后不会扩大不均衡。还可以从财产性角度出发，对持有转让受限股的股东增加退出渠道，在章程中约定特定条件下的公司或其他股东回购义务。我们预计本条的修改将鼓励公司自主设置章程，尤其是通过章程设置特别表决权股。

034 股东会能否授权董事会限制股东处分股份[①]

法律条文

第一百五十二条第一款 公司章程或者股东会可以授权董事会在三年内决定发行不超过已发行股份百分之五十的股份。但以非货币财产作价出资的应当经股东会决议。

第一百五十三条 公司章程或者股东会授权董事会决定发行新股的，董事会决议应当经全体董事三分之二以上通过。

---

① 本节作者张昇立，北京云亭律师事务所律师。

条文演变

本条均是新增法条。关于股份发行，原《公司法》仅第九十九条和第一百三十三条将"股份发行①"列为股东大会的表决范围，对股东大会是否可以授权董事会自主决策发行相关事项并未释明。

上市公司监管中注意到了上述情况，自 2002 年起，证监会首次公布《上市公司治理准则》时就明确允许股东大会对董事会授权，但是前述授权需在公司章程中约定。后续修订中，又新增"股东大会不得将法定由股东大会行使的职权授予董事会行使"的要求，而"股份发行"可以被认为是股东大会的法定职权。直到 2020 年 6 月，证监会公布的《创业板上市公司证券发行注册管理办法（试行）》（已失效）等，再一次明确授权董事会向特定对象发行一定数量的股票。

本法条明确肯定了股份发行授权董事会的合法性。

裁判要旨

某农商行章程就股东股份转让事宜授权董事会进行审核，但并非禁止股东转让股份。其章程规定体现了股东的意思自治原则，符合实际且目的正当。故，不存在违反法律法规强制性规定而导致无效的事由。

案情简介

2011 年 3 月，某农商行创立大会通过关于《公司章程》的决议，章程第二十六条规定："除法律法规规定的情况外，本行股东所持有的股份不得退股。但是经本行董事会审议同意，可依法转让、继承和赠与。"2011 年 7 月，某农商行向原告陈某喜发放股权证书。

陈某喜认为，章程第二十六条违反了《公司法》第一百三十九条第一款"记名股票，由股东以背书方式或者法律、行政法规规定的其他方式转让；转让后由公司将受让人的姓名或者名称及住所记载于股东名册"的规定，遂向法院起诉要求确认该次股东大会通过公司章程的决议无效。

一审法院认为，章程的相关规定并无违反该条法律规定的内容，其中关于股东股权转让事宜经董事会审议同意的内容系对公司股东转让股权的内部程序规定，亦无禁止股东转让股权的内容。二审法院认为，某农商行章程就股东股份转

---

① 此处股份发行即指"对公司增加或者减少注册资本作出决议"。

让事宜授权董事会进行审核，但并非禁止股东转让股份。一审、二审均判决驳回原告请求。

律师分析

原《公司法》中对于股份公司发行新股是否可以授权给董事会并无直接规定，但按照章程自治原则对于不违反法律规定的章程约定通常予以承认。但原《公司法》第九十九条及第三十七条明确规定"对公司增加或者减少注册资本作出决议"是股东大会的职责。因此，也有观点认为该职责是法定职责，不宜授权董事会代为履行，导致实践中标准不一。

公司治理机构中，通常认为股东会是公司的最高权力机构，董事会是公司的执行机构，总经理、财务负责人等高级管理人员是公司的具体负责人员[1]。但是股东会与董事会间不同的法定职权间的关系可能会存在不同理解。例如，对于人合性较强的有限公司，部分地区裁判中可能会认为股东会职权当然高于董事会职权并可替代董事会行使其法定职权。对于股份公司，更为强调资合性和章程自治，因此前述观点直接套用并不具有合理性。

新《公司法》第一百五十二条从两个方面显著扩展了股份有限公司中董事会的职权。一方面，如果董事会不由单一股东大股东控制，则中小股东提名的董事可以通过董事会三分之二以上的决议发行新股，调整部分股东的持股比例，对股东和公司股权结构产生影响；另一方面，董事会可以通过发行新股的方式引入新股东。

此外，值得注意的是，公司法对以非现金方式支付股款的发行进行了授权限制，仍由股东会负责决议。实务中，股东以非现金方式认缴公司股款通常需要对该资产进行评估，而评估值如果与该资产实际价格差异过大，则极易引发股东与公司以及股东之间的争议。

实操建议

通过上述对《公司法》修订的第一百五十二条的系统分析，我们了解到授权发行股份增加了董事会的职权，具体梳理实操建议如下：

第一，关注授权发行股份对公司控制权的影响。新《公司法》第二百二十七条第二款规定，发行新股时股东不享有优先认购权。因此，可能出现董事会发行股份时，原股东无法按照原持股比例同比例增资，进而造成各个股东的持股比

---

[1] 除特定事项需要公司职工大会等表决外，公司的其他非高管人员通常不是公司治理的责任人员。

例变化，尤其是原控股股东可能因此丧失一定的控制权。控股股东为避免该种情况，可以在章程中对董事会决议特定无效的情形加以约定。

第二，关注授权发行股份的股份种类。新《公司法》中股份公司的股份分为普通股和类别股，《公司法》第一百五十二条并未限定授权董事会发行的股份为普通股，因此董事会可以发行类别股，尤其应关注其发行具有特别表决权的股份。特别表决权股的特点是少量份额可以具有大量的表决权，会进一步加剧上述控股股东失去控制权的风险。因此，可以在章程中对董事会发行的股份类别加以限制。

第三，关注授权发行股份的数量。虽然新《公司法》规定的授权发行数量为已发行股份的50%，但实务中可以考虑其他的数量参照方式，如按公司最近一年末净资产的一定比例授权董事会发行的股份数量，或者直接规定发行融资总额。

035 公司章程对股份转让的限制性规定，是否影响受让人取得股东资格[①]

法律条文

第一百五十七条　股份有限公司的股东持有的股份可以向其他股东转让，也可以向股东以外的人转让；公司章程对股份转让有限制的，其转让按照公司章程的规定进行。

条文演变

原《公司法》第一百三十七条仅一句话，原则性地规定股东持有的股份可以依法转让。新《公司法》第一百五十七条进一步细化股份公司股份转让的规则，规定既可以对内转让，也可以对外转让；同时增加规定，股东转让公司股份的，还应当遵守公司章程对股份转让的限制性规定。

裁判要旨

公司章程是关于公司组织和行为的自治规则，是公司的行为准则，对公司具

[①] 本节作者马金库，北京云亭律师事务所律师。

有约束力。公司章程又具有契约的性质，体现了股东的共同意志，对公司股东也具有约束力。公司及股东应当遵守和执行公司章程。案涉股份转让的目标公司的公司章程对股东向第三方转让股份作出限制性规定，股东在对外转让股份时，应当遵守公司章程的相关规定。受让方要求目标公司确认其股东身份等主张，理由不成立，法院对其诉讼请求不予支持。

案情简介

一、2010年7月14日，梦某集团公司与其他两方案外人发起设立梦兰某某公司，后股东先后发生变化；2018年1月，梦兰某某公司股东分别为梦某集团公司、天某星公司、风某公司、梦某投资、孙某。

二、2018年4月28日，梦某集团公司向梦兰某某公司的其他股东天某星公司、风某公司、梦某投资发出《股权转让通知》，通知载明梦某集团公司已与沙某集团达成股份转让意向，拟以每股人民币3元的价格转让其持有的3000万股梦兰某某公司股份，支付方式为银行转账支付，请其他股东知悉并同意。

三、天某星公司于2018年5月24日复函称，梦某集团公司作为梦兰某某公司股东，于2015年5月27日向梦兰某某公司借款2300万元人民币（实为梦某集团公司向梦兰某某公司应出资款项），未偿还股东借款累计不低于2030万元。上述股东借款违反相关法律规定，且已严重影响梦兰某某公司正常运营及其他股东的利益。故，天某星公司认为，梦某集团公司在未清偿上述股东借款前，不应进行股份转让。在梦某集团公司偿还股东借款本息后，天某星公司再行研究是否行使优先受让权。

四、梦兰某某公司亦于2018年5月24日复函梦某集团公司，回函大意与天某星公司相同。

五、2018年5月7日，梦某集团公司与千某投资公司签订《股权转让协议》，约定梦某集团公司将其持有梦兰某某公司4.29%的3000万股股份转让给千某投资公司。协议第六条"协议生效"约定股权转让协议的生效条件之一为：目标公司股东会同意本协议项下的目标股权转让的决议或者其他股东放弃优先受让权。同日，千某投资公司向梦某集团公司支付了转让款。

六、千某投资公司举示了梦某集团公司于2019年1月分别向天某星公司、风某公司、梦某投资寄出的落款日期为2018年4月28日的《股份转让通知》，内容为：梦某集团公司是梦兰某某公司股东之一，已与沙某集团达成股份转让意向，沙某集团委派千某投资公司受让上述股份。但梦兰某某公司称各股东均未收到该通知。

七、梦兰某某公司设立时《公司章程》第二十四条规定内容为"股东持有的股份可以依法转让"。2015 年 12 月修订版《公司章程》第二十四条规定内容为"股东持有的股份可以依法转让。股东向股东之外第三方转让股份的，应事先取得其他股东一致同意。各股东一致同意，任何涉及以公司股份为标的之股东与第三方之间的交易中，其他股东对交易标的股份在同等条件下享有优先受让权。各股东一致同意，任何涉及以公司股份为标的之股东（一位股东或几位股东）与第三方之间的交易中，若不行使前款优先受让权的其他股东（一方或几方）有权但无义务将其持有的公司股份优先共同出售给第三方"。

八、受让方千某投资向黑龙江省高级人民法院提起股东资格确认纠纷一案，一审法院判决①驳回其诉讼请求；千某投资向最高人民法院提起上诉，二审法院判决②维持原判。

律师分析

《公司法》对于有限公司股东转让其持有的股权和股份公司股东转让其持有的股份，采取了两种完全不同的规范模式。

有限公司具有较高的人合性特征，股东之间的信任关系对于维持公司的稳定运营和长期发展具有重要意义。为了确保股东之间的信任关系不受破坏，《公司法》对有限公司的股权转让设置了较为严苛的限制性条件。原《公司法》将有限公司的股权转让，区分为对内转让和对外转让两类。关于对内转让，原《公司法》规定股东之间可以相互转让全部或者部分股权，并没有其他限制性条件，新《公司法》对于该规则未作修改。关于对外转让，即股东向股东以外的其他人转让股权的，原《公司法》规定了应当经其他股东过半数同意、转让股东的通知义务，以及其他股东的优先购买权等相关规则。本次《公司法》修订，虽然删除了对外转让股权应当经其他股东过半数同意的规定，但限制性条件仍然比较严格。需要说明的是，以上规范均为公司法的任意性规范，公司章程对有限公司股权转让另有规定的从其规定，因此，股东可以设置更为宽松抑或更为严格的股权转让规则。

---

① （2019）黑民初 11 号。
② （2020）最高法民终 1224 号。

股份公司与有限公司相比而言，具有较高的资合性特征，法律对于股份公司股份转让的法定限制较少，股东可以更为自由地流转其持有的股份。由于资本天然地具有逐利性，对于股份公司股份转让采取宽松的管制措施，股东退出公司成本更低也更为便利，有利于资金在不同行业、企业之间的自由流通，有利于资源的优化配置，也更有利于社会总体财富的增长。对于股份公司的股份转让，原《公司法》仅原则性地规定，股东持有的股份可以依法转让，并未区分对内转让和对外转让，同时对外转让也未规定有限公司般烦琐的程序性要求。新《公司法》在该原则性规定的基础上，规定股东持有的股份可以对内转让，也可以对外转让，但转让的规则并没有任何区别。因此，本次修订，股份公司股份转让的原则并没有实质性变化。同时，新《公司法》增加规定，公司章程对股份转让有限制的，其转让按照公司章程的规定进行。该项规定意在尊重公司的意思自治，允许股份公司的公司章程对股份转让设置限制性条款，而且股东应当遵守公司章程的限制性条款。从本文引用的案例来看，在2023年《公司法》修订之前，最高人民法院的判例对于公司章程对股份公司股份转让的限制也是持肯定态度。因此，本次在立法层面对公司章程对股份转让限制条件的认可，可以说是对审判经验的总结和对司法实践的回应。

另外，我们也注意到，新《公司法》第一百六十条对原《公司法》第一百四十一条进行了修改，删除了发起人持有的本公司股份自公司成立之日起一年内不得转让的禁止性规定。同时，新《公司法》延续了原《公司法》对于董事、监事、高级管理人员在任职期间内转让股份的比例性限制，仅做了细微调整。新《公司法》第一百六十条作为特定主体在特定时期内转让股份的法定限制，将继续发挥其规范作用。

实操建议

通过上述对新《公司法》第一百五十七条的系统分析，我们提出以下具体实操建议：

1. 投资者在设立公司时应综合权益转让的便利程度等因素，合理确定拟设立公司的形式。有限责任公司和股份有限公司是我国公司法确定的两种公司形式，是营利法人，可以独立从事民事活动并独立承担民事责任。但两种企业在诸如注册资本缴纳、权益转让等方面均存在较大差异。因此，在设立公司时应综合考虑各方面因素，确定采用哪种形式。股份公司股份转让的便利性程度更高，程序也较为简单，如希望在权益转让交易中少受约束的投资人，可以考虑设立股份有限公司。

2. 股份公司股份的受让方，应审慎审查标的公司的公司章程是否对股份转让设置了限制性条款。依照新《公司法》的规定，公司章程对股份转让设置限制性条件的，股东应当遵守。在交易不符合该限制性条件规定的情况下，阻却受让人取得股东资格，使得交易目的落空。正如本文所引用之案例，受让人支付了受让款但未取得股份，遭受了重大的经济损失。

3. 发起人可以根据公司的设立宗旨等因素，决定是否在公司章程中规定关于股份转让的限制性条件。公司章程是公司的大宪章，对公司、股东、董事、监事、高级管理人员有约束力。股份公司的初始章程由发起人制定，经成立大会决议通过。新《公司法》对股份公司股东转让股份的法定限制较少，但发起人仍可以根据实际需要，在章程中增加关于股权转让的限制条件，防止其他发起人不合理地转让股份退出公司等情形发生。也可以把有限公司股东的优先受让权制度适用于股份公司的公司章程中，同时，如本文引用的案例中，公司章程还设置了其他股东的"同售权"，也是限制股份转让的一种方式。

036 "股民"是否有特定事项异议回购权如何计算回购价格[①]

法律条文

第一百六十一条　有下列情形之一的，对股东会该项决议投反对票的股东可以请求公司按照合理的价格收购其股份，公开发行股份的公司除外：

（一）公司连续五年不向股东分配利润，而公司该五年连续盈利，并且符合本法规定的分配利润条件；

（二）公司转让主要财产；

（三）公司章程规定的营业期限届满或者章程规定的其他解散事由出现，股东会通过决议修改章程使公司存续。

自股东会决议作出之日起六十日内，股东与公司不能达成股份收购协议的，股东可以自股东会决议作出之日起九十日内向人民法院提起诉讼。

---

① 本节作者张昇立，北京云亭律师事务所律师。

公司因本条第一款规定的情形收购的本公司股份，应当在六个月内依法转让或者注销。

条文演变

本条对原《公司法》第七十四条做了增删。第一款增加"公开发行股份的公司除外"的表述，并增加第三款"公司依照本条第一款规定收购的本公司股份，应当在六个月内依法转让或者注销"的善后安排。因"公司合并、分立"情形下的异议股东已有其他法条保护①，故本条优化了表述。

对股份公司特定情形下异议股东的保护，监管实践中已先行制定了类似规则。例如就分红而言，《上市公司章程指引（2022年修订）》第一百五十三条第七款规定，明确要求公司"应当"在章程中约定分红具体事宜。证监会及交易所发布的关于上市公司现金分红及规范运作的系列指引也对本条所涉异议事项有要求。但上市公司股份转让如果设定强制回购的制度，现阶段市场可能尚不适合，故本次修订明确将上市公司排除在外，仅保留其在其他层级市场适用的空间，如以新三板挂牌公司为代表的非上市公众公司。

裁判要旨

原《公司法》第七十四条是对特定情形下异议股东的保护措施，本质是对少数股东权利的救济。本案中，新三板挂牌公司的"终止挂牌"事项虽非法定的异议股东回购事项，但是通过有效的《股份回购协议》的方式明确了少数股东的权利、义务方，也明确了回购金额计算方式，因此，少数股东的回购请求予以支持。

案情简介

一、2015年6月，逢某公司、信某利公司（新三板挂牌公司）签订《股份认购协议》，信某利公司拟发行股份引进投资方逢某公司。每股16元，认购数量为625万股。后，以资本公积金向全体股东转增，逢某公司持股增至1250万股，每股成本8元。后，信某利公司于新三板挂牌。

二、2019年12月，信某利公司股东汪某某、逢某公司签订《股份回购协

---

① 原《公司法》第一百四十二条第一款第四项 股东因对股东大会作出的公司合并、分立决议持异议，要求公司收购其股份。

议》，为申请信某利公司的股票终止挂牌，股东汪某某在 2020 年 12 月 31 日以现金一次性全款支付方式受让逢某公司所持有的 1250 万股信某利股票。赎回价格"（股票）成本价格×（1+10.5%×N）-股份所对应已取得的投资收益和分红"。但是约定期限届满后，汪某某并未按约定付回购款。

三、逢某公司请求汪某某向其支付股份回购价款逾 1.57 亿元等。

四、北京金融法院依据原《公司法》第七十四条规定，认为该条规定中"投反对票的股东可以请求公司按照合理的价格收购其股权"是对特定情形下异议股东的一种保护性措施，是在资本多数决语境下对少数股东权利的一种救济。最终判令汪某某支付回购款等。

律师分析

本条规定的股东的异议回购权，除上市公司的股东外，适用于其他股份公司的股东。无论是在哪个证券市场上交易的股民，本质都是股东，多数情况是中小股东。但是，股民"炒股"如果是在交易上海证券交易所、深圳证券交易所、北京证券交易所上市的股票，则暂不能适用异议回购。如果是交易在新三板挂牌的公司股票及其他地方交易所挂牌的股票，则可以异议回购，但回购价格合理性需要论证。

上述案件是该条款适用于非上市公众公司的情形，新三板挂牌公司是典型的这类公司。本案中并无股东会"异议"的表决环节，该环节主要通过小股东逢某公司与大股东汪某某对《股份回购协议》的履行来体现。在其他案例中，亦有观点认为"法院审查的主要内容应侧重于是否有召开股东会之程序，而不应局限于必须形成股东会之决议形式"[1]，核心也是认为应当以保护异议小股东权利为视角来扩大本条适用情形，毕竟实务中的"异议"并不完全能够被股东会上的"异议表决"涵盖。

如何确定回购的"合理价格"？通常公司股份的估值可以参考其净资产值、评估值和市场交易价格，当然也可以协商确定。对于非上市公众公司而言，前两者可能参考性较强。如果是协商确定的价格，如同上述案例中仅以大股东和小股东通过合同确定的价格作为合理价格也具有可操作性，但我们认为协商方最好是有公司本身参与，并且结合公司确认的财务报表或具有相应资质机构出具的审计报告。

---

[1] 广州市中级人民法院（2023）粤 01 民终 9395 号。

此外，本次修改为何要增加"公开发行股份的公司除外"这一除外条款呢？我们认为这是在填补原《公司法》的漏洞。一旦为上市公司赋予该异议回购义务，则持有其股票的"股民"就获得了超越现有市场的新的减仓方式，形成"特权"。但是这种减仓条件并不是统一的，这将导致部分上市公司股民具有该特权，部分不具有，则该特权最终可能会通过股价的形式体现。换言之，该特权本身可能会扭曲证券市场估值，而特权本身又不稳定，进一步使得市场变得更加不稳定和无法预测。

从市场角度看，A股上市公司逾5000家，但其在依照《公司法》及监管规则修订自身章程时绝大部分均未引入该条款①。这也侧面印证了证券市场中的上市公司对原《公司法》第七十四条并不欢迎。

实操建议

通过上述对《公司法》修订的第一百六十一条的系统分析，我们认为公司需要对异议股东进行制度保障，具体梳理实操建议如下：

1. 本条适用于异议股东，但需要明确异议股东的定义。投反对票的异议股东通常是小股东，但也可以是大股东。本条旨在保护异议小股东的权利不因资本多数决而受到大股东的侵害，但是也有可能被大股东利用来进一步侵害小股东的利益。例如，大股东召集股东会、设置相关议案并主动投反对票，获得异议股东的资格。但是在回购价格确定环节，借助大股东对公司的控制，以不合理的极高或极低价格完成回购，涤除自身股东身份并获得相关收益。因此，为免前述极端情况，公司可以在章程中作相关禁止性约定。

2. 常见异议是盈利公司长期不分红，故宜对分红应当有具体约定。针对上市公司而言，据调查②2022年，5000余家上市公司中共有3291家沪深上市公司进行了现金分红，分红金额为2.1万亿元，分红家数占比67.1%。可见，虽然《公司法》本次修订排除了本条适用于上市公司，但是上市公司实际上绝大多数也不存在"连续五年不分红"等情况。对上市公司而言，如果真的存在小股东权利被侵害的情况，有额外的上市公司监管规则和监管方对其制约。但是对非上市公司而言，则宜参照《上市公司监管指引第3号——上市公司现金分红》等相关规定加强对分红、重大资产变化等事项的约定并落实在公司章程中。

---

① 特例可参考科创板上市公司瑞联新材（688550）披露的章程。
② 《证监会重磅出手 上市公司分红有新规定》，程丹，2023年10月，刊载于《证券时报网》。

3. 注意异议股份回购后的处理。异议股份回购完成后，公司持有的前述股份应当是暂时的存在，应当及时依法注销或转让。值得一提的是，公司持有的前述股份没有表决权，因此该特殊持股期间的股东会表决应当明确是否将该部分股份计入表决。

三、公司治理篇（上）（组织机构、"三会"）

037 仅有法定代表人签字未盖章的法律文件，公司是否担责[1]

法律条文

第十一条　法定代表人以公司名义从事的民事活动，其法律后果由公司承受。

公司章程或者股东会对法定代表人职权的限制，不得对抗善意相对人。

法定代表人因执行职务造成他人损害的，由公司承担民事责任。公司承担民事责任后，依照法律或者公司章程的规定，可以向有过错的法定代表人追偿。

条文演变

本条为新增法条，系《民法典》第六十一条[2]、第六十二条[3]在新《公司法》中的体现。《民法典》第六十一条、第六十二条及新《公司法》第十一条，主要从三个方面对法定代表人的法律行为后果予以规定：（1）法定代表人对外从事民事活动的法律后果承担；（2）法定代表人的职权限制；（3）法定代表人对其职务行为造成的损失的责任承担。

本文与下一篇文章《法定代表人超越公司章程对其职权的限制，对外签订合同是否有效》共同解读本条款，本文为对新《公司法》第十一条第一款的解读。

---

[1]　本节作者李巧霞，北京云亭律师事务所律师。

[2]　《民法典》第六十一条　依照法律或者法人章程的规定，代表法人从事民事活动的负责人，为法人的法定代表人。

法定代表人以法人名义从事的民事活动，其法律后果由法人承受。

法人章程或者法人权力机构对法定代表人代表权的限制，不得对抗善意相对人。

[3]　《民法典》第六十二条　法定代表人因执行职务造成他人损害的，由法人承担民事责任。

法人承担民事责任后，依照法律或者法人章程的规定，可以向有过错的法定代表人追偿。

裁判要旨

（1）法定代表人在对外民商事活动中的签字行为，如是以公司名义进行的，系职务行为，则由公司承担民事责任，否则应由其个人承担民事责任；（2）法定代表人在其职权范围内代表公司在法律文件上签字，即使未加盖公章，该法律文件也对公司发生效力，公司应承担民事责任。

案情简介

一、某公路站于 2012 年 5 月至 7 月，两次因公路施工需要，租用王某康的冷再生机进行道路施工，两次租金共计 426804 元。

二、后，王某康多次向该公路站法定代表人高某斌催要，要求公路站尽快给付所欠租金。2014 年 4 月 17 日，高某斌向王某康出具了两份证明，证明中均记载有王某康施工工程的工程量、单价及所欠租金数额，但未加盖公路站的公章。

三、后，王某康向法院起诉，要求公路站支付租金。公路站抗辩上述两份证明仅有高某斌的签字、未加盖公章，系高某斌个人行为，公路站不应支付证明上的相应租金。

四、法院①认为公路站与王某康已形成事实上的租赁合同关系，高某斌在证明上签字，系代表公路站对租金的确认，系职务行为，公路站应承担民事责任，向王某康支付租金。

律师分析

法定代表人是代表公司从事民事活动的负责人，对外代表公司，系公司的法人机关。法定代表人对外参加的民事行为、在法律文件上的签字，是否由公司承担民事责任，需要视情况而定。

一、法定代表人的行为是否由公司承担责任，首先要判断该行为是个人行为，还是职务行为。

法定代表人一方面是公司的负责人，对外代表公司。另一方面法定代表人本身也是自然人，具有独立的人格，所以法定代表人在对外从事民事行为时，并不能一概认定其行为就是法人的行为，也有可能是其个人行为。因此，在判断法定

---

① （2018）冀 1123 民初 621 号。

代表人的行为由谁承担时，首先要判断其行为是个人行为，还是职务行为，只有在从事代表公司的职务行为时，其行为后果才由公司承担。

而判断法定代表人的行为是个人行为，还是职务行为，需要从以下几个要素出发：（1）法定代表人的行为是以何名义进行的，是以公司名义，还是以个人名义；（2）法定代表人从事行为时，是否向对方表明为公司的职务行为；（3）交易中涉及的账户为法定代表人私人账户，还是公司账户；（4）该行为的最终利益归属方为个人还是公司。

在司法实践活动中，我们经常看到法定代表人以个人名义借款，收款账户为其私人账户，在借款过程中未明示为公司行为，且无法证明所借款项最终使用方是谁。对于此种情况，法院很难认定法定代表人的行为系公司行为，债权人很难让公司承担还款责任。

二、法定代表人在职权范围内以公司名义签订的合同，即使未加盖公章，合同也对公司发生效力，公司要承担民事责任。

公司是个组织体，其意思表示要通过自然人的签字或加盖公章予以体现。这里的自然人包括法定代表人和工作人员，因本法条规定的是法定代表人行为的法律后果，故本文只探讨法定代表人的签字行为。《民法典》第四百九十条第一款第一句规定："当事人采用合同书形式订立合同的，自当事人均签名、盖章或者按指印时合同成立。"如合同上有法定代表人签字并加盖公司公章，该合同自然对公司发生效力，但当只有法定代表人签字，或只有公章，抑或公章是假章时，合同是否对公司发生效力？"签字"和"公章"的效力之争，在我国存在了很长一段时间，司法实践中有不同的裁判观点，直至《九民纪要》实施后，才统一了认识，树立了"看人不看章"的裁判观点。

法定代表人在其职权范围内，代表公司在合同上的签字系公司的意志，合同对公司发生法律效力，是否加盖公章，甚至盖的是假章，均不影响公司对合同承担民事责任。反之，如果只有公章，但加盖公章的人并不具有法人代表权或代理权，则合同对公司不发生效力。

实操建议

对于合同相对人，在签订合同时，要注意以下事项：

一、要关注公司的法定代表人是以何名义签约。

不能认为公司法定代表人签订的合同，公司均承担民事责任。要核实法定代表人以何名义签订合同，是以公司名义，还是以个人名义签订合同？交易过程中的账户是私人账户还是公司账户？合同的利益归属于何人？是其个人受益，还是公司受益？通过分析以上要素，判断交易对手是谁，并分析交易对手是否有履约能力，从而做出真正的交易决策，维护自己的权益，降低风险。

二、签约时，树立"看人不看章"思维，关注签约人是否有代表权或代理权。

签约时，要摒弃之前的迷信公章的错误思想，要对签约人是否有代表权或代理权进行调查，尽到合理注意义务。在签订合同时，要注意保证签字的真实性，有条件的争取面签，如无法面签，可采取视频签署或其他方式来保证签字的真实性，并注意保存能证明签字人有代表权或代理权的证据。

038 法定代表人超越公司章程对其职权的限制，对外签订合同是否有效①

法律条文

第十一条第二款　公司章程或者股东会对法定代表人职权的限制，不得对抗善意相对人。

裁判要旨

公司章程明确规定出售公司重要资产属于公司重大事项，须经股东会讨论决定。但法定代表人未经股东会决议，即代表公司与他人签订买卖合同，出售公司所有机器设备，系越权代表。合同相对人明知或应当知道法定代表人越权代表，仍签订买卖合同，其并非善意相对人，合同无效，不对公司发生效力。

案情简介

一、科某公司系有限责任公司，原股东为刘某、李某全、杨某，三股东所持股权比例分别为36%、30%、34%，刘某系法定代表人。

二、2018年11月21日，李某全、刘某签订《股权转让协议书》，李某全将持有的30%的股权转让给刘某，并于同年11月26日完成股东变更登记。

---

① 本节作者李巧霞，北京云亭律师事务所律师。

三、2018 年 11 月 28 日，刘某代表科某公司将科某公司所有机器设备以 47.5 万元的价格出售给李某全，上述机器设备购买时的价格为 120 万元。

四、科某公司的公司章程中对股东会的职权及法定代表人的职权均作出了限制，出售公司资产属于公司重大事项，须经股东会讨论决定。上述公司出售全部机器设备事宜未经股东会决议。

五、二审法院①认为科某公司法定代表人刘某，明知出售公司重要资产属于公司重大事项，须经股东会讨论决定，但其未经公司决议，擅自与李某全买卖案涉机器设备，构成越权代表。李某全作为科某公司原股东，应当知道科某公司章程对法定代表人行使职权的限制，但在科某公司法定代表人刘某未履行章程规定程序属超越职权行为的情况下，其仍然与刘某签订买卖合同，故李某全不属于善意相对人。科某公司与李某全的机器设备买卖合同无效。

律师分析

在通常情况下，法定代表人代表法人所实施的民事法律行为、签署的合同，其效力应当归属于法人，由法人承担相应的民事责任。然而，法定代表人对外代表权并不是无限制的，其权力来源于法律规定和公司章程的概括授权，同时其代表权也受法律和公司章程、股东会决议的限制。

法定代表人超越权限对外订立的合同，是否对公司发生效力，主要看合同相对人是否为善意相对人。相对人为善意，签订的合同对公司发生效力；如相对人并非善意，则合同对公司不发生效力。

对法定代表人代表权的限制，分为法定限制和意定限制。法律、行政法规对法定代表人代表权的限制，为法定限制。公司章程、股东会决议对法定代表人代表权的限制，为意定限制。根据法定代表人代表权限制的不同，对善意相对人的认定标准也不一样。

一、法定代表人超越法律、行政法规规定的权限，对外签订合同，认定相对人善意的标准较高，要求相对人履行合理审查义务。

我国当前法律、行政法规对法定代表人行为的限制，主要集中在公司法。比如，公司法规定的公司对外投资、对外担保、增加注册资本、公司合并、分立、公司发行债券等。对于以上事项，法定代表人不能自行决定并代表公司实施相关民事行为，必须经股东会/董事会决议并授权后，才能代表公司实施以

---

① （2022）云 04 民终 254 号。

上民事行为。

法律、行政法规一经公布，推定所有人都应当知晓法律、行政法规对法定代表人的限制内容，相对人不能以不知道该项限制为由，主张自己为善意相对人。相反，相对人签署相关合同，应根据法律规定核查相关事项是否经过合法的程序并取得了有效的授权。如公司为其股东提供担保，债权人与公司签订担保合同时，应核查担保事项是否经股东会决议通过，且股东会决议是否经无关联股东过半数通过。如债权人未核查股东会决议，即与公司签订合同，不能主张其为善意相对人。但需明确的是，以上审查义务为形式审查，只要尽到合理的注意义务即可，标准不宜太过严苛。

需要提请注意的是，对于法律授权公司章程规定股东会或董事会决议的事项，相对人需审查公司章程，并根据公司章程审查公司是否提供适格决议。如公司章程规定相关事项需经过股东会审议通过，董事会决议则不属于适格决议，相对人根据公司提供的董事会决议，与公司签订合同，不属于善意相对人。

二、法定代表人超越公司章程或股东会决议的限制，对外签订合同，推定相对人为善意，除非公司能够证明相对人知道或应当知道法定代表人越权仍签订合同。

不同于法律、行政法规的限制，公司章程、股东会决议对法定代表人职权的限制是公司内部事务，公司之外的人并不知晓。相对人在与公司签订合同时，并不负有核查相关事项是否违反公司章程或股东会决议、是否经过有效的决议程序的义务。即在一般情况下，公司章程、股东会决议对法定代表人职权的限制，并不能对抗相对人。

但并不排除公司法定代表人与合同相对人恶意串通，突破公司章程和股东会决议的限制签订合同，以损害公司利益。如本案中的李某全在完成股权转让后，就与公司法定代表人签订重大资产转让事宜，此时其不可能不知道上述重大资产转让事宜应经过股东会通过，但其却在未见到有效股东会决议的情况下，与法定代表人刘某达成转让公司全部机器设备的交易，因此其不能主张其为善意相对人。

在意定限制的情况下，需要公司对合同相对人知道或应当知道公司章程或股东会决议对法定代表人的相关限制，负有证明责任。公司提交证据证明相对人明知上述限制依然签订合同，则相关合同对公司不发生效力，否则合同有效，对公司发生效力。

实操建议

从防范风险的角度，我们提出如下建议：

一、从公司的角度，加强对法定代表人职权的合理约束和监管，防止法定代表人滥用职权，损害公司利益。建立和完善公司内部控制制度，完善公司对外签约流程，在签约时除了法定代表人签字以外还要加盖公章。在加盖公章环节，审核公司对外签订的合同是否超越了法定代表人职权限制。同时加强与客户、供应商的沟通，让客户、供应商充分了解公司法定代表人权限、合同签署规范等一系列与交易相关的制度和规范，有助于合同相对方在签约时尽到审慎注意义务，避免违规情况的发生。

二、从合同相对方的角度，在签约时要尽到合理注意义务。在签订合同时，应当认真审查、核实签约人的身份，查明该人是否为公司的法定代表人，是否有权代表或代理。增强法律意识，签约时审慎确认签约事项是否属于需要对方公司股东会决议等程序才能确定的事项，如果属于对方公司履行特别程序的事项，则应当要求公司提供相关材料，并进行合理审查，以保证签约合法有效。

039 兼任法定代表人的董事、经理辞任会产生哪些后果[1]

法律条文

第十条 公司的法定代表人按照公司章程的规定，由代表公司执行公司事务的董事或者经理担任。

担任法定代表人的董事或者经理辞任的，视为同时辞去法定代表人。

法定代表人辞任的，公司应当在法定代表人辞任之日起三十日内确定新的法定代表人。

条文演变

新《公司法》第十条在原《公司法》第十三条[2]的基础上，扩大了法定代表

---

[1] 本节作者王超，北京云亭律师事务所律师。
[2] 原《公司法》第十三条 公司法定代表人依照公司章程的规定，由董事长、执行董事或者经理担任，并依法登记。公司法定代表人变更，应当办理变更登记。

人的选任范围，将由"董事长、执行董事或者经理担任"概括性规定为"由代表公司执行公司事务的董事或经理"担任法定代表人。

此外，新《公司法》第十条新增了法定代表人辞任的相关规定：一是担任法定代表人的董事或者经理辞任的，视为同时辞去法定代表人；二是法定代表人辞任后，公司应当尽快确定新的法定代表人，并限定期限为"法定代表人辞任之日起三十日内"。

裁判要旨

法定代表人为公司必须登记事项，不得空缺。兼任法定代表人的执行董事，诉请要求公司办理涤除其作为法定代表人与执行董事的登记事项，应当先通过公司股东会会议作出有效决议，推选出新的执行董事与法定代表人，再办理工商变更登记。在公司股东会选出新的董事之前，仍应由原董事履行董事职务并担任法定代表人。

案情简介

一、陈某雅为庭某公司股东之一，同时担任公司法定代表人。公司章程规定，公司的法定代表人由执行董事担任。2016 年 10 月，庭某公司作出股东会决议，将执行董事由李某变更为陈某雅。

二、2020 年 6 月，陈某雅出具《关于不再担任公司法定代表人的声明》，言明："从本声明作出之日起，本人不再担任公司法定代表人、执行董事，建议公司各股东选举委托他人继任。"次日，陈某雅委托律师将该声明通过 EMS 快递给庭某公司的股东。同月，陈某雅在《上海科技报》发表声明，声明辞去公司执行董事、法定代表人职务。公司部分股东不予配合。

三、陈某雅将庭某公司诉至法院，请求判令庭某公司于本案判决生效之日起三十日内至市场监督管理部门办理涤除陈某雅作为庭某公司法定代表人、执行董事的登记事项。

四、二审法院认为①，陈某雅诉请要求庭某公司办理涤除其作为法定代表人与执行董事的登记事项，应当先通过公司股东会会议作出有效决议，推选出新的执行董事与法定代表人，再办理工商变更登记。在公司股东会选出新的执行董事之前，仍应由陈某雅履行执行董事职务并担任法定代表人。并且，陈某雅仅向公

---

① （2021）沪 02 民终 3758 号。

司股东单方面发送辞任通知并且在报纸上发布辞任声明，并未依据法律与公司章程的规定召集股东会会议以形成有效决议，尚未穷尽公司内部救济程序，对于陈某雅要求公司办理涤除登记的诉讼请求不予支持。

律师分析

一、法定代表人是公司的必须登记事项。《民法典》第六十一条第一款规定："依照法律或者法人章程的规定，代表法人从事民事活动的负责人，为法人的法定代表人。"由此可知，法定代表人是依法代表法人行使民事权利，履行民事义务的主要负责人。作为最常见的法人组织形式的公司，其法定代表人对内处于公司管理核心的地位，对外代表公司意志。此外，新《公司法》第三十二条规定："公司登记事项包括：（一）名称；（二）住所；（三）注册资本；（四）经营范围；（五）法定代表人的姓名；（六）有限责任公司股东、股份有限公司发起人的姓名或者名称。公司登记机关应当将前款规定的公司登记事项通过国家企业信用信息公示系统向社会公示。"公司登记具有公示公信的效力，法定代表人是公司的必须登记事项，关涉公司的正常运营，法定代表人的登记不得空缺。

二、法定代表人有权辞任。就公司内部而言，公司和法定代表人之间为委托法律关系。一方面，法定代表人行使代表人职权的基础为公司股东会的授权和法定代表人本人的同意，如果公司股东会终止授权，则法定代表人对外代表公司从事民事活动的职权终止。另一方面，出任公司法定代表人的个人也有权提出辞任，使得委托关系得以终止。

三、原《公司法》欠缺公司应及时确定新法定代表人的规定，可能导致出现原法定代表人辞任不能、新法定代表人迟迟无法确定的僵局。如前所述，法定代表人为公司的必须登记事项。由于原《公司法》规定的欠缺，导致司法实践中经常出现一个棘手的问题，即如果公司迟迟不确定新的法定代表人，原法定代表人是否需要一直继续任职？法定代表人的辞任权如何保障？以往的司法判例倾向于认为，选任法定代表人是公司的内部事项，董事兼任法定代表人在穷尽公司内部救济程序后仍不能获得辞任效果的，法院方才支持涤除董事和法定代表人职务的诉求。只要公司没有通过召开股东会作出有效决议并确定新的人选，哪怕是股东有意拖延不配合召开股东会，法定代表人单方提出辞任就没有任何实际意义。

四、新《公司法》第十条第二款和第三款，针对兼任法定代表人的董事、经理辞任的情况，给出了有效解决方案。第十条第二款规定："担任法定代表人的董事或者经理辞任的，视为同时辞去法定代表人。"此规定可以防止出现部分董事、经理已经卸任但还以该公司法定代表人的身份对外行使权利给公司造成损害的情形出现。第十条第三款规定："法定代表人辞任的，公司应当在法定代表人辞任之日起三十日内确定新的法定代表人。"此规定可以打破法定代表人迟迟无法确立的僵局，避免出现原法定代表人辞任，新的法定代表人无法选出而造成的公司治理乱局。但是，如果公司超过三十日未能确定新的法定代表人，该公司的意思表示有谁代表？公司登记机关是否能够办理原法定代表人的涤除登记？还需要留待在后续司法实践中进一步明确。

五、被冒名登记为法定代表人的个人，请求人民法院变更法定代表人的，需要提供充分证据证明被冒名登记的事实。一般情况下法定代表人的变更属于公司自治的范围，变更法定代表人须由公司作出变更登记。实践中，经常出现个人被冒名登记为法定代表人的情形。此时被冒名登记的个人请求人民法院变更法定代表人登记的，需要提供证据证明本人确与公司无实质业务关联、本人对公司将其登记为法定代表人的事实并不知情或登记行为违背了本人的真实意愿。如果公司法定代表人不能充分证明这一点，在公司未作出法定代表人变更决议的情况下，请求变更法定代表人工商登记的，人民法院不予支持。①

实操建议

一、公司可以从全体董事、经理中选任法定代表人，选任范围不再限于董事长、执行董事或经理。需要注意的是，作为法定代表人的董事、经理必须是能够代表公司执行公司事务的人，如果仅是在公司挂名，并不了解、不参与公司实际业务，则不适宜担任法定代表人。

二、董事、经理兼任法定代表人提出辞任的，应当书面通知公司，并积极推动公司股东会的召开。根据新《公司法》第六十二条之规定，如果该名辞任董事同时是公司代表十分之一以上表决权的股东，或者在公司董事会中占据三分之一以上的席位，则可以提议召开临时股东会议，积极促成股东会的召开，推动股东会作出同意法定代表人辞任、并确定新法定代表人的决议。

三、担任法定代表人的董事、经理辞任的，如果仅提出辞任董事、经理的书面通知，没有提出辞任法定代表人的书面通知，法律就视为该名董事或经理同时

---

① 人民法院案例库，盛某诉成都某大教育投资有限公司、四川某园林绿化工程有限公司、周某请求变更公司登记纠纷案（2020）川01民终2506号。

辞去了法定代表人，董事、经理不需要就辞任法定代表人另行作出声明。如果股东会已经作出了同意董事、经理辞任的决议，也不需要再单独作出同意辞任法定代表人的股东会决议。

四、法定代表人辞任的，公司应当严格按照法律规定，在法定代表人辞任之日起三十日内确定新的法定代表人。如果公司不能在该期限内确定新的法定代表人，笔者认为，则原法定代表人无须继续履行职务，无须继续承担法定代表人的责任。

040 辞任或被公司免除职务的法定代表人是否有权请求公司办理法定代表人变更登记[①]

法律条文

第十条 公司的法定代表人按照公司章程的规定，由代表公司执行公司事务的董事或者经理担任。

担任法定代表人的董事或者经理辞任的，视为同时辞去法定代表人。

法定代表人辞任的，公司应当在法定代表人辞任之日起三十日内确定新的法定代表人。

裁判要旨

公司与法定代表人之间为委托法律关系，法定代表人代表权的基础是公司的授权，自公司任命时取得至免除任命时终止。公司权力机关依公司章程规定免去法定代表人的职务后，法定代表人的代表权即终止。

有限责任公司股东会依据章程规定免除公司法定代表人职务的，公司负有办理法定代表人工商变更登记的义务。公司不履行该义务的，不能成为法定代表人请求公司履行变更登记义务的障碍。

案情简介[②]

一、新疆某房地产公司于 2013 年 3 月 26 日成立，新疆某投资公司持股

---

① 本节作者白函鹭（本名白秀清），北京云亭律师事务所律师。
② 人民法院案例库第 2023-08-2-264-002 号参考案例：韦某某诉新疆某房地产公司、新疆某投资公司、新疆某甲投资公司请求变更公司登记纠纷案（2022）最高法民再 94 号。

95%，新疆某甲投资公司持股5%。新疆某投资公司是某集团公司的下属公司。某集团公司委派韦某某担任新疆某房地产公司的董事长兼法定代表人。

二、2017年7月18日，某集团公司下发《关于干部免职的决定》，免去韦某某在新疆某房地产公司的董事长和法定代表人职务。新疆某投资公司因此向韦某某发出了《免职通知书》，并告知韦某某该免职决定已经通知另一股东新疆某甲投资公司，新疆某甲投资公司未提出异议，本通知自发出之日起生效。

三、韦某某被免职后，未在新疆某房地产公司工作，也未在该公司领取报酬。但因该公司未进行法定代表人变更登记，导致韦某某因该公司的相关诉讼被限制高消费。

四、韦某某向法院提起诉讼，请求新疆某房地产公司办理法定代表人变更登记，股东新疆某投资公司、新疆某甲投资公司予以配合。一审法院判决驳回了韦某某的诉讼请求。

五、韦某某不服一审判决提起上诉，二审法院驳回上诉，维持原判。韦某某不服，申请再审，再审法院撤销了一审和二审判决，判决新疆某房地产公司于本判决生效之日起三十日内为韦某某办理公司法定代表人变更登记。

律师分析

一、法定代表人作为公司的法定代理人，并非独立存在，而是依附于其他职位存在。

原《公司法》第十三条规定，法定代表人由董事长、执行董事或者经理担任。新《公司法》第十条规定，法定代表人由代表公司执行公司事务的董事或者经理担任。具体由哪个职位的人员担任公司的法定代表人，由公司章程进行规定。但任何情况下，法定代表人都不是独立存在的，而是依附于其他职位存在。在原《公司法》的背景下，如果不再担任董事长、执行董事或者经理，在新《公司法》的背景下，法定代表人如果不再担任代表公司执行公司事务的董事或者经理，也就失去了继续担任法定代表人的前提和基础，公司应根据章程的规定及时选任新的法定代表人，并办理法定代表人变更登记手续。

二、在原《公司法》的背景下，法定代表人辞任或被免职后，如果公司不主动进行法定代表人变更登记，辞任或被免职的法定代表人通过诉讼请求公司进行变更登记，很难获得法院支持，会导致法定代表人申请变更登记的困境。

在原《公司法》的背景下，法定代表人被免职，尤其是法定代表人单方提出辞任的情况下，公司不及时选任新的法定代表人并进行变更登记的情况并不鲜见。面对辞任或被免职的法定代表人的变更登记，司法实践中的裁判观点并不统一。以我们有限的经验看，法院不支持法定代表人变更登记请求的观点占主流。不支持的理由主要包括：

（1）变更法定代表人属于公司自治事项，应由公司决定，不属于人民法院民事诉讼受理的范围；

（2）公司未就法定代表人变更作出决议；

（3）该法定代表人已经被纳入失信被执行人，涤除将损害债权人的利益；

（4）以公司没有任命新的法定代表人，涤除将导致法定代表人的缺失为由，不支持当事人的诉讼请求。

即使法院支持了辞任或被免职的法定代表人的变更登记请求，在执行阶段，也可能会遇到障碍。比如，公司进行法定代表人变更登记的前提是选出了新的法定代表人，如果公司没有选出新的法定代表人，则市场监督管理部门无法为公司进行变更登记。而选任新的法定代表人是公司自治的范畴，法院似乎难以强制执行。在本文引用的案例中，虽然法院判决支持了韦某某申请法定代表人变更登记的请求，但如果在执行阶段，公司迟迟不选任新的法定代表人，则市场监督管理部门就无法进行变更登记，仍可能面临执行难的困境。

司法实践中，在公司迟迟不选任新法定代表人的情况下，辞任或被免职的法定代表人选择请求公司涤除法定代表人登记的，同样面临不被法院支持或执行难的困境。《中华人民共和国市场主体登记管理条例》第三条第二款规定，市场主体登记包括设立登记、变更登记和注销登记，即市场监管部门对市场主体的登记类型并不包括涤除登记。《最高人民法院、国家工商总局关于加强信息合作规范执行与协助执行的通知》第六条第二款："人民法院要求协助执行的事项，应当属于工商行政管理机关的法定职权范围。"

三、新《公司法》规定担任法定代表人的董事或者经理辞任的，视为同时辞去法定代表人，即明确了法定代表人的单方辞任权。

（1）董事的辞任行为是单方法律行为，无须公司同意或者批准。担任法定代表人的董事辞任的，视为同时辞去法定代表人。

新《公司法》第七十条第三款规定，董事辞任的，应当以书面形式通知公司，公司收到通知之日辞任生效。可见，董事的辞任行为是单方法律行为，无须公司同意或者批准。

这里需要注意的例外情况是，按照新《公司法》的规定，如果董事任期届满未及时改选，或董事在任期内辞任导致董事会成员低于法定人数，在改选出的董事就任前，原董事仍应按照法律和章程的规定履行董事职务，即这种情况下，担任法定代表人的董事虽然提出了辞任，但仍应继续履行职务直至改选出新的董事。相应地，其也应继续履行法定代表人的职务。但如果公司拖延履行选任新董事的义务，导致该董事只能被动履职，进而亦无法辞任法定代表人职务，该董事作为法定代表人的救济路径是什么？新《公司法》没有明确规定，仍有待法律或司法解释进一步明确。

（2）经理的辞任行为是单方法律行为，无须公司同意或者批准。担任法定代表人的经理辞任的，视为同时辞去法定代表人。

新《公司法》第七十四条第一款规定，有限责任公司可以设经理，由董事会决定聘任或者解聘。第一百二十六条规定，股份有限公司设经理，由董事会决定聘任或者解聘。第一百七十四条第一款规定，国有独资公司的经理由董事会聘任或者解聘。

可见，董事会代表公司与经理之间建立的是委托关系，经理在董事会授权的范围内行使职权。根据《民法典》第一百七十三条①规定，无论被代理人取消委托，还是代理人辞去委托，均可以导致委托代理关系终止。因此，经理的辞任行为也是单方法律行为，无须公司同意或者批准。同理，兼任法定代表人的经理辞任的，视为同时辞去法定代表人。

（3）担任法定代表人的董事或经理仅辞任法定代表人的，能否被支持？

按照新《公司法》的规定，董事辞任的，辞任通知到达公司即生效。兼任法定代表人的董事或者经理辞任的，视为同时辞去法定代表人。换言之，担任法定代表人的董事或者经理辞任的，辞任通知到达公司后，法定代表人的辞任即生效。那么，如果担任法定代表人的董事或经理仅辞任法定代表人，辞任通知到达公司是否立即生效？换言之，这种情况下，前述董事或经理能否以其已经辞任法定代表人为由，主张公司选任新的法定代表人，并进行变更登记？

新《公司法》第四十六条规定，有限责任公司章程应当载明下列事项：……（七）公司法定代表人的产生、变更办法。第九十五条规定，股份有限公司章程应当载明下列事项：……（八）公司法定代表人的产生、变更办法。第

---

① 《民法典》第一百七十三条　有下列情形之一的，委托代理终止：……（二）被代理人取消委托或者代理人辞去委托……

一百七十九条规定，董事、监事、高级管理人员应当遵守法律、行政法规和公司章程。

因此，在公司章程就法定代表人的产生及变更办法，包括担任法定代表人的董事或经理能否单独辞任法定代表人有明确约定的情况下，董事、监事、高级管理人员都有义务遵守章程的约定，担任法定代表人的董事和经理亦然。例如，章程约定：公司的法定代表人由经理担任。公司只有一个经理，那该经理如果辞任法定代表人，担任其他职位的人员按照章程又不能担任法定代表人，就会导致公司法定代表人缺失。所以在这种情况下，单纯辞去法定代表人不符合章程的规定，除非修改公司章程。所以我们倾向于认为，担任法定代表人的董事或经理辞任的，视为同时辞去法定代表人，通知到达公司即生效。但担任法定代表人的董事或经理，能否仅辞去法定代表人职位，应该受到公司章程的约束。

四、公司免除法定代表人职务的，自免职文件生效之日，双方的委托关系终止。

如上所述，委托代理关系可以因代理人辞去委托而终止，也可以因被代理人取消委托而终止。公司免除法定代表人职务，即取消委托，免职文件一旦生效，双方的委托代理关系即终止。

正如在本文引用的案例中，法院认为：韦某某被免职后，未在该公司工作，也未从公司领取报酬。本案诉讼中，股东新疆某甲投资公司明确其知晓并同意公司决定，因此可以认定新疆某房地产公司两股东已经就韦某某免职作出股东会决议并通知了韦某某，该决议符合新疆某房地产公司的章程规定，不违反法律规定，依法产生法律效力，双方的委托关系终止，韦某某已经不享有公司法定代表人的职责。

五、法定代表人辞任或被免职后，依法选任新的法定代表人并进行变更登记，是公司的法定义务。公司不履行该义务的，应自行承担法定代表人缺失的后果，而不应成为辞任或被免职的法定代表人请求变更登记的障碍。

按照新《公司法》第十条的规定，在法定代表人辞任后，公司有义务在三十日内确定新的法定代表人。第三十二条第一款规定，公司登记事项包括：……（五）法定代表人姓名。第三十四条规定，公司登记事项发生变更的，应当依法办理变更登记。

新《公司法》施行后，在公司不履行变更登记义务的情况下，辞任或者被免职的法定代表人请求公司变更法定代表人登记，能否被法院支持？目前理论界和实务界对该问题的观点并不统一。

我们认为，在法定代表人辞任或者被免职后，如果其不再参与公司的经营管理，甚至已经离开公司，与公司不存在任何实质性关联的情况下，如果因为公司不履行法定义务，包括怠于确定新的法定代表人，怠于进行法定代表人变更登记，则前述法定代表人就只能接受继续被公示为法定代表人的后果，甚至因被公示为法定代表人而承担法律责任，实际是要求辞任或被免职的法定代表人承担公司不履行法定义务的后果，显失公平，且不利于促进公司规范治理。

我们倾向本文案例中最高法的观点，即"公司办理工商变更登记中依法提交股东会决议、选任新的法定代表人等均是公司对登记机关的义务，公司不履行该义务，不能成为法定代表人请求公司履行法定义务之权利行使的条件"。

但最高法在本案判决主文中同时表示："至于本案判决作出后，新疆某房地产公司①是否选任新的法定代表人，属于公司自治的范畴，本院不予处理。"这就意味着如果公司迟迟不选任新的法定代表人，就无法进行法定代表人变更登记，该案就会面临执行难的困境，韦某某的诉求还是无法得到彻底解决。因此我们认为，要彻底解决这个问题，还需要进一步完善司法和行政行为的衔接。以本案为例，虽然法院判决公司履行法定代表人变更登记义务，但如果公司不确定新的法定代表人，市场监管部门就无法进行变更登记，但涤除登记又不属于市场监管部门的法定职权范围，似乎只能被动等待公司主动履行义务即确定新的法定代表人。除非将变更登记进行扩大解释，即变更登记包括涤除登记，这样在公司不选任新法定代表人的情况下，市场监管部门有权依法定代表人的请求进行涤除登记，由公司承担无法定代表人的法律后果，这对于倒逼公司完善公司治理，督促股东、董事、监事、高级管理人员依法履行职责，提高公司治理的规范化水平，应该会有促进作用。我们看到，在当前的司法实践中，已经有公司因不选任新的法定代表人，而被市场监管部门涤除法定代表人登记，但该现象不具有普遍性，也没有在司法实践中形成共识。

总之，新《公司法》实施后，辞任或者被免职的法定代表人申请变更登记的困境能否得到解决，还存在不确定性，很多问题有赖于通过司法解释予以明确。

实操建议

一、担任法定代表人的董事或者经理辞任的，务必以书面形式向公司发出辞

---

① 在人民法院案例库第 2023-08-2-264-002 号案例中，新疆某房地产公司的简称是"某塔公司"。

任通知。

二、公司在收到担任法定代表人的董事或经理的辞任通知后，应该在三十日内选任新的法定代表人，并及时完成法定代表人变更登记。

新《公司法》第三十五条规定，公司申请变更登记，应当向公司登记机关提交公司法定代表人签署的变更登记申请书、依法作出的变更决议或者决定等文件。公司变更登记事项涉及修改公司章程的，应当提交修改后的公司章程。公司变更法定代表人的，变更登记申请书由变更后的法定代表人签署。

因此，公司将法定代表人免职或收到法定代表人的辞任通知后，应该按照法律规定和章程的约定，在三十日内选任新的法定代表人，向公司登记机关递交变更登记申请，完成变更登记。

三、建议公司在章程中明确约定法定代表人的产生及变更办法。

新《公司法》第四十六条规定，有限责任公司章程应当载明下列事项：……（七）公司法定代表人的产生、变更办法。第九十五条规定，股份有限公司章程应当载明下列事项：……（八）公司法定代表人的产生、变更办法。

原《公司法》并没有明确要求公司在章程中记载法定代表人的产生、变更办法。这就导致在原《公司法》的背景下，在法定代表人变更出现僵局，各方对新任法定代表人产生的合法性发生争议的情况下，没有合法的判断依据。所以，建议公司务必按照新《公司法》的规定，根据本公司的具体情况，在章程中明确法定代表人的产生、变更办法，避免使用所谓的章程标准模板。

041 "挂名法定代表人"能否要求公司涤除其登记信息[①]

法律条文

第十条 公司的法定代表人按照公司章程的规定，由代表公司执行公司事务的董事或者经理担任。

担任法定代表人的董事或者经理辞任的，视为同时辞去法定代表人。

法定代表人辞任的，公司应当在法定代表人辞任之日起三十日内确定新的法定代表人。

---

① 本节作者赵梓凯，北京云亭律师事务所律师。

裁判要旨

公司登记的法定代表人与公司之间失去实质利益关联，且没有参与任何实际经营，属于"挂名法定代表人"，"挂名法定代表人"可以要求公司涤除其登记信息。

案情简介

一、2020年2月19日，阆中某房地产开发有限公司依法登记设立，张某登记为该公司法定代表人，公司股东为敖某某和四川某实业有限公司。公司成立后，代表公司对外签订合同的是韩某，公司内部管理审批人也是韩某。

二、2020年8月，张某从该公司离职后，多次请求该公司为其变更法定代表人工商登记，但一直未得到回应。2021年7月13日，张某通过四川某律师事务所向该公司发出《律师函》，请求变更法定代表人工商登记，被告仍未答复并变更登记，张某遂诉至人民法院。

三、2021年12月19日，四川省阆中市人民法院①判定被告阆中某房地产开发有限公司于本判决生效后二十日内到阆中市市场监督管理局涤除原告张某阆中某房地产开发有限公司法定代表人的登记事项。

四、宣判后，原、被告均未提起上诉，该判决已发生法律效力。

律师分析

1. "挂名法定代表人"可以要求公司涤除其登记信息，撤销其法定代表人的身份资格。根据《民法典》及新《公司法》的相关规定，公司法定代表人以公司名义从事民事活动，其法律后果由公司承担。实践中，法定代表人的变更登记纠纷多发生于法定代表人系纯"挂名"人员或者出现公司控制权争夺的情形中。法定代表人变更登记纠纷，通常包括挂名或被冒名的法定代表人要求变更公司登记，原法定代表人辞职、离任引起的变更公司登记以及因公司召开股东会议，通过股东会决议作出变更法定代表人的决定等。

上述案件中，在案证据足以证明代表阆中某公司对外开展民事活动和对内行使管理的人均系韩某而非张某，张某既未行使《公司法》规定的法定代表人参

---

① 人民法院案例库：张某诉阆中某房地产开发有限公司请求变更公司登记纠纷案。一审：四川省阆中市人民法院（2021）川1381民初5475号民事判决。

与公司经营管理的职权，也不符合《民法典》第六十一条第一款①对法定代表人的性质认定。据此，一审法院认为，张某系属名义上的法定代表人，这一事实有违公司法规定，阆中某公司应当及时变更法人登记。同时，因张某不是阆中某公司的股东，无法通过提起召开股东（大）会等内部救济途径变更法人登记，故其请求阆中某公司向工商登记机关涤除张某作为该公司法定代表人的登记，应当得到支持。

2. 虽然允许"挂名法定代表人"提出涤除登记诉讼，但"变更法定代表人"不属于法院受案范围，应对二者做出区分。公司法定代表人请求人民法院"变更法定代表人"，与公司法定代表人提出"涤除法定代表人工商登记"不同。"法定代表人的变更"属于公司自治的范围，人民法院无法代替公司选举新的法定代表人，故公司变更法定代表人不属于人民法院民事诉讼审理范围。在盛某诉成都某大教育投资有限公司、四川某园林绿化工程有限公司、周某请求变更公司登记纠纷案中②，一、二审法院均认为，某大教育投资有限公司变更法定代表人属于公司内部自治事项，应由公司决定，不属于人民法院民事诉讼受理的范围。同时，在韦某某诉新疆某房地产公司、新疆某投资公司、新疆某甲投资公司请求变更公司登记纠纷案③中，最高法亦认为，某塔公司是否再选任新的法定代表人，属于公司自治范畴，不属于该案的审理范围。

3. 与公司是否存在实质性关联，是司法实践中认定"挂名法定代表人"的重要判断标准。是否与公司存在劳动关系，是否属于公司股东，是否担任公司董事、监事或高管，以及是否参与公司日常经营管理等，都是司法实践中认定"挂名法定代表人"的参考因素。如果"挂名法定代表人"与公司之间并无实质关联，则涤除诉讼将大概率会获得法院支持。

在曾某与深圳市某能源酒店供应股份有限公司等请求变更公司登记纠纷案④

---

① 《民法典》第六十一条第一款　依照法律或者法人章程的规定，代表法人从事民事活动的负责人，为法人的法定代表人。

② 人民法院案例库：盛某诉成都某大教育投资有限公司、四川某园林绿化工程有限公司、周某请求变更公司登记纠纷案。一审：四川自由贸易试验区人民法院（2019）川 0193 民初 7378 号民事判决，二审：成都市中级人民法院（2020）川 01 终 2506 号民事判决。

③ 人民法院案例库：韦某某诉新疆某房地产公司、新疆某投资公司、新疆某甲投资公司请求变更公司登记纠纷案。一审：宁夏回族自治区银川市中级人民法院（2019）宁 01 民初 3717 号民事判决，二审：宁夏回族自治区高级人民法院（2021）宁民终 82 号民事判决，再审：最高人民法院（2022）最高法民再 94 号民事判决。

④ （2021）粤 03 民终 17940 号。

中，深圳中院认为，自然人成为公司法定代表人，应当与公司之间存在实质性的利益关联，该种关联一般是其担任法定代表人的前提，由并无利益关联的自然人继续担任公司法定代表人违背公司法立法初衷。某能源公司出具《任命事由》，聘任曾某挂名公司法定代表人，不负责经营管理、不领薪资及报酬、不承担经营风险，曾某亦非某能源公司登记在册的股东，公司长期未启动变更相应工商登记的程序，侵犯了曾某的合法权益。据此，支持了曾某请求变更工商变更登记的诉求。

4. 如果"挂名法定代表人"已经被限制高消费，涤除登记后如欲解除限高措施，还需举证证明其并非单位的实际控制人及影响债务履行的直接责任人员。根据《最高人民法院关于在执行工作中进一步强化善意文明执行理念的意见》的相关规定①，公司作为被执行人被限制消费后，其法定代表人确因经营管理需要发生变更，申请解除对其本人的限制消费措施的，应举证证明其并非单位的实际控制人、影响债务履行的直接责任人员。也即，"挂名代表人"尚需提供相关证据材料，从实质层面证明自身的"挂名之实"。在陈某杰买卖合同纠纷执行异议及复议案件②中，济南中院经审查后认为，尽管陈某杰曾担任被执行人华某天成公司的法定代表人、执行董事和总经理，但根据其提交的证据，自2014年起陈某杰劳动关系及社会保险参保均在其他公司，其从未参与华某天成公司的管理与经营，并非公司的实际控制人、影响债务履行的直接责任人员。现陈某杰已不再担任华某天成公司法定代表人，故据此裁定解除了陈某杰的限制消费措施。

实操建议

通过对新《公司法》第十条新增内容的系统分析，我们了解到盲目担任公司的"挂名法定代表人"存在诸多法律风险，从规避该类行为的发生及维护自身利益等角度考虑，具体梳理实操建议如下：

1. 明确"挂名法定代表人"在强制执行、刑事、民事及行政等多方面的法律风险及隐患。

第一，如若公司因债务纠纷陷入执行不能，法定代表人将会因公司债务被采

---

① 《最高人民法院关于在执行工作中进一步强化善意文明执行理念的意见》单位被执行人被限制消费后，其法定代表人、主要负责人确因经营管理需要发生变更，原法定代表人、主要负责人申请解除对其本人的限制消费措施的，应举证证明其并非单位的实际控制人、影响债务履行的直接责任人员。人民法院经审查属实的，应予准许，并对变更后的法定代表人、主要负责人依法采取限制消费措施。

② （2021）鲁01执复74号。

取强制执行措施。根据《最高人民法院关于限制被执行人高消费及有关消费的若干规定》第三条①的规定，公司作为被执行人被采取限制消费措施后，其法定代表人也会被采取限制高消费及限制出境等强制措施。对于上述执行措施，法院一般仅进行形式审查而非实质审查，即不会从实质层面审查法定代表人是否参与公司的日常经营，而是直接对公司工商登记所对外显示的法定代表人采取上述措施。司法实践中，法定代表人如若想解除该类强制措施，需要通过一系列烦琐的流程且会存在较大难度。与此同时，因上述措施会在各种公示平台展示，法定代表人还可能面临办理与其有关的银行贷款业务时被降低信用评级的风险，给自身带来各种不必要的麻烦。

第二，如若公司因违法经营行为涉嫌刑事犯罪，法定代表人有被一并追责的可能性。在我国《刑法》规定的某些罪名中，除对单位进行处罚外，还会追究"直接负责的主管人员和其他直接责任人"的刑事责任。法律虽然未明确规定上述"直接负责的主管人员"的具体范围，但在司法实践中，法定代表人有被认定为单位"直接负责的主管人员"的可能性，进而存在被追究刑事责任的风险。

第三，法定代表人履行职务不当或超权限履行职务，给公司造成损失的，则存在向公司承担赔偿责任的可能，给他人造成损失的，公司有权向法定代表人追偿。根据《民法典》第六十二条规定②，法定代表人因执行职务造成他人损害并首先由法人承担民事责任的，法人可以向有过错的法定代表人追偿。在北京万某天能科技有限公司等与吴忠市德某农牧有限公司等财产损害赔偿纠纷一案③中，北京三中院认为，根据上述法律规定，万某科技公司的第一项诉讼请求系基于解某在万某科技公司担任法定代表人期间，因执行职务不力，造成公司财产受损，万某科技公司有权向解某进行追偿。

第四，公司若因违反行政法律规定而受到行政处罚的，法定代表人也极有可能需承担行政责任。公司在申请登记过程中若有隐瞒事实、弄虚作假等情况或有抽逃资金、隐匿财产逃避债务等情形的，涉嫌违反行政法律规定，公司接受行政处罚，法定代表人也需因此承担行政责任。比如，根据人力资源和社会保障部所

---

① 《最高人民法院关于限制被执行人高消费及有关消费的若干规定》第三条第二款　被执行人为单位的，被采取限制消费措施后，被执行人及其法定代表人、主要负责人、影响债务履行的直接责任人员、实际控制人不得实施前款规定的行为。

② 《民法典》第六十二条　法定代表人因执行职务造成他人损害的，由法人承担民事责任。法人承担民事责任后，依照法律或者法人章程的规定，可以向有过错的法定代表人追偿。

③ （2021）京03民终17949号。

下发的《拖欠农民工工资失信联合惩戒对象名单管理暂行办法》第五条①之规定，如果公司克扣、无故拖欠农民工工资达到认定拒不支付劳动报酬罪数额标准或因拖欠农民工工资违法行为引发群体性事件、极端事件造成严重不良社会影响，经人力资源社会保障行政部门依法责令限期支付工资后逾期仍未支付的，公司的法定代表人将会被列入失信联合惩戒名单。

2. 审慎担任"挂名法定代表人"一职，离职或辞任后及时要求公司涤除其登记信息。

第一，如若因无法推脱等原因而主动或被动担任了"挂名法定代表人"，应尽量避免在公司决议等重要文件上签字，并建议尝试与公司、公司实际控制人签订类似《挂名法定代表人协议》，对委托挂名的事实和权利义务范围进行书面约定，必要时可注明"不参与公司实际经营管理，不参加公司相关会议，不签署公司文件等与公司经营有实际联系的行为"等内容。同时，将公司管理权通过公司章程或者股东会等法定程序授权给他人行使，并要求在公司章程中增加免责条款。

第二，随时关注公司经营动态及涉案涉诉情况，如果发现公司出现经营异常或涉及潜在的大额诉讼无法清偿，建议尽早退出公司，规避风险。必要时可以提起请求公司变更登记之诉，要求公司涤除自身法定代表人登记信息，避免后续因法定代表人身份被采取限制高消费等不利措施。

042 公司决议变更法定代表人，原法定代表人不配合办理变更登记，怎么办②

法律条文

第三十五条　公司申请变更登记，应当向公司登记机关提交公司法定代表人

---

① 《拖欠农民工工资失信联合惩戒对象名单管理暂行办法》第五条　用人单位拖欠农民工工资，具有下列情形之一，经人力资源社会保障行政部门依法责令限期支付工资，逾期未支付的，人力资源社会保障行政部门应当作出列入决定，将该用人单位及其法定代表人或者主要负责人、直接负责的主管人员和其他直接责任人员（以下简称当事人）列入失信联合惩戒名单：（一）克扣、无故拖欠农民工工资达到认定拒不支付劳动报酬罪数额标准的；（二）因拖欠农民工工资违法行为引发群体性事件、极端事件造成严重不良社会影响的。

② 本节作者向敏，北京云亭律师事务所律师。

签署的变更登记申请书、依法作出的变更决议或者决定等文件。

公司变更登记事项涉及修改公司章程的，应当提交修改后的公司章程。

公司变更法定代表人的，变更登记申请书由变更后的法定代表人签署。

条文演变

本条为新增法条，为公司变更登记的程序性规定，明确了公司变更登记需要提交的文件。本条的重大突破是：公司变更法定代表人，变更登记申请书由变更后的法定代表人签署。

裁判要旨

法定代表人变更属公司自治事宜，公司依据章程由股东会或者董事会作出变更法定代表人的有效决议后，法定代表人即发生变更，原法定代表人应配合办理变更登记。

案情简介

一、绿某公司为有限责任公司，股东为某华力公司、某能源工程公司、某科投资公司。公司章程规定董事长为法定代表人。绿某公司有三名董事，张某杰为公司董事长、经理。

二、2020 年 5 月 29 日，绿某公司作出股东会决议，免除张某杰董事职务，选举张某宇为董事，三股东均在决议上加盖公章。同日，召开董事会，免除张某杰董事长和法定代表人等一切职务，选举张某宇为董事长和法定代表人，后三股东共同向张某杰发函，要求张某杰配合办理法定代表人及董事长变更手续，张某杰拒收函件，拒绝办理变更登记手续。

三、三股东提起诉讼，要求绿某公司办理法定代表人变更登记，张某杰予以配合。张某杰在诉讼中称股东会会议召集程序违反公司章程，该股东会决议无效；当日的董事会会议的召集程序及表决方式均违反公司章程，董事会决议也无效。

四、二审法院经审理后认定[①]，股东会决议、董事会决议均有效，张某杰已被免去董事职务，不再是公司法定代表人，判决绿某公司办理法定代表人变更登记，张某杰予以配合。

---

① （2021）沪 02 民终 6202 号。

律师分析

法定代表人对外代表公司，以公司名义对外实施的行为是公司行为，行为法律后果由公司承担，因为其地位的重要性，被称为"行走的公章"，也因此法定代表人的选任及变更成为公司争夺控制权的常见纠纷。

公司法定代表人变更，只要公司内部形成有效的变更决议，就在公司内部产生法律效力，新选任的法定代表人可以代表公司的意志①。法律规定对法定代表人变更事项进行登记，其意义在于向社会公示公司意志代表权的基本状态，变更登记仅对外具有对抗效力。公司决议变更法定代表人的，即使工商登记未变更，也不影响公司内部变更法定代表人意志的确定。

但是，根据原《公司登记管理条例》第二十七条②，公司要申请变更登记，需要向公司登记机关提交公司法定代表人签署的变更登记申请书。在向市场监督管理局申请办理法定代表人变更登记时，往往需要原法定代表人签署申请书或者递交由公司原法定代表人掌控的公司营业执照和印章等资料，而原法定代表人不配合常常导致公司不能完成变更登记。此种情况下，原法定代表人对外仍代表公司，给公司的生产经营造成混乱，公司可能陷入无尽的诉讼中而迟迟不能完成变更登记。

《公司法》本次修订，溯本追源，明确变更登记不再需要原法定代表人配合，这样会极大地减少纠纷，法定代表人变更会更加顺利。

另外，按照《公司法》第十条的规定，担任法定代表人的董事或者经理辞任，就会导致法定代表人的变更，这是因为法定代表人本身并不是一个独立的职务，公司的法定代表人依附于董事、经理职务。

在童某与敦煌某旅游文创园有限公司、某影视文化企业集团有限公司请求变更公司登记纠纷一案③中，法院认为"法人属于法律拟制人格，其对外开展民商事活动主要是通过其法定代表人进行，这就要求法定代表人与其所代表的法人之间存在实质关联性，实质关联性的重要表现就是要参与公司的经营管理。一个不参与公司经营管理的人，不应成为公司的法定代表人，因其根本就不具备对外代表法人的基本条件和能力"。

---

① （2020）内25民终1121号。
② 2016年《公司登记管理条例》（已废止）第二十七条第一款　公司申请变更登记，应当向公司登记机关提交下列文件：（一）公司法定代表人签署的变更登记申请书……
③ （2020）甘0982民初339号。

实操建议

通过上述对新《公司法》第三十五条的系统分析，我们了解到法定代表人变更以新法定代表人签字为准，具体梳理实操建议如下：

1. 因为法定代表人变更以公司内部有效决议为基础，建议公司章程中明确规定法定代表人的选举程序和规则，并严格按照新《公司法》及章程的规定进行选举及变更。

2. 鉴于法定代表人工商登记的对外效力，对于公司以外的第三人因公司代表权产生争议，实践中以工商登记为准，工商变更登记之前，原法定代表人对外仍然具有代表权。因此，一旦公司决议变更法定代表人，应及时办理工商变更登记，防止原法定代表人仍然以公司法定代表人的身份对外签署合同，对公司造成不必要的损失。

3. 对于原法定代表人迟迟不交权，不肯返还公章、营业执照的情况下，新选举的法定代表人有权提起诉讼，要求返还证照，接管公司。

043 被冒名登记为公司股东、法定代表人，有什么风险？该怎么办[①]

法律条文

第三十九条 虚报注册资本、提交虚假材料或者采取其他欺诈手段隐瞒重要事实取得公司设立登记的，公司登记机关应当依照法律、行政法规的规定予以撤销。

条文演变

原《公司法》在第十二章法律责任第一百九十八条中规定了撤销公司登记，该规定更多的是强调登记机关依职权行为，且只有在"情节严重"的情况下，

---

① 本节作者彭镇坤，北京云亭律师事务所律师。

才撤销登记。2022 年 3 月 1 日施行的《市场主体登记管理条例》① 第四十条对撤销登记作了比较细致的规定，但仍着眼于规范登记部门的职权行使。新《公司法》吸收并简化前述第四十条，但删除了"受虚假市场主体登记影响"的主体要求，同时进一步明确规定登记机关在此类情形下"应当"而非"可以"依法予以撤销登记，限缩了登记机关的裁量空间。

裁判要旨

工商行政管理机关负有对公司变更登记事项进行核准的职责。公司在申请变更登记时，其中所涉"股东"公章系伪造，且未经事后追认，不能体现"股东"的真实意思表示。因此，工商行政管理机关虽然尽到了审慎审查义务，但依据虚假材料作出的变更登记，显然缺乏事实和证据支持，依法应当予以撤销。

案情简介

一、北京某投资咨询有限公司（以下简称北京公司），于 2010 年 9 月 21 日注册成立。

二、2013 年 6 月 3 日，北京公司向工商行政管理机关提交《企业变更登记（备案）申请书》，申请涉及企业名称、法定代表人、经营范围、股东、董事成员、监事成员、经理等变更登记。同时提交了变更后单位投资者（单位股东、发起人、合伙企业合伙人）名录，其中出资单位有河北公司。

三、同日，北京公司还向工商行政管理机关提交了《转让协议书》及北京公司第四届第一次股东会决议，其中涉及河北公司出资 1000 万元，接受安某公司在北京公司的出资，占注册资本 20%。

四、工商行政管理机关经书面审查，对北京公司的变更登记申请事项作出变更备案通知书。

---

① 《市场主体登记管理条例》第四十条　提交虚假材料或者采取其他欺诈手段隐瞒重要事实取得市场主体登记的，受虚假市场主体登记影响的自然人、法人和其他组织可以向登记机关提出撤销市场主体登记的申请。

登记机关受理申请后，应当及时开展调查。经调查认定存在虚假市场主体登记情形的，登记机关应当撤销市场主体登记。相关市场主体和人员无法联系或者拒不配合的，登记机关可以将相关市场主体的登记时间、登记事项等通过国家企业信用信息公示系统向社会公示，公示期为 45 日。相关市场主体及其利害关系人在公示期内没有提出异议的，登记机关可以撤销市场主体登记。

因虚假市场主体登记被撤销的市场主体，其直接责任人自市场主体登记被撤销之日起 3 年内不得再次申请市场主体登记。登记机关应当通过国家企业信用信息公示系统予以公示。

五、生效刑事判决已认定北京公司工商档案中所涉及的北京公司第四届第一次股东会决议及《转让协议书》等文件上加盖的河北公司名称的公章均为甘某伙同他人伪造。该判决书现已生效。

生效民事判决已认定北京公司工商档案中所涉及的北京公司第四届第一次股东会决议及《转让协议书》上加盖的河北公司名称的公章系伪造，且未经河北公司追认，无法体现河北公司的真实意思表示，确认上述股东会议决议和《转让协议书》无效。

六、北京市东城区人民法院经审理①认为：依据《中华人民共和国公司登记管理条例》第四条、第二十六条的规定，登记部门依法负有对公司变更登记事项进行核准的职责。本案中，根据业已查明的事实可以看出，北京公司在申请变更登记时虽然按照规定提交了相关申请材料，但其中河北公司起诉所涉的股东《出资转让协议书》及第四届第一次股东会决议所涉加盖的河北公司公章均系伪造，且未经河北公司事后追认，不能体现河北公司的真实意思表示，明显存在虚假内容。因此，登记部门虽然尽到了审慎审查义务，但依据虚假材料作出的变更登记显然缺乏事实和证据支持，本院依法应当予以撤销。

律师分析

1. 冒名股东与借名股东性质完全不同，虽然两者都不实际行使股东权利，但后者对于其名义被借用是明知或应知的，前者却全然不知其名义被冒用，完全没有成为公司股东的意思表示，故在对外法律关系上，两者的法律后果截然不同。借名股东遵循的是商事法的外观主义原则和公示公信原则，需对外承担股东责任，而对于冒名股东而言，由于其系在不知情的情况下形成了所谓的股东外观，该外观系因侵权行为所致，故应适用民法意思表示的原则，被冒名者不应视为法律上的股东，不应对外承担股东责任。作为股东资格的反向确认，冒名股东的确认旨在推翻登记的公示推定效力，进而免除登记股东补足出资责任及对公司债务不能清偿部分的赔偿责任。因此，对主张被冒名者应适用较为严格的证明标准，以防止其滥用该诉权规避其本应承担的法律责任。

2. 区分冒名股东与借名股东的关键在于当事人对于被登记为公司股东是否知情。由于公司在设立时并不严格要求投资人必须到场，代签可以在被代签者明

---

① （2016）京 0101 行初 217 号。

知或者默认的情形下发生，故被"代签名"并不等同于被"盗用"或"盗用身份"签名。因此，仅凭工商登记材料中的签字并非登记股东亲自签署，并不能得出其系冒名股东的结论，即不能仅凭工商登记材料中的签名情况作为唯一判定标准，而应综合考量冒名者持有其身份材料是否有合理解释、其与冒名者之间是否存在利益牵连等因素作出综合认定①。

3. 被冒名登记为股东，存在诸多法律风险，其中最为典型的是因公司不能清偿对外债务，而导致在下列情形中被追加为被执行人：股东抽逃出资、一人公司混同、未尽清算义务、未缴或未足额缴纳出资等情形。而被冒名登记为法定代表人，则同样存在因公司对外负债而被限高、因公司业务被行政处罚或被追究刑事责任、因公司破产清算而被限制等法律风险。

4. 公司登记部门登记的公司股东信息、法定代表人信息经过相应身份核实程序且具有公示公信效力，在股东身份、法定代表人身份未经法定程序被撤销，且其未证明其身份信息被盗用的情况下，对身份被冒用而不应承担责任的主张很难得到人民法院的支持。

5. 冒名登记实质上是一种因虚假而产生的错误登记。撤销登记本质上是针对错误登记行为的一种纠错机制而非行政处罚，登记行为的合法性在于基础民事行为的真实性，虚假登记因缺乏合法性基础，应当予以撤销。

实操建议

通过上述对新《公司法》新增第三十九条的系统分析，唯有撤销被冒名的登记，才能减少或消灭因被冒名带来的损失和伤害，为此我们实操建议如下：

1. 严格管理涉及身份信息的资料。比如，个人身份证、公司营业执照，加强公司公章以及介绍信类文件的使用管理，不签署空白页的文件，防止被别有用心的人有机可乘。

2. 申请撤销登记。一旦发现被冒名，应尽快向公司登记机关申请撤销登记。此前尽管原《公司法》第一百九十八条规定有撤销登记，但其仅作为一种法律责任而存在，由公司登记部门直接撤销登记比较困难。2022年3月1日《市场主体登记管理条例》实施后，这一局面已大为改观。

3. 提起相关诉讼。如果公司登记机关以自己只负有审核表面真实的义务，且已尽到审慎注意义务为由拒绝撤销登记，则应及时向人民法院提起撤销公司登

① 人民法院案例库参考案例2024-08-2-262-001。

记的行政诉讼。除此之外，还可以通过对公司或其他股东提起有关民事诉讼，以确认相关股权转让协议不成立、无效或应被撤销，确认有关股东会决议无效、确认股东资格有无等，以生效法律文书的形式固定被冒用的事实，然后持生效法律文书向公司登记机关申请撤销公司登记。

4. 刑事报案。通过刑事手段，固定证据、加强对有关冒用人的威慑，为后续可能发生的风险提供强有力的防御武器。

044 采用电子通信方式召开公司会议应当注意什么①

法律条文

第二十四条　公司股东会、董事会、监事会召开会议和表决可以采用电子通信方式，公司章程另有规定的除外。

条文演变

本条为新增条文，原《公司法》并未规定电子通信方式召开公司会议的相关规则。2022 年 1 月 5 日开始施行的《上市公司股东大会规则》第二十条和第二十一条②规定了上市公司在召开股东大会时，应当设置会场、以现场会议形式召开，同时可以采用安全、经济、便捷的网络和其他方式为股东参加股东大会提供便利，并明确股东可以通过上述方式出席股东大会并进行投票表决。

裁判要旨

当公司章程没有明确规定召开股东会议仅能采取现场会议的方式，也没有禁

---

① 本节作者叶静，北京云亭律师事务所律师。

② 《上市公司股东大会规则》第二十条　公司应当在公司住所地或公司章程规定的地点召开股东大会。

股东大会应当设置会场，以现场会议形式召开，并应当按照法律、行政法规、中国证监会或公司章程的规定，采用安全、经济、便捷的网络和其他方式为股东参加股东大会提供便利。股东通过上述方式参加股东大会的，视为出席。

股东可以亲自出席股东大会并行使表决权，也可以委托他人代为出席和在授权范围内行使表决权。

第二十一条　公司应当在股东大会通知中明确载明网络或其他方式的表决时间以及表决程序。

股东大会网络或其他方式投票的开始时间，不得早于现场股东大会召开前一日下午 3：00，并不得迟于现场股东大会召开当日上午 9：30，其结束时间不得早于现场股东大会结束当日下午 3：00。

止电话会议或视频会议的前提下，公司可以采用现场会议及电话会议相结合的方式召开公司股东会议。

案情简介

一、2018 年 12 月 8 日，某隆新能源公司采用现场会议及电话会议相结合的方式召开了 2018 年第五次临时股东大会决议，会议审议通过了五项议案。

二、因某隆新能源公司的公司章程没有明确规定可以采用电话会议方式召开股东会，某隆投资公司作为某隆新能源公司的股东，在会议前就某隆新能源公司召开会议的方式提出异议，要求召开现场会议。某隆投资公司认为某隆新能源公司在某隆投资公司已提出异议的情况下仍采用现场会议及电话会议相结合的方式召开股东会，在一定程度上损害了某隆投资公司的利益，同时，某隆投资公司认为该次股东大会召开过程中存在诸多瑕疵和问题。因此，该次股东大会结束后，某隆投资公司以"公司决议撤销纠纷"为案由，起诉某隆新能源公司，要求撤销本次股东大会形成的五项决议。

三、一审法院认为，某隆新能源公司上述临时股东大会程序违反了公司章程的规定，大会程序存在重大瑕疵，应予撤销该次股东大会所作出的五项决议[1]。

四、某隆新能源公司不服一审判决，提出上诉。二审法院经审理认为，当公司章程没有明确规定召开股东会议仅能采取现场会议的方式，也没有禁止电话会议或视频会议的前提下，公司可以采用现场会议及电话会议相结合的方式召开公司股东会议，一审法院认定案涉会议存在重大瑕疵，理据不足。二审法院最终判决撤销原审判决，驳回某隆投资公司的诉讼请求[2]。

律师分析

在上述案例中，某隆新能源公司主张案涉股东大会采用现场会议及电话会议相结合的方式是基于方便股东参会的主张，与时代发展相吻合，亦符合常理。某隆新能源公司的章程没有明确规定股东大会仅能采取现场会议的方式，也没有禁止采用电话会议或视频会议的方式。因此，虽然某隆投资公司对现场会议与电话会议相结合的会议形式提出了异议，但是并无证据显示此等会议形式实质性损害了某隆投资公司的利益。

---

① （2019）粤 0404 民初 926 号。
② （2019）粤 04 民终 2943 号。

我们认为，近年来，互联网发展与信息化建设的成果在法律层面上予以体现，新《公司法》新增可以采用电子通信方式召开会议和表决的规定，正是对时代发展趋势和人们实际需求的回应。相比传统的线下会议模式，采用电子通信方式开会的优势在于能节约大量经济成本和时间成本，提高会议效率，方便参会。

目前，新《公司法》未对"电子通信"的具体内涵和方式予以界定，可以推断，能够留痕记录并远程传递信息的数字交流方式均应包含在内，如微信、QQ、腾讯会议等视频软件，短信、邮件等计算机、手机电子通信方式等。

基于电子通信方式的特殊性，公司在采用这种方式召开会议时，也应特别注意会议的程序性要求，尽量确保会议程序的完整性和会议的有效性。

如果公司采用电子通信方式召开会议，那么会议的计票方式也可以结合具体的会议方式进行灵活调整。比如，案涉股东大会采取的是现场与电话相结合的会议模式，那么，会议采取现场投票及网络投票、微信群监票，则是与会议召开模式相配套的有效方式。

实操建议

总体而言，虽然会议形式从线下转为了线上，但仍然应当按照法律法规和公司章程等相关文件的规定，严格遵守与线下会议同样的召开程序，确保程序的完整性，具体还要关注以下内容：

1. 会议前就会议形式及时间向参会人员确认。

会议召集人应确保参会人员均获悉会议的召开方式及具体时间，应根据法律法规及公司章程的规定，提前通知全体参会人员，预留足够期限，并取得和保留相关通知的留痕文件。

2. 注意保存完整的会议视频及音频证据。

在选择会议召开所使用的通信方式时，优先使用方便录屏及保留音频的软件，避免会议中途中断导致影音数据未能完整保存。会议期间可邀请律师全程见证，以确保程序和内容的合法性。

3. 会议结束后将会议记录等书面文件送达参会人，并要求其回复。

会议记录及决议可通过线上方式发送至全体参会人，并要求其一一回复确认，同时做好相关留痕记录。会议记录打印纸质版后需要全体参会人员线下签字确认。

4. 注意会议当中的保密问题。

由于电子通信方式的特殊性，相较线下会议模式，通过电子通信方式召开会议更容易发生信息泄露问题。因此，公司在会议当中要注意参会人员身份问题，并可以在会前对参会人员提出相应的保密要求。

045 如何认定股东会或董事会"出席人数不足""同意人数不足"①

法律条文

第二十七条　有下列情形之一的，公司股东会、董事会的决议不成立：

（一）未召开股东会、董事会会议作出决议；

（二）股东会、董事会会议未对决议事项进行表决；

（三）出席会议的人数或者所持表决权数未达到本法或者公司章程规定的人数或者所持表决权数；

（四）同意决议事项的人数或者所持表决权数未达到本法或者公司章程规定的人数或者所持表决权数。

条文演变

原《公司法》没有规定股东会、董事会"出席人数不足""同意人数不足"的情形和后果。《公司法司法解释四》第五条规定了"出席人数不足""同意人数不足"的情形。新《公司法》第二十七条将《公司法司法解释四》中的该种规定上升为法律。

裁判要旨

对《公司法司法解释三》第十六条的正确理解应是该规定仅指相关权利限制，并未规定相关权利的消灭；该规定限制的是财产性权利，而非资格性权利。即该规定不能作为对资格性权利消灭的依据。在没有法律明确规定的情形下，对股东资格性权利的消灭与否只能依据公司章程等股东之间的有关约定。

---

① 本节作者彭镇坤，北京云亭律师事务所律师。

《公司法司法解释三》第十七条虽然认可了公司对股东资格的解除，但由于这种解除股东资格的方式相较于其他救济方式更为严厉，也更具有终局性，所以该规定的适用场合应限定在股东未履行出资义务或者抽逃全部出资的情形，而未全面履行出资义务或者抽逃部分出资的股东不适用该种规则。

因此，在股东资格未被依法解除的情况下，股东的表决权应当得到维护和支持。根据公司法以及公司章程的规定，其未出席股东会、未同意股东会决议，致使"出席人数不足""同意人数不足"，则股东会决议不成立。

案情简介

一、2010 年 11 月 17 日，汤某公司修改公司章程，注册资本变更为 9000 万元，其中酒店公司出资 5940 万元，出资比例占 66%，王某出资 2910 万元，出资比例占 32.33%，黑某公司出资 150 万元，出资比例占 1.67%，酒店公司最后一次出资时间为 2010 年 11 月 17 日。

二、汤某公司章程第四条规定："全体股东认缴的出资额为公司注册资本，非法定程序不得改动。公司增加或减少注册资本，必须召开股东会并由代表三分之二以上的表决权的股东通过并作出决议。"第十三条规定："股东会会议由股东按照出资比例行使表决权。"

三、2016 年 6 月 27 日中级人民法院判令：确认酒店公司抽逃了对汤某公司出资 5420.2 万元。

四、2016 年 8 月 1 日，王某、黑某公司提议召开临时股东会，审议减少酒店公司在汤某公司的出资额 5420.2 万元。

五、2016 年 8 月 27 日，汤某公司召开 2016 年第一次临时股东会，王某委托代理人孙某、黑某公司出席会议，酒店公司缺席会议。会议对议题进行了表决，王某、黑某公司均投同意票。会议通过决议：减少酒店公司在汤某公司的出资额 5420.2 万元，相应减少汤某公司注册资本 5420.2 万元。

六、最高人民法院审理[①]认为：在没有法律明确规定的情形下，对股东资格性权利的消灭与否只能依据公司章程等股东之间的有关约定，而本案中汤某公司股东之间并未通过公司章程等进行相关约定。相反，汤某公司的公司章程第四条规定公司增加或减少注册资本须召开股东会并由代表三分之二以上的表决权的股东通过并作出决议，第十三条规定股东会会议由股东按照出资比例行使表决权，

---

① （2022）最高法民再 215 号。

而本案诉争股东会决议并无占比66%的股东酒店公司参加，按照《公司法司法解释四》第五条第四项的规定，股东会或者股东大会、董事会决议存在出席会议的人数或者股东所持表决权不符合公司法或者公司章程规定的，人民法院对当事人主张决议不成立应当予以支持。

此外，在本案中：一是汤某公司章程确认酒店公司的出资为5940万元，而2016年6月27日中级人民法院判决确认酒店公司抽逃出资是5420.2万元，故属于抽逃部分出资的情形；二是在酒店公司对汤某公司还存在直接或间接的债权情形下，汤某公司通过抵销权实现其对酒店公司的出资债权，亦未实质损害汤某公司、汤某公司的股东及其债权人的利益；三是王某、黑某公司已通过诉请酒店公司返还抽逃出资的方式进行了权利救济，并在中级人民法院判决中得到支持，若本案认可其通过解除股东资格的方式再行权利救济，对酒店公司而言属于双重惩罚，亦会产生两份生效判决相互矛盾的后果。因此，对王某、黑某公司诉请确认解除酒店公司股东资格的股东会决议合法效力的主张，本院不予支持。

律师分析

新《公司法》第二十七条规定，看似规则明确、简单，但实则背后争议巨大，尤其是属于法律判断的第三项和第四项。其往往涉及表决权限制、取消、回避的问题。而公司法没有对股东表决权的限制和取消作出规定，对于回避也仅规定了关联董事的表决回避规则，而没有规定股东的表决回避规则。因此如何认定"出席人数不足""同意人数不足"往往需要结合公司章程的规定。公司章程没有相关规定，相关规定的可执行性如何，有关会议的召开、表决程序是否按照章程规定进行，都会决定纠纷解决的走向和结果。比如，北京高院在（2020）京民终671号判决中就以"只要董事出席了会议，就应当在决议上签字。《董事会决议》上的董事签字并不能证明其同意该《董事会决议》，是否同意应通过投赞成票或者反对票体现"为由认定案涉董事会决议不成立。

实操建议

通过上述对新《公司法》新增第二十七条的系统分析，在通常情况下，针对"出席人数不足""同意人数不足"的情形，我们实操建议如下：

1. 在制定公司章程时，应当根据公司以及股东、董事的实际情况，明确约定股东、董事的表决权行使方式、表决权回避以及限制、取消表决权的情形，以便在纠纷发生时有据可依。

2. 组织、召开股东会、董事会时，流程上一定按照法律规定以及公司章程的规定进行，并如实、完整做好会议记录。

046 有限责任公司一般事项的议事规则明确为过半数表决权通过①

法律条文

第六十六条　股东会的议事方式和表决程序，除本法有规定的外，由公司章程规定。

股东会作出决议，应当经代表过半数表决权的股东通过。

股东会作出修改公司章程、增加或者减少注册资本的决议，以及公司合并、分立、解散或者变更公司形式的决议，应当经代表三分之二以上表决权的股东通过。

条文演变

原《公司法》第四十三条②未对有限责任公司一般事项决议的通过比例进行规定，新《公司法》第六十六条明确了"股东会作出决议，应当经代表过半数表决权的股东通过"。

裁判要旨

股东会的议事方式和表决程序，除公司法有规定的外，由公司章程规定。公司章程没有规定的，有限责任公司的股东会决议至少应当经代表半数以上表决权的股东通过。股东会或者股东大会、董事会决议的表决结果未达到公司法或者公司章程规定的通过比例，当事人主张决议不成立的，人民法院应当予以支持。

---

① 本节作者叶静，北京云亭律师事务所律师。
② 原《公司法》第四十三条　股东会的议事方式和表决程序，除本法有规定的外，由公司章程规定。股东会会议作出修改公司章程、增加或者减少注册资本的决议，以及公司合并、分立、解散或者变更公司形式的决议，必须经代表三分之二以上表决权的股东通过。

案情简介①

一、某达矿业公司系有限责任公司，其于 2019 年 11 月召开临时股东大会，在股东吕某兵未参加股东大会，而参会同意表决议案的四位股东股权比例合计只占 49.98% 的情况下，形成了关于将公司办公楼、厂房车间、机器设备、厂区土地使用权、公司矿山北某洼矿窑等全部资产整体打包转让的股东会决议，该决议形成后公司亦未通知吕某兵。

二、吕某兵起诉要求确认该股东会决议不成立。吕某兵主张决议内容关系到股东根本利益和公司是否存在重大问题，系公司的重大事项，应适用特别决议表决权比例。而参会同意打包整体转让公司资产的四位股东股权比例合计没有达到代表三分之二以上的股东表决权，退一步讲，股东会决议内容也未达到超过半数表决权股东通过普通决议比例。一审法院经审理认为，表决权的计算基数应当是出席会议的股东所持表决权，而不应当是全体股东所持表决权，在统计表决权时，如果以全体股东所持的表决权为基数，会造成因部分股东故意不出席股东会致使公司无法作出决议的情形，有悖公司治理的效率及诚信原则，因此判决驳回吕某兵的诉讼请求。

三、吕某兵不服一审判决，提起上诉。二审法院经审理认为，股东会的议事方式和表决程序，除公司法有规定的外，由公司章程规定。某达矿业公司章程未对转让资产作出特别规定，应根据公司法相关规定认定股东会决议至少应当经代表半数以上表决权的股东通过。某达矿业公司上述股东会决议明确表示同意的股东代表的表决权仅占 49.98%，未过半数，应认定该股东会决议不成立，因而判决撤销一审法院的民事判决，确认涉案股东会决议不成立。

律师分析

上述案件的重要争议焦点为：案涉股东会表决结果是否达到公司法或者公司章程规定的通过比例。不同于实践中备受关注的有限公司股东会特殊事项表决比例的设置，一般事项的议事程序似乎较少引人注意。对于一般事项的表决比例，原《公司法》第四十三条仅进行了原则性的规定，即"股东会的议事方式和表决程序，除本法有规定的外，由公司章程规定"，该规定授权公司在章程中自行规定一般事项的议事规则，如果章程中没有规定，则应当按照少数服从多数的议

---

① （2021）豫 15 民终 3394 号。

事规则，即股东会决议至少应当经代表半数以上表决权的股东通过。原《公司法》第四十二条规定，如果公司章程没有规定的，股东会会议由股东按照出资比例行使表决权。某达矿业公司章程的公司章程亦规定，股东会会议由股东按照出资比例行使表决权，即股东表决建立在出资比例的基础上，与是否出席会议无关。

对于有限责任公司一般事项及特殊事项的议事规则，新《公司法》在措辞上并未延续使用原《公司法》"必须"的表述，而是采用"应当经代表过半数"及"应当经代表三分之二以上"的说法，应当认定新《公司法》所设置的表决权比例限制为下限，而非固定比例限制，可以理解为在设置表决比例底线的同时也为公司意思自治留下了空间。司法实践中常常出现有限责任公司提高普通事项决议及特殊事项决议的情形，对此，法院普遍认为该章程条款有效。

结合司法实践的案例，法院倾向于采用资本多数决，即表决权的计算基数应当是全体有表决权的股东所持表决权过半数，而非出席会议有表决权的股东所持表决权过半数。

实操建议

经过上述分析，针对有限责任公司一般事项作出决议的过程及表决比例设置，我们提出如下建议：

1. 避免公司设置 50%：50%的股权结构。

原《公司法》并未规定一般事项的通过比例，部分公司在公司章程中会约定"二分之一以上"通过，但"二分之一以上"包含二分之一。新《公司法》增加了一般事项"过半数"通过的规则，成功解决了股权比例为 50%：50%的情形下确定股东会决议效力的问题。从公司治理和经营角度出发，建议公司不要将股权设置为对半分的结构，有助于避免在股东会决议时陷入循环困境和经营僵局。

2. 根据实际需要，在公司章程中自行设置表决权比例。

为了避免争议和引发不必要的纠纷，建议有限责任公司在制定公司章程时，不是简单套用模板，而是根据自身的实际需要对具体事项的表决权比例进行设置，并明确"二分之一以上"包含本数，"过半数"不包含本数。

3. 确保一般事项及特殊事项决议程序及内容合法。

股东会在作出决议时除却需关注表决权比例的合法性之外，还需对决议事项的具体内容进行审查，确保其内容符合法律、行政法规和公司章程的规定，不得损害公司或其他股东、债权人的合法权益。

047 新公司法下公司经营权，股东会和董事会谁说了算①

法律条文

第五十九条　股东会行使下列职权：

（一）选举和更换董事、监事，决定有关董事、监事的报酬事项；

（二）审议批准董事会的报告；

（三）审议批准监事会的报告；

（四）审议批准公司的利润分配方案和弥补亏损方案；

（五）对公司增加或者减少注册资本作出决议；

（六）对发行公司债券作出决议；

（七）对公司合并、分立、解散、清算或者变更公司形式作出决议；

（八）修改公司章程；

（九）公司章程规定的其他职权。

股东会可以授权董事会对发行公司债券作出决议。

对本条第一款所列事项股东以书面形式一致表示同意的，可以不召开股东会会议，直接作出决定，并由全体股东在决定文件上签名或者盖章。

条文演变

相较于原《公司法》中关于股东会职权的规定②，新《公司法》删除了"决定公司的经营方针和投资计划"和"审议批准公司的年度财务预算方案、决算方案"两项职权，新增了"股东会可以授权董事会对发行公司债券作出决议"的条款。而在董事会职权方面，新《公司法》③删除了原《公司法》④中"制订公司的年度财务预算方案、决算方案"的职权，并新增了"股东会可授予董事会其他职权"的有关规定。结合新公司法中确立了公司的单层治理模式（允许

---

① 本节作者杨昊，北京云亭律师事务所律师。
② 原《公司法》第三十七条。
③ 新《公司法》第六十七条。
④ 原《公司法》第四十六条。

公司只设董事会，不设监事会)①，可以看出，新法简化了公司组织机构的设置，进一步突出董事会这一公司的"执行机构"在公司治理中的地位。

裁判要旨

原《公司法》第三十七条、第四十六条有关股东会和董事会职权的相关规定，并不属于效力性强制性规定。根据原《公司法》第四条规定，公司股东依法享有选择管理者的权利，相应地该管理者的权限也可以由公司股东会自由决定，《公司法》并未禁止有限责任公司股东会自主地将一部分决定公司经营方针和投资计划的权力赋予董事会。故，《公司章程》中有关授权董事会有权就重大事项作出决定的例外规定，并不存在因违反法律、行政法规的强制性规定而无效的情形。

案情简介

一、某商贸公司成立于2001年，该公司章程第二十六条规定："股东大会行使下列职权：1. 决定公司经营方针和投资计划……"第二十七条规定："应由公司股东大会作出决议的重大事项为：1. 对公司资产的全部或者部分（300万元以上）的出让、折价投资、合资开发、抵押贷款等（公司自主对公司资产开发，由董事会决定并向股东大会报告，不受上述金额限制）……"第二十八条规定："公司设董事会，成员为5人……"

二、2004年10月18日和同月20日，公司五名董事作出两次董事会决议，决定投资建设黄磷生产厂，之后公司投资1000余万元建设黄磷生产线，并于2005年12月20日设立项目分公司。后，该项目发生巨额亏损。

三、2013年，某商贸公司部分股东提起股东知情权诉讼，发现公司亏损情况。2014年，上述股东起诉五名董事会成员，主张公司章程中关于"对公司资产的全部或者部分（300万元以上）的出让、折价投资、合资开发、抵押贷款等（公司自主对公司资产开发，由董事会决定并向股东大会报告，不受上述金额限制）"的规定违反了我国公司法关于股东会和董事会职权②的强制性规定。根据《公司法》第三十七条的规定，该职权应属股东会职权中的"决定公司的经营方针和投资计划"，非董事会职权，因此，该章程规定应属无效，董事会据此所作

---

① 新《公司法》第六十九条。
② 原《公司法》第三十七条、第四十六条。

决议损害了公司利益，应当向某商贸公司作出赔偿。

四、最高人民法院再审认为①：《公司法》第三十七条、第四十六条不属于效力性强制性规定。根据《公司法》第四条规定，公司股东依法享有选择管理者的权利，相应地，该管理者的权限也可以由公司股东会自由决定，《公司法》并未禁止有限责任公司股东会自主地将一部分决定公司经营方针和投资计划的权力赋予董事会。故，某商贸公司《公司章程》第二十七条有关应由股东大会作出决议的重大事项中"公司自主对公司资产开发，由董事会决定并向股东大会报告，不受上述金额（300万元）限制"的例外规定，并不存在因违反法律、行政法规的强制性规定而无效的情形。且《公司章程》系由公司股东共同制定，在未被依法撤销之前，不仅对公司具有约束力，公司股东、董事、监事、高级管理人员也应严格遵守《公司章程》的规定。

律师分析

该案的争议焦点直接涉及对股东会职权与董事会职权范围的讨论，根据最高人民法院的裁判观点，原《公司法》第三十七条和第四十六条②并不属于效力性强制性规定，换言之，公司章程中对董事会职权的规定并不会因为与上述法律的规定不一致而绝对无效。由于公司章程由股东会制定，而股东依法享有选择管理者的权利，因此，股东会完全有权通过公司章程，将一部分自身权利授权董事会行使③。该裁判理念与新公司法新增的"股东会可授予董事会其他职权"的有关规定不谋而合。可见，就该问题的司法态度，新旧公司法并没有根本性的改变。

既然董事会的职权来源于公司章程和股东会的授权，那么是否可以认为，在公司经营管理方面是由股东会说了算呢？我们一般认为，股东会掌握着公司的"所有权"，董事会掌握着公司的"管理权"，作为管理者的董事会似乎应当一应听从所有者的指示，但是根据公司法的有关规定和过往案例的裁判观点，并不能简单粗暴地得出以上结论。

公司法分别为股东会和董事会设定了不同的职权内容和议事程序，可见，从立法原则上，董事会并非以股东会"橡皮图章"的身份而存在，而是有其自身存在的意义。股东会往往代表股东的整体利益，在表决过程中股东往往从自身利

---

① （2017）最高法民申1794号。
② 分别对应新《公司法》第五十九条和第六十七条。
③ 注：违反效力性强制性规定的内容不得纳入授权的范围，如公司增加或减少注册资本，公司合并、分立、解散、清算或者变更公司形式及修改公司章程等。

益出发作出同意或不同意的意思表示。而董事会的职责在于勤勉尽责地经营公司事务，其出发点在于公司利益。而公司利益也并非仅代表股东利益，其同时也代表了劳动者利益、债权人利益，有时甚至可能是社会公共利益。

讨论一个问题由谁决定时，一般需要考察，在二者意见不一致时，应以谁的意见为准。体现在公司经营层面便是：股东会决议和董事会决议谁的效力更高，或者说其中一方是否可以否决或变更另一方的决议。首先，股东会作为公司的最高权力机构，其作出的决议，董事会当然无权撤销或确认无效。需要重点讨论的是，股东会是否有权撤销董事会决议，或者确认其无效。

首先，新旧公司法均未规定股东会有权撤销董事会决议或确认其无效。《公司法司法解释四》第一条规定："公司股东、董事、监事等请求确认股东会或者股东大会、董事会决议无效或者不成立的，人民法院应当依法予以受理。"该规定中仅确认了公司股东、董事、监事等个人有权请求人民法院确认董事会决议无效，最高人民法院在该规定的理解与适用中认为"公司股东、董事、监事等"中的"等"包括公司高级管理人员、公司员工以及公司债权人，但并未包括公司股东会。

其次，股东会越权行使董事会职权的决议无效。（2015）黔高民商终字第 1 号案件为该问题的典型案例，该案中贵州高院认为：本案中，三上诉人作出的股东会决议内容是解聘甲作为公司的法定代表人兼总经理。《公司章程》第八章第二十九条规定，董事会行使下列职权：……（九）决定聘任或者解聘公司经理及其报酬事项。虽然股东会是公司的最高权力机构，但也必须遵守公司法的强制性规定和公司章程相关规定。因此，总经理应由公司董事会决定对其的聘任或者解聘。三上诉人以股东会决议作出解聘甲的法定代表人兼总经理职务，超越了股东会职权。可见，股东会也不可随意越俎代庖，作出不属于自身职权范围的决议。

对于股东会如何合法地改变董事会已经生效的决议方面，新《公司法》并没有作出新的规定，可见对于该问题依然需要沿用原有的理念，《公司法司法解释四》第一条给出了由股东个人请求人民法院确认董事会决议无效的方法。此外，根据《公司法司法解释五》第三条第一款的规定①，股东会可以通过解除董事职务，重新组建董事会的方式，作出新的董事会决议，以此来变更原董事会的决议。

由此可以看出，股东会与董事会是公司经营过程中两个相互独立的组织机构，其具体职权、召集程序、表决方式均不相同，并不能简单地概括"谁说了

---

① 《公司法司法解释五》第三条第一款　董事任期届满前被股东会或者股东大会有效决议解除职务，其主张解除不发生法律效力的，人民法院不予支持。

算"。具体而言，二者在其法定的和章程规定的职权范围内，依照合法程序所作出的决议均属有效决议，均"说了算"，而股东会亦只能通过改组董事会，重新作出决议的方式变更董事会决议，以此来实现"最终说了算"。

实操建议

由于股东会和董事会的职权均需接受法律和公司章程的约束，因此通过对公司章程的合理制定，将更有利于厘清股东会和董事会的职权，从而实现决策的合理性和有效性，提升公司经营效率。公司可以根据自身的规模大小、发展阶段以及相关的实际需求来合理地分配股东会及董事会的职权。

首先，无论是股东会还是董事会，新旧公司法均确认其享有"公司章程规定的其他职权"。对于董事会来说，新《公司法》增加了"股东会授予的其他职权"，这进一步明确了股东会将自身职权授予董事会的可行性。因此，对于公司经营来说，可以根据自身实际情况，灵活设置公司章程中"两会"的职权，以匹配公司当前的经营管理需求。

需要注意的问题有两点：一是股东会与董事会的职权一旦通过章程进行明确规定，那么无论是股东会还是董事会，均不能单方面越过自身职权范围径行对属于另一方职权范围的事项作出决议，也不能单方面宣布另一方依照法定程序作出的决议无效。二是若干在法律上只能由股东会行使的职权，即使在章程中授权董事会行使，也是无效的，该部分职权目前主要包括：对公司增加或减少注册资本作出决议；对公司合并、分立、解散、清算或者变更公司形式作出决议[①]；选举和更换董事、监事，决定有关董事、监事的报酬事项；审议批准董事会的报告；审议批准监事会的报告。

048 公司章程对董事会职权的限制不得对抗善意相对人[②]

法律条文

第六十七条 有限责任公司设董事会，本法第七十五条另有规定的除外。

---

① 原《公司法》第四十三条第二款、新《公司法》第六十六条第三款。
② 本节作者叶静，北京云亭律师事务所律师。

董事会行使下列职权：

（一）召集股东会会议，并向股东会报告工作；

（二）执行股东会的决议；

（三）决定公司的经营计划和投资方案；

（四）制订公司的利润分配方案和弥补亏损方案；

（五）制订公司增加或者减少注册资本以及发行公司债券的方案；

（六）制订公司合并、分立、解散或者变更公司形式的方案；

（七）决定公司内部管理机构的设置；

（八）决定聘任或者解聘公司经理及其报酬事项，并根据经理的提名决定聘任或者解聘公司副经理、财务负责人及其报酬事项；

（九）制定公司的基本管理制度；

（十）公司章程规定或者股东会授予的其他职权。

公司章程对董事会职权的限制不得对抗善意相对人。

条文演变

原《公司法》第四十六条①对于董事会的职权采取列举式规定，新《公司法》在原《公司法》第四十六条的基础上，删除了"（四）制订公司的年度财务预算方案、决算方案"，在第（十）项"其他职权"中，除了延续"公司章程规定的其他职权"以外，还增加了"或者股东会授予的其他职权"，并在该规定末尾增加并明确"公司章程对董事会职权的限制不得对抗善意相对人"。

裁判要旨

公司基于有效的董事会决议与相对人签订的担保合同系双方真实意思表示，内容不违反法律、行政法规的相关规定，亦不存在恶意串通损害他人利益的情形。在相对人善意的情况下，公司章程对董事会权力的限制不能对抗善意相对人。本案中，尽管公司对外提供担保违反了公司章程的规定，不符合原《公司

---

① 原《公司法》第四十六条　董事会对股东会负责，行使下列职权：（一）召集股东会会议，并向股东会报告工作；（二）执行股东会的决议；（三）决定公司的经营计划和投资方案；（四）制订公司的年度财务预算方案、决算方案；（五）制订公司的利润分配方案和弥补亏损方案；（六）制订公司增加或者减少注册资本以及发行公司债券的方案；（七）制订公司合并、分立、解散或者变更公司形式的方案；（八）决定公司内部管理机构的设置；（九）决定聘任或者解聘公司经理及其报酬事项，并根据经理的提名决定聘任或者解聘公司副经理、财务负责人及其报酬事项；（十）制定公司的基本管理制度；（十一）公司章程规定的其他职权。

法》第十六条第一款①的规定，但是，在相对人尽到基本审查义务的情况下，若公司无法举证证明相对人存在恶意，则公司章程规定不能对抗该善意相对人，担保有效。

案情简介②

一、2020年6月，借款人某安公司与某银行签订《最高额融资合同》和《流动资金借款合同》，约定由原告某银行向某安公司提供4.28亿元最高额融资。某银行向某安公司发放贷款后，某安公司违约还款，某银行向法院提起诉讼，之后，双方达成调解，法院出具《民事调解书》，要求某安公司在限定时间内向某银行归还借款及相关利息。

二、2021年8月，被告某创公司与原告某银行签订《最高额保证合同》，约定本合同项下的主合同为某安公司与某银行签订的《最高额融资合同》及其项下发生的具体业务合同，担保的主债权发生期间为2020年6月17日至2021年6月15日，担保范围为主债权本金、利息、逾期利息、罚息、复利、诉讼费、律师费等原告某银行为实现债权而发生的合理费用，以及其他所有某安公司应付的费用。被担保的最高债权额为18400万元整，最高债权额仅为主债权本金的最高额，在本金不超过上述限额的前提下，由此产生的担保范围内的利息、罚息、费用等所有应付款项，被告某创公司均同意承担担保责任，保证方式为连带责任保证，保证期间为主债务履行期间届满日起三年，上述担保经被告某创公司董事会决议通过。

三、2023年6月，某安公司未按照《民事调解书》履行还款义务，原告某银行将某创公司诉至法院，要求某创公司对某安公司就原告的还款义务承担连带保证责任。被告某创公司辩称其提供的担保应确认为无效，理由为：（1）根据原《公司法》第十六条规定，公司对外担保应当依照公司章程的规定由公司董事会或股东会决议。被告某创公司于2021年8月提供担保，按照当时的公司章程，被告董事会无权对外担保作出决定，故本案被告某创公司的担保应当认定无效；（2）股东对公司享有所有者权益，所以对外担保应当由股东会作出决议。

---

① 原《公司法》第十六条第一款　公司向其他企业投资或者为他人提供担保，依照公司章程的规定，由董事会或者股东会、股东大会决议；公司章程对投资或者担保的总额及单项投资或者担保的数额有限额规定的，不得超过规定的限额。

② （2023）沪0115民初78837号。

律师分析

实务中，我们常常会遇到和上述案件所涉争议焦点相同的一个问题是，担保人违反公司章程规定的对外担保是否有效？《民法典》第六十一条第三款规定："法人章程或者法人权力机构对法定代表人代表权的限制，不得对抗善意相对人。"新《公司法》第六十七条关于公司章程对董事会权力限制不得对抗善意相对人的条款从体例上类似于《民法典》第六十一条第三款，该条款内容通过对内部决议及公司章程的外部效力进行限制，以维护无过错一方当事人的利益及交易安全。可见，新《公司法》第六十七条的立法重心也具有稳定公司外部交易秩序、维护交易安全之意。

实操建议

1. 担保人在对外提供担保时，应当严格按照公司法和公司章程的规定履行相应决策程序，避免担保合同被认定无效。

根据新《公司法》第十五条规定，公司向其他企业投资或者为他人提供担保，按照公司章程的规定，由董事会或者股东会决议。担保人违反上述规定对外签订担保合同的，有可能因违反法律的强制性规定而被司法机关认定为无效。因此，担保人对外签订担保合同提供担保时，应当严格按照公司法和公司章程的规定，履行相应的决策程序，避免合同无效。

2. 债权人接受担保时，应当尽到基本的审查义务。

正如上文所述，公司对外提供担保不是法定代表人所能单独决定的事项，而必须以公司股东会、董事会等公司机关的决议作为授权的基础和来源。债权人在接受公司提供的担保时，应当按照公司法的规定，对公司决策文件履行基本审查义务，该等审查义务原则上为形式审查。实务中，债权人接受担保时，应当要求担保人提供董事会或股东会同意担保的决议，并对相应决议的合法性和有效性进行核查，条件允许时还可以要求担保人提供公司章程等文件，确认相关决议是否受到权力限制，以尽可能避免交易风险。

049 有限责任公司什么情形下可以不设监事会或监事①

法律条文

第六十九条 有限责任公司可以按照公司章程的规定在董事会中设置由董事组成的审计委员会，行使本法规定的监事会的职权，不设监事会或者监事。公司董事会成员中的职工代表可以成为审计委员会成员。

第八十三条 规模较小或者股东人数较少的有限责任公司，可以不设监事会，设一名监事，行使本法规定的监事会的职权；经全体股东一致同意，也可以不设监事。

条文演变

原《公司法》第五十一条第一款规定："有限责任公司设监事会，其成员不得少于三人。股东人数较少或者规模较小的有限责任公司，可以设一至二名监事，不设监事会。"原《公司法》仅规定了有限责任公司可以不设监事会的情形，并未规定可以不设监事的情形。

新《公司法》在保留了原《公司法》规定中不设监事会的情形之外，新规定了可以不设监事的情形，即经全体股东一致同意或者董事会中设置审计委员会。

律师分析

监事会作为公司监督机构，行使的职权包括检查公司财务和对公司董事、高级管理人员执行职务的行为进行监督等。根据原公司的规定，监事是公司自治框架中不可或缺的一部分，股东人数较少或者规模较小的公司，即使不设置监事会，也应该设置一名监事。

但是新修订的公司法，越来越尊重公司自治，不强制要求必须设置监事，有的公司规模较小或股东人数较少，如一人公司，在实践中，一人公司股东具有最高决策权，监事并无必要。本次公司法修订，充分考虑了实践中小公司监事会和

---

① 本节作者琚敬，北京云亭律师事务所律师。

监事设置的实际情况，充分尊重公司自治，进一步提高公司治理的灵活性，监事会和监事不再是有限责任公司的必设和常设机关。

依据新《公司法》规定，可以不设监事会的情形有：（1）公司规模较小；（2）股东人数较少；（3）董事会中设置了审计委员会。

可以不设监事的情形有：（1）董事会中设置了审计委员会；（2）经全体股东一致同意不设置监事。

新《公司法》对于股份公司和有限责任公司关于设置监事的规定有所不同，有限公司可以不设监事，但是股份公司即使不设置监事会，也必须设置监事。新《公司法》第一百三十三条规定："规模较小或者股东人数较少的股份有限公司，可以不设监事会，设一名监事，行使本法规定的监事会的职权。"该条并未规定经全体股东一致同意，股份公司可以不设监事。

当然《公司法》第一百二十一条也规定了股份有限公司在董事会中设置由董事组成的审计委员会，可以不设监事会或者监事。该规定同有限责任公司一致，董事会中设审计委员会，其实是行使了监事会或者监事的职权，相当于在公司架构中存在监督机构，因此可以不设立监事会或监事。

实操建议

为了简化公司组织机构设置，公司成立时，经全体股东一致同意，可以不设监事。但是需要注意，监事会（监事）对于监督公司的运行，保护中小股东的权益均有较大作用。因此，如果不是一人公司，即使是股东人数较少或规模较小的公司，对于是否设立监事会（监事）也应当慎重选择，对于不设立监事的有限公司，为了保护中小股东的权益，应当通过完善公司章程实现对大股东的监督制约。

公司成立时，全体股东可以在公司章程中规定，在董事会中设置由董事组成的审计委员会，由审计委员会行使监事会的职权，这种情况下，无论是股份公司还是有限责任公司都可以不设置监事。

050 轻微程序瑕疵对决议未产生实质影响的，决议不可撤销①

法律条文

第二十六条 公司股东会、董事会的会议召集程序、表决方式违反法律、行政法规或者公司章程，或者决议内容违反公司章程的，股东自决议作出之日起六十日内，可以请求人民法院撤销。但是，股东会、董事会的会议召集程序或者表决方式仅有轻微瑕疵，对决议未产生实质影响的除外。

未被通知参加股东会会议的股东自知道或者应当知道股东会决议作出之日起六十日内，可以请求人民法院撤销；自决议作出之日起一年内没有行使撤销权的，撤销权消灭。

条文演变

该条吸收了原《公司法》第二十二条第二款②和《公司法司法解释四》第四条③的规定，同时进行了三个方面的调整：一是明确规定未通知全体股东参会的股东会决议为可撤销决议；二是未被通知参加会议的股东行使撤销权期间自知道或应当知道股东会决议作出之日起算；删除了法院可要求提供担保的规定④；三是规定了撤销权最长行使期限为一年。

裁判要旨

案涉股东会的表决过程虽然存在主持人缺席会议、临时变更主持人、会后补交投票表等不规范情形，但均属于程序轻微瑕疵。且公司所有股东对案涉股东会

---

① 本节作者何薑，北京云亭律师事务所律师。

② 原《公司法》第二十二条第二款 股东会或者股东大会、董事会的会议召集程序、表决方式违反法律、行政法规或者公司章程，或者决议内容违反公司章程的，股东可以自决议作出之日起六十日内，请求人民法院撤销。

③ 《公司法司法解释四》第四条 股东请求撤销股东会或者股东大会、董事会决议，符合民法典第八十五条、公司法第二十二条第二款规定的，人民法院应当予以支持，但会议召集程序或者表决方式仅有轻微瑕疵，且对决议未产生实质影响的，人民法院不予支持。

④ 原《公司法》第二十二条第三款 股东依照前款规定提起诉讼的，人民法院可以应公司的请求，要求股东提供相应担保。

表决事项的意思表示明确，上述程序轻微瑕疵对决议未产生实际影响，决议不应撤销。

案情简介

一、湖北某纺织公司的股东为孙某兵、肖某康、王某华、王某，孙某兵为公司监事，王某华为法定代表人及执行董事。2021 年 12 月 13 日上午，湖北某纺织公司召开临时股东会。

二、执行董事、法定代表人王某华未出席会议，由肖某康召集和主持了临时股东会会议。股东王某华未按时出席会议，但于会后提交了投票表。

三、原告孙某兵向法院提出依法撤销《临时股东会决议》，原告认为执行董事王某华不能履行召集股东会会议职责的，应由监事（原告）召集和主持，肖某康召集和主持临时股东会会议程序不合法、不合章程。

四、二审法院认为①虽然案涉股东会的表决过程存在主持人缺席会议、临时变更主持人、会后补交投票表等不规范情形，但均属于轻微瑕疵。各股东已充分行使了股东权利，对公司实体决议没有产生实质性影响，故对原告关于案涉股东会表决程序违法的主张不予支持。

律师分析

对于是否属于轻微程序瑕疵以及是否产生实质影响，属于法院自由裁量的范围。司法实践对于"轻微瑕疵"的认定目前并没有统一的标准。经检索司法案例，我们将这些案例归纳整理为两大类：一是召集程序方面具有轻微瑕疵且未对决议产生实质影响的；二是表决方式方面存在轻微瑕疵，且未对决议产生实质影响的。

一、召集程序

（1）召集人是否适格。

案例②：时任某华友影视公司监事的黄某英在执行董事于某军未表示不履行职责的情况下，直接向于某军发送召开临时股东会的通知，违反了关于股东会召集程序的规定。于某军在该次股东会召开之前已经明确对召集程序提出了异议，且其在表决时对股东会决议持反对态度。故，于某军参与该次股东会的行为不能

---

① （2022）鄂 09 民终 1498 号。

② （2020）京 03 民终 10203 号、（2020）京民申 5051 号。

视为其对股东会的召集程序没有异议。该次股东会决定不属于"会议召集程序或者表决方式仅有轻微瑕疵，且对决议未产生实质影响"的情形。

（2）通知时间是否规范。

案例①：某华汽集团公司《关于召开临时股东会的通知》的快递提前十四天到达股东马某的住处，确实存在瑕疵，但该瑕疵应属轻微瑕疵。根据马某的自述，马某也曾收到公司的电话通知，通知其参加临时股东会，其没有参会的原因是本人没有在北京。另，马某持有的股份为30%，此次临时股东会决议经代表70%表决权的股东同意，故马某未参会对决议未产生实质影响。

（3）通知方式是否规范。

案例②：广州某安达公司明知姜某华长期在国外，却只是按照姜某华身份证住址邮寄会议通知，且邮件上未填写联系电话。在广州某安达公司没有证据证明姜某华存在恶意逃避、故意不接受公司邮件的情况下，会议通知未能有效送达的责任不在姜某华。姜某华作为广州某安达公司发起人之一、股东及董事，案涉临时股东大会议案中关于董事变更的议案，其中包括免去姜某华公司董事职务的内容。广州某安达公司未能有效通知姜某华参加股东大会的情况下召开会议并作出决议，可见本案会议召集程序并非轻微瑕疵，已足以给姜某华股东利益造成损害。

（4）通知内容是否齐全。

案例③：上海某管理公司在向其股东上海某资产公司发送的股东会会议通知中，并未载明涉案股东会决议第五项至第八项内容，且上海某资产公司代理人在会议上明确提出上述事项不应纳入审议范围。因此，涉案股东会决议中的第五项至第八项内容应属于表决事项存在瑕疵，违反了公司章程的规定，且不属于轻微瑕疵，依法应予以撤销。

二、表决方式

（1）会议记录是否规范。

案例④：杭州某房地产公司由何某梁、戴某、赵某清三人组成董事会，董事会会议纪要无赵某清的签字，对董事会决议的生效无实质性影响，不构成撤销董事会决议的事由。

---

① （2019）京民申1402号。
② （2017）粤01民终16499号。
③ （2019）沪01民终12104号。
④ （2018）浙01民终2358号。

（2）股东会决议的签字是否规范。

案例①：股东林某在 2016 年 6 月 17 日当日并未在股东会决议上签字，但其事后对该决议进行了确认，对于股东会的表决形式，公司法及四川某房地产公司章程并无明确规定。故，在尊重公司意思自治的原则下，林某事后签字确认的行为并未违反法律法规的强制性规定，并且即使林某事后签字确认的行为存在轻微瑕疵，对该股东会决议也不会产生实质影响。

（3）主持人缺席会议、临时变更主持人、会后补交投票。

案例②：虽然案涉股东会的表决过程存在主持人缺席会议、临时变更主持人、会后补交投票表等不规范情形，但均属于轻微瑕疵，各股东已充分行使了股东权利，对公司实体决议没有产生实质性影响。

（4）计票瑕疵。

案例③：针对第十项议案，德某公司确属于关联交易股东，应当回避。但在扣减德某公司所持股数后进行重新计算，第十项议案仍可通过，故该项议案表决程序的计票瑕疵并不影响决议是否通过的表决结果，故该程序瑕疵不构成程序违法或违反公司程序到可撤销的程度。

通过上述案例，我们总结了以下几个原则：

一、虽然召集程序或表决方式存在瑕疵，但瑕疵问题被修复且不会造成决议结果变化的，司法实践一般认为是"轻微瑕疵"。如召集人的程序不对，但是开会时没有人提异议；通知时间差 1—2 天，但是所有股东都参与了会议；通知方式未采取传统的书面方式，但是股东收到了短信、微信等其他形式的通知，并参与了会议。

二、召开股东会或董事会，参会者需要提前获取信息、研究会议内容、对会议事项准备要发表的意见及作出是否同意的决定。所以程序正义背后保证的是各参会者的信息获取与形成的对称性，从而确保多数决下形成的决议是经过充分讨论的，特别是保护了小股东的知情权。因此，司法实践中每个案例具体情况不同，需要法院针对公司的不同情况进行自由裁量。如是否应当提前将议案的具体内容通知到股东，如果内容复杂，股东需要提前研究，则有必要将内容告知股东。但如果是一些常规性且不复杂的议案，可以允许在会议通知中仅告知议案的

---

① （2017）川 0112 民初 2023 号。
② （2022）鄂 09 民终 1498 号。
③ （2022）粤 06 民终 4650 号。

名称。

三、对于大股东恶意采取某些方式给小股东参与会议制造障碍的情形，司法实践中一般会具体分析程序中是否存在故意为之的地方，从而认定是否构成轻微瑕疵。

四、法院在审查时会关注会议召集程序、表决方式是否违反法律、行政法规或者公司章程，以及决议内容是否违反公司章程，至于决议所依据的事实是否属实，理由是否成立，不属于司法审查范围。比如，人民法院案例库的指导案例10号李某军诉上海某环保科技有限公司公司决议撤销纠纷案①中：对董事会解聘总经理的决议，法官认为法院应当尊重公司自治，公司没有规定董事会解聘总经理需要一定的原因，那么法院便无须审查公司董事会解聘公司经理的原因是否存在，即无须审查决议所依据的事实是否属实，理由是否成立。

实操建议

通过上述对新《公司法》第二十六条分析及司法案例的汇总梳理，可以看到股东会召集程序和表决方式并非简单地走过场，我们结合司法实践，具体梳理实操建议如下：

1. 公司应对公司章程进行个性化定制，在符合《公司法》规定的同时要结合公司的具体情况，完善会议制度和流程。比如，是否必须召开现场会议，公司完全可以结合自身情况进行具体规定。

2. 公司应当建议股东制定送达信息登记册，并对股东的联系方式、地址、邮箱等基本信息定时更新确认，以防出现因地址错误等原因未通知到的情况。对于股东拒收的情形，公司可以考虑采取公证送达的方式。

3. 对于可能出现的瑕疵，公司要及时予以补正。比如，代理人授权范围有误、会议参会者漏签会议纪要等，公司要及时要求相关人员进行追认，以补正程序瑕疵。

---

① 人民法院案例库：李某军诉上海某环保科技有限公司公司决议撤销纠纷案。一审：上海市黄浦区人民法院（2009）黄民二（商）初字第 4569 号民事判决，二审：上海市第二中级人民法院（2010）沪二中民四（商）终字第 436 号民事判决。

051 未通知全体股东参会的股东会决议，依法可撤销①

法律条文

第二十六条第二款 未被通知参加股东会会议的股东自知道或者应当知道股东会决议作出之日起六十日内，可以请求人民法院撤销；自决议作出之日起一年内没有行使撤销权的，撤销权消灭。

裁判要旨

未通知全体股东参加股东会的行为，属于股东会议召集及表决程序存在重大瑕疵，依法可以撤销。

案情简介

四川某光电公司成立于2017年7月6日。公司章程内容为，四川某光电公司的法定代表人古某，注册资本为1892.24万元，公司股东有古某（股权占比63.4%）、陈某（股权占比15.1%）、四川某咨询企业（股权占比21.5%）。

2021年3月25日，四川某光电公司召开股东会，决议吸纳华蓥市某咨询服务中心为股东，股东签字处有古某、四川某咨询企业、陈某签字、盖章，决议落款日期为2021年3月29日。

2021年3月29日，四川某光电公司召开股东会，决议公司注册资本变更为2672.24万元，新增加的780万元由股东华蓥市某咨询服务中心出资；同意修改后的公司章程；公司执行董事、法定代表人、经理、监事不作变更。股东签字处有古某、陈某、四川某咨询企业、华蓥市某咨询服务中心签字、盖章。

原告陈某向法院提出诉讼请求：判令撤销被告于2021年3月29日所作的两份股东会决议。事实及理由：原告是被告公司的股东，被告在没有通知原告参会的情况下，伪造原告的签名，于2021年3月29日形成了两份股东会决议。被告四川某光电公司承认2021年3月29日召开的股东会确实没有通知原告，股东决议上原告的签字不是原告本人书写。

---

① 本节作者何蕫，北京云亭律师事务所律师。

华蓥市人民法院认为①，召集对象上的瑕疵属于严重的程序瑕疵，对股东会决议的成立有根本性影响，应当撤销四川某光电公司于 2021 年 3 月 29 日作出的两份股东会决议。

律师分析

1. 未通知全体股东参会的股东会决议的效力在过往司法实践中并无定论，存在无效、不成立、可撤销三种裁判观点。

其中，认定"无效"的裁判观点认为未通知全体股东参会，实际上剥夺了个别股东就公司重大事项表达意见、参与决策等权利，并不单纯属于股东会召集程序违法的范畴。比如，在（2018）黑民申 2235 号案②中，一审、二审及再审法院均认为：在未通知股东参会的情况下，某钟表厂召开股东会并作出股东会议决议，从根本上剥夺了股东王某光行使表决权的机会和可能，侵犯了王某光作为股东的权利，应认定为无效。关于本案诉讼时效问题。因本案系公司决议确认之诉，该请求权系形成权，并不受诉讼时效的限制。

认定"不成立"的裁判观点认为未通知全体股东参会，不同于一般的瑕疵，应当根据《公司法司法解释四》第五条第五项的规定认定为不成立。比如，在（2019）沪 01 民终 10925 号案③中，二审法院认为召集对象上的瑕疵属于严重的程序瑕疵，对该部分未被通知参会的股东而言即不存在股东会会议的召集，对股东会决议的成立有根本性影响。如认为股东会决议依然成立，则未获通知的股东只能基于《公司法》第二十二条第二款规定，自决议作出之日起六十日内，请求人民法院撤销该决议。如此会不合理地限制未获通知的股东寻求救济的权利。因此，根据《公司法司法解释四》第五条第五项的规定，系该股东会决议不成立。

2. 新《公司法》结束了三足鼎立局面，明确规定未通知全体股东参会的股东会决议为可撤销决议，使法律适用更为清晰。新《公司法》一方面未吸收原《公司法司法解释四》第五条第五项关于股东会决议不成立的兜底规定，另一方面针对不通知部分股东参会的情形，明确规定了股东会决议的效力是可撤销的。新《公司法》这一修订明确将未通知参会这一情形列为程序问题，不同于新

---

① （2021）川 1681 民初 804 号。

② （2016）黑 0281 民初 436 号、（2017）黑 02 民终 1918 号、（2018）黑民申 2235 号。

③ （2019）沪 0112 民初 12278 号、（2019）沪 01 民终 10925 号。

《公司法》第二十五条规定的内容违法问题，从而将内容违法与程序不当及内容违反公司章程的法律后果明确分割开来，使法律适用更为清晰。

3. 新《公司法》规定"自知道或应当知道"之日起算可撤销决议的期间，是对未被通知参会股东的特别保护。通过分析上述案例可知，虽然各法院观点各异。但是各法院一致认为相较于其他程序瑕疵，不通知股东参会是从根本上剥夺了未被通知股东参会的权利，无论该股东所占份额有多小，都不能以该种方式剥夺股东的发言权与表决权。那么，对于未被通知参会的股东，当然不能自决议作出之日起算可撤销决议的期间。

实操建议

通过上述对新《公司法》第二十六条分析及司法案例的对比，我们了解到公司股东会召开需要特别关注通知全体股东这一要点，具体梳理实操建议如下：

无论是召开股东会定期会议还是临时会议，都应当于会议召开十五日前或按照章程规定的时间以书面方式通知全体股东。为了避免纷争，最好将公司已经履行通知义务的相关证据保留好。必要时，可同时采取多种方式通知全体股东。对于特别重要、关乎个别小股东切身利益的事项，要特别关注是否已通知该小股东参会。

未被通知参会的股东在得知股东会会议内容后，应当及时行使权利。在向公司表达意见无果后，要在知道股东会决议作出之日起六十日内向法院提起撤销权之诉。

未被通知参会的股东要特别注意法律规定的"应当知道"的情形。对于公司已经通知但因股东自身原因未看到通知的，如公司向股东发送了电子邮件，但是该股东当时留的邮箱并非常用邮箱，没有及时查看电子邮箱。对于该种情形，股东向法院提起撤销权之诉，可能存在败诉的风险。因此，对于股东而言，定时关注公司发展动向，及时更新自己的联系方式，将有助于自己权利的保护。

052 股东会或董事会决议在什么情况下会不成立①

法律条文

第二十七条 有下列情形之一的，公司股东会、董事会的决议不成立：

---

① 本节作者彭镇坤，北京云亭律师事务所律师。

（一）未召开股东会、董事会会议作出决议；

（二）股东会、董事会会议未对决议事项进行表决；

（三）出席会议的人数或者所持表决权数未达到本法或者公司章程规定的人数或者所持表决权数；

（四）同意决议事项的人数或者所持表决权数未达到本法或者公司章程规定的人数或者所持表决权数。

条文演变

原《公司法》没有规定股东会、董事会决议不成立的情形，仅在《公司法司法解释四》第五条中规定了"未召开""未表决""出席人数不足""同意人数不足"四种情形，并规定了兜底条款。四种情形中，前两种情形是事实状态，后两种情形属于法律判断。新《公司法》第二十七条将《公司法司法解释四》中的四种不成立情形上升为法律，但删除了兜底条款。

裁判要旨

原告主张公司股东会并未实际召开，公司亦无证据证明其已按照原《公司法》及公司章程的规定，由执行董事履行股东会的通知、召集程序，因此该股东会未曾实际召开。同时，公司的《股东会决议》上仅有执行董事一人签名，不符合原《公司法》第三十七条第二款规定的可以不召开股东会、直接作出决定的情形。故，公司的《股东会决议》应属不成立。《股东会决议》不成立，则《股东会决议》上的签名人并非依据原《公司法》或公司章程选任的执行董事，其无权行使执行董事的相应权利，因此《执行董事决定》应属《公司法司法解释四》第五条第一项规定的情形，亦应认定为不成立。

案情简介

一、中某公司于 2009 年 9 月 1 日成立，注册资本为 8000 万元。2016 年 4 月 26 日至今，中某公司的登记股东为曹某、朱某、杨某。

二、中某公司章程规定召开股东会会议，应当于会议召开十五日以前通知全体股东；股东会会议由执行董事召集和主持；公司不设董事会，设执行董事一人，由股东会选举产生；执行董事为公司的法定代表人。

三、中某公司工商登记档案中备案了 2020 年 7 月 25 日的《股东会决议》和

《执行董事决定》各一份。其中《股东会决议》载明，会议应到三人，实到一人，形成决议如下：（1）同意免去曹某的执行董事职务；（2）同意选举曹某某为执行董事。落款有曹某一人签名。《执行董事决定》载明：执行董事曹某某于2020年7月25日作出如下决定：同意聘任曹某某为经理。落款有曹某某一人签名。

四、中某公司依据上述《股东会决议》和《执行董事决定》办理了工商变更登记。2020年8月14日，中某公司的法定代表人、执行董事由曹某变更为曹某某，经理由李某变更为曹某某，且至今再未变更。

五、一审庭审中，中某公司及曹某均称是曹某电话通知朱某、杨某召开2020年7月25日的股东会，但无证据证明。朱某、杨某称其没有收到通知。

六、北京市第一中级人民法院审理①认为：股东会一般通过召开股东会会议行使法定职权，根据原《公司法》第三十七条和《公司法司法解释四》第五条的相关规定，除原《公司法》第三十七条规定的十一项情形外，未依法召开股东会会议的，股东会决议不成立。

中某公司上诉主张2020年7月25日的股东会实际召开，曹某已提前十五日电话通知朱某、杨某。但股东朱某、杨某均予以否认，中某公司亦未提举相应证据证明其已按照原《公司法》及公司章程的规定，由执行董事曹某履行股东会的通知、召集程序，因此一审法院认定该股东会未曾实际召开并无不当。此外，2020年7月25日的《股东会决议》不符合原《公司法》第三十七条第二款规定的可以不召开股东会、直接作出决定的情形，故中某公司2020年7月25日的《股东会决议》不成立，由该《股东会决议》确定的执行董事曹某某作出的2020年7月25日《执行董事决定》，亦应认定为不成立。

律师分析

原《公司法》没有关于决议不成立的规定，导致作为民事法律行为的决议在效力审查方面，只有"无效"和"撤销"的后果，而没有成立与否的后果，在逻辑上不周延。新《公司法》则对此作了完善，从体系上弥补了该缺失，但该条的规定仅涉及股东会、董事会而不包括监事会。

新《公司法》规定的股东会、董事会决议不成立的情形，只包括"未召开""未表决""出席人数不足""同意人数不足"的四种情形。而所谓的"未召开"

① （2021）京01民终5355号。

"未表决"是一种事实状态，在争议产生时，往往会涉及各种虚假意思表示，如伪造签名、虚假通知（有可以直接、便捷、准确送达的联系方式却故意采用最不经济、最不便捷的公告方式，邮寄空壳）等。因此，在争议解决过程中，如何举证、举证责任应如何分配，通常会成为争议焦点。这就要求各股东、董事在股东会、董事会召开、表决的过程中要留存好各种痕迹物证，如与会议召开、表决有关的聊天记录、电子邮件、纸质文件、各种音频视频。

同时，股东会、董事会的召开务必"合法合章"，违反公司章程规定的，哪怕只是召开形式上的瑕疵，也可能会被认定为不成立。例如，现行《公司法》响应时代的发展，在第二十四条明确规定股东会、董事会的召开可以采用"电子通信方式"，但"公司章程另有规定的除外"，亦即公司可以排除以"电子通信方式"召开有关会议。如在章程明确排除的情况下，以"电子通信方式"召开的会议就可能被认定为不成立。

此外，需要注意的是，法律规定的股东会、董事会决议"不成立"与"可撤销""无效"之间的区别，其中"不成立"是事实上没有召开、没有表决；"可撤销"是指召开的程序、表决的程序上存在瑕疵；"无效"是指决议内容上存在违反法律规定的情形。三者在权利行使规则、法律后果上均存在不同，如在决议作出一年内没有行使的，撤销权消灭。为此，在争议产生时，要正确选择恰当的诉求。

实操建议

通过上述对新《公司法》新增第二十七条的系统分析，在通常情况下，我们实操建议如下：

在制定公司章程时，可以根据公司以及股东、董事的实际情况，明确约定不召开股东会、董事会直接进行决议的情形，以排除本条规定的适用。

严格按照公司章程的规定组织、召开股东会、董事会，依法、依规进行表决，并留存好相关的会议文件。为增强"组织、召开、表决"的真实性、减少不确定性风险，可以通过多种联系方式发送相关通知、会议要求等，如同时以电子邮件、微信、邮寄的方式送达。

产生纠纷时，应当根据实际情况，尤其是自身的证据情况，选择恰当的诉讼策略。

053 公司决议效力被否定后，据此与他人签订的合同是否仍有效①

法律条文

第二十八条　公司股东会、董事会决议被人民法院宣告无效、撤销或者确认不成立的，公司应当向公司登记机关申请撤销根据该决议已办理的登记。

股东会、董事会决议被人民法院宣告无效、撤销或者确认不成立的，公司根据该决议与善意相对人形成的民事法律关系不受影响。

条文演变

本条吸收了原《公司法》第二十二条第四款②、《民法典》第八十五条③，以及《公司法司法解释四》第六条④之内容，并进一步完善。本条规定了公司决议效力被否定（含无效、撤销或者确认不成立）后的法律后果：一方面，公司应当向公司登记机关申请撤销根据该决议已办理的登记；另一方面，公司根据该决议与善意相对人形成的外部民事法律关系不受影响。

裁判要旨

在董事会决议被人民法院宣告无效的情况下，当相对人尽到了合理、审慎的审查义务，即为善意相对人，其与公司签订的合同效力不受无效董事会决议的影响，依然有效。

---

① 本节作者李巧霞，北京云亭律师事务所律师。

② 原《公司法》第二十二条第四款　公司根据股东会或者股东大会、董事会决议已办理变更登记的，人民法院宣告该决议无效或者撤销该决议后，公司应当向公司登记机关申请撤销变更登记。

③ 《民法典》第八十五条　营利法人的权力机构、执行机构作出决议的会议召集程序、表决方式违反法律、行政法规、法人章程，或者决议内容违反法人章程的，营利法人的出资人可以请求人民法院撤销该决议。但是，营利法人依据该决议与善意相对人形成的民事法律关系不受影响。

④ 《公司法司法解释四》第六条　股东会或者股东大会、董事会决议被人民法院判决确认无效或者撤销的，公司依据该决议与善意相对人形成的民事法律关系不受影响。

案情简介

一、2015 年 12 月至 2016 年 10 月，某煤业公司与某银行支行签订多份《人民币流动资金贷款合同》《银行承兑协议》，从某银行获取贷款。

二、2015 年 11 月 27 日，某农机公司与某银行支行签订两份《最高额抵押合同》，约定以农机公司名下财产对 2015 年 11 月 27 日至 2020 年 11 月 27 日煤业公司在某银行支行的贷款、承兑商业汇票、信用证、保函授信业务提供最高额抵押担保。

三、2015 年 10 月 28 日、2016 年 10 月 28 日，农机公司两次向某银行支行提交由董事会全体人员签名、盖有农机公司印章的两份《担保意向书》、两份《董事会（股东会）担保决议》，同意以其财产为煤业公司的涉案债务提供担保。农机公司并非煤业公司的股东、实际控制人，农机公司章程未对公司对外担保进行规定。

四、煤业公司因无力偿还某银行支行的贷款，被某银行支行起诉至法院。某银行支行同时要求农机公司承担担保责任。

五、农机公司的上述两份《董事会（股东会）担保决议》在另案中被法院宣告无效。农机公司以董事会决议无效为由，抗辩该公司依据该董事会决议与某银行支行签订的两份《最高额抵押合同》无效。

六、最高人民法院①经审理后认为：某银行支行在与农机公司签订《最高额抵押合同》时，要求农机公司出具由董事会全体人员签名、盖有农机公司印章的《担保意向书》《董事会（股东会）担保决议》等，尽到了合理、审慎的审查义务，为善意相对人。董事会决议被宣告无效，对某银行支行与农机公司的担保法律关系没有影响。

律师分析

股东会和董事会作为公司的权力机关和执行机关，其行使权力的方式是召开会议并作出决议。上述决议一旦依法作出并生效，则变更为公司的意志，对公司及其成员具有约束力。

如股东会、董事会决议被人民法院宣告无效、撤销或者确认不成立的，其决议的事项会受到一定的影响。这种影响分为对内影响和对外影响，以下进行具体

---

① （2019）最高法民申 3281 号。

分析：

（一）股东会、董事会决议效力被否定后，仅对内产生影响，对外一般不产生影响，除非交易相对人非善意。

股东会、董事会决议内容可能会涉及公司内部法律关系、外部法律关系。单纯的内部关系，如选举和更换董事、监事、经理，决定董事、监事、经理的报酬，修改公司章程等；涉及外部的法律关系，如对外担保、对外投资、增资、对外发行公司债券、合并、分立等。

股东会、董事会决议被宣告无效、撤销或者确认不成立的，仅对内发生影响，即对决议涉及的公司、股东、实际控制人、董事、监事、高管等内部主体产生影响，依据决议内容形成的内部关系恢复如初。为保护交易安全，对依据该决议与外部建立的法律关系不受决议效力的影响，除非交易相对人非善意，即明知该决议无效、不成立或具有可撤销因素，依然与公司建立相关法律关系。

（二）认定交易相对人是否为善意，应考察相对人是否履行了合理的审查义务。

善意相对人，是指在与公司发生交易时，不知道或不应当知道相关决议无效、不成立或具有可撤销因素的交易相对人。认定交易相对人是否善意，应考察相对人在进行相关交易时是否履行了合理的审查义务。而审查义务涵盖的具体内容，也因交易事项的性质不同而不同。

（1）对于法定的必须由股东会决议的交易事项。

公司为股东及实际控制人提供担保、公司增资、公司合并、分立等事项，根据《公司法》规定，必须由股东会决议。相对人与公司进行该类交易前，需审查相关事项是否经股东会决议通过、股东会决议的表决程序是否符合法律规定。如未进行相关审查，则相对人不能称之为善意。但该审查仅为形式审查，并非实质性审查，标准不宜太为严苛。

（2）对于法律授权由公司章程规定股东会或董事会决议的交易事项。

如公司为股东、实际控制人以外的人提供担保，公司法授权由公司章程规定由股东会或董事会决议。对于此类交易事项，相对人的合理审查义务除包括审查是否有决议外，还负有审查该决议是否为章程规定的适格决议的义务。如公司章程规定此类事项需董事会决议，公司提供了股东会决议，根据"举轻以明重"的解释规则，股东会决议当然也是适格决议；如公司章程规定此类事项需股东会决议，公司提供了董事会决议，此时该董事会决议就不是适格决议；如公司章程对此未规定，则股东会决议、董事会决议均为适格决议。

在本案中，农机公司的公司章程未对担保事项进行规定，且案涉担保为非关联担保，并非法定的必须由股东会决议通过的事项，在此种情况下，某银行支行审查了农机公司的董事会担保决议，即尽到了合理审查义务。

（3）对于其他交易事项。

对于其他一般交易事项，相对人不具有审查相关交易事项是否经股东会、董事会决议的义务。对于公司章程规定的，为限制法定代表人或相关工作人员的职权，而要求相关事项必须经股东会/董事会决议才能进行，因公司章程仅对内具有约束力，不能对抗相对人，相对人没有义务进行核查。

实操建议

从防范风险的角度，我们建议，商事主体与其他公司发生交易时应注意以下事项：

一、发生交易时，判断相关交易事项是否为法定必须经过股东会决议的事项。商事主体应加强法律学习，在发生相关交易事项时，首先进行判断，如相关交易事项为法定必须经过股东会决议的事项，如向某公司投资、让某公司为其股东实际控制人提供担保等，需审查该公司是否就此事项召开股东会，并通过有效表决，决议通过该事项。如未对股东会决议进行审查，则面临相关交易被认定无效的风险。

二、对于相关交易事项是法律授权公司章程规定股东会或董事会决议的事项，如非关联担保等，商事主体应审查对方公司的公司章程，并根据公司章程审查公司是否就相关交易事宜进行适格的会议决议。如公司章程规定相关事项须经股东会决议通过，董事会决议则并非适格决议；如公司章程未对相关事项进行规定，则股东会决议、董事会决议均为适格决议。

三、对于其他事项，商事主体也应对相关签约人是否为有权代表或有权代理人进行合理审查，以保障相关交易合法有效。

054 公司登记行为的对抗效力不适用于非交易第三人[1]

法律条文

第三十四条 公司登记事项发生变更的，应当依法办理变更登记。

公司登记事项未经登记或者未经变更登记，不得对抗善意相对人。

条文演变

原《公司法》第三十二条第三款[2]仅规定了股东登记的对抗效力。新《公司法》第三十二条对公司登记事项予以明确规定后，进一步于第三十四条对登记的对抗效力范围进行了扩展规定，一般性规定了公司登记事项的对抗效力，不再局限于股东登记。另外，本条将原《公司法》第三十二条第三款规定的"不得对抗第三人"修改为"不得对抗善意相对人"，明确了登记对抗效力的适用对象必须是善意的相对人，将原《公司法》规定的"第三人"限定在"善意相对人"的范围内。

裁判要旨

向公司登记机关进行股权变更登记是公司履行股权转让协议的行为，非股权取得的法定要件，仅发生对抗交易善意第三人的法律效力。适用登记对抗效力的善意第三人是指基于对商事权利外观的信赖而与其交易的人，不包括非交易第三人。

案情简介

一、云南公司和内蒙古公司系石林某新能源公司的股东，持股比例分别为76%和24%。2014年1月，云南公司与内蒙古公司签订《股权转让协议》，约定内蒙古公司以2400万元的价款将其持有的石林某新能源公司24%的股权转让给云南公司。2014年5月，石林某新能源公司修改公司章程，云南公司成为其唯

---

[1] 本节作者缪甗，北京云亭律师事务所律师。

[2] 原《公司法》第三十二条第三款 公司应当将股东的姓名或者名称向公司登记机关登记；登记事项发生变更的，应当办理变更登记。未经登记或者变更登记的，不得对抗第三人。

一股东。

二、云南公司因与内蒙古公司股权转让纠纷，向昆明中院提起诉讼。2015年6月昆明中院作出一审判决，判令：（1）双方签订的《股权转让协议》合法有效；（2）内蒙古公司持有的石林某新能源公司24%的股权归云南公司所有；（3）内蒙古公司应在判决生效之日起十日内配合办理股权变更登记。一审判决后，双方均未上诉，内蒙古公司亦未配合办理相关股权变更登记。

三、2015年10月，内蒙古公司因涉民间借贷纠纷被诉至法院。经上海一中院一审和上海高院二审的审理，最终认定内蒙古公司对上海某新能源公司1.42亿元借款本金及利息承担连带清偿责任。

四、在该案执行程序中，上海一中院冻结了内蒙古公司持有的石林某新能源公司24%的股权。云南公司向上海一中院提起案外人执行异议被驳回后，提起案外人执行异议之诉，请求停止对该24%股权的执行。

五、上海一中院一审支持了云南公司的诉讼请求，但上海高院二审撤销了一审判决，改判驳回云南公司要求停止对该24%股权执行的诉讼请求。云南公司不服二审判决，向最高人民法院申请再审。

六、最高人民法院再审①认为：向公司登记机关进行股权变更登记是公司履行股权转让协议的行为，仅发生对抗交易第三人的法律效力，而非股权取得的法定要件。公司法规定的变更登记作为对抗要件，所针对的"第三人"仅限于与名义股东存在交易的第三人。上海某新能源公司对涉案股权主张执行，并不是基于涉案股权为标的的交易行为，而是基于民间借贷纠纷，其权利基础系普通债权，不属于商事外观主义保护的第三人，并无信赖利益保护的需要。

律师分析

登记对抗效力的理论基础是商事外观主义原则。公司登记事项一经登记公示，就形成了商事外观，对外具有公信力。为了维护交易安全，当登记事项与实际状况不一致时，法律优先保护信赖权利外观为真实的善意第三人，即善意第三人可以依据外观公示主张权利，公司不能以未登记的事实对抗善意第三人。

司法实务中，适用商事外观主义的案件往往涉及三方当事人，即名义权利人（如案例中的内蒙古公司）、实际权利人（如案例中的云南公司）和外部第三人（如案例中的上海某新能源公司）。此类案件中，通常存在多个法律关系和多个

---

① （2022）最高法民再117号。

相互冲突的民事权利。一般而言，名义权利人与实际权利人之间形成的是公司内部关系，而外部第三人基于对权利外观的信赖与名义权利人进行交易，形成的是公司外部关系。法院在处理公司内外部不同法律关系时，需适用不同的裁判规则。例如，在案例中，云南公司与内蒙古公司之间系因股权转让形成的公司股东及股权结构变化的内部法律关系。股权转让作为一种民事法律行为，通过当事人之间达成合法有效的转让协议后履行即可取得相应股权。向公司登记机关进行股权变更登记是公司履行股权转让协议的行为，仅发生对抗外部第三人的法律效力，而非股权取得的法定要件。股权受让方是否实际取得股权，应当以公司是否修改章程或将受让方登记于股东名册、股权受让方是否实际行使股东权利等作为判断依据。由此可见，商事外观主义原则不适用于公司内部关系。

而法院在处理公司外部法律关系时，则需要平衡实际权利人和外部第三人的利益冲突。一旦适用商事外观主义原则，就意味着法院优先保护外部第三人的民事权利，这可能导致无过错的实际权利人的民事权利遭受损害。因此，适用商事外观主义原则必须谨慎，适用范围理应予以限定。

新《公司法》第三十四条明确将外部第三人的范围限定为"善意相对人"，主要包含两层含义。一是外部第三人必须是善意。所谓善意是指，外部第三人在从事交易时对交易对手的有关权利外观虚假不知情或不应当知情，其信赖公司登记机关的登记具有合理性。二是外部第三人应是就相关标的从事交易的第三人。商事外观主义之所以向外部第三人倾斜，优先保护第三人，就是为了追求维护交易安全这一价值目标。因此，第三人应当限定在从事相关标的交易的第三人的范围内，非交易第三人应排除在外。例如，在案例中，上海某新能源公司虽然属于外部第三人，但其对涉案股权主张强制执行，是基于民间借贷纠纷的普通金钱债权，而非基于涉案股权为标的的交易行为，所以最高法院认为其不属于商事外观主义保护的第三人，无信赖利益保护的必要。

实操建议

通过上述对新《公司法》第三十四条的分析，足见公司登记事项的重要性和必要性。为了避免纠纷，完善公司治理和维护公司交易安全，我们结合大量的实操经验，提出以下几点建议：

1. 对于公司而言，应及时完善和变更公司登记事项，确保公司对外公示登记的信息与实际状况一致。当前，公司登记机关已将公司登记事项通过统一的企业信息公示系统向社会公示，任何人都可以在相关系统平台上进行查询。因此，当公司的相关登记事项发生变化时，尤其是股东和股权结构发生变化时，公司应当及时向公司登记机关申请变更，以避免因外部第三人基于对公示登记的信赖而陷入纠纷之中。

2. 对于公司内部股权转让的交易双方而言，应当在股权转让协议中明确办理相关变更登记的合同义务和相关违约责任。股权受让人在取得股权后应当积极行使股东权利，保留行使股东权利的相关证明资料，并敦促公司和转让方及时向公司登记机关申请变更，以减少外部第三人的"善意"空间。

3. 对于外部第三人而言，在与公司进行交易，尤其是涉及公司股权转让、质押等重要事项时，应当做好事前尽调，必要时应当聘请专业律师进行尽职调查，摸清公司的真实状况，降低交易风险。

055 公司有必要设置审计委员会或监事会吗①

法律条文

第六十九条 有限责任公司可以按照公司章程的规定在董事会中设置由董事组成的审计委员会，行使本法规定的监事会的职权，不设监事会或者监事。公司董事会成员中的职工代表可以成为审计委员会成员。

第一百二十一条 股份有限公司可以按照公司章程的规定在董事会中设置由董事组成的审计委员会，行使本法规定的监事会的职权，不设监事会或者监事。

审计委员会成员为三名以上，过半数成员不得在公司担任除董事以外的其他职务，且不得与公司存在任何可能影响其独立客观判断的关系。公司董事会成员中的职工代表可以成为审计委员会成员。

审计委员会作出决议，应当经审计委员会成员的过半数通过。

审计委员会决议的表决，应当一人一票。

审计委员会的议事方式和表决程序，除本法有规定的外，由公司章程规定。

公司可以按照公司章程的规定在董事会中设置其他委员会。

---

① 本节作者杨颖超，北京云亭律师事务所律师。

条文演变

原《公司法》中并没有规定董事会审计委员会的相关内容。

在我国，董事会审计委员会制度最早出现于 1995 年发布的《国内贸易部直属企业内部审计工作规定》，其第三条第二款规定，部属集团公司应当根据需要建立在董事会领导下的审计委员会，但没有明确审计委员会的职责。

2002 年 1 月 7 日，在要求上市公司建立独立董事制度半年后，中国证监会又和原国家经济贸易委员会共同发布《上市公司治理准则》①，规定上市公司董事会可以建立战略、审计、提名、薪酬与考核等专门委员会，并规定了审计委员会的主要职责。

现行有效的《上市公司治理准则》（2018 年修订）② 第三十八条、第三十九条进一步明确，董事会审计委员会是上市公司的必设机构，并规定了审计委员会的人员组成、召集人、主要职责等。

参考文本

由于审计委员会是上市公司的必设机构，上市公司普遍参照《上海证券交易所上市公司董事会审计委员会运作指引》（已于 2022 年 1 月 7 日废止）或上海证券交易所、深圳证券交易所的相关业务规则制定《董事会审计委员会工作制度》《董事会审计委员会工作细则》或《董事会审计委员会议事规则》等制度，制度体例一般包括人员组成、职责权限、决策程序、议事规则等。

以深圳证券交易所主板上市公司神州高铁（股票代码：000008. SZ）《董事

---

① 《上市公司治理准则》（证监发〔2002〕1 号）（已失效）

第五十二条 上市公司董事会可以按照股东大会的有关决议，设立战略、审计、提名、薪酬与考核等专门委员会。专门委员会成员全部由董事组成，其中审计委员会、提名委员会、薪酬与考核委员会中独立董事应占多数并担任召集人，审计委员会中至少应有一名独立董事是会计专业人士。

第五十四条 审计委员会的主要职责是：（1）提议聘请或更换外部审计机构；（2）监督公司的内部审计制度及其实施；（3）负责内部审计与外部审计之间的沟通；（4）审核公司的财务信息及其披露；（5）审查公司的内控制度。

② 《上市公司治理准则》（2018 修订）（中国证券监督管理委员会公告〔2018〕29 号）第三十八条 上市公司董事会应当设立审计委员会，并可以根据需要设立战略、提名、薪酬与考核等相关专门委员会。专门委员会对董事会负责，依照公司章程和董事会授权履行职责，专门委员会的提案应当提交董事会审议决定。

专门委员会成员全部由董事组成，其中审计委员会、提名委员会、薪酬与考核委员会中独立董事应当占多数并担任召集人，审计委员会的召集人应当为会计专业人士。

会审计委员会工作细则》为例，包括总则、人员组成、职责权限、工作程序、议事规则、附则六章内容，主要条款如下：

第三条　审计委员会由三名董事组成，独立董事两名，其中至少有一名独立董事为会计专业人士。审计委员会成员应当为不在公司担任高级管理人员的董事。审计委员会成员应当勤勉尽责，切实有效地监督、评估公司内外部审计工作，促进公司建立有效的内部控制并提供真实、准确、完整的财务报告。

第四条　审计委员会委员应当具备履行审计委员会工作职责的专业知识和经验，由董事长提名，董事会讨论通过产生。

第五条　审计委员会召集人由会计专业人士的独立董事担任，负责召集和主持委员会会议。

第七条　审计委员会任期与董事会任期一致，委员任期届满，可连选连任。期间如有委员不再担任公司董事职务，自动失去委员资格，并由董事会根据上述第三条至第五条规定补足委员人数。

第八条　公司董事会审计委员会负责审核公司财务信息及其披露、监督及评估内外部审计工作和内部控制，下列事项应当经审计委员会全体成员过半数同意后，提交董事会审议：

（一）披露财务会计报告及定期报告中的财务信息、内部控制评价报告；

（二）聘用或者解聘承办公司审计业务的会计师事务所；

（三）聘任或者解聘公司财务负责人；

（四）因会计准则变更以外的原因作出会计政策、会计估计变更或者重大会计差错更正；

（五）法律、行政法规、中国证监会及《公司章程》规定的其他事项。

律师分析

世界上主要经济体的公司治理结构，大致可以分为单层制与双层制两种类型。单层制公司治理结构盛行于英美法系国家，主要权力归于董事会，董事会兼具管理与监督双重职能。双层制公司治理结构多为大陆法系国家所采纳，董事会履行管理职责、监事会履行监督职责。

单层制公司治理结构中，一般在董事会中设立由外部董事组成的审计委员会，审计委员会负责对内部董事、高管和公司财务状况等进行监督，在董事会内部分权，形成监督机制。由于外部董事与内部董事同属于董事会，二者的沟通更直接，决策效率更高。

双层制公司治理结构中，董事会是公司经营决策机构，监事会是监督机构，二者互不隶属。通过利用监事会的外部监督职能，对公司经营决策起到监督作用。

我国原《公司法》的顶层设计理念，主要就是借鉴德国等大陆法系的双层制公司治理结构。但在实践中，监事会的作用很难发挥，许多公司的监事会形同虚设，不只是中小规模的公司，不少上市公司的监事会也起不到监督和制衡的作用。在此背景下，中国证监会在上市公司范围内率先引入单层制公司治理结构中的审计委员会，形成审计委员会、监事会双重监督机制。经过多年的落地，审计委员会在上市公司财务信息质量控制方面的成效获得了较多认可，这也是本次公司法修订引入单层制审计委员会监督机制的契机。

实际上，无论是监事会还是审计委员会，都是为了解决公司所有权与经营权相分离情况下的代理成本问题而引入的监督机制。拥有公司所有权的股东作为委托人，将经营管理权委托给管理层（董事、高级管理人员等），但委托人与代理人的利益诉求并非完全一致，为了避免管理层利用其掌握公司经营信息的优势背离股东利益，股东有必要引入监督机制，监督管理层、降低委托代理成本。

实操建议

一、对于仅有一个股东或股东人数较少的夫妻店形式的封闭型有限责任公司，股东往往直接经营公司，没有必要自己监督自己，该类公司可以不设监事①，也不设审计委员会。实际上，该类公司通常也不设置董事会，股东可以直接兼任董事、经理②。

二、对于股东人数较少但存在外部股东的有限责任公司，大股东直接参与公司运营管理，公司所有权与经营权分离程度较低，代理成本问题并非主要矛盾，大股东压迫小股东反而是更普遍的问题。该类公司一般董事人数较少，很多公司未设立董事会，仅有一名执行董事，如果为了设置审计委员会而扩大董事会规模并无太大必要性。我们建议，该类公司可以设置监事或监事会，由小股东或者其他与大股东不存在利害关系的人士担任监事，并在公司章程中强化监事

---

① 新《公司法》第八十三条 规模较小或者股东人数较少的有限责任公司，可以不设监事会，设一名监事，行使本法规定的监事会的职权；经全体股东一致同意，也可以不设监事。

② 新《公司法》第七十五条 规模较小或者股东人数较少的有限责任公司，可以不设董事会，设一名董事，行使本法规定的董事会的职权。该董事可以兼任公司经理。

或监事会的职权，如在年度财务预算中预先设置一定金额的监督基金，监事可以独立使用监督基金聘请财务顾问或法律顾问等；赋予监事对财务人员或内部审计人员的人事任命权、薪酬同意权；要求内部审计人员对监事的事务报告等。

三、对于股东人数多的有限责任公司或股份有限公司，可以在董事会中设置审计委员会，行使监事会的职权。我们建议，在审计委员会人员组成上，要保持人员的独立性，与经营管理层保持适当的距离；此外，还可以参照上市公司设置战略、提名、薪酬与考核等专门委员会，赋予相关专门委员会相应的职权，对经营管理层形成更加全面的监督。

056 股份有限公司召开股东会可以豁免提前通知期限吗①

法律条文

第一百一十五条第一款　召开股东会会议，应当将会议召开的时间、地点和审议的事项于会议召开二十日前通知各股东；临时股东会会议应当于会议召开十五日前通知各股东。

条文演变

新《公司法》第一百一十五条第一款关于股东会提前通知期限的内容，源自原《公司法》第一百零二条第一款②，但因新《公司法》已全面删除了无记名股票的内容，该条款也删除了原《公司法》中关于发行无记名股票的公司股东会通知应当提前三十日公告的内容。

《上市公司股东大会规则》第十五条③、《全国中小企业股份转让系统挂牌公

---

① 本节作者杨颖超，北京云亭律师事务所律师。
② 原《公司法》第一百零二条第一款　召开股东大会会议，应当将会议召开的时间、地点和审议的事项于会议召开二十日前通知各股东；临时股东大会应当于会议召开十五日前通知各股东；发行无记名股票的，应当于会议召开三十日前公告会议召开的时间、地点和审议事项。
③ 《上市公司股东大会规则》（2022修订）第十五条　召集人应当在年度股东大会召开二十日前以公告方式通知各普通股东（含表决权恢复的优先股股东），临时股东大会应当于会议召开十五日前以公告方式通知各普通股东（含表决权恢复的优先股股东）。

司信息披露规则》第三十二条①等对上市公司、新三板挂牌公司股东会提前通知期限的规定与此类似。

裁判要旨②

一、海某集团股份公司章程规定，股东大会可以不召开会议而以传签方式作出决议，其发出的临时股东大会会议通知中载明会议形式为非现场会议，会议召开方式为书面传签。因此，海某集团股份公司该次临时股东大会并非没有召开会议，并非股东大会直接作出决定，也就不能认为只有全体股东在所谓的决定文件上签名、盖章，该决定才成立，而应认为其按照公司法和公司章程的规定召开了股东大会，只是会议为非现场会议，会议召开方式为书面传签，并依法依章表决通过了涉案决议。

二、虽然海某集团股份公司召开涉案股东大会未提前十五日履行通知程序，保某有限公司未签署相关的豁免提前通知时限的议案，但是该事由属于会议召集程序违反法律、行政法规或者公司章程方面的问题，属于决议可撤销的事由，并非决议不成立的事由。

案情简介

一、截至案涉股东大会召开时，海某集团股份公司共有十四名股东。保某有限公司是其中一名股东，持股比例为7%。

二、海某集团股份公司2020年的公司章程规定，股东大会可选择以现场、电话、视频的方式召开，也可以不召开会议而以传签方式作出决议。临时股东大会将于会议召开十五日前通知各股东。

三、2020年12月，海某集团股份公司向保某有限公司发送电子邮件，内容为第四届董事会第二次会议文件、2020年第十次临时股东大会文件。该邮件附件的《股东大会会议通知》显示：会议召集人为董事会；会议形式为非现场会议；会议召开方式为书面传签。会议审议事项为《关于某公司股权托管事项的议案》和《关于提请豁免本次临时股东大会提前通知时限的议案》。第二项议案内容为：

---

① 《全国中小企业股份转让系统挂牌公司信息披露规则》（股转系统公告〔2021〕1007号）第三十二条 挂牌公司应当在年度股东大会召开二十日前或者临时股东大会召开十五日前，以临时报告方式向股东发出股东大会通知。

② （2023）京01民终3459号。

董事会提请公司于2020年12月30日以非现场会议方式召开2020年第十次临时股东大会，鉴于本次审议事项决策时间紧迫，董事会提请公司股东大会豁免董事会根据法律法规及公司章程规定的提前十五日通知召开本次临时股东大会的通知义务。

四、保某有限公司收到电子邮件后，曾发函要求海某集团股份公司补充相关资料并详细说明情况。海某集团股份公司称已经口头答复保某有限公司，保某有限公司称海某集团股份公司没有说明相关情况，故保某有限公司在收到通知后并未进行投票。

五、《股东大会决议》记载：本次股东大会于2020年12月28日发出会议通知，本次会议为非现场会议，以书面传签方式召开，截至2020年12月30日，参加大会的股东十三人，代表股份数量占公司总股本数93%。参会股东审议通过了相关议案。

律师分析

根据新《公司法》第五十九条第三款之规定，有限责任公司的股东对股东会职权范围内的事项以书面形式一致表示同意的，可以不召开股东会会议，直接作出决定，并由全体股东在决定文件上签名或者盖章。但股份有限公司并无类似的规定，相比注重人合性、赋予股东更大自主决策空间的有限责任公司、股份有限公司更注重资合性，新《公司法》对其相关程序性的要求更严格。

新《公司法》第二十六条第一款规定："公司股东会、董事会会议的召集程序、表决方式违反法律、行政法规或者公司章程，或者决议内容违反公司章程的，股东自决议作出之日起六十日内，可以请求人民法院撤销。但是，股东会、董事会会议的召集程序或者表决方式仅有轻微瑕疵，对决议未产生实质影响的除外。"《民法典》第八十五条规定："营利法人的权力机构、执行机构作出决议的会议召集程序、表决方式违反法律、行政法规、法人章程，或者决议内容违反法人章程的，营利法人的出资人可以请求人民法院撤销该决议。但是，营利法人依据该决议与善意相对人形成的民事法律关系不受影响。"

股份有限公司的股东会未履行提前通知程序，属于股东会召集程序违反法律规定，是否会影响股东会决议的效力呢？

我们认为，新《公司法》虽未明确规定股份有限公司可以豁免股东会通知期限，但股东会应当提前通知是法律赋予股东的权利而非义务，因此，股东可以合理处分其权利。如果全体股东均同意豁免股东会提前通知期限，可以视为股东对股东会的召集和召开程序瑕疵异议权的放弃。该种情形并没有损害任何一名股东的权利，也不会对股东会决议的效力产生实质性不利影响。

实际上，在改制成为股份有限公司后、首次公开发行上市前，很多上市公司①都存在豁免股东会通知期限的情形，而其发行上市时的律师普遍就股东会的相关程序和决议内容的合法性、有效性发表了肯定性法律意见。

但也需要注意，豁免股东会通知期限的做法，只能偶尔为之。如果多次豁免股东会通知期限，说明公司会议前期筹备工作不到位，监管部门可能会质疑公司治理的规范性、内部控制的有效性。

实操建议

1. 非公众公司的股份有限公司（股东人数不超过二百人、股票未在新三板挂牌、亦未上市的股份有限公司），可以经股东会审议通过《关于豁免股东会通知期限的议案》，豁免股东会提前通知的期限，以便高效作出决议。但该等豁免股东会通知的做法，应当通知全体股东并经全体股东一致同意，不能遗漏任何一名股东②。否则，异议股东仍可能主张股东会决议无效、不成立或可撤销。为了兼顾股东会效率性与合法性，可以在公司章程中规定，股东会可选择非现场会议方式召开，以传签、电子邮件确认等方式作出决议。

2. 对于新三板挂牌公司及上市公司等公众公司，其股票公开交易、流动性强，股东会的召开涉及社会公众股东的权益，且通常难以取得全部股东的豁免，因此，建议严格遵守股东会提前通知期限的要求，不要通过豁免缩短股东会通知期限。此外，该等豁免股东会通知的方式形成股东会决议应当谨慎使用，避免引起证券监管部门的关注。

---

① 例如，某纳影业（001330.SZ）、某捷智能（688455.SH）、某元生物（301206.SZ）、某岳先进（688234.SH）、某红医疗（300981.SZ）、某玮科技（301373.SZ）、某比中光（688322.SH）、某丰科技（688629.SH）、某麟信安（688152.SH）、某慕股份（603511.SH）等上市公司。

② （2014）鲁商终字第17号案例中，一审及二审法院均以股东会豁免通知期限没有通知原告（被告的股东之一），确认被告股东会的召集程序违反《公司法》及《公司章程》的规定，撤销案涉股东会决议。

057 公司一定要为董事履职购买董事责任保险吗①

法律条文

第一百九十三条　公司可以在董事任职期间为董事因执行公司职务承担的赔偿责任投保责任保险。

公司为董事投保责任保险或续保后，董事会应当向股东会报告责任保险的投保金额、承保范围及保险费率等内容。

条文演变

董事责任保险概念始见于证监会于 2001 年 8 月 16 日发布的《〈关于在上市公司建立独立董事制度的指导意见〉的通知》（证监发〔2001〕102 号），其第七条第六款规定上市公司可以建立独立董事责任保险制度，"以降低独立董事正常履行职责可能引致的风险"。彼时在制度上，董事责任险仅倾向董事中的独立董事。

2002 年 1 月 7 日，证监会公布《上市公司治理准则》（证监发〔2002〕1号），第三十九条规定"经股东大会批准，上市公司可以为董事购买责任保险"，进一步将该执业责任保险的适用对象明确为全体董事。（注：我国首单董事责任保险于 2002 年签约，被保险人为某上市公司董事长）

裁判要旨

新《公司法》新增"董事责任保险"条款，这与董事制度在我国的市场实践紧密相关。董事会是公司治理的组织机构，董事是公司的管理人员，其中独立董事更是具有独立性的专业人士，对中小投资者保护起到重要作用。召开董事会时，参会董事的同意意见以及回避、弃权、反对等意见都是履职行为，并对其负责。不同董事的勤勉尽责情况不同，因此存在的职业责任风险是否需要投保需综合考虑。

---

① 本节作者张昇立，北京云亭律师事务所律师。

案情简介

一、中国证监会作出的《行政处罚决定书》（〔2020〕24号）查明，康某药业披露的《2016年年度报告》《2017年年度报告》《2018年半年度报告》中，存在虚增营业收入、利息收入及营业利润，虚增货币资金和未按规定披露控股股东及其关联方非经营性占用资金的关联交易情况，属于对重大事件作出违背事实真相的虚假记载和披露信息时发生重大遗漏的行为；《行政处罚决定书》（〔2021〕11号）查明，某会计师事务所出具的康某药业2016年、2017年财务报表审计报告存在虚假记载。（其中，江某某任独立董事并签署上述报告，郭某某仅2018年5月起任独立董事并签署《2018年半年度报告》，编者注）

二、（江某某、郭某某等十二人）虽然并非具体分管康某药业财务工作，但康某药业公司财务造假持续时间长，涉及会计科目众多，金额巨大，前述被告作为董事、监事或高级管理人员如尽勤勉义务，即使仅分管部分业务，也不可能完全不发现端倪。因此，虽然前述被告作为董事、监事或高级管理人员并未直接参与财务造假，却未勤勉尽责，存在较大过失，且均在案涉定期财务报告中签字，保证财务报告真实、准确、完整，所以前述被告是康某药业信息披露违法行为的其他直接责任人员。

三、广州市中级人民法院①依法判令：被告等应当承担与其过错程度相适应的赔偿责任……江某某等为兼职的独立董事，不参与康某药业日常经营管理，过失相对较小，本院酌情判令其在投资者损失的10%范围内承担连带赔偿责任；郭某某等为兼职的独立董事，过失相对较小，且仅在《2018年半年度报告》中签字，本院酌情判令其在投资者损失的5%范围内承担连带赔偿责任。

律师分析

法院判决董事承担董事责任的案例逐渐增多，近年的市场热点案例又将董事责任的上限不断提高。其中，最具代表性的市场案例是2021年对原上市公司康某药业的判决。该判决中将公司董事会中的先后五名独立董事分别判决承担证券虚假陈述的5%或10%的连带责任。该判决凸显了"董事责任"的重量。

董事责任来源于公司法的规定。原《公司法》第一百一十二条第三款规定"董事应当对董事会的决议承担责任。董事会的决议违反法律、行政法规或者公

---

① 案号（2020）粤01民初2171号。

司章程、股东大会决议，致使公司遭受严重损失的，参与决议的董事对公司负赔偿责任"。换言之，一旦董事会的决议造成了重大损失，那么相关方可以追究董事会及其相关董事的责任。

单个董事承担的责任大概可以达到多少金额？根据广州中院对上市公司康某药业作出的证券虚假陈述案的（2020）粤01民初2171号判决，相关董事需对约24.58亿元索赔的10%承担连带责任，约2.45亿元的董事责任。

实务中，保险公司对董事在履职过程中产生的责任进行承保的保费大概是多少金额？参照某科创板上市公司2023年的相关公告，其为"公司董事、监事、高级管理人员及其他相关主体"购买的不超过5000万元/年责任限额的保险费是30万元/年。换言之，上述康某药业的董事如果购买覆盖其赔偿额的董事责任险，其保费约147万元/年。

实操建议

根据我们的经验，公司是否购买董事责任险需要考虑多方面问题：

第一，公司本身的经营情况和经营模式是否有购买董事责任险的必要性。实务中，我国银行业相关上市公司购买董事责任险的数量较多。一方面是因为银行业是强合规行业，另一方面是银行业高度依赖董事会等公司治理机构。由于保费占银行收入比例极小，我国的上市银行类企业对董事责任险的认可度较高。据研究[1]，银行板块上市公司投保占比约60%。值得一提的是，我国首个接受董事责任险的上市公司于2002年首次获赠该险后，后续并未披露续保。

第二，如何确定董事的履职风险，这会直接影响保费的金额。因此，需要进一步确定履职风险的类型。比如，董事如果缺乏独立性则可能会影响其对关联交易真实性的判断受到干扰。又如，对于部分财务会计事项，缺乏相关经验的董事可能囿于专业缺乏导致判断错误。

第三，上市公司需要额外担心的是，市场是否会将购买董事责任险认为是某种负面的信号。由于董事责任险的核心风险在于董事会作出错误决议或存在其他违法违规行为，因此如果首次购买不经考量，如购买高保额高保费的保险，可能会被市场解读为"公司存在潜在风险"的信号，导致股价不合理波动。

因此，我们建议公司根据实际情况来判断购买董事责任险的必要性，对于确

---

[1] 详见《引入董事责任保险构建上市公司激励约束机制的研究与启示》，缪斯斯，上交所资本市场研究所。

有必要的公司，可以进一步判断购买的范围、保额及保费。确认需要购买的企业，应由董事会提案后直接交由股东会来审议。

058 债券受托管理人与债券持有人会议间的职权如何区分①

本节法条

第二百零四条 公开发行公司债券的，应当为同期债券持有人设立债券持有人会议，并在债券募集办法中对债券持有人会议的召集程序、会议规则和其他重要事项作出规定。债券持有人会议可以对与债券持有人有利害关系的事项作出决议。

除公司债券募集办法另有约定外，债券持有人会议决议对同期全体债券持有人发生效力。

第二百零五条 公开发行公司债券的，发行人应当为债券持有人聘请债券受托管理人，由其为债券持有人办理受领清偿、债权保全、与债券相关的诉讼以及参与债务人破产程序等事项。

条文演变

第二百零四条至第二百零六条为《公司法》修订后新增法条，对公司公开发行的债券引入《证券法》第九十二条中的"债券持有人会议"和"债券受托管理人"制度。根据债券类型不同，前述制度在实务中有较完善的规章和规则。例如，证监会发布的《公司债券发行与交易管理办法（2023）》及上海证券交易所发布的《上海证券交易所公司债券上市规则（2023 年修订）》的相关专门章节等。

裁判要旨

债券受托管理人系根据债券托管协议而设立的维护债券持有人利益的机构，在债券交易法律关系中发挥保护投资者利益的重要作用。可以依照约定选择其所在地法院管辖。

---

① 本节作者张昇立，北京云亭律师事务所律师。

案情简介

一、大连某银行作为债券持有人起诉债券发行人，即注册地位于福建省三明市梅列区的泰某有限公司。但是大连某银行并未选择被告所在地梅列区法院起诉，也没有在原告所在地大连市各区法院起诉，而是选择了北京金融法院起诉。

二、大连某银行选择北京金融法院作为管辖法院的理由是案涉债券的《募集说明书》中约定的管辖是"将争议提交受托管理人所在地有管辖权人民法院，并由该法院受理和裁判"。

三、被告以"受托管理人所在地并非被告住所地、合同履行地、合同签订地、原告住所地、标的物所在地等与争议有实际联系的地点，就本案所涉债券交易纠纷而言应属无效管辖协议"为由提出管辖权异议。

四、二审法院认为，债券受托管理人系根据债券托管协议而设立的维护债券持有人利益的机构，在债券交易法律关系中发挥保护投资者利益的重要作用。选择受托管理人所在地法院管辖，有利于查明债券日常管理、违约处置等相关事实，便于保护债券投资者利益，故受托管理人所在地属于与争议有实际联系的地点，案涉管辖协议条款选择受托管理人所在地法院管辖合法有效，因此被告一审、二审均未获得法院支持。

律师分析

债券受托管理人是监督者的角色，而债券持有人会议是债权人权义分配的机构，因此前者应当为后者的利益服务。债券受托管理人的职责可以在《募集说明书》中列明。但是需要注意，因为新《公司法》第二百零五条明确约定债券受托管理人是由发行人（发行债券的公司，即债务人一方）聘请，其权利义务亦受到其与发行人间的《聘用合同》影响。因此，为了避免债券受托管理人的权责不清，应当通过文本审查规避该种潜在争议。因为受托管理人无法履职会直接影响债权人和债务人的权利。

从公司、股东、债权人的三方视角看，标准化的债券和非标准化的债券都是债权人对公司的权利，区别仅在于标准化的债券需要公司作为发行人进行公开发行。因此，实务中常将公开发行的"债券持有人会议"或是破产程序中的"债权人会议"等（以下统称债权会）类比作债权人版的"股东会"，因此忽略了两类机构的核心差异。比如，股东会决策范围虽包括公司存续相关的事项，但更多是对公司经营事项进行表决。而无论是哪种债权人会议，其决策内容多仅是对公司存续（含重组）的表决。简言之，如果把公司比作一头年猪，股东会多是讨论如何养猪，债权会多是讨论如何杀猪。因此，在债权会中（尤其是债券持有人会议），也应当重视程序性权利，避免因缺乏公司法规定和约定引起争议。

公开发行公司债券的公司，如何重视程序性权利？首先应当明确责任机构，即新《公司法》第二百零四条和第二百零五条的债券持有人会议和债券受托管理人。其次应当明确会议通知、召集、表决等各环节的内容和合规性。与股东会程序"以公司法为原则，以公司章程约定为例外"的逻辑不同，债权会更为依赖债权人与公司间的合作自治，体现在募集说明书载明的召集等环节。

实操建议

根据我们的经验，处理公开发行公司债券相关争议，应当注意以下问题：

第一，应当明确债券受托管理人的责任。债券受托管理人作为常设的管理机构，根据新《公司法》第二百零五条规定，其可以为单个债券持有人办理相关事项。因为债券持有人会议并不常设，因为受托管理人对债权人而言是主要的沟通机构。实务中，公司债券的受托管理人多是证券公司，但是一些其他类型的金融工具（如中期票据）的受托管理人也有律师事务所等其他类型的机构。

第二，应当根据公开发行的具体情况调整受托管理人的职责。除上述新《公司法》第二百零五条的规定外，可以通过约定方式增加或减少其职能。例如，根据现行《公司债券发行与交易管理办法》第五十九条，明确将债券履行情况、公司偿债能力变化、召集债券持有人会议等职权授予受托管理人，以便其更好地为债权人服务。此外，为避免上文所述的潜在争议，公司解聘受托管理人的条款也可以作相应限制性约定。

第三，应当注意各个涉诉机构间的关系。由于公司治理的内部机构较多，外部债权人也较多，因此需要厘清各方诉求和实现路径。除与受托管理人沟通外，如公司正常经营期间因为发行的公司债券存在仅未能按时足额付息时，债权人是直接以债权人名义起诉发行人、通知受托管理人召集债券持有人会议，还是要求发行人董事会或股东会对违约事项进行确认。具体路径不可一概而论，应当结合违约原因、公司偿债能力、债券增信措施等情况综合选择合适的方法。

四、公司治理篇（下）（董事、监事、高级管理人员）

059 新公司法下职工董事、监事如何任免[①]

法律条文

第十七条第二款、第三款 公司依照宪法和有关法律的规定，建立健全以职工代表大会为基本形式的民主管理制度，通过职工代表大会或者其他形式，实行民主管理。

公司研究决定改制、解散、申请破产以及经营方面的重大问题、制定重要的规章制度时，应当听取公司工会的意见，并通过职工代表大会或者其他形式听取职工的意见和建议。

第六十八条第一款 有限责任公司董事会成员为三人以上，其成员中可以有公司职工代表。职工人数三百人以上的有限责任公司，除依法设监事会并有公司职工代表的外，其董事会成员中应当有公司职工代表。董事会中的职工代表由公司职工通过职工代表大会、职工大会或者其他形式民主选举产生。

第七十六条第二款 监事会成员为三人以上。监事会成员应当包括股东代表和适当比例的公司职工代表，其中职工代表的比例不得低于三分之一，具体比例由公司章程规定。监事会中的职工代表由公司职工通过职工代表大会、职工大会或者其他形式民主选举产生。

第一百七十三条第二款、第三款 国有独资公司的董事会成员中，应当过半数为外部董事，并应当有公司职工代表。

董事会成员由履行出资人职责的机构委派；但是，董事会成员中的职工代表由公司职工代表大会选举产生。

---

① 本节作者何矗，北京云亭律师事务所律师。

条文演变

新《公司法》在第五条规定了公司社会责任条款，强调了公司的社会性。相应地，在第十七条规定了以职工代表大会为基本形式的民主管理制度，强调了工会与职工参与公司治理制度。公司法关于职工参与公司治理的规定并未对公司类型进行限定条件，无论是有限责任公司还是股份有限公司，职工代表大会都是基本形式的民主管理制度。

新《公司法》在第六十八条将设置职工代表董事的强制要求适用范围扩大到三百人以上的全部有限责任公司，同时删除了"两个以上的国有企业或者两个以上的其他国有投资主体投资设立的有限责任公司"的董事会中应当有职工代表的规定。除此之外，新《公司法》第六十八条还强调了职工代表地位，允许董事会三人以上者可以有公司职工代表。

裁判要旨

职工代表是公司职工通过职工代表大会、职工大会或者其他形式民主选举产生，并非由股东会选举产生。不能因股东会未选举职工董事而认定股东会决议无效。

案情简介

一、华某源公司股东为中某公司、万某公司、张某生、李某泰。其中，中某公司和万某公司系国有性质的股东。

二、2015 年 8 月 3 日，华某源公司召开第四次临时股东会，应到股东 4 名，实到股东 3 名，代表出资额超过三分之二，经参会股东一致投票通过，形成如下决议："……再次确认：公司上届董事会任期已届满，选举李某泰、李某涛、许某顺、周某民、曾某鸣为公司新一届董事会董事，并选举曾某鸣为董事长……"

三、2017 年 1 月 12 日，张某生提出诉讼。张某生认为，华某源公司 2015 年 8 月 3 日第四次临时股东会决议选举的董事会成员中，无公司职工代表，请求依法确认华某源公司 2015 年 8 月 3 日第四次临时股东会决议无效。

四、一审、二审及再审法院认为[①]：公司法第四十四条第二款规定："两个以上的国有企业或者两个以上的其他国有投资主体投资设立的有限责任公司，其

---

① （2017）京 0107 民初 1334 号、（2017）京 01 民终 7398 号、（2018）京民申 1347 号。

董事会成员中应当有公司职工代表；其他有限责任公司董事会成员中可以有公司职工代表。董事会中的职工代表由公司职工通过职工代表大会、职工大会或者其他形式民主选举产生。"公司法的上述规定明确是在两个以上的国有企业或者两个以上的其他国有投资主体投资设立的有限责任公司中应当有公司职工代表，华某源公司除中某公司、万某公司两个国有性质的股东外，还有张某生、李某泰两位自然人股东，不属于公司法上述规定范畴。另外，根据公司法规定，职工代表是公司职工通过职工代表大会、职工大会或者其他形式民主选举产生，并非由股东会选举产生，故不能因股东会未选举职工董事而认定该决议无效。

律师分析

新公司法下，国有独资公司董事会仍然必须有职工董事。同时，新公司法扩展了职工董事的范围：除依法设监事会并有公司职工代表的外，职工人数三百人以上的有限责任公司和股份有限公司均应当设职工董事。对于三百人以下的公司，新公司法规定董事会成员为三人以上，其成员中可以有公司职工代表。

对于国有独资公司的职工董事，新公司法规定由职工代表大会选举产生。其他类型公司职工董事的任免可参考中华全国总工会于2016年出台的《关于加强公司制企业职工董事制度、职工监事制度建设的意见》：职工董事、职工监事应由公司职代会以无记名投票方式差额选举，并经职代会全体代表的过半数同意方可当选。尚未建立职代会的，应在企业党组织的领导和上级工会的指导下，先行建立职代会。

《关于加强公司制企业职工董事制度、职工监事制度建设的意见》属于狭义的规范性文件，不属于法律、行政法规范畴。各公司可以根据各自公司的情况，制定自己公司的职工代表大会制度或职工大会制度，详细规定职工董事、职工监事的规定。

实操建议

1. 公司特别是大型公司，应当提高对职工代表大会的重视程度，建立健全职工代表大会制度。公司可以参考中华全国总工会的相关意见制定职工董事、职工监事的任职资格、产生、任期、罢免和补选等制度。

2. 公司在制定选举制度时应当平衡好普通职工与公司高管的关系。某些公司高管可能是由公司股东委派，并与公司签署了劳动合同。对于这类公司高管，他们代表的多是股东的利益。此时若是由公司高管担任职工董事，那么公司法设立职工董事的意义将会削弱，也无法实现职工参与公司治理的效果。

3. 职工董事和职工监事是公司与职工沟通的良好通道，公司应当要求职工董事、职工监事充分参与到公司管理中去，将公司管理方面的信息充分披露给职工董事和职工监事，必要时对职工董事和职工监事进行公司治理方面的培训。通过职工董事和职工监事听取职工意见，避免公司与职工之间的矛盾，有利于公司的有序长远健康发展。

060 董事只要提出辞职就可以成功辞职吗[①]

法律条文

第七十条　董事任期由公司章程规定，但每届任期不得超过三年。董事任期届满，连选可以连任。

董事任期届满未及时改选，或者董事在任期内辞任导致董事会成员低于法定人数的，在改选出的董事就任前，原董事仍应当依照法律、行政法规和公司章程的规定，履行董事职务。

董事辞任的，应当以书面形式通知公司，公司收到通知之日辞任生效，但存在前款规定情形的，董事应当继续履行职务。

条文演变

新《公司法》第七十条第一款、第二款包含了原《公司法》第四十五条[②]的全部内容，并在原《公司法》第四十五条的基础上增加了一项内容：董事辞任应当书面通知公司，公司收到通知之日辞任生效。

---

① 本节作者王超，北京云亭律师事务所律师。

② 原《公司法》第四十五条　董事任期由公司章程规定，但每届任期不得超过三年。董事任期届满，连选可以连任。

董事任期届满未及时改选，或者董事在任期内辞职导致董事会成员低于法定人数的，在改选出的董事就任前，原董事仍应当依照法律、行政法规和公司章程的规定，履行董事职务。

裁判要旨

公司与董事之间实为委托关系，依股东会的选任决议和董事同意任职而成立合同法上的委托合同。委托人或者受托人可以随时解除委托合同。但辞任的效果以是否满足其他董事会成员达到法定人数而有所不同，达到法定人数的，辞职通知书到达委托人时生效；低于法定人数的，辞职的董事应继续履行董事职务，直至改选的董事就任。但是，要求辞任或离任董事继续履行董事职务并非不受限制，须以股东会及时进行选举并选出新的董事为前提。如有可归责于股东会的原因导致不能及时选出继任董事，辞任或离任董事则已无继续履行董事职务之必要，法律应当保护其辞任或离任的权利。

案情简介

一、某产业园公司和某投资咨询公司作为股东，共同出资设立南通爱某特公司。2016 年 6 月，南通爱某特公司通过股东会决议选举郁某霞等三人为公司董事，同时公司章程约定：董事任期三年，董事长为公司的法定代表人。

二、2016 年 11 月，南通爱某特公司通过股东会决议，选举郁某霞为公司董事长。同日，该公司办理了法定代表人变更登记，法定代表人变更为郁某霞。2017 年 1 月，该公司通过股东会决议，同意某投资咨询公司将其所持的公司股权转让给上海爱某特公司。

三、2017 年 7 月，南通爱某特公司召开股东会会议时，郁某霞口头提出辞去董事长及法定代表人职务，但两股东上海爱某特公司及某产业园公司未就此事项形成决议。郁某霞又分别于 2017 年 8 月、2018 年 10 月向两股东提交书面辞职报告，亦未获置理。

四、郁某霞于 2019 年 3 月提起诉讼，请求判令南通爱某特公司办理公司法定代表人工商变更登记，并由两股东予以配合。本案二审过程中，郁某霞两次向两股东发函，要求召开股东会改选公司董事并变更公司法定代表人，两股东均未予理会。

五、二审法院判决①，南通爱某特公司于判决生效之日起三十日内办理法定代表人变更登记，某产业园公司、上海爱某特公司作为股东予以配合。如南通爱某特公司未按期变更，则郁某霞自上述期限届满后不再具有南通爱某特公司法定代表人身份，不再履行法定代表人职务。

---

① （2020）苏 06 民终 192 号。

律师分析

公司股东会有权选举和更换董事，但需要获得董事的同意，没有任何法律规定公司可以强迫任何人担任董事，因此公司与董事之间，依股东会的选任决议和董事的同意任职而成立合同法上的委托合同关系。《民法典》第九百三十三条规定，委托人或者受托人可以随时解除委托合同。因此，公司和董事双方均有任意解除权，无论任期是否届满，公司都可以随时解除董事职务，董事也可以随时辞任，董事辞任属于董事的单方民事法律行为。

新《公司法》第七十条第一款、第二款与原《公司法》第四十五条的内容一致，这两个条款明确了董事在任期内具有辞任的权利，在任期届满后具有离任的权利。新《公司法》对董事辞任的形式也作出明确规定，即董事辞任的，应当以书面形式通知公司，公司收到通知之日辞任生效。

然而，董事辞任虽系单方民事法律行为，但辞任的效果以是否满足其他董事会成员达到法定人数而有所不同，达到法定人数的，辞职通知书到达委托人时生效；低于法定人数的，辞职的董事应继续履行董事职务，直至改选的董事就任。这样规定的目的是保障公司正常的经营管理，避免公司运营因董事缺额而陷入停滞，以维护股东利益和不特定债权人的合法权益。但如果作为法律所保护的利益获得者——公司股东消极不作为，置公司无法正常运营于不顾，迟迟不召开股东会改选董事，是对公司存续原则的自我损害。此种情形下，辞任或离任董事履行董事职务将遥遥无期，无法达到辞任或离任的目的，董事的权利和义务将严重失衡。

因此，法律要求辞任、离任董事继续履行职务并非绝对，应以能够选出继任者为前提，如果公司股东会严重怠于履行改选董事的义务，具有明显过错，要求辞任董事继续履行董事职务有违公平，董事辞任、要求公司办理公司董事变更登记的请求将获得法院支持。

实操建议

一、董事可以在任期内辞任，在任期内辞任的，应当向公司发出正式、书面的辞任通知，不能仅以口头形式表达辞任的意图。

二、董事在任期内辞任，并非一提出书面辞职就立即生效，需要看公司董事是否符合法定人数。如果因董事辞任导致不符合法定人数的要求，公司需要尽快召开股东会，及时改选董事，以使董事人数满足法律和章程的规定。在新的董事产生之前，原董事依然需要继续履行董事职责，以避免公司因董事缺额陷入运营停滞。

三、如果公司股东会严重怠于履行改选董事的义务，具有明显过错，董事用尽内部救济途径无法达到辞任的目的，可以通过诉讼途径请求法院判令公司办理公司董事工商变更登记，并要求股东予以配合。

061 董事没有犯错，股东会可以随意解除董事的职务吗[①]

法律条文

第七十一条　股东会可以决议解任董事，决议作出之日解任生效。

无正当理由，在任期届满前解任董事的，该董事可以要求公司予以赔偿。

条文演变

原《公司法》没有对股东会是否可以解除董事职务作出明确规定。《公司法司法解释五》第三条[②]率先规定了董事无因解除制度，即只要股东（大）会通过有效程序作出解任董事的决议，无论有没有正当合理的理由，解除决议即发生法律效力。如果董事认为职务解除给其造成了损失，可以要求公司给予补偿，是否补偿以及补偿数额的确定需综合考虑解除董事职务的原因、剩余任期、董事薪酬等因素。新《公司法》第七十一条承继了前述司法解释的立法意图，在行文表述上更加直接、明确和简洁，并将前述司法解释中公司对董事的"补偿"进一步明确为"赔偿"。

裁判要旨

虽然刘某伟的任期尚未届满，但公司股东会对于董事的选举任命，属于公司

---

① 本节作者王超，北京云亭律师事务所律师。

② 《公司法司法解释五》第三条　董事任期届满前被股东会或者股东大会有效决议解除职务，其主张解除不发生法律效力的，人民法院不予支持。

董事职务被解除后，因补偿与公司发生纠纷提起诉讼的，人民法院应当依据法律、行政法规、公司章程的规定或者合同的约定，综合考虑解除的原因、剩余任期、董事薪酬等因素，确定是否补偿以及补偿的合理数额。

内部自治事项，任期届满前更换董事不需要约定或法定理由即可变更。该次股东会决议关于辞退董事刘某伟的内容并不违反《章程》约定。

案情简介

一、嘉某云公司《章程》约定，董事长为公司法定代表人，董事长由董事会过半以上董事选举产生，董事任期为三年，可以连选连任。2019年1月，嘉某云公司召开股东会，选举刘某伟等五人为公司董事，组成董事会。同日，嘉某云公司召开董事会，董事一致同意选举刘某伟为公司董事长（法定代表人）。

二、2020年9月，嘉某云公司召开临时股东会会议，该次股东会决议内容之一为：同意解除刘某伟董事职务。

三、刘某伟向一审法院起诉，请求判决确认嘉某云公司于2020年9月作出的《股东会决议》无效并予以撤销。

四、终审判决认为①，虽然刘某伟的任期尚未届满，但公司股东会对于董事的选举任命，属于公司内部自治事项，任期届满前更换董事不需要约定或法定理由即可变更。

律师分析

一、董事和公司之间构成委托合同关系，双方分别享有任意解除权，股东会可以随时解除董事的职务。原《公司法》仅规定董事任期由公司章程规定，每届任期不得超过三年，任期届满连选可以连任，对董事和公司之间的法律关系并没有作出明确规定。在公司法理论和司法实践中普遍认为，根据股东会的选任决议和董事的同意任职，公司和董事成立委托合同，双方之间构成委托关系。委托合同的重要特征是，合同双方均享有任意解除权，即无论任期是否届满，无论有无正当理由，董事都可以随时辞任，公司也可以随时解除董事的职务。

二、作出解除董事职务的股东会召集程序和表决程序需要符合公司章程和法律法规的规定。选任和更换公司董事是公司股东会的职权。公司要解除董事职务，需要作出有效的股东会决议。判断解除董事职务的股东会决议是否有效，需要审查股东会召集或提议召开的程序、会议通知程序、表决比例、表决方式等是否合法、是否符合公司章程的规定。如果公司股东会召集程序、表决方式等违反法律、行政法规或者公司章程的规定，该决议有可能被认定为不成立或可撤销，

---

① （2021）川01民终14844号。

公司股东有权向人民法院请求撤销该决议或者请求确认决议不成立。需要注意的是，根据新《公司法》第二十六条①的规定，被解除职务的董事并不享有向人民法院提起撤销股东会决议的权利，享有这项权利的仅是公司股东。

三、公司无正当理由，在任期届满前解任董事的，董事可以要求公司予以赔偿。如前所述，董事和公司之间构成委托合同关系。《民法典》第九百三十三条规定："委托人或者受托人可以随时解除委托合同。因解除合同造成对方损失的，除不可归责于该当事人的事由外，无偿委托合同的解除方应当赔偿因解除时间不当造成的直接损失，有偿委托合同的解除方应当赔偿对方的直接损失和合同履行后可以获得的利益。"因此，虽然公司解除董事职务不需要理由，但如果没有正当理由，公司因在任期届满前行使任意解除权给董事造成损失的，董事有权要求公司赔偿。何为"正当理由"？笔者认为，如果董事因违反法律法规和章程的规定，不再具有担任董事的资格，或者违反忠实勤勉义务，在执行职务中给公司造成损失，解除董事职务即构成"正当理由"（详见新《公司法》第八章之规定），反之则不构成"正当理由"。公司向董事赔偿的数额则需要结合解除董事职务的具体原因、剩余任期、董事薪酬等因素综合考虑。

实操建议

一、从公司角度而言，虽然公司可以通过召开股东会随时解除董事职务，但也要注意，需严格遵循公司章程和法律法规规定的股东会会议召集和表决相关程序，否则该等决议存在被撤销或者确认不成立的风险。解任董事的决议应当经代表过半数表决权的股东通过。

二、从董事角度而言，如果董事要求公司予以赔偿，需要满足两个前提：一是公司在任期届满前解除董事职务没有正当理由，二是公司的解除行为给其造成了损失。对于第一点，笔者认为有无正当理由的举证责任在公司一方，如果公司认为解除董事职务存在正当理由，比如董事执行职务给公司造成了损失，公司需要就此举证证明。如果董事对公司的主张不予认可，需要提供反证证明自身尽到了忠实勤勉义务，执行职务的行为没有给公司造成损失，或者自身执行职务的行

---

① 新《公司法》第二十六条　公司股东会、董事会的会议召集程序、表决方式违反法律、行政法规或者公司章程，或者决议内容违反公司章程的，股东自决议作出之日起六十日内，可以请求人民法院撤销。但是，股东会、董事会的会议召集程序或者表决方式仅有轻微瑕疵，对决议未产生实质影响的除外。

未被通知参加股东会会议的股东自知道或者应当知道股东会决议作出之日起六十日内，可以请求人民法院撤销；自决议作出之日起一年内没有行使撤销权的，撤销权消灭。

为与公司损失之间不存在因果关系。对于第二点，董事需要证明提前解任给自身造成了损失。实践中，此种损失往往主要是因任期未满导致的董事报酬或津贴损失。董事津贴不同于工资薪金。董事如果同时任职公司的经理或者高级管理人员，基于劳动关系从公司取得的工资薪金为劳动报酬，董事津贴或报酬需要由公司股东会作出决定之后，由董事与公司单独约定，因此劳动报酬中不必然包含董事报酬或津贴。如果股东会并没有就董事报酬作出有效决定，董事主张因公司提前解聘董事职务给其造成报酬损失的情况恐难以被裁判机关支持。

062 在缓刑考验期的人可否被聘为董事高管、法人[①]

法律条文

第一百七十八条　有下列情形之一的，不得担任公司的董事、监事、高级管理人员：

（一）无民事行为能力或者限制民事行为能力；

（二）因贪污、贿赂、侵占财产、挪用财产或者破坏社会主义市场经济秩序，被判处刑罚，或者因犯罪被剥夺政治权利，执行期满未逾五年，被宣告缓刑的，自缓刑考验期满之日起未逾二年；

（三）担任破产清算的公司、企业的董事或者厂长、经理，对该公司、企业的破产负有个人责任的，自该公司、企业破产清算完结之日起未逾三年；

（四）担任因违法被吊销营业执照、责令关闭的公司、企业的法定代表人，并负有个人责任的，自该公司、企业被吊销营业执照、责令关闭之日起未逾三年；

（五）个人因所负数额较大债务到期未清偿被人民法院列为失信被执行人。

违反前款规定选举、委派董事、监事或者聘任高级管理人员的，该选举、委派或者聘任无效。

董事、监事、高级管理人员在任职期间出现本条第一款所列情形的，公司应当解除其职务。

---

① 本节作者赵梓凯，北京云亭律师事务所律师。

条文演变

原《公司法》第一百四十六条第二项规定"因贪污、贿赂、侵占财产、挪用财产或者破坏社会主义市场经济秩序，被判处刑罚，执行期满未逾五年，或者因犯罪被剥夺政治权利，执行期满未逾五年"，但并未对缓刑考验期是否属于"执行期"作出界定。新《公司法》于第一百七十八条新增"被宣告缓刑的，自缓刑考验期满之日起未逾二年"这一规定，对公司相关人员在缓刑考验期内是否可以担任公司董监高作出了针对性补充，即缓刑考验期内不具有董监高任职资格。

裁判要旨①

公司董监高被宣告适用缓刑的，属于法律规定禁止担任公司高管的情形，缓刑考验期不可继续担任相关职务。

案情简介

1. 朱某1、朱某2、王某系东飞公司的股东，出资比例分别为65%、10%、25%，朱某1系东飞公司董事长。董事会成员为朱某1、薛某、周某、郁某等。

2. 2018年5月16日，盐城市中级人民法院作出（2017）苏09刑初10号刑事判决书，判决朱某1犯欺诈发行债券罪，判处有期徒刑三年，缓刑五年。

3. 2018年11月16日，由王某召集股东会，朱某2参加，朱某1未参加，股东王某、朱某2一致通过决议：董事朱某1因欺诈、发行债券被判处有期徒刑三年，缓刑五年，根据《公司法》的规定，决定免去朱某1董事长、董事职务。同日，王某召开董事会，一致决议：免去朱某1东飞公司董事长兼总经理职务。朱某1认为上述决议违反了《公司法》和公司章程的规定，侵犯了其合法权益，遂起诉。

4. 二审法院认为：朱某1因犯欺诈发行债券罪被人民法院判决有期徒刑三年并缓刑五年，属于公司法规定的不得担任公司董事、法定代表人的情形。董事、监事、高级管理人员在任职期间出现该情形的，公司应当解除其职务。朱某1所犯欺诈发行债券罪且处于缓刑考验期内，现执行期尚未满，不得担任公司的董事、监事、高级管理人员。

---

① （2019）苏09民终3576号。

律师分析

1. 新《公司法》将缓刑考验期是否具有董监高任职资格纳入考量范围。原《公司法》第一百四十六条第二项规定"因贪污、贿赂、侵占财产、挪用财产或者破坏社会主义市场经济秩序，被判处刑罚，执行期满未逾五年，或者因犯罪被剥夺政治权利，执行期满未逾五年"，但并未对缓刑考验期是否属于"执行期"作出界定，因此实践中存在一定争议。有的观点认为，缓刑考验期属于第一百四十六条规定的刑罚执行期，因此在缓刑考验期满五年后，才具备董监高任职资格①，据此认为缓刑考验期内相关责任人当然不具有董监高任职资格；有的观点认为，缓刑考验期不属于刑罚执行期，因此缓刑执行完毕，不存在"刑法执行"的情形，倒过来不用计算五年的期限②，据此并不当然否认缓刑考验期内相关责任人具有董监高任职资格。原公司法未对缓刑考验期内是否具有董监高任职资格作出规定，司法实践中及工商行政部门相关业务活动中也存在诸多不一致做法。

新《公司法》对上述问题作出补充性规定，于第一百七十八条第二项规定"因贪污、贿赂、侵占财产、挪用财产或者破坏社会主义市场经济秩序，被判处刑罚，或者因犯罪被剥夺政治权利，执行期满未逾五年，被宣告缓刑的，自缓刑考验期满之日起未逾二年"。根据上述规定，缓刑考验期内相关责任人当然不具有董监高任职资格。

2. 缓刑并非刑罚本身，缓刑期间实为是否执行刑罚的考验期，是一种有条件不执行被判处的刑罚的一种特殊制度③。如果在缓刑期间内遵守规定，未再犯罪，则不再执行刑罚，故缓刑期间并不是刑罚执行期间或过程。与此同时，根据刑法的相关规定，缓刑考验期内，没有法定情形，原刑罚不再执行，可以理解为缓刑考验期内原刑罚并未执行期满。因此，无论是根据原公司法还是新公司法，缓刑考验期内相关人员均应被认定为公司法所禁止担任董监高的相关主体。

---

① （2017）鄂 0682 行初 2 号、（2016）苏 01 民终 8209 号。
② （2019）鲁 06 民终 3389 号、（2019）云 01 行终 36 号。
③ 最高人民法院、最高人民检察院《关于缓刑犯在考验期满后五年内再犯应当判处有期徒刑以上刑罚之罪应否认定为累犯问题的批复》。

实操建议

1. 了解刑事法律法规，知悉新《公司法》第一百七十八条第二款所涉刑事罪名，增强刑事犯罪规避意识。《刑法》第八章第三百八十二条至第三百九十六条明确规定了贪污贿赂罪，包括的罪名有：贪污罪、挪用公款罪、受贿罪、单位受贿罪、利用影响力受贿罪、行贿罪、对有影响力的人行贿罪、对单位行贿罪、介绍行贿罪、单位行贿罪、巨额财产来源不明罪、隐瞒境外存款罪、私分国有资产罪、私分罚没财产罪；《刑法》第五章第二百七十条至二百七十三条规定了侵占财产、挪用财产的罪名，包括的罪名有：侵占罪、职务侵占罪、挪用资金罪、挪用特定款物罪。《刑法》第三章第一百四十条至第二百三十一条规定了破坏社会主义市场经济秩序罪，包括的罪名有：生产、销售伪劣商品罪、走私罪、妨害对公司、企业的管理秩序罪、破坏金融管理秩序罪、金融诈骗罪、危害税收征管罪、侵犯知识产权罪、扰乱市场秩序罪等。同时，《刑法》第三章第五十六条规定了剥夺政治权利的适用对象，即"对于危害国家安全的犯罪分子应当附加剥夺政治权利；对于故意杀人、强奸、放火、爆炸、投毒、抢劫等严重破坏社会秩序的犯罪分子，可以附加剥夺政治权利"。

2. 董监高任职期间涉及上述刑事犯罪并不必然导致劳动合同无效或解除，公司与涉嫌上述违法犯罪的董监高解除劳动合同时，应重视合法合规性。董监高任职期间涉及上述刑事案件，仅是丧失担任原有职务的资格，公司是否有权直接据此解除劳动合同，还需要根据《劳动法》《劳动合同法》、公司与员工签署的劳动合同及公司的规章制度等来综合认定公司是否享有合同解除权。例如，劳动合同若将劳动者涉嫌违法犯罪视为公司有权解除劳动合同的情形之一的，则公司可单方解除该劳动合同。与此同时，若双方协商继续履行劳动合同的，可依据《劳动合同法》相关规定，对劳动者岗位和薪酬等要素进行调整，将其调离至非董监高岗位，使劳动关系继续存续。

3. 加强对董监高人员入职及任职的尽职调查及资格筛查。中国裁判文书网等公开平台均可核查董监高人员的涉刑情况。同时，各地工商系统也已基本实现关键涉诉信息全网互通，公司办理人员变更登记时，也可通过工商系统协助查询相关人员的任职资格，避免对公司任职程序层面造成不良影响。

063 如何判断"董监高"、控股股东、实际控制人是否违反忠实义务[1]

法律条文

第一百八十条　董事、监事、高级管理人员对公司负有忠实义务，应当采取措施避免自身利益与公司利益冲突，不得利用职权牟取不正当利益。

董事、监事、高级管理人员对公司负有勤勉义务，执行职务应当为公司的最大利益尽到管理者通常应有的合理注意。

公司的控股股东、实际控制人不担任公司董事但实际执行公司事务的，适用前两款规定。

条文演变

原《公司法》第一百四十七条第一款[2]对董事、监事、高管对公司所负的"忠实义务"和"勤勉义务"统一进行了原则性规定，没有对"忠实义务"和"勤勉义务"的内涵作进一步说明。新《公司法》第一百八十条将董事、监事、高管对公司所负"忠实义务"和"勤勉义务"作为单独条款分别规定，并对"忠实义务"和"勤勉义务"的含义及具体要求进行了解释。同时将承担主体范围扩大到实际执行公司事务的非董事控股股东及实际控制人。

裁判要旨

董事、监事、高管对公司负有忠实义务，不得利用职权收受贿赂或者其他非法收入，不得侵占公司的财产。董事、监事、高管违反法律、行政法规和公司章程，利用职务之便将公司财产无偿转让归其个人所有的行为无效，其因该行为而取得的财产应返还给公司。

---

[1]　本节作者吴凤丽，北京云亭律师事务所律师。

[2]　原《公司法》第一百四十七条第一款　董事、监事、高级管理人员应当遵守法律、行政法规和公司章程，对公司负有忠实义务和勤勉义务。

案情简介

1. 2009 年 2 月 4 日，某机械公司经申请获得了某发明专利。

2. 李某担任某机械公司执行董事兼经理期间，某机械公司于 2018 年 8 月 29 日签署专利权转让声明，声明自愿将该专利权无偿转让给李某。

3. 2018 年 10 月 29 日，某发明专利的专利权人变更为李某。

4. 李某主张其代表某机械公司将某发明专利权人变更为自己时，曾口头通知另一股东李某尧。

5. 李某尧否认其知悉某发明专利过户至李某名下一事，亦不同意李某将专利转移至其个人名下。

6. 最高法二审①认为，李某作为公司董事及高管不得侵占公司的财产。其利用职务之便将某机械公司的专利权无偿转让到其个人名下，既未按公司章程的规定履行合法手续，亦非为某机械公司利益所为，其行为违反了对公司的忠实义务，专利权转让行为无效，该专利权仍应归某机械公司所有。

律师分析

1. 董事、监事、高管在履职过程中，遵守法律法规、公序良俗及公司章程的规定，是对其履行忠实义务的底线要求。新《公司法》第一百八十一条对董事、监事、高管为履行忠实义务"不得有"的违法违规行为，采用列举加兜底的方式进行了规定，包括侵占公司财产、挪用公司资金、公款私存、利用职权贿赂或收受其他非法收入、将公司与他人交易的佣金归为己有、擅自披露公司秘密及违反忠实义务的其他行为等，这些违法违规行为，为相关人员在履职过程中绝对禁止。本文前述案例所涉行为，即属此列。

2. 董事、监事、高管在履职过程中，如出现自身利益与公司利益相冲突时，是否本着公司利益至上的原则履职，是衡量其是否履行忠实义务的重要标准。如在陈某雄与某泵业公司损害公司利益责任纠纷案②中，最高法认为，董事、监事、高管人员忠实义务的核心在于相关人员不得利用其身份获得个人利益，其应当在法律法规与公序良俗的范围内忠诚于公司利益，以最大限度实现和保护公司利益作为衡量自己执行职务的标准。再如人民法院案例库的某媒体网络有限公司

---

① （2021）最高法知民终 194 号。
② （2020）最高法民申 4682 号。

诉吴某等损害公司利益责任纠纷案①中，上海市二中院认为，董事、监事、高管在执行公司职务时，应最大限度地为公司最佳利益努力工作，不得在履行职责时掺杂个人私利或为第三人谋取利益，即不得在公司不知道或未授权的情况下取得不属于自己的有形利益（诸如资金）及无形利益（诸如商业机会、知识产权等）。违反前述义务，应当向公司承担赔偿责任。

3. 董事、监事、高管在履职过程中，涉及关联交易、利用公司的商业机会、经营同类业务，如未按公司规定履行披露义务和决议程序，构成对公司忠实义务的违反。法律不禁止关联交易、利用公司的商业机会及经营同类业务，但这些交易极易产生假公济私、中饱私囊等损害公司利益的情形，所以在进行这些交易时，相关人员应主动向公司披露并履行公司决议程序。

4. 不担任公司董事但实际执行公司事务的控股股东、实际控制人亦应履行对公司的忠实义务。董事作为公司经营决策机构的组成人员，其承担忠实义务的根源在于其在公司事务执行上具有的高度权限。因此，是否承担忠实义务，应侧重于董事职权的实际行使，当控股股东、实际控制人实际行使了董事职权时，其亦承担对公司的忠实义务。

5. 董事、监事、高管对公司所负的忠实义务不仅包括这些人员所任职的公司，还包括公司的全资子公司、控股公司等。公司法设置忠实义务的立法目的在于保障公司和股东的合法权益，而公司与其控股公司在利益上具有一致性。只有相关人员的忠实义务延伸至公司的全资子公司、控股公司等，才能真正实现对公司与股东权益保护的立法目的。如最高法公布的 2021 年度公司法十大典型案例之一，李某与某网络公司损害公司利益责任纠纷案②，最高法认为，李某对其所任职的某科技公司所负的忠实义务应延伸至科技公司的子公司某网络公司，李某应对其不当谋取某网络公司的商业机会承担赔偿责任。

实操建议

新《公司法》第一百八十条对董事、监事、高管所负忠实义务的含义进行了丰富和完善，为相关人员在履职过程中所应遵守的行为规范和价值准则进行了概括性的指引。该条在实操中有以下几点需要注意：

1. "行董事之权，非董事之人"的控股股东及实际控制人也是履行忠实义

① （2016）沪 02 民终 1156 号。
② （2021）最高法民申 1686 号。

务的主体。《公司法》第一百八十条将不担任公司董事，实际执行公司事务的控股股东及实际控制人，列为应承担公司忠实义务的主体。如何判断"不担任公司董事，实际执行公司事务"呢？公司法没有明确。可以结合以下情形综合认定：是否和公司董事一样参与决策公司事务、是否代表公司与第三方谈判、是否招聘和任命公司高级管理人员、是否掌控公司财务、是否对公司决策具有重大或主要影响等。

2. 董事、监事、高管应采取哪些措施以避免自身利益与公司利益冲突呢？《公司法》第一百八十条规定，董事、监事、高管应当采取措施避免自身利益与公司利益冲突，但没有明确列举董事、监事、高管应采取的具体措施。结合《公司法》的相关规定及司法实践，董事、监事、高管在履职时，可以注意以下几个方面：（1）模范遵守法律法规、公序良俗及公司章程；（2）不实施《公司法》第一百八十一条规定的"不得有"行为；（3）尽力避免关联交易、利用公司的商业机会、经营同类业务；（4）进行不损害公司利益的关联交易、利用公司的商业机会、经营同类业务时按公司规定履行报告义务及决议程序。

董事、监事、高管应保管好其为尽到忠实义务而履行报告义务的申请及相关会议决议文件。相关申请最好采用书面形式，可同时采用特快专递、邮件等方式发送给公司相关负责主管人员，并保管好这些发送申请的证据。

3. 在公司章程、规章制度中对应承担忠实义务的主体所应遵守的规则及程序进行明确。对关联交易所涉人员、可能构成关联交易的情形、可能构成利用公司商业机会的情形、可能构成同业竞争的情形，在公司章程或规章制度中明确。对涉及关联交易、利用公司的商业机会、经营同类业务等情形，应该履行的报告义务、决议程序等进行明确。通过详尽明确的规定，让需要承担忠实义务的主体有法可依、有章可循。

4. 通过制度对董事、监事、高管的履职行为进行监督，防止其利用职权牟取不正当利益。在公司章程、规章制度中，创设合理的权责机制，加强对董事、监事、高管履职的约束，防止相关人员因为权力过大或履职没有合理的约束，有可乘之机。充分发挥监事会或监事及公司董事会中的审计委员会的职能，加强对公司业务、财务的监督，还可以聘请外部审计机构对公司财务进行审计。通过内部监督、外部审计的方式，一方面给有违反忠实义务意图的相关人员以震慑，另一方面也可及时发现问题，及时止损。

064 如何判断董事、高管是否尽到勤勉义务①

法律条文

第一百八十条第二款 董事、监事、高级管理人员对公司负有勤勉义务，执行职务应当为公司的最大利益尽到管理者通常应有的合理注意。

第三款 公司的控股股东、实际控制人不担任公司董事但实际执行公司事务的，适用前两款规定。

条文演变

原《公司法》第一百四十七条第一款②对董事、监事、高管对公司所负的"勤勉义务"作了原则性规定，没有对"勤勉义务"的内涵作进一步说明。新《公司法》第一百八十条将董事、监事、高管对公司所负的"勤勉义务"作为单独条款进行规定，并对"勤勉义务"的含义及判断标准进行了解释，同时将承担主体范围扩大到实际执行公司事务的非董事控股股东及实际控制人。

裁判要旨

勤勉义务是指公司高管履行职责时，应当为公司的最佳利益，具有一个善良管理人的细心，尽一个普通谨慎之人的合理注意。在不涉及公司高管个人利益与公司利益冲突等可能违反忠实义务的情形中，公司高管依照法律和公司章程履行经营管理职责的行为，应受到法律的认可和保护。

案情简介

一、某之杰公司系外商独资公司，盖某自2011年1月在某之杰公司任总经理职务，主要职责为：按照公司的章程，根据董事会会议通过的各项决议、规定和一系列制度，组织公司的生产经营活动；全权处理董事会授权范围内的有关正

---

① 本节作者吴凤丽，北京云亭律师事务所律师。

② 原《公司法》第一百四十七条第一款 董事、监事、高级管理人员应当遵守法律、行政法规和公司章程，对公司负有忠实义务和勤勉义务。

常业务，以公司的名义签发各种文件等。

二、2011 年 1 月，某辉公司向某之杰公司采购男装衬衫，为履行供货义务，盖某指示工作人员采购布料并安排将某辉公司订单全部生产完毕，后某辉公司在验货时，因对包装、吊牌有异议而不予提货。

三、某辉公司 2009 年 5 月 1 日已退出（结束）营业。

四、某之杰公司以盖某未尽忠实和勤勉义务为由，向法院起诉请求盖某赔偿给某之杰公司造成的损失。山东省高院二审认定盖某不负赔偿责任后，某之杰公司不服，向最高法申请再审。

五、最高法再审①认为：公司高管依照法律和公司章程履行经营管理职责的行为，应受到法律的认可和保护，盖某未违反公司高管的忠实义务和勤勉义务。

律师分析

1. 原《公司法》第一百四十七条第一款规定了董事、监事、高管对公司负有忠实义务和勤勉义务，第一百四十八条列举了董事、高管违反忠实义务的具体情形，但对哪些情形构成违反勤勉义务并未作具体规定。综观公司法实践，总结出勤勉义务要求为公司最佳利益尽一个普通谨慎之人在类似情况下应尽到的合理注意。新《公司法》第一百八十条第二款通过法律规定的方式对这一判断标准予以明确，为认定董事、监事、高管是否履行勤勉义务提供法律依据。实务当中，判断董事、监事、高管是否尽到勤勉义务，通常从如下几个方面进行考量：（1）董事、监事、高管是否存在不履行法律规定义务的情形。比如新《公司法》第五十三条规定的股东抽逃出资的防范义务、第一百六十三条规定的公司财务资助行为的监督义务、第二百一十一条规定的股东违法分配利润行为的防范义务、第二百二十六条规定的股东违法减资行为的防范义务等，董事、监事、高管不履行这些法律规定的义务，即构成对董事、监事、高管勤勉义务的违反。（2）董事、监事、高管是否存在违反公司章程规定的行为。除法律规定董事、监事、高管应履行的义务外，公司章程作为公司自治的大宪章，亦可以结合自身实际情况对董事、监事、高管应承担的义务作出规定，公司章程一经生效即对董事、监事、高管产生约束力，董事、监事、高管不履行公司章程规定的义务亦构成对勤勉义务的违反。（3）董事、监事、高管是否尽职。因董事、高管对公司负有管理职责，判断其是否尽职，通常要看董事、高管是否尽到了处于相同或类似位置

---

① （2020）最高法民申 640 号。

的普通谨慎之人在相同或类似情况下所应尽的注意程度，为实现公司最佳利益，董事、高管是否忠诚地贡献了其实际拥有的全部能力。但实践当中，因董事、高管个体能力的差异，导致对其勤勉义务的要求标准也会不同，尤其对一些具有超出一般水平的管理能力和经验，并且其获得的薪酬待遇也超出其他同类的人员，如果仍适用该标准则可能会让有过错的董事、高管免责。因此，判断特定董事、高管履行勤勉义务的状况，如有证据证明其知识、经验、能力明显高于一般标准时，应以其是否诚实贡献出其实际拥有的全部能力作为衡量标准，否则就是怠于行使职权，应当追究其相应的法律责任。对于监事而言，通常看其是否履行了对公司财务的监督检查职责及对董事、高管执行公司职务的行为是否尽到了监督义务。当董事、高管的行为损害公司利益时，是否要求其及时予以纠正。如人民法院案例库的陕西某置业公司诉张某某、朱某某损害公司利益责任纠纷案①中，法院认为，公司的监事在明知公司法定代表人实施损害公司利益的行为时，不仅未予制止，还按照法定代表人的要求执行了损害公司利益的行为，应当认定其未尽到监事的勤勉义务，其应该与法定代表人对公司的损失承担连带赔偿责任。

2. 公司主张董事、监事、高管未尽勤勉义务，要求董事、监事、高管承担赔偿责任的，根据民事诉讼"谁主张谁举证"原则，公司需举证证明董事、监事、高管未尽勤勉义务。首先，公司需举证证明董事、监事、高管负有相应的勤勉义务。除法律明确规定董事、监事、高管应履行的义务外，公司应提供相应的证据证明董事、监事、高管负有相应的义务，包括但不限于公司章程、公司规章制度及决策文件等规定了董事、监事、高管应承担相应的职责；其次，公司需提供相应证据证明董事、监事、高管未履行相应的义务。实践当中，要直接举证证明董事、监事、高管的消极不作为通常是比较困难的，需要通过举证证明董事、监事、高管消极不作为产生的结果来反证其未履行相应的义务。当公司举证证明董事、监事、高管负有相应的义务及董事、监事、高管的行为给公司造成了损失，即视为完成了初步举证，证明责任转移到了董事、监事、高管一方，其需要就自己善意、合理、审慎地履行职责承担相应的举证责任。

3. 董事、高管违反决策程序作出决策，是否必然构成违反勤勉义务呢？如前所述，判断董事、高管是否尽到勤勉义务，应以董事、高管是否为公司的最大利益尽到管理者通常应有的合理注意为判断标准，即使董事、高管违反决策程序作出决策，但如董事、高管与该决策事项无利害关系，或有正当理由相信其所掌

---

① （2021）最高法民申 6621 号。

握的有关决策信息在当时情况下是妥当的，或有理由认为他的决策符合公司的最大利益，就应认定他尽到了勤勉义务，不应仅以其决策是否违反程序或是否有失误为准，只要董事、高管根据掌握的情况或者信息，诚实信用地决策，即便程序有瑕疵或事后证明此项决策是错误的，董事、高管也无须负任何责任。面对市场不断急剧变化的商事交易实践，如果要求每一个经营判断都是符合程序或正确的，其结果会使董事、高管过于小心谨慎，甚至裹足不前，延误交易机会，降低公司经营效率，最终不利于实现公司和股东权益。

4. 对公司负有勤勉义务的董事、高管，不仅包括公司通过正式程序任命的董事、高管，而且包括虽未被任命为董事、高管，但实际行使董事、高管职权的控股股东、实际控制人。该项内容为新《公司法》第一百八十条新增内容，其来源于对司法实践的总结。比如在某股权投资公司与李某、刘某损害公司利益责任纠纷案①中，北京高院认为，根据刘某提供的邮件、声明等证据，刘某不仅为某股权投资公司的控股股东，同时系某股权投资公司的高管人员，其对公司负有勤勉义务。

实操建议

通过上述对新《公司法》第一百八十条第二款、第三款的系统性分析，公司经营管理及司法实践中，需注意以下几点：

1. 在公司章程、规章制度及聘用协议中明确应承担勤勉义务的主体。新《公司法》第一百八十条规定，对公司负有勤勉义务的主体为公司的董事、监事、高管及实际行使董事、高管职权的控股股东、实际控制人。实践中，记载于公司章程，并在工商部门登记备案的董事、监事、高管的身份通常不会有争议。有争议的是虽经股东会或董事会任命但未记载于公司章程或工商登记中的董事、高管身份，以及未被任命为董事、高管却行使董事、高管职权的控股股东、实际控制人的身份。为免争议，建议公司尽可能在公司章程、规章制度及聘用协议中对承担勤勉义务的主体予以明确。

2. 在公司章程、规章制度及聘用协议中明确董事、高管应承担的职责。要求董事、高管承担勤勉义务，除《公司法》等法律规定明确的义务外，公司应结合自身情况，在公司章程、规章制度及聘用协议中明确董事、高管的职责范围，避免出现权责不清、勤勉义务范围不明确等情况。通过预先设定董事、高管

---

① （2020）京民终696号。

应承担的勤勉义务的方式，为判断其是否履行勤勉义务、承担赔偿责任提供依据，以免发生争议或出现公司认识与法院认定不一致的情形。

3. 董事、高管要勤勉工作，履职要留痕。需要董事、高管出席或列席会议的，董事、高管应当出席或列席，并按会议流程完成答复股东质询等事项。如因故无法亲自参会，委托他人代为出席会议时应明确授权范围。董事、高管应在职责范围内了解公司的经营情况、财务状况等，尽自己所能为公司创造价值，发现公司存在的问题后，及时提出建议并督促整改。对于工作中曾经提出的意见建议以书面形式进行记载和保存，以证实已尽到勤勉义务。

065 影子董事忠实勤勉义务的实务规范[①]

法律条文

第一百八十条　董事、监事、高级管理人员对公司负有忠实义务，应当采取措施避免自身利益与公司利益冲突，不得利用职权牟取不正当利益。

董事、监事、高级管理人员对公司负有勤勉义务，执行职务应当为公司的最大利益尽到管理者通常应有的合理注意。

公司的控股股东、实际控制人不担任公司董事但实际执行公司事务的，适用前两款规定。

条文演变

董事范畴在理论上有形式主义与实质主义之分[②]，形式主义仅认可经股东会依法或依章程选任的形式董事，而实质主义主张以实际执行董事事务为准，认可董事范畴包括未经委任、委任过期、存在委任瑕疵的事实董事和能够指示或操纵形式董事的影子董事。新《公司法》首次确立了影子董事制度（第一百八十条），将董事应尽的忠实勤勉信义义务推及控股股东、实际控制人，进而有限度地开启了董事范畴实质主义之路。

原《公司法》在第一百四十七条、第二十一条、第二十条分别从董监高忠

---

① 本节作者付合军，北京云亭律师事务所律师。
② 刘斌：《重塑董事范畴：从形式主义迈向实质主义》，载《比较法研究》2021年第5期。

实勤勉义务，控股股东、实际控制人、股东滥权损害公司、其他股东及公司债权人利益的视角对归责作了原则性规定，并未对董事忠实勤勉义务的具体内涵和董事范畴进行明文界定。与此相比，新《公司法》不仅对董事的忠实勤勉义务进行了界定，而且将该义务推及实际执行公司事务的控股股东、实际控制人。新《公司法》第一百八十条将董事忠实义务界定为"应当采取措施避免自身利益与公司利益冲突，不得利用职权牟取不正当利益"、将董事勤勉义务界定为"执行职务应当为公司的最大利益尽到管理者通常应有的合理注意"，从而将司法实践中较为成熟的裁判规则提升为立法规定①。公司实践中，控股股东、实际控制人成为影子董事的情形普遍存在，该现象是对所有权和管理权分离原则的背离且脱离董事信义义务的监管，实务中容易造成争议或纠纷。所以，新《公司法》将影子董事纳入公司董事忠实勤勉义务规范射程之内具有重要的现实意义。

裁判要旨

VIE（Variable Interest Entities）架构下的董事更应严格履行忠实勤勉信义义务。在某讯 VIE 架构下，鄂某轩同时担任某讯怀柔公司和某讯朝阳公司的执行董事，二公司一方为债权人，另一方为债务人，对涉案钱款的利益取向必然产生冲突。鄂某轩在利益冲突中是否履行信义义务是其是否需要承担损害公司利益赔偿责任的前提。在关乎公司重大利益决策时鄂某轩应向股东会履行报告义务并就该交易事项取得股东会同意。鄂某轩未尽忠实勤勉义务致公司利益受损，其需向公司承担损害赔偿责任。

案情简介②

一、某讯怀柔公司于 2012 年成立，鄂某轩是该公司创始人、控股股东、实际控制人和执行董事。后经 VIE 架构设计，包括鄂某轩在内的股东在开曼群岛设立离岸公司开曼公司，开曼公司在香港设立全资子公司某讯香港公司，某讯香港公司在内地设立外商独资公司某讯朝阳公司，某讯朝阳公司与经营实体某讯怀柔公司签订《独家业务合作协议》等控制性文件。

二、原告牛某甫、王某杰于 2016 年增资入股某讯怀柔公司；2015 年至 2016年间，某讯怀柔公司与某讯朝阳公司之间多次发生往来款项，经对某讯怀柔公司

---

① （2020）最高法民申 640 号。
② （2021）京 0116 民初 7599 号。

《2016年度审计报告书》和某讯朝阳公司《2016年度审计报告书》等证据的举证质证，法院认定某讯朝阳公司欠付某讯怀柔公司455万余元。

三、本案成讼时某讯朝阳公司已完成了工商注销，经审理，法院认定案涉欠款已无受偿可能性。

四、因鄂某轩担任某讯怀柔公司执行董事，张某担任该公司监事，二人系夫妻关系，原告牛某甫、王某杰已无法按照股东派生诉讼前置程序提请对鄂某轩、张某提起董事或监事损害公司利益之诉。故，二原告无须再履行股东派生诉讼前置程序，其有权直接提起本案之诉，其二人原告主体适格。

五、经审理，法院认定如下事实：鄂某轩就案涉借款交易未向某讯怀柔公司股东会进行报告并取得股东会同意，在某讯朝阳公司注销过程中不仅未履行破产清算程序反而主动提交清算报告帮助债务人某讯朝阳公司完成了工商注销，致使债权人某讯怀柔公司受偿无望，鄂某轩未尽忠实勤勉义务与某讯怀柔公司利益受损具有直接的因果关系。

六、法院以鄂某轩未尽忠实勤勉信义义务判决其赔偿某讯怀柔公司455万余元及相关费用。

律师分析

本案中，案涉借款事项的债权人是某讯怀柔公司，债务人是某讯朝阳公司，某讯怀柔公司与某讯朝阳公司是 VIE 架构安排下的关联公司。鄂某轩既是某讯怀柔公司的创始人、控股股东、实际控制人，又同时担任某讯怀柔公司和某讯朝阳公司的执行董事。在此情形下，鄂某轩应履行更严格的忠实勤勉信义义务，该信义义务主要表现为：

（1）避免不正当的自我交易

鄂某轩同时担任某讯怀柔公司和某讯朝阳公司执行董事，当鄂某轩为某讯朝阳公司实际经营向某讯怀柔公司拆借资金，为某讯朝阳公司便于注销而代表某讯怀柔公司同意转移债务时，均是为了他人利益而与某讯怀柔公司进行交易的情形，属于典型的自我交易。这种情况下，鄂某轩既有义务将上述交易事项向某讯怀柔公司股东报告，更应当获得股东会的决议批准。新《公司法》第一百八十二条的规定即对该情形的法定要求。新《公司法》第一百八十二条规定："董事、监事、高级管理人员，直接或者间接与本公司订立合同或者进行交易，应当就与订立合同或者进行交易有关的事项向董事会或者股东会报告，并按照公司章程的规定经董事会或者股东会决议通过。董事、监事、高级管理人员的近亲属，董事、监事、高级管理人员或者其近亲属直接或者间接控制的企业，以及与董事、监事、高级管理人员有其他关联关系的关联人，与公司订立合同或者进行交易，适用前款规定。"

（2）在某讯怀柔公司债权回收过程中应全面履行勤勉义务

某讯朝阳公司作为债务人在注销前，案涉借款的债务经债权人某讯怀柔公司同意转移至了某讯香港公司，同时，为了便利某讯朝阳公司注销，在未经破产清算程序的情况下，鄂某轩还主动提交清算报告帮助某讯朝阳公司完成了注销，最终导致某讯怀柔公司债权回收无可能性。鄂某轩未尽到勤勉义务是导致某讯怀柔公司利益受损的直接原因。

综上，鄂某轩作为某讯怀柔公司的创始人、控股股东、实际控制人和执行董事应当依法履行对某讯怀柔公司的忠实勤勉信义义务，但其同时担任某讯朝阳公司执行董事，其为了某讯朝阳公司利益而损害某讯怀柔公司利益的行为构成对某讯怀柔公司的侵权，应当依法承担损害某讯怀柔公司利益的赔偿责任。本案中，如鄂某轩不是某讯怀柔公司执行董事，仅是该公司控股股东、实际控制人，按照新《公司法》规定，本案原告诉请依然具有请求权基础。

实操建议

影子董事未尽忠实勤勉信义义务损害的主要利益对象包括公司、公司其他小股东及公司债权人。鉴于公司作为法律拟制主体无法脱离公司机关进行意思表示、公司债权人作为外部第三人对公司存在信息不对称的天然劣势，规范影子董事的忠实勤勉信义义务就成为公司小股东无法回避的现实问题。通过前述分析，笔者就影子董事忠实勤勉信义义务的实务规范提出以下实操建议供参考：

1. 有限公司设立时的小股东需要抓住公司设立时的机会与控股股东、实际控制人签订书面的股东协议或相关文件，对公司未来影子董事形成的条件、情形进行明确界定，对影子董事损害公司及小股东利益的违约责任进行提前约定，甚至可以就影子董事损害小股东利益构成小股东"退股"事由进行约定，以避免公司后续发展过程中小股东深陷困局无法解脱。

2. 私募基金投资过程中的常用交易架构为：目标公司通过增资扩股引入私募基金作为新进股东，而私募基金一般定位为战略投资者或财务投资人（目标公司小股东）。私募基金为更好地实现投资目的或维护自己作为目标公司小股东的利益，在完善尽职调查的基础上，需要注意更新和完善《增资协议》等投资文件条款约定，将规范目标公司影子董事忠实勤勉信义义务的如下事项明确载入文本：（1）经投资人/增资方确认的目标公司董事职责、义务、履职手册构成影子董事行为规范；（2）影子董事形成的具体条件、情形或注意事项；（3）影子董事损害目标公司利益的情形认定或场景约定；（4）关联交易下影子董事履职的实务要求；（5）影子董事与大股东欺压情形合一以及此情形构成私募基金退出目标公司的明确约定。

066 公司董事、高管投资设立的其他公司与本公司交易，是否属于自我交易行为[①]

法律条文

第一百八十二条　董事、监事、高级管理人员，直接或者间接与本公司订立合同或者进行交易，应当就与订立合同或者进行交易有关的事项向董事会或者股东会报告，并按照公司章程的规定经董事会或者股东会决议通过。

董事、监事、高级管理人员的近亲属，董事、监事、高级管理人员或者其近亲属直接或者间接控制的企业，以及与董事、监事、高级管理人员有其他关联关系的关联人，与公司订立合同或者进行交易，适用前款规定。

条文演变

原《公司法》第一百四十八条规定董事、高级管理人员不得违反公司章程的规定或者未经股东会、股东大会同意，与本公司订立合同或者进行交易，可见原《公司法》对自我交易的对象主体限于董事、高级管理人员。新《公司法》将关联交易和自我交易都纳入第一百八十二条，第一款将董事、监事、高级管理人员作为自我交易的对象主体，第二款将董事、监事、高级管理人员的近亲属，董事、监事、高级管理人员或者其近亲属直接或者间接控制的企业，以及与董事、监事、高级管理人员有其他关联关系的关联人，作为关联交易的对象主体，两者适用相同的程序性规则。

---

① 本节作者魏广林，北京云亭律师事务所律师。

裁判要旨

自我交易应仅限于董事、高管本人违反公司章程或未经股东会同意与本公司进行交易的行为，司法审判不宜扩张解释至董事、高管投资设立的其他公司与本公司进行交易的行为。况且，自我交易返还的收入系指董事、高管本人因自我交易而获得的实际收入，而董事、高管另设公司与本公司交易获得的收入并非董事、高管本人的收入。

案情简介

一、倪某、谭某是某铭公司的股东，倪某是某哲公司、某基公司、某拜公司的法定代表人、董事长、总经理，谭某为上述公司财务。倪某在某哲公司、某基公司、某拜公司任职期间，未经股东会同意，将大量物业管理业务发包给某铭公司，并唆使谭某利用职务便利向某铭公司支付费用。

二、某哲公司、某基公司、某拜公司认为倪某、谭某和某铭公司的交易行为侵害了公司权益，遂向法院起诉，主张要求三被告承担赔偿责任的基础在于构成自我交易，并同意法院仅围绕是否构成自我交易角度进行审查。

三、法院认为①，根据原《公司法》第一百四十八条的规定，董事、高级管理人员不得有下列行为：（四）违反公司章程的规定或者未经股东会、股东大会同意，与本公司订立合同或者进行交易。该条是针对自我交易的规定，故自我交易的主体仅限于公司董事、高级管理人员，强调的是董事、高级管理人员与本公司交易行为发生在违反章程规定或者未经股东会同意的前提下，且董事、高管因自我交易而获得收入的情形，有别于原《公司法》第二十一条关于关联交易的规定，该规定涵盖与公司有关联关系的一切主体。

律师分析

自我交易是指公司董事、监事、高级管理人员、实际控制人与本公司订立合同或者进行交易；关联交易是指公司与其关联人之间发生的可能导致转移资源或者义务的行为。公司的控股股东、实际控制人、董事、监事、高级管理人员等，利用与公司的关联关系，使公司与自己或者其他关联方从事不当交易，将直接或

---

① （2016）沪02民终21号。

间接损害公司的利益。① 两者的概念和表现形式不同，并且原《公司法》对两者进行了不同规定：（1）关联交易并非绝对禁止，对关联交易的判定注重实质公平，且关联交易行为人事后仅承担赔偿责任；（2）对自我交易的要求较高，未通过股东会或股东大会同意的董事、高管自我交易属于绝对禁止，并且其违反规定所得的收入应当归公司所有。上述案例中原告要求法院围绕是否构成自我交易进行审理，其目的是追回被告某铭公司因倪某关联交易而取得的费用。

实践中主要存在两种裁判思路：一是根据原《公司法》第一百四十八条第一款第四项的规定，自我交易的主体应仅限于董事、高级管理人员本人违反公司章程或未经股东会同意与本公司进行交易的行为，司法审判不宜扩张解释至董事、高级管理人员投资设立的其他公司与本公司进行交易的行为。公司认为行为人侵害其利益，构成关联交易的可以另行主张。

二是认为自我交易的主体不一定为公司的董事及高级管理人员，也可能是董事及高级管理人员控制的其他企业，前者系"直接自我交易"，而后者系"间接自我交易"。而司法实务中对"间接自我交易"的认定存在分歧，即公司董事、高管投资设立的其他公司与本公司交易，是否属于自我交易行为存在不同认识。如在某合公司、刘某园损害公司利益责任纠纷②一案中，刘某园是某合公司的执行董事、总经理、法定代表人，同时是某芒公司的执行董事、法定代表人，法院认为其将某合公司的项目发包给某芒公司的行为构成关联交易，同时依据原《公司法》第一百四十八条认为刘某园未经股东会、股东大会同意与本公司订立合同属于关联交易的自我交易，该交易行为违反公司法的禁止性规定，故刘某园其因自我交易而获得的收入应当归公司所有。

新《公司法》将关联交易和自我交易都纳入第一百八十二条，两者适用相同的程序性规则。此外，从文义解释上看，本条第一款规定"董事、监事、高级管理人员，直接或者间接与本公司订立合同或者进行交易，应当……"，第二款规定"董事、监事、高级管理人员的近亲属，董事、监事、高级管理人员或者其近亲属直接或者间接控制的企业，以及与董事、监事、高级管理人员有其他关联关系的关联人，与公司订立合同或者进行交易"，自我交易与关联交易在本条中呈清晰的并列关系。由此可知，公司董事、高管投资设立的其他公司与本公司交易，不属于自我交易行为。

---

① （2021）粤 06 民终 13268 号。
② （2020）陕 01 民终 15918 号。

"自我交易"这一行为与董事、高级管理人员及监事对公司的忠诚勤勉义务紧密相连。对于自我交易，公司法经历了从严格禁止到逐步放松的过程，本次修改进一步明确了自我交易适用的限制，在防止公司的利益受到损害的同时，也规范了董事、监事、高级管理人员与公司的交易。

实操建议

通过上述对新《公司法》第一百八十二条的系统分析，我们了解到公司董事、高管投资设立的其他公司与本公司交易不属于自我交易行为，具体梳理实操建议如下：

第一，关联交易与自我交易适用相同规定。新《公司法》第一百八十二条不再区分关联交易与自我交易适用不同规则，关联交易和自我交易都需要经股东会或董事会决议，并且根据新《公司法》第一百八十六条的规定，董事、监事、高级管理人员违反上述规定所得的收入应当归公司所有。

第二，本次《公司法》修订表明关联交易和自我交易并非绝对禁止的，前提是符合法律规定并且该行为不损害公司的利益。如果公司发现董事和高管的关联交易行为对公司利益造成了损害，可以根据新《公司法》第一百八十九条的相关规定提起诉讼。

067 关联交易经过股东会批准，股东是否就不再担责①

法律条文

第一百八十二条 董事、监事、高级管理人员，直接或者间接与本公司订立合同或者进行交易，应当就与订立合同或者进行交易有关的事项向董事会或者股东会报告，并按照公司章程的规定经董事会或者股东会决议通过。

董事、监事、高级管理人员的近亲属，董事、监事、高级管理人员或者其近亲属直接或者间接控制的企业，以及与董事、监事、高级管理人员有其他关联关系的关联人，与公司订立合同或者进行交易，适用前款规定。

---

① 本节作者魏广林，北京云亭律师事务所律师。

条文演变

原《公司法》第二十一条规定公司的控股股东、实际控制人、董事、监事、高级管理人员不得利用其关联关系损害公司利益，否则给公司造成损失的，应当承担赔偿责任。新《公司法》对关联交易应履行的程序性事项作出了规定，规定了董监高对关联交易的信息披露义务，并且相关交易应当按照公司章程的规定经董事会或者股东会决议。

裁判要旨

在关联交易通过股东会决议，符合形式合法的外观要件的情况下，仍应当对交易的实质内容即合同约定、合同履行是否符合正常的商业交易原则以及交易价格是否合理等进行审查。关联交易价格有失公允、损害公司利益的，股东仍应当承担赔偿责任。

案情简介

一、某东公司的股东为耿某友和刘某联，某驰公司的股东也为耿某友和刘某联，刘某联为某驰公司分公司的负责人。2010年两公司签订《资产转让协议》，约定将某东公司所有资产、债权、债务全部无偿转让给某驰公司分公司。在签订《资产转让协议》前，耿某友、刘某联通过某驰公司股东会决议形式履行了股东会表决程序，并形成了股东会决议。

二、后某东公司转让给某驰公司的债务，在耿某友、刘某联经营期间由某驰公司偿还完毕，而某驰公司受让的债权大多无法实现，某驰公司由此提起诉讼，要求耿某友和刘某联、某东公司共同赔偿利用关联关系损害某驰公司利益的经济损失。

三、最高人民法院二审①认为：首先，耿某友和刘某联以关联交易的方式，将本应由其自行承担的某东公司债务转由某驰公司承担，有明显的摆脱债务嫌疑。其次，从案涉交易的履行情况来看，某东公司未能提供有效证据证明其向某驰公司转让的债权真实有效，从而导致某驰公司未能收回两份协议中约定的债权，损害了某驰公司的利益。

---

① （2019）最高法民终496号。

律师分析

法律并非绝对禁止关联交易，因为符合诚信义务、交易程序、交易对价等正当要素的关联交易往往还能提高交易效率、降低交易成本、优化资源配置。法律禁止的是公司董事、监事、高级管理人员或实际控制人通过关联交易牟取私利、损害公司利益。因此，关联交易的核心是公平原则，其合法有效需要同时满足形式和实质两个层面：形式层面包括本条规定的信息披露义务、决议程序和关联方回避规则；实质层面参照本法第二十条至第二十三条的规定，即判断公司决议是否系股东滥用股东权利，以及是否损害公司或其他股东利益。

关联交易经股东会批准仅仅满足形式要件的合法，然而实践中可能存在董监高利用其影响力左右股东会决议的情形，即通过的决议虽然在形式层面合法，但实质上是董监高通过关联交易将利益转移到其控制的企业中，损害公司或小股东的利益。因此，《公司法司法解释五》第一条第一款明确规定：关联交易损害公司利益，原告公司依据民法典第八十四条、公司法第二十一条规定请求控股股东、实际控制人、董事、监事、高级管理人员赔偿所造成的损失，被告仅以该交易已经履行了信息披露、经股东会或者股东大会同意等法律、行政法规或者公司章程规定的程序为由抗辩的，人民法院不予支持。

关联交易行为人是否需要承担赔偿责任，还应当对交易实质内容的公平性进行综合判定，包括但不限于合同约定、合同履行是否符合正常的商业交易原则以及交易价格是否合理等。如前文提到的耿某友、刘某联与某驰公司一案，虽然关联交易经过股东会决议，但由于其不合理的债权债务转让损害了公司利益，故耿某友和刘某联需要承担赔偿责任。

在关联交易通过股东会决议的情况下，公司起诉关联交易行为人承担赔偿责任时，通常会要求法院确认案涉决议无效。如在某矿公司与某圣公司一案①中，法院首先明确某圣公司董事会、股东会作出关于收购海隆公司并授权××组织收购工作的决议，参与表决的董事及股东代表与决议事项有关联关系，确属于公司关联交易。但涉及关联交易的决议无效，还需要违反原《公司法》第二十条第一款"公司股东应当遵守法律、行政法规和公司章程，依法行使股东权利，不得滥用股东权利损害公司或者其他股东的利益"。在确认决议有效后认为其中关于收购某隆公司并授权××组织收购工作的内容并未涉及具体的交易条件等事项，

---

① （2017）最高法民终 416 号。

现有证据不能证明该决议内容损害了公司或其他股东的利益。在袁某友、某搏煤业有限公司公司决议效力确认纠纷一案①中，法院认为判断案涉股东决议是否系股东滥用表决权的重要审查标准是某煤矿的转让价格是否合理以及有无侵害公司或其他股东的合法权益。

本条在修改时参考了上市公司关联交易的规则，如《上海证券交易所上市公司自律监管指引第 5 号——交易与关联交易指引》第三条规定："上市公司应当建立健全交易与关联交易的内部控制制度，明确交易与关联交易的决策权限和审议程序，并在关联交易审议过程中严格实施关联董事和关联股东回避表决制度。公司交易与关联交易行为应当定价公允、审议程序合规、信息披露规范。"由此可知，"实质公正"一直是关联交易的核心规制理念。

综上，关联交易经股东会决议不能阻却公司对有关人员的追偿权，如股东通过关联交易损害公司合法利益，其仍需要承担相应的损害赔偿责任。

实操建议

通过上述对新《公司法》第一百八十二条的系统分析，我们了解到关联交易即使经过股东会批准，股东并非就一定无须再承担责任，而需要审查交易是否符合正常的商业交易原则和交易价格是否公允。具体梳理实操建议如下：

第一，做好关联交易的信息披露，预防潜在风险。公司董事、监事、高级管理人员或实际控制人的关联交易行为并不必然获得否定性评价，法律同样保护符合法律规定、公司章程规定，并且不损害公司利益的关联交易。关联交易行为人根据本法有关规定做好信息披露，不通过隐瞒关联关系、搭建交易架构、不当利用豁免条款等方式使得关联交易非关联化，即能保护关联交易的进行。

第二，关联交易要符合公平原则，特别是交易价格的合理性。交易价格与交易结果密不可分，价格是否公允是判断关联交易是否给公司造成损失的核心要件。关联交易应当具有商业实质，关联交易双方应当支付合理对价，原则上不偏离市场独立第三方的价格或收费标准等交易条件。

---

① （2019）最高法民申 5349 号。

068 合法的关联交易应当具备哪些条件[①]

法律条文

第二十二条 公司的控股股东、实际控制人、董事、监事、高级管理人员不得利用关联关系损害公司利益。

违反前款规定，给公司造成损失的，应当承担赔偿责任。

条文演变

本条的表述与原《公司法》第二十一条[②]的表述完全一致，规定了禁止利用关联关系损害公司利益。《民法典》第八十四条[③]同样规定了禁止相关人员利用关联关系损害公司利益。

裁判要旨

法律保护合法有效的关联交易，并未禁止关联交易，关联交易合法有效的实质要件是交易对价公允。

案情简介

一、高某某、程某是某甲公司董事，某乙公司是二人的关联公司。

二、某乙公司在市场上采购产品后，加价转售给唯一客户某甲公司。

三、在高某某主持工作期间，关联交易总额及比例均大幅上升，在公司监事会发现并出具报告要求整改后，关联交易急速减少并消失。高某某、程某未向公司披露关联交易，造成利益不正当流向某乙公司。

四、某甲公司向法院起诉，主张高某某、程某的关联交易违法，应当赔偿公

---

① 本节作者邢辉，北京云亭律师事务所律师。

② 原《公司法》第二十一条 公司的控股股东、实际控制人、董事、监事、高级管理人员不得利用其关联关系损害公司利益。

违反前款规定，给公司造成损失的，应当承担赔偿责任。

③ 《民法典》第八十四条 营利法人的控股出资人、实际控制人、董事、高级管理人员不得利用其关联关系损害法人的利益；利用关联关系造成法人损失的，应当承担赔偿责任。

司损失。一审法院以案涉采购配件无统一市场定价，不能证明关联交易价格不合理，不构成侵权为由驳回了原告的诉讼请求，二审维持一审判决。最高法院再审①认为关联交易增加了某甲公司的购买成本，高某某、程某应当赔偿某甲公司损失。

律师分析

关联交易是一把双刃剑，一方面，公平合理的关联交易能够降低交易成本，实现交易双方共赢的目的；另一方面，公司的股东、实际控制人、董监高等人员也可利用关联交易为己谋利，损害公司利益。因此，《公司法》及《民法典》并未完全禁止关联交易，而仅禁止"利用关联关系损害公司利益"。那么，应该如何判断关联交易的效力？

关于"关联交易"，法律并未给出明确定义，《公司法》仅给出了关联关系的定义，即"关联关系，是指公司控股股东、实际控制人、董事、监事、高级管理人员与其直接或者间接控制的企业之间的关系，以及可能导致公司利益转移的其他关系"。② 可以基于关联关系认定关联交易，关联交易是关联主体与公司之间发生的交易或者是可能导致公司利益转移的其他交易。③

没有对关联交易的明确定义，这导致如何才能认定一项关联交易合法或不合法没有统一的标准。而《公司法司法解释五》第一条对于关联交易的负面后果有所规定④，最高人民法院也认可该定义⑤。此外，最高法民二庭相关负责人就《公司法司法解释五》答记者问中也曾对关联交易判断的核心进行释明："关联交易的核心是公平，本条司法解释强调的是尽管交易已经履行了相应的程序，但

---

① 人民法院案例库：某甲公司诉高某某、程某公司关联交易损害公司利益纠纷案（2021）最高法民再 181 号。

② 原《公司法》第二百一十六条第四项 本法下列用语的含义：（四）关联关系，是指公司控股股东、实际控制人、董事、监事、高级管理人员与其直接或者间接控制的企业之间的关系，以及可能导致公司利益转移的其他关系。但是，国家控股的企业之间不仅因为同受国家控股而具有关联关系。

③ 参见施天涛、杜晶：《我国公司法上关联交易的皈依及其法律规制——一个利益冲突交易法则的中国版本》，载《中国法学》2007 年第 6 期。

④ 《公司法司法解释五》第一条第一款 关联交易损害公司利益，原告公司依据民法典第八十四条、公司法第二十一条规定请求控股股东、实际控制人、董事、监事、高级管理人员赔偿所造成的损失，被告仅以该交易已经履行了信息披露、经股东会或者股东大会同意等法律、行政法规或者公司章程规定的程序为由抗辩的，人民法院不予支持。

⑤ 参见人民法院案例库：某甲公司诉高某某、程某公司关联交易损害公司利益纠纷案 [一审：（2017）陕 01 民初 469 号；二审：（2020）陕民终 777 号；再审：（2021）最高法民再 181 号]。

如果违反公平原则，损害公司利益，公司依然可以主张行为人承担损害赔偿责任。"通过这些规定及裁判文书的观点，我们可以得到这样的结论：虽然没有"损害公司利益"的关联交易不合法或无效的直接规定，但产生的损失赔偿责任间接说明，当发生"损害公司利益"的后果时，所涉及的关联交易是有失公平的，当然也就不符合法律精神的交易，是不为法律所鼓励的甚至是需要避免的。本案例中，法官给出判断标准：合法有效关联交易的实质要件是交易对价公允，应当从交易的实质内容，即合同约定、合同履行是否符合正常的商业交易规则以及交易价格是否合理等进行审查。

司法实践中，关联交易合法与否的判断标准并不统一，除本文案例所持观点外，在（2019）最高法民终496号案件中，法官从形式与实质两方面对关联交易的效力进行了审查，形式上关注是否形成了股东会决议，实质上关注合同约定、合同履行是否符合正常的商业交易原则以及交易价格是否合理等。在（2022）新01民初426号案件中，法官认为未经公司决议的对外民事行为与关联交易并非法定无效事由，应从公司该行为是否减损公司资本，损害股东、债权人利益等方面综合考量，还须对关联交易的行为效力进行实质审查。在（2019）粤06民初97号案件中，法官认为应当禁止不正当的关联交易，即公司实际控制人或高管利用自己的控制地位，迫使从属公司与自己或其他关联方从事不正当的交易，损害从属公司和少数股东利益。在（2020）豫民终799号案件中，法官认为合法的关联交易应当符合交易信息披露充分、交易程序合法、交易对价公允三个条件。

实操建议

一、非必要不实施关联交易。由于关联交易的特殊性，极易产生损害公司利益的后果，且发生纠纷诉讼，实施关联交易的控股股东、实际控制人、董事、监事、高级管理人员要想证明没有对公司利益产生损害并非易事，当然也就会产生相应的赔偿责任。

二、确需实施关联交易时，要确保关联交易的公平性，不得损害公司利益。控股股东、实际控制人、董事、监事、高级管理人员至少应当进行必要充分的信息披露，召开符合法律程序及章程规定程序的董事会或股东会并作出决议，交易价格公允，确保不会损害公司的利益，否则将会承担相应的法律责任。

三、用适当的方式确保关联交易价格公允。在判断关联交易是否公平时，交易价格是一个重要的判断因素，因此交易双方可以通过约定合理的交易价格避免被认定为不当交易。一般应当按照市场标准定价，在没有市场价格时，可以聘请相关的评估机构进行评估，基于评估结果确定交易价格。

四、公司因关联交易受到损害时，应积极主张权利。实施关联交易的控股股东、实际控制人、董事、监事、高级管理人以外的公司股东、董事、监事及高级管理人如果发现关联交易损害到公司的利益，要积极收集和保存证据，积极主张权利，并在必要时提起诉讼，避免公司及公司的其他股东利益受损。依据人民法院案例库的某甲公司诉高某某、程某公司关联交易损害公司利益纠纷案（2021）最高法民再181号案件，关联交易损害公司利益为侵权责任纠纷，应从知道或应当知道公司利益受损之日起两年内行使诉讼权利。

069 如何判断董事高管获得的商业机会是否属于公司[①]

法律条文

第一百八十三条　董事、监事、高级管理人员，不得利用职务便利为自己或者他人谋取属于公司的商业机会。但是，有下列情形之一的除外：

（一）向董事会或者股东会报告，并按照公司章程的规定经董事会或者股东会决议通过；

（二）根据法律、行政法规或者公司章程的规定，公司不能利用该商业机会。

条文演变

原《公司法》第一百四十八条第一款第五项规定了董事、高级管理人员"未经股东会或者股东大会同意，利用职务便利为自己或者他人谋取属于公司的商业机会，自营或者为他人经营与所任职公司同类的业务"。此次修法专门将篡夺公司商业机会规则单独成立为一个独立条款，并且相比原《公司法》，本条款主要有两个变化：一是扩大公司商业机会规则的适用范围，将不得篡夺公司商业机会的主体范围延伸到了监事；二是增加了公司商业机会的除外规则，其中有两项除外规则，第一是对董监高利用公司商业机会的抗辩理由进行扩展，将现有的"经股东会或股东大会的同意"延伸规定为"向董事会或者股东会报

---

① 本节作者肖义刚，北京云亭律师事务所律师。

告，并按照公司章程的规定经董事会或者股东会决议通过"；第二是增加"根据法律、行政法规或者公司章程的规定，公司不能利用该商业机会"的新条款。

裁判要旨

1. 在商业机会的归属认定上，坚持以公平为原则，着重从公司的经营活动范围、公司对商业机会的实质性努力等方面综合判断。在明确当事人的职务身份的基础上，采用客观化的要素分析考量商业机会的归属。首先，通过公司的经营活动范围确定公司商业机会的保护边界，在司法审查中从形式和实质两个层面进行把握：形式上对公司登记的经营范围进行审查，若该商业机会不在注册范围内，则需进一步从实质方面进行审查，即公司实际的经营活动范围。其次，属于公司的商业机会产生离不开公司的实质性努力。实质性努力是公司董事、高管等具有特定身份的人实施的营造行为，这种营造行为一般表现为公司为获取该商业机会而投入的人力、财力等资源，或者是在以往经营中逐渐形成的，尤其在案件审理过程中需明确商业机会来源的核心资源，对于核心资源的判断应以对商业机会生成起到关键作用为标准，比如人力资本、财力、信息、渠道、资料等。最后，对商业机会归属的判断，也应考量机会提供者对交易相对人的预期。

2. 在高管的行为是否构成"谋取"上，应以善意为标准，重点审查披露的及时性、完全性、有效性。针对有限责任公司合意性较强的特点，重点审查公司是否在事实上同意，而公司同意的前置条件在于高管对公司尽到了如实的披露义务，甄别高管的披露动机是否善意，以判断其是否履行忠实义务。在披露时间的及时性上，从理性管理人的角度考虑，审查高管是否在利用公司机会之前就将商业机会披露给公司，除非在诉讼中能够承担其行为对公司公平的举证责任。在披露内容的完全性上，高管应向公司真实、准确以及完整地披露包括交易相对方、性质及标的等与机会本身有关的事实、与公司利益有关联的信息，不得故意陈述虚伪事实或者隐瞒真实情况，具体认定上应从正常合理的角度去考量，高管应作出一个普通谨慎的人在同等情形下应作出的勤勉和公正。在披露效果的有效性上，需确保公司决定是在已及时、充分了解商业机会相关的所有内容，而非基于瑕疵披露的"引诱"而作出错误决定。

案情简介①

一、上海某流体设备技术有限公司系由上海某投资有限公司与西班牙某公司合资的外商投资企业，系西班牙某公司阀门在中国的独家代理商。施某某系上海某流体设备技术有限公司的总经理、董事。

二、2017年9月6日，长沙市某科技股份有限公司向施某某的工作邮箱发送询价邮件，邀请其对伊拉克格拉芙项目所涉的阀门进行报价。施某某安排上海某流体设备技术有限公司销售部工作人员刘某某予以跟进和磋商。

三、2017年年底，施某某安排刘某某以其实际控制的香港某商贸有限公司参与涉案项目的投标工作，并以提高效率为由向长沙市某科技股份有限公司解释更换投标主体。2018年1月，香港某商贸有限公司与长沙市某科技股份有限公司进行签约，长沙市某科技股份有限公司向香港某商贸有限公司采购西班牙某公司2853台阀门，总价款3133439美元。

四、2018年2月至3月，施某某通过上海某流体设备技术有限公司相关人员促成西班牙某公司与香港某商贸有限公司签约，涉及西班牙某公司2853台阀门，总价款1910675美元。后续，西班牙某公司安排上海某流体设备技术有限公司共同参与上述合同项下阀门的生产、运输等，并直接向长沙市某科技股份有限公司指定地点交货。

五、上海某流体设备技术有限公司遂诉诸法院，称被告施某某利用职务便利，非法谋取原本属于原告的商业机会，获得合同差价122.2764万美元，故应将该122.2764万美元赔偿给原告。被告施某某则称，系争商业机会系其个人的商业机会，并已向原告披露，双方是共同参与与获益，没有损害原告利益。后法院支持了原告上海某流体设备技术有限公司的诉请。

律师分析

上述案例是一起公司高管违反公司忠实义务篡夺公司商业机会的典型案例。施某某作为上海某流体设备技术有限公司的高管，其利用高管职务代表上海某流体设备技术有限公司，利用经手该项目的便利并暗中以其实际控制的香港某商贸有限公司参与涉案项目的投标工作，并与长沙市某科技股份有限公司进行项目磋商和订立协议，施某某以其实际控制的香港某商贸有限公司的名义篡夺了原本属

---

① 人民法院案例库（2019）沪0118民初17485号。

于上海某流体设备技术有限公司的商业机会。造成上海某流体设备技术有限公司利益损失，这种未经股东会同意，私自将该商业机会安排给与自己有利益关系的第三方，其行为本质上属于侵权行为，应当予以赔偿。

公司商业机会理论源自英美普通法系，其理论核心为"公司受托人负有不得篡夺公司商业机会的禁止性义务"，是现代公司法重要理论的基础。新《公司法》第一百八十条第一款"董事、监事、高级管理人员对公司负有忠实义务，应当采取措施避免自身利益与公司利益冲突，不得利用职权牟取不正当利益"明确规定了董监高等作为公司法定的受托人对公司负有忠实义务，所以法律规定上述公司受托人不得为了个人利益将应属于公司的商业机会占为己有，而这种违反忠实义务的行为也必将受到法律的规制。

商业机会是否属于公司，通常可以从以下三个维度来进行判断：一是该业务是否与所任职公司的经营活动存在关联；二是对方客户是否有将案涉商业机会提供给该公司的意愿；三是公司是否对该商业机会有期待利益。换言之，公司对特定商业机会是否达到了特定交易的优势可能性，即公司与商业机会之间是否存在一定的先前联系，比如公司有了一定的前期投入，包括进行谈判或先前合同权利等，而公司也从未表示过放弃该涉案商业机会。

在司法实践中，法院通常会审查公司为争取涉案争议机会的实质努力和比较优势，如公司在人、财、物等方面的投入以及是否签订了相关协议等具体情形来进行分析，如果公司的董监高等受托人在面对特定的商业机会时利用了公司资源，这种资源公司本可以自行利用来获取该商业机会，那么法官也会更倾向认定此种行为构成篡夺公司机会。本案中施某某违反公司高管忠实义务，故法院判决施某某对上海某流体设备技术有限公司的损失承担赔偿责任的判罚属于情理之中。

实操建议

第一，公司日常经营管理中尽可能完善业务和项目跟进流程，对交易的客户、交易标的、交易价款、交易条件、交易进度等进行流程和内容控制，并做好与客户文件和邮件往来等通信的保存与备份工作。

第二，结合公司的实际情况定义商业机会，并将其列为公司的商业秘密，通过建立健全企业保护商业秘密的组织、制度以及措施，如将商业秘密分成几个部分，由不同的人员分别掌握，这样被泄露或者窃取的概率就会低很多。

第三，与公司涉密员工签订保密协议、竞业限制协议，约定不能利用公司的商业秘密和商业机会成立自己的企业，不能利用公司的商业秘密为竞争企业工作等，上述协议在员工离职后的一定期限内仍然有效。万一商业秘密被侵犯，追究其法律责任也有据可依。

070 母公司董事高管谋取子公司商业机会，需要承担赔偿责任吗[①]

法律条文

第一百八十三条 董事、监事、高级管理人员，不得利用职务便利为自己或者他人谋取属于公司的商业机会。但是，有下列情形之一的除外：

（一）向董事会或者股东会报告，并按照公司章程的规定经董事会或者股东会决议通过；

（二）根据法律、行政法规或者公司章程的规定，公司不能利用该商业机会。

条文演变

同上一篇。

裁判要旨

母公司是子公司的全资股东，双方利益具有显见的一致性，母公司董事高管对子公司所负的忠实义务和竞业禁止义务应自然延伸至母公司的子公司。

案情简介[②]

一、美某佳公司设立于 2008 年 11 月，李某担任美某佳公司法定代表人、董事长、总经理职务。华某公司设立于 2013 年 6 月，2015 年 6 月，股东变更为美某佳公司（持股 100%）。广东友某医公司设立于 2006 年 4 月，股东为省二医（持股 100%）。友某医公司设立于 2014 年 8 月 7 日。李某通过股权代持的方式，

---

① 本节作者肖义刚，北京云亭律师事务所律师。
② （2019）粤民终 1027 号、（2021）最高法民申 1686 号。

实际持有该公司股份85%。

二、2014年1月，省二医和华某公司签订《合作框架协议》，拟共建广东省互联网医院等项目，同年2月双方签订《补充协议》对利润分配进行了明确；同年8月，华某公司首次发表华某网络医院平台软件。

三、2014年11月，李某向美某佳公司提出辞职。同月，省二医与友某医公司合作并终止与华某公司合作，友某医公司与省二医签订《网络医院合作协议》，约定双方视对方为广东省内唯一的合作方，双方共同合作组建友某医网络医院。

四、华某公司和美某佳公司将李某诉至法院。追究李某违反对其忠实义务，损害公司利益。本案经一审、二审和最高法再审，均支持了原告华某公司和美某佳公司。

律师分析

这是一起典型的母公司的董事高管利用职务便利为自己谋取属于子公司的商业机会的案例。按照原公司法的规定，即原《公司法》第一百四十八条第一款第五项规定"未经股东会或者股东大会同意，利用职务便利为自己或者他人谋取属于公司的商业机会，自营或者为他人经营与所任职公司同类的业务"只是规定了董事高管在自己所担任的公司负有包括不得篡夺公司商业机会的忠实义务，并没有明确规定公司的董事高管对于子公司或者控股公司的忠实义务，而本案中，李某认为公司法的忠实义务仅限于公司的董事和高管，本案争议的商业机会与自己所任的美某佳公司无关。尽管华某公司认为本案争议的商业机会属其所有，但李某认为自己并非该公司的董事或高管，对该公司不负忠实义务，不可能成为篡夺其商业机会的民事责任主体。但这一点在一审、二审和最高法再审均未得到支持，本人认为法院裁判是有道理的，董事高管的竞业禁止义务不能过于狭隘理解，在公司经营过程中，成立子公司、控股公司等情形很常见，若否认此种关联关系对忠实义务的限制，则属于对忠实义务的不当限缩。公司高管对自身所任职的公司负有忠实义务。忠实义务中包括了不能将自己的利益凌驾于公司的利益之上的法定义务，不得篡夺公司的商业机会自然包括其中；另外，从公司法的立法本意来看，关于董事高管对公司所负的忠实义务应不限于董事所任职的公司自身，还应包括公司的全资子公司、控股公司等，如此方能保障公司及其他股东的合法权益，真正实现公司法设置忠实义务的立法初衷。所以，本案中的三级法院判决均认定李某违反了对其任职的美某佳公司和美某佳公司的子公司华某公司所负忠实义务和竞业禁止义务是完全正确的。

实操建议

通过对新《公司法》第一百八十三条的分析，我们知道新的公司法加大和明确了公司的董、监、高对于公司商业机会的法律责任和豁免条件，但是现实世界中的各种情形纷繁复杂，如果仅靠法定的责任未必能阻止上述案例情形的重复发生，公司如何防止此类情形出现，从而避免导致损失，具体梳理实操建议如下：

在章程中直接对公司的商业机会进行明确约定。章程是公司的基本法，有许多的自治空间，股东们在制定章程时可以明确约定，公司的董监高不得篡夺公司商业机会，上述商业机会包括公司以及公司的全资子公司、公司的控股公司、公司的关联公司等。另外，也可以对公司不能利用该商业机会作出明确限定，并且对于董监高向董事会或者股东会报告与通过机制进行精细化制定条款，如董事会或者股东会对于公司商业机会的决议通过的持股比例高于一般普通决议的约定，如需经无关联董事或股东所持表决权的三分之二通过等安排，也可以在章程中约定对于篡夺公司商业机会的董、监、高的惩罚条款，如解任或解聘甚至增加赔偿和赔偿损失的计算条款，一来防范和规避风险，二来在后续公司维权中也占有主动的诉讼优势地位。

071 公司"董监高"若想利用公司商业机会都有哪些特殊情形[①]

法律条文

第一百八十三条 董事、监事、高级管理人员，不得利用职务便利为自己或者他人谋取属于公司的商业机会。但是，有下列情形之一的除外：

（一）向董事会或者股东会报告，并按照公司章程的规定经董事会或者股东会决议通过；

（二）根据法律、行政法规或者公司章程的规定，公司不能利用该商业机会。

---

① 本节作者肖义刚，北京云亭律师事务所律师。

条文演变

同前两篇。

裁判要旨

认定董事、高管谋取属于所任职公司的商业机会的条件之一为董事、高管实际参与经营决策。

案情简介①

一、敏某公司成立于 2000 年 5 月，登记备案的股东为五人，分别为刘某麟、李某安、袁某、李某梅和李某军，持股比例均为 20%。法定代表人、董事长及经理均为李某梅。

二、2008 年 1 月，敏某公司取得案外人授权经销德国某公司"量子美味棒"，授权有效期至 2009 年 1 月 31 日。

三、灏某公司成立于 2008 年 11 月。2009 年 1 月，灏某公司取得案外人授权经销德国某公司"量子美味棒"，授权有效期至 2009 年 12 月 31 日。2017 年 1 月，灏某公司出具《证明》：李某梅是灏某公司员工。

四、敏某公司股东刘某麟、李某安、袁某起诉李某梅损害公司利益责任，要求李某梅进行同业竞争所获 265 万元收入归敏某公司所有。

五、经过法院一审、二审、再审均驳回了原告的诉讼请求。

律师分析

公司法规定公司董事、高级管理人员违反忠实义务，利用职务便利为自己或者他人谋取属于所任职公司的商业机会，须存在两个前提条件：一是担任公司董事、高级管理人员并实际从事公司的经营决策等管理行为；二是没有经过股东会的同意而实施上述行为。本案中，公司其他股东通过股东代表诉讼主张李某梅任职董事长、法定代表人、经理，参与了敏某公司的经营决策，但未能提供有效证据予以证实李某梅在任职的情况下实际参与了经营决策。认定董事、高级管理人员是否违反公司商业机会，应重点考量案涉商业机会是否为公司机会以及董事、高级管理人员是否实施了谋取公司商业机会的行为。结合判决书中法院认为原告

---

① （2021）陕 01 民终 828 号、（2021）陕民申 4368 号。

并没有提交李某梅担任前述职务时的具体职责范围及工作内容的相关证据，因证据不足，不能认定李某梅存在利用职务便利谋取了敏某公司的商业机会的行为，故驳回了三原告的起诉。

那么新公司法下，公司的董监高若想利用公司商业机会都有哪些特殊情形？通过梳理新公司法法条，我们可以得出对于董监高利用职务便利为自己或他人谋取属于公司的商业机会，新公司法是限制而不是绝对禁止。这里新公司法设定了两个除外条件，第一个条件就是进行披露、董事会同意、股东会同意；第二个条件是法律、行政法规和公司章程规定公司不能利用该商业机会。也就是只要向有权审议机关（公司章程规定的董事会或股东会）履行报告义务，并经有权审议机关决议通过后就可以利用公司机会。具体操作流程如下：（1）公司的董监高按照公司章程要向董事会或者股东会报告，并按照公司章程的规定经董事会或者股东会决议通过，同意董监高使用该本属于公司的商业机会；（2）董事会在对上述事项进行表决时，关联董事要予以回避；（3）若出席董事会会议的无关联关系董事人数不足三人，则应当将该事项提交股东会审议；（4）根据法律、行政法规或者公司章程的规定，公司不能利用该商业机会。

实操建议

一、公司在制定公司章程时要充分考虑公司机会事项

章程有大量的自治空间，公司对于公司董监高不得利用公司商业机会可以进行更多的限制，如可以在章程中明确约定限制的条件以及上述董事会或股东会表决权数比例的调整，如原来只要通过无关联表决权过半数以上即可通过，那么将这个比例调整至三分之二甚至四分之三或更高比例均可。

二、公司董监高若想利用公司商业机会须严格按照新公司法的规定执行

公司执行职务的董监高若想利用公司商业机会首先要得到公司的同意，具体来说就是先要向公司的有权审批机构进行披露，即向董事会或股东会报告、经董事会或者股东会决议通过，同意董监高使用公司机会后即可光明正大地使用该公司机会，无须再担心是否违反法律或者对公司的忠实义务而承担法律责任。

072 公司或股东如何证明公司高管的同业竞争行为成立①

法律条文

第一百八十四条　董事、监事、高级管理人员未向董事会或者股东会报告，并按照公司章程的规定经董事会或者股东会决议通过，不得自营或者为他人经营与其任职公司同类的业务。

条文演变

原《公司法》第一百四十八条第一款第五项规定了公司董事和高级管理人员的竞业禁止义务，即这两类主体不得未经股东会或者股东大会同意，自营或者为他人经营与所任职公司同类的业务。新《公司法》将其单列为一个独立条文，相比原《公司法》，本条扩充了竞业禁止义务主体，将监事也一并纳入，保持履行忠实义务的主体一致，同时增设了董事会可以豁免董监高的竞业活动。

裁判要旨

公司法意义上的竞业禁止义务属于法定的竞业禁止义务，构成违反竞业禁止义务包括三个要件：一是未经股东会或股东大会同意；二是利用了职务便利；三是自营或为他人经营所任职公司同类的业务。是否为同类业务，一般从经营范围、商业模式、经营区域、客户类型等方面加以判断。

案情简介

一、2008年9月1日，易某入职某章公司，先后任采购经理、董事长（2009年6月9日起）、董事长兼总经理（2011年11月24日起）。该公司经营范围为：集成电路的设计、电子产品及软件的技术开发；电子产品、锂电池、新能源产品、电动汽车锂电池组等的销售及批发，从事货物的进出口业务。

二、2015年9月25日，易某设立某益公司（一人有限责任公司），易某任董事长、总经理。该公司经营范围为：从事集成电路的设计、电子产品及软件开

---

①　本节作者梁玉茹，北京云亭律师事务所律师。

发；销售自行开发的技术成果；从事货物及技术进出口，生产锂电池电池组、相关生产设备及电池组零配件。

三、2018 年 5 月，易某从某章公司离职。

四、离职后某章公司向法院起诉，请求确认易某在任职期间通过某益公司获得的收入应当归某章公司所有，某益公司承担连带赔偿责任。

五、二审法院①认为：构成违反竞业禁止义务包括三个要件：一是未经股东会或股东大会同意；二是利用了职务便利；三是自营或为他人经营所任职公司同类的义务。是否为同类业务，一般从经营范围、商业模式、经营区域、客户类型等方面加以判断。本案中易某在担任某章公司的高级管理人员期间，利用职务便利以个人名义在同一区域设立某益公司经营与某章公司同类的业务，且未能举证证明其行为已经股东会或股东大会同意，符合违反竞业禁止义务的情形。

律师分析

公司董事、监事、高级管理人员作为忠实义务的义务主体，新《公司法》连续用了四个条文从不同角度规范高管忠实义务，而本节法条董监高的竞业禁止义务更是忠实义务的重要内容，当董监高处于公司竞争者的位置，利用职务便利进行同业经营行为，从而损害了公司利益时，公司该如何证明公司高管的同业竞争行为成立？首先，需要满足主体要件，行为人须具有董事、监事或高管的身份。董事和监事的身份易于证明，而是否为公司高级管理人员往往会成为案件的争议焦点，根据新《公司法》第二百六十五条规定，高级管理人员是指公司的经理、副经理、财务负责人，上市公司董事会秘书和公司章程规定的其他人员。但实践中法院往往会对其是否实际行使了高级管理人员的权利进行实质性审查，如在穆某莉与三河市凌某文化传媒有限公司等损害公司利益责任纠纷案②中，法院认为，穆某莉虽然并非某瑞公司的工商登记的相关高级管理人员，但工商登记的本质系用于对外向社会公示公司内部管理结构和管理人员，登记内容不能作为认定人员任职情况唯一标准，本案系公司内部提起的对于高级管理人员损害公司利益责任的纠纷案件，故应当对穆某莉的个人身份及职务范围进行实质性审查来认定其是否符合高级管理人员的情况。

其次，需要注意对同类业务的认定。在上海某力公司、宁波某派公司等损害

---

① （2020）粤 03 民终 16081 号。
② （2020）京 03 民终 8429 号。

公司利益责任纠纷案①中，法院认为某力公司章程规定执行董事不得擅自自营或为他人经营与某力公司同类业务，但从企业公司信息显示的内容来看，某力公司和某派公司的经营范围基本一致，王某防同时成为两家公司的股东、董事，结合一般商事规律、普通大众认知及公序良俗，可认定王某防利用职务便利为自己及某派公司谋取了本属于某力公司的商业机会，并为某派公司经营了与某力公司同类的业务，违反了公司法中高管的忠实、勤勉义务，损害了某力公司利益，并使自身获利，故而应当承担相应法律责任。《公司法》也并未对"同类业务"进行明确界定，实践中有些法院对同类业务认定是以营业执照或公司章程所载明的经营范围为准，但司法实践倾向于结合公司的实际经营业务综合界定。

最后，需要关注行为要件，即董监高任职期间从事同业竞争的行为是否已经过股东会或董事会豁免同意，这是公司证明董监高同业竞争行为成立的核心要点。并非董监高自营或为他人经营与所任职公司同类业务，就一定违反竞业禁止义务。董监高的同业竞争行为、自我交易行为与谋取公司的商业机会等，均属于《公司法》中相对禁止的行为，向股东会或董事会报告并经过决议同意程序后，这些行为便可以从事。新《公司法》在原有股东会基础上，增设董事会作为公司对董监高的竞业活动予以许可的机关，适应了公司内部灵活经营和决策的需要，强化了董事会作为企业经营决策主体地位及监督职能。

另外，董监高对"公司"所负的忠实义务、竞业禁止义务只限于其所任职的公司自身吗？对此在李某与某佗公司、某佳公司、第二人民医院损害公司利益责任纠纷案②中，最高人民法院认为，母公司的利益与子公司（尤其是全资子公司）的利益具有显见的一致性，因此如果母公司董监高对其子公司具有实际控制能力，那么其对母公司所负忠实义务应自然延伸至子公司，如此方能实现《公司法》为母公司董监高设置忠实义务的立法目的，才能实现对母公司及其股东合法权益的保护。由此可见，董监高对公司所负的忠实义务、竞业禁止义务有可能被司法实践认定为包括该公司实际控制的全资子公司、控股公司等。

值得注意的一点是，我国《公司法》仅规定了董监高在职期间的竞业禁止义务，对于离职之后并无明确规定，董监高是否在离职后就不用遵循竞业禁止义务呢？答案是并不尽然，若公司董监高在任期届满后仍然实际行使相应职权，对公司进行经营管理，则实际行使职权期间董监高仍然负有竞业禁止义务。此外，

① （2021）沪 02 民终 313 号。
② （2021）最高法民申 1686 号。

即使离职，若董监高对公司的相关经营信息仍然实际控制，则法院也往往酌定其竞业禁止期限延长至其离职后的一段时间。例如，在黄某与上海某坤公司损害股东利益赔偿纠纷案①中，上海市第二中级人民法院认为：董事、高级管理人员对企业相关经营信息的控制并不因解任或者辞任就立即失去控制力或利用力，在董事、高级管理人员任期届满后的一定时间内仍应负竞业禁止义务。并且从诚信原则的角度出发，董监高在离职后仍负一定程度的忠实义务。在郭某与北京某达公司损害公司利益责任纠纷一案②中，北京第一中级人民法院认为，董事、高管人员离职后仍然承担合同法上的后契约义务，这种义务不是基于契约的约定，而是基于合同法的强制性规定，因此并非合同义务，而是法定义务。

实操建议

通过上述对《公司法》新增第一百八十四条的系统分析，我们了解到公司董监高限制经营竞争性业务的认定以及豁免条件。在实践中董监高从事的竞争行为及影响存在隐蔽性，对于公司而言最好提前进行规制，而从董监高角度而言需要严格遵守法律与公司章程关于竞业禁止的规定，并提前规避风险。具体梳理实操建议如下：

对于公司而言：

1. 因高管侵权行为举证责任对公司有较高的证据要求，建议事先在章程中规定禁止同业竞争的具体条款与违反后的具体责任，或是与公司董监高单独订立有关竞业禁止的合同，约定违约责任，以防在董监高发生竞业行为时，因难以证明董监高行为属于同业竞争，或无法证明公司损失以及董监高在竞业公司的收入，而陷入无法有效行使归入权的被动境地。

2. 在章程中明确规定董监高离任后仍在一定期限内负有竞业禁止义务，或者最迟在董监高离职时与其签订竞业限制协议，在董监高与公司之间的法律关系终止后对其进行劳动法层面的约束，当然后者还应适用劳动法律法规关于竞业限制补偿、竞业限制期限等约束与规制。

3. 公司章程最好针对具体事项提前确定关于豁免董监高同业竞争行为是由董事会还是股东会层面来进行决议。从事前风险预防的角度来考虑，建议公司设立初期或者股东人数较少情况下，交由股东会来决议，更加慎重稳妥。

---

① （2008）沪二中民三（商）终字第 283 号。

② （2018）京 01 民终 8475 号。

对于董监高来说：

1. 在任职公司外若从事同类业务要向董事会或者股东会报告，并经董事会或者股东会决议通过，同时注意留存公司知情且未表示反对意见的证据。

2. 关注与公司是否签有劳动法层面的竞业限制协议，董监高需要注意避免任职期间违反法定竞业禁止义务，还需避免离职后违反相关竞业限制条款的约定义务。

3. 为避免解任或辞任后依旧被认定违反竞业禁止义务，董监高需要注意对相关职权内的事务进行及时交接，避免因任期届满后仍然实际行使相应职权，对公司进行经营管理，而被法院仍认定为负有竞业禁止义务的风险。

073 "董监高"以其亲属名义另行设立竞业公司，是否构成同业竞争[①]

法律条文

第一百八十四条　董事、监事、高级管理人员未向董事会或者股东会报告，并按照公司章程的规定经董事会或者股东会决议通过，不得自营或者为他人经营与其任职公司同类的业务。

条文演变

同上篇。

裁判要旨

董事、高管以其配偶及子女的名义另设公司，经营与任职公司同类的业务，构成违反竞业禁止义务的行为。

案情简介

一、2005年2月28日，某动精工公司成立，姚某文占股40%，任执行董事、总经理，王某占股60%，任监事。该公司经营范围为：销售波峰焊机、回流焊

---

① 本节作者梁玉茹，北京云亭律师事务所律师。

机、自动化生产线、电子设备；国内贸易、货物及技术进出口；生产波峰焊机、自动化生产线、电子设备。

二、2012 年 4 月 5 日，某可公司成立，姚某文之女姚某占股 50%、姚某文之妻吴某占股 50%。该公司经营范围为：电子元器件、电子材料、机电设备及其配件的技术开发与销售；国内贸易；货物及技术进出口。

三、2017 年 2 月 23 日，市公安局对姚某文作的《询问笔录》中载明：姚某文陈述"某可公司是我于 2012 年以我女儿姚某、我老婆吴某的名义设立……我没有在某可公司任职，但是某可公司实际上是由我经营的，我会介绍某捷公司、某星公司等某动精工公司的客户资源给某可公司……"

四、某动精工公司向法院起诉请求判令姚某文经营与其同类业务及从事损害公司利益活动的收入归公司所有。

五、法院认为①：姚某文在担任某动精工公司执行董事、总经理期间违反对该公司负有的忠实义务，以其配偶及女儿的名义设立竞业公司，有违竞业禁止义务和忠实义务。

律师分析

董监高通过亲属从事与公司经营同类业务的经营活动，也属于竞业禁止范畴吗？上述案例给出了肯定回答，司法实践中倾向于虽然从形式上看不属于董事、高管直接从事竞争业务，但并不改变其利用职务便利、违反忠实义务的实质，应视为董事、高级管理人员从事了竞业经营活动。如何理解亲属范围及同业行为构成竞争方，可以参考证监会对上市公司同业竞争的界定标准②：

"1. 竞争方认定：……（2）控股股东和实际控制人（如为自然人）的直系亲属（包括配偶、父母、子女）及其控制的企业；（3）控股股东、实际控制人的其他近亲属（兄弟姐妹、祖父母、外祖父母、孙子女、外孙子女）及其控制的企业，但申请人能够充分证明与前述相关企业在历史沿革、资产、人员、业务、技术、财务等方面完全独立且报告期内无交易或资金往来，销售渠道、主要客户及供应商相对独立的除外；（4）控股股东、实际控制人的其他亲属及其控制的企业一般不认定为竞争方，但对于可能存在利用亲属关系，或通过解除婚姻关系规避竞争方认定的，以及在资产、人员、业务、技术、财务等方面具有较强

---

① （2019）粤 03 民终 30213 号。
② 《上市公司再融资审核非财务知识问答》

关联，且报告期内有较多交易或资金往来，或者销售渠道、主要客户及供应商有较多重叠的，应严格审核。"

虽然上述标准是规制上市公司的，但"举重以明轻"，日常有限公司董监高"自营或为他人经营"又该如何理解呢？应当理解为只是从经营主体的名义表面来识别，还是像审核上市公司董监高义务那样实质重于形式，更为看重这些"壳公司"均是为董监高自己谋取利益的通道？实务中多认为应以实质利益归属为标准，因为从实践来看，我们经常会遇到董监高以其亲属或其他利害关系人的名义进行竞业行为，董监高在竞业公司并没有明面上的任职或参股行为，但实际却控制着竞业公司。该种情况下，表面上利益主体与行为主体是相分离的，但实质都是董监高通过职务便利获得利益而损害了公司利益，公司法自然应当对此行为进行惩治，否则如果要求必须以董监高自己的名义设立公司作为认定竞业禁止条件，便会使得其通过各种背后实际控制等手段谋取利益，最终使得竞业禁止义务形同虚设。

竞业禁止是公司法对董监高的法定义务，该义务约束对象为董监高，劳动合同法中的竞业限制限于用人单位的高级管理人员、高级技术人员和其他负有保密义务的人员。当负有竞业限制义务人员的亲属从事开设竞业公司等竞业行为时，公司能否认定公司员工违反竞业禁止义务？在劳动法层面司法实践中，有截然相反的裁判观点：如在郁某与江苏某林特能装备股份有限公司劳动合同纠纷案①中，江苏省高院认为，郁某（任深冷事业部副总经理）在某林公司任职期间，其妻子、岳母等与他人共同出资设立巨某公司和硕某曼公司，两公司登记的经营范围均与某林公司存在类似。郁某参与其近亲属与他人共同开设与某林公司业务类似且存在竞业关系公司的经营活动，其家庭从中获取收益，有违忠诚义务和诚信原则。

而在北京一中院发布的韩某与某教育科技公司竞业限制纠纷案②中，法院认为：《劳动合同法》第二十四条第一款规定，竞业限制的人员限于用人单位的高级管理人员、高级技术人员和其他负有保密义务的人员。竞业限制的范围、地域、期限由用人单位与劳动者约定，竞业限制的约定不得违反法律、法规的规定。而本案中，将竞业限制人员范围扩大到劳动者的亲属，显然违反法律规定，故该约定应为无效。同时根据合同法规定，合同部分无效，不影响其他部分效力

---

① （2019）苏民申 7036 号。
② 北京一中院发布"涉竞业限制劳动争议十大典型案例之二"

的，其他部分仍然有效，故竞业限制协议中的其他部分仍然有效，韩某应继续履行竞业限制义务。

如上，在实践中如出现公司高管亲属进行同业竞争行为的，将会出现适用公司法与劳动合同法的竞合，法院从劳动法层面对其是否构成竞业禁止义务的违反，观点不一。但实践中偏向综合考量各种情节后进行评判，主要考虑的因素有：公司高管是否参与其亲属的竞业行为，如协助竞业公司的设立、经营等；公司高管及其家庭是否因相关竞业行为获利；公司高管是否利用自身职务便利帮助其亲属等的竞业行为，如公司高管与竞业公司有较多交易或资金往来，或者销售渠道、主要客户及供应商有较多重叠的，以及公司员工与有关亲属的关系紧密程度等。这些因素一般也是法院在认定董监高以其近亲属从事竞争业务是否违反竞业禁止义务所需要考虑的，因此公司在收集董监高违反竞业禁止义务的证据时也应当着重注意这些因素。

实操建议

通过上述对新《公司法》第一百八十四条中"自营或为他人经营"的详细分析，我们了解到如何具体认定公司董监高的经营行为是否属于违反竞业禁止义务的情形，具体梳理实操建议如下：

1. 在章程中扩大具化高管范围。建议结合自身经营性质和范围，在公司章程中明确高级管理人员的范围，如将生产部门、技术研发部门、市场营销部门、客户维护部门等关键部门的负责人员均明确为高管身份。

2. 在公司与董监高的竞业限制协议中增加有关亲属的竞业限制条款。公司法的忠实义务只约束公司高管，而不约束高管的亲属以及公司非高管员工，建议公司可以通过相关协议提前规避风险。

3. 对于公司董监高而言，切忌心存侥幸，借他人之名设立公司，与其所任职的公司开展同业竞争业务，公司如有充分举证，将面临相关民事责任，甚至可能有刑事风险［2023年12月29日修订后的《刑法》第一百六十五条（2024年3月1日施行）非法经营同类营业罪新增第二款①：其他公司、企业的董事、监事、高级管理人员违反法律、行政法规规定，实施前款行为，致使公司、企业

---

① 原《刑法》第一百六十五条对非法经营同类营业罪的规定为：国有公司、企业的董事、经理利用职务便利，自己经营或者为他人经营与其所任职公司、企业同类的营业，获取非法利益，数额巨大的，处三年以下有期徒刑或者拘役，并处或者单处罚金；数额特别巨大的，处三年以上七年以下有期徒刑，并处罚金。

利益遭受重大损失的，依照前款的规定处罚。即新《刑法》将对非法经营同类营业罪的主体构成人员从国有公司、企业的董监高扩展到其他公司、企业的董监高]。

074 关联股东、董事对关联交易表决未回避能否导致决议无效①

法律条文

第一百八十五条　董事会对本法第一百八十二条至第一百八十四条规定的事项决议时，关联董事不得参与表决，其表决权不计入表决权总数。出席董事会会议的无关联关系董事人数不足三人的，应当将该事项提交股东会审议。

条文演变

原《公司法》未对董事的表决权回避作出规定。此次修法将董事的表决权回避制度予以明文规定，为新增条款。该条借鉴了原《公司法》第一百二十四条②关于上市公司的关联董事表决回避规则，明确关联交易中的关联董事需回避表决。同时，规定出席董事会的无关联关系董事人数不足三人的，应当将该事项提交股东会审议。本条将关联董事表决回避机制单列一条，起到加强管控关联董事的作用。

裁判要旨

关联交易中，股东、董事虽然未回避，但决议不属于股东滥用股东权利、损害公司或者其他股东利益的，该决议有效。

---

① 本节作者邢辉，北京云亭律师事务所律师。
② 原《公司法》第一百二十四条　上市公司董事与董事会会议决议事项所涉及的企业有关联关系的，不得对该项决议行使表决权，也不得代理其他董事行使表决权。该董事会会议由过半数的无关联关系董事出席即可举行，董事会会议所作决议须经无关联关系董事过半数通过。出席董事会的无关联关系董事人数不足三人的，应将该事项提交上市公司股东大会审议。

案情简介

一、2012 年 1 月 30 日，兖某公司、永某公司、金某公司及恒某公司共同以货币出资方式投资设立贵州东某 1 恒泰矿业投资管理有限公司（以下简称东某 1 公司）。各股东的出资额及股权比例分别为：金某公司持股 45%；兖某公司持股 40%；恒某公司持股 10%；永某公司持股 5%。

二、2013 年 12 月 23 日，东某 1 公司召开了"第一届第二次董事会会议"，作出《第一届第二次董事会决议》，其中决议第 3 项内容为"审议并批准董事潘某提交的《关于收购贵州海某矿业投资有限公司议案》"；第 6 项内容为"一致同意由公司法定代表人××负责组织收购贵州海某矿业投资有限公司工作，并代表东某 1 公司与相关方签订系列收购文件"。××、李某某、张某山、贾某某、颜某某、潘某等董事签名。

三、同日，董事长××主持召开了东某 1 公司临时股东会议，并作出《临时股东会议决议》："全体股东一致同意东某 1 公司收购海某公司，收购具体工作由××负责组织实施，并授权××代表东某 1 公司与相关各方签订相关文件。陶某、李某某、××、张某某作为股东代表签字。"

四、同日，金某公司（甲方）、东某 2 公司（乙方）与东某 1 公司（丙方）、海某公司共同签署了《股权转让协议》，其中载明：金某公司持有海某公司 65% 股权，东某 2 公司持有海某公司 35% 股权。金某公司、东某 2 公司拟将其持有的海某公司股权转让给东某 1 公司，东某 1 公司同意受让。

五、海某公司股东东某 2 公司，其法定代表人又是东某 1 公司法定代表人、董事；金某公司法定代表人潘某，海某公司董事长、法定代表人贾某某、海某公司财务总监李某某同时又均是东某 1 公司董事。

六、兖某公司、永某公司向人民法院起诉请求确认《第一届第二次董事会决议》中第 3 项和第 6 项决议内容及《临时股东会议决议》内容无效。一审法院认定上述决议内容无效，最高法二审判决①撤销一审判决并驳回原告的诉讼请求。

律师分析

关于有限责任公司的关联交易事项，原《公司法》未作规定，但有限责任公司的关联交易行为在司法实践中时有发生，立法的空白导致了裁判立场不一。

---

① （2017）最高法民终 416 号。

在（2020）京03民终709号、（2013）南市执异字第4号案件中，法官认为有限责任公司在关联交易时应当适用表决权回避制度。在（2016）浙07民终2331号案件中，法官认为如果出现大股东滥用资本多数决规则损害公司利益和少数股东利益的，仍应适用表决权回避。在（2022）吉01民终1703号案件中，法官认为公司法给公司章程留下了意思自治的空间，但基于公司意思自由，章程并未规定关联交易的限制条件，因此有限责任公司的关联交易无须适用表决权回避制度。

关于关联董事、股东在表决中未回避能否导致决议无效这一问题，司法裁判立场也不一。本案中，由于法律未直接规定回避制度及其后果，法官以原《公司法》第二十条第一款和第二十一条第一款作为间接裁判依据，在判定涉及关联交易决议的效力时，要考虑参与表决的具有关联关系的股东及董事是否系股东滥用股东权利，以及是否损害公司或其他股东利益，不能仅因未回避就认定相关决议当然无效。在（2022）京03民终12840号案件中，法官认为具有关联关系的人员未回避表决是对法律强制性规定的违反，因此决议无效。在（2021）京01民终11386号案件中，法官认为依据现行法律和公司章程，均未要求关联担保之外的事项需要回避表决，因此即使表决主体与表决事项存在关联关系，该行为并未违反法律、行政法规的规定，合法有效。

决议是公司的意思形成机制，是"团体按照法律和章程规定，归总团体成员的各类意见，再将多数成员的意思视为团体意思"的过程。① 表决权作为参与公司治理的一项基本权利，是股东董事等表达自己意见的机会。但是，在特殊情形下，需要对表决权作出限制，这是因为在关联交易中，相关的主体可能占据信息优势，当公司及其他股东的利益诉求与自己不一致时，占据信息优势地位的股东董事等关联交易主体可能会利用自己的表决权优势为自己谋私利，从而损害公司或其他股东利益。原《公司法》仅对上市公司董事的表决权限制作出了明确规定，但新法将该制度的适用范围扩大至所有类型公司，进一步规范了关联交易的规则。

实操建议

一、关联董事不得参与董事会表决。新法明文禁止了关联董事的表决权，因此在董事会的表决过程中，要严守法律规定。新法将表决权回避制度的适用范围

---

① 参见叶林：《私法权利的转型——一个团体法视角的观察》，载《法学家》2010年第4期。

由上市公司扩张至所有公司，是对董事信义义务的细化，进一步加重了董事的责任。

二、可在公司章程中规定股东在关联事项表决时回避。新法虽然未规定股东对关联事项表决的回避，但公司可依据自身实际情况，在章程中对表决程序另行作出规定。

三、如果无关联关系董事不足三人，应当召开股东会，就关联交易事项进行审议。新公司法规定了交易事项的审查既可由董事会进行，也可由股东会进行，兼顾效率与公平。

075 公司可否同时主张行使归入权与损害赔偿请求权[①]

法律条文

第一百八十六条　董事、监事、高级管理人员违反本法第一百八十一条至第一百八十四条规定所得的收入应当归公司所有。

第一百八十八条　董事、监事、高级管理人员执行职务违反法律、行政法规或者公司章程的规定，给公司造成损失的，应当承担赔偿责任。

条文演变

公司因董事、高管违背忠实义务遭受损失的，一般有两种救济途径，一是行使归入权，二是行使损害赔偿请求权。原《公司法》第一百四十八条第二款[②]规定了归入权制度，此次新公司法延续了原公司法的精神，在新公司法的第一百八十七条规定了归入权制度，也即公司有权要求违反忠实勤勉义务的董监高将其所得的收入归公司所有。同时，原《公司法》第一百四十九条[③]规定，董监高违反法律法规或公司章程的规定，给公司造成损失的，公司有权要求赔偿损失；本次新《公司法》在一百八十八条也规定了该制度。实践中可能出现的问题是，公

---

① 本节作者王静澄，北京云亭律师事务所律师。

② 原《公司法》第一百四十八条第二款　董事、高级管理人员违反前款规定所得的收入应当归公司所有。

③ 原《公司法》第一百四十九条　董事、监事、高级管理人员执行公司职务时违反法律、行政法规或者公司章程的规定，给公司造成损失的，应当承担赔偿责任。

司行使归入权后，如归入金额不足以弥补其实际损失，公司还可否行使损害赔偿请求权？本文通过一则最高人民法院的公报案例予以解读。

裁判要旨

当依据新《公司法》第一百八十七条的规定行使归入权仍不能弥补损失时，对超出归入权的损失部分，仍可以在同案中依据新《公司法》第一百八十八条主张赔偿损失。

案情简介①

一、香港新某公司的股东为李某山、林某恩。2004 年 3 月，香港新某公司（甲方）与小蓝工业园管理委员会（乙方）签订协议，约定乙方以挂牌方式依法出让 700 亩商住用地给甲方。

二、2004 年 5 月，华某公司注册成立，公司股东为李某山和涂某雅。后华某公司出资设立万某公司。

三、2005 年 12 月，香港新某公司与南昌县国土资源局、万某公司签订《补充协议书》，香港新某公司认可前述 700 亩项目用地土地出让金预付款系万某公司所有，其全部权益也归于万某公司。2006 年 4 月，南昌县国土资源局与万某公司签订《确认书》，确认万某公司竞得前述国有土地使用权。

四、林某恩以李某山谋取公司商业机会为由，向江西高院提起股东代表诉讼，请求李某山将因谋取公司商业机会的所得返还香港新某公司，并要求李某山向香港新某公司赔偿损失。

五、江西高院认为当行使归入权后仍不能弥补损失时，对超出归入权的损失部分，仍可以主张赔偿。但因林某恩对赔偿的诉请未举证，且未举证证明其损失大于行使归入权的收入，因此对林承恩要求李某山赔偿的诉请不予支持。最终仅判决支持林某恩行使归入权的诉求。

律师分析

原告林某恩认为被告李某山在担任香港新某公司董事、股东期间，未经香港新某公司股东会同意，利用职务便利为万某公司谋取本属于香港新某公司的商业机会。故林某恩既可以依据《公司法》第一百八十七条的规定，要求李某山将

---

① （2010）赣民四初字第 4 号。

其从该商业机会的所得归入香港新某公司；也可以根据该法第一百八十八条的规定要求李某山向香港新某公司承担赔偿损失的民事责任。当行使归入权后仍不能弥补损失时，对超出归入权的损失部分，仍可以主张赔偿。

实操建议

一、当公司因董事、高管违反忠实义务的行为遭受损失时，可主张行使归入权，也可主张行使损害赔偿请求权。但两者属于不同法律关系，因此公司所承担的举证责任不同。

公司主张行使归入权的，需就案涉董事、高管的实际收入承担举证责任。公司主张行使损害赔偿请求权的，适用侵权责任关系的举证责任分配，就数额方面而言，公司需就其所受损失的具体金额承担举证责任。在实践中，公司可以根据自身举证的难易情况，选择不同的诉讼策略。

二、当行使归入权仍不能弥补损失时，对超出归入权的损失部分，可以在同案主张行使损害赔偿请求权。

但需要注意的是，归入权和损害赔偿请求权属于不同的权利，应当适用不同的法律依据，当事人在诉讼请求中对于二者应当分开主张，并且对该二项诉求分别举证与说理。

具体而言，归入权适用《公司法》第一百四十八条的规定，损害赔偿请求权适用《公司法》第一百四十九条和《民法典》侵权责任编的相关规定。

本案中，江西高院虽然认可原告可以行使损害赔偿请求权来弥补损失超过归入权行使后的部分，但正是由于原告对于该部分未独立进行举证，导致法院最终实体上无法支持原告诉请。因此在类似案件中应注意避免该种情形。

076 母公司股东可否代表子公司提起股东代表诉讼[1]

法律条文

第一百八十九条 董事、高级管理人员有前条规定的情形的，有限责任公司的股东、股份有限公司连续一百八十日以上单独或者合计持有公司百分之一以上

---

[1] 本节作者王佳楠，北京云亭律师事务所律师。

股份的股东，可以书面请求监事会向人民法院提起诉讼；监事有前条规定的情形的，前述股东可以书面请求董事会向人民法院提起诉讼。

监事会或者董事会收到前款规定的股东书面请求后拒绝提起诉讼，或者自收到请求之日起三十日内未提起诉讼，或者情况紧急、不立即提起诉讼将会使公司利益受到难以弥补的损害的，前款规定的股东有权为公司利益以自己的名义直接向人民法院提起诉讼。

他人侵犯公司合法权益，给公司造成损失的，本条第一款规定的股东可以依照前两款的规定向人民法院提起诉讼。

公司全资子公司的董事、监事、高级管理人员有前条规定情形，或者他人侵犯公司全资子公司合法权益造成损失的，有限责任公司的股东、股份有限公司连续一百八十日以上单独或者合计持有公司百分之一以上股份的股东，可以依照前三款规定书面请求全资子公司的监事会、董事会向人民法院提起诉讼或者以自己的名义直接向人民法院提起诉讼。

条文演变

本条系股东代表诉讼制度的完善，在原《公司法》第一百五十一条的基础上新增第四款，将股东代表诉讼的被告范围扩张至全资子公司的董事、高级管理人员，正式确立了我国的双重股东代表诉讼制度。

裁判要旨

全资设立的子公司的董事、监事、高级管理人员执行职务违反法律、行政法规或者公司章程的规定，给公司造成损失的，母公司的股东可以代表其全资子公司要求上述人员承担赔偿责任。

案情简介

一、2007年5月25日，陕西某投资有限公司工商登记的股东为某控股公司、赵某海，其出资额分别为4012.8万元、2675.2万元，持股比例分别为60%、40%。

二、2003年7月1日，某海盛大酒店成立，工商登记的注册资本为1068万元。2007年7月18日，某海盛大酒店名称变更为某皇城酒店公司。2009年7月7日，某皇城酒店公司出资人由某控股公司、赵某海变更为某投资公司（法人独资）。

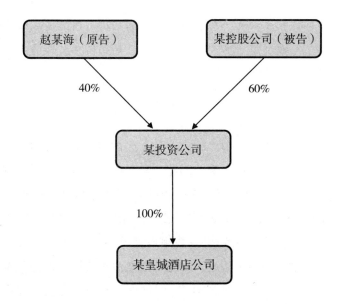

三、某皇城酒店公司经营范围为：客房、餐厅、酒吧、会议接待、商务服务（专控除外）、旅游信息咨询等，某皇城酒店公司标示的标准间客房房价为每天780元。

四、2014年1月24日，赵某海致函某投资公司监事会及主席（召集人）王某华，请求某投资公司监事会立即通过诉讼方式就某皇城酒店公司9—11层76间客房闲置五年、以某皇城酒店公司名义为他人贷款5000万元等问题向侵害公司利益的行为人行使索赔权利。某投资公司监事会对上述函件中涉及的问题未予回复。

五、赵某海诉至法院请求某控股公司停止侵权并赔偿某投资公司、某皇城酒店公司损失。

六、本案的二审法院陕西省高级人民法院审理①认为：某控股公司作为某皇城酒店公司母公司某投资公司的控股股东，其对某投资公司的运营、管理及人事具有实质的支配和控制能力，继而对于某皇城酒店公司具有实际支配与控制权。作为对母、子公司经营活动均具有重要影响和控制能力的控股股东，某控股公司应当忠实于公司并最大限度以公司的利益作为行使权利的标准，若其怠于行使权利造成公司利益受损，其应承担相应的民事责任。在赵某海多次提出应将某皇城酒店公司9—11层客房装修投入经营的情况下，某控股公司未作出有效回应，亦

---

① （2016）陕民终228号。

未采取有效措施防止损失产生，其应对某皇城酒店公司因此造成的损失承担赔偿责任。最终判决某控股公司于本判决生效后十日内赔偿某皇城酒店公司客房闲置的损失 718.2 万元。

律师分析

双重股东代表诉讼系在公司集团化背景下应运而生的，是为了解决集团化背景下母公司的中小股东权限被压缩的问题，对于实现我国一直倡导的优化营商环境中少数股东利益保护、企业资产免受不法侵害这些目标具有重大作用。在新《公司法》出台前，双重股东代表诉讼已经被多次提起，但皆因原告不适格等原因导致股东败诉，暴露了此前公司法裁判规则的不足。新《公司法》通过将被告范围延伸到全资子公司的董监高，确立了双重股东代表诉讼的规则。

新《公司法》第一百八十八条规定："董事、监事、高级管理人员执行职务违反法律、行政法规或者公司章程的规定，给公司造成损失的，应当承担赔偿责任。"新《公司法》第一百八十九条第四款规定，全资子公司董事、监事、高级管理人员执行公司职务时违反法律、行政法规或者公司章程的规定，给公司造成损失的，或者他人侵犯公司合法权益，给公司造成损失的，母公司的股东在履行了相关前置程序后，有权为了公司的利益以自己的名义直接向人民法院提起诉讼。在母公司对子公司形成绝对资本控制的情形下，母公司的股东为了子公司的利益以自己的名义直接向人民法院提起诉讼，符合双重股东代表诉讼的裁判规则。

在本案中，某投资公司系某皇城酒店公司的唯一股东，某投资公司是母公司、某皇城酒店公司是子公司，某投资公司与某皇城酒店公司之间形成了绝对的资本控制关系。在某投资公司内部，某控股公司是持有其 60% 股权，赵某海是持有其 40% 股权的股东。赵某海于 2014 年 1 月 24 日致函某投资公司监事会，请求某投资公司监事会诉请侵害公司利益的股东即某控股公司承担损失赔偿责任，但某投资公司监事会在收到该请求后三十日内并未作为某皇城酒店公司股东向某控股公司提起该诉讼，此时如果不允许母公司某投资公司的中小股东赵某海作为原告提起诉讼，则无法保护子公司某皇城酒店公司的利益，进而导致母公司某投资公司利益受损，亦与新《公司法》第一百八十九条的立法本意相悖。

本案中如果某投资公司监事会接受股东赵某海书面请求，或者某投资公司监事会认为某皇城酒店公司董事、高级管理人员或者他人（本案中为某控股公司）

确实存在侵犯某皇城酒店公司利益行为的，可以在收到股东赵某海书面诉讼请求之后三十日内，或发现董事、高级管理人员或者他人确实存在侵犯公司利益的行为三十日内，以某皇城酒店公司名义提起监事代表诉讼，将某皇城酒店公司列为原告，将侵犯公司利益的董事、高级管理人员或者他人列为被告。在这种情况下只要代表公司诉讼的监事会或者不设监事会的有限责任公司的监事符合主体要求即可，即仅需公司监事会主席或者监事代表签章，无须要求公司在起诉状中加盖公章或有公司法定代表人的签字或盖章①。

实操建议

通过上述对新《公司法》第一百八十九条的系统分析，具体梳理实操建议如下：

1. 在我国司法实践中广泛存在非全资控股母公司的控股股东侵害子公司利益的情形，比如母公司持有子公司 95% 股权，另 5% 由母公司的控股股东的常年合作对象持有。在这种情况下，子公司的利益被侵害时由于子公司不满足新《公司法》第一百八十九条第四款的"全资子公司"的规定，母公司的少数股东在依据该规定提出双重股东代表诉讼时恐怕很难获得法院的支持。

2. 我国目前还未像美国、日本等国家一样确立多重股东代表诉讼规则，如果本案的子公司某皇城酒店公司再设立一家全资子公司叫 A 公司，当母公司的大股东某控股公司通过操纵 A 公司的方式损害母公司少数股东赵某海的利益时，赵某海将不能根据现有的双重股东代表诉讼之规定维护其权益。

3. 新《公司法》第一百八十九条第三款中规定的"他人"在司法实践中应当具备丰富的内涵，其在双重股东代表诉讼中应当包含子公司中董事、监事、高级管理人员的特定利害关系人以及子公司的控制股东、实际控制人及其特定利害关系人。

---

① 上海某实业有限公司诉周某等损害公司利益责任纠纷案（2014）黄浦民二（商）初字第 1166 号，该案为人民法院案例库入库案例，法官认为："监事可代表公司对于董事、经理行使公司介入权和处分权，在这个时候，只有监事出面才显得制度合理，必要时还可提起诉讼。本案中，虽然吴某某作为监事并不掌握公司公章，其以公司名义起诉时亦未加盖公司章。但现代公司法赋予监事监督公司董事及高管的权利，因此当公司董事及高管不能以公司名义提起诉讼时，监事吴某某当然具有诉讼代表权。"

077 董事、高管执行职务时给他人造成损害的是否应当承担赔偿责任①

法律条文

第一百九十一条 董事、高级管理人员执行职务，给他人造成损害的，公司应当承担赔偿责任；董事、高级管理人员存在故意或者重大过失的，也应当承担赔偿责任。

条文演变

本条为新增条款，原《公司法》在第一百四十九条规定了董事、监事、高级管理人员执行公司职务时违反法律、行政法规或者公司章程的规定，给公司造成损失的，应当承担赔偿责任。但对于上述人员在执行职务时给第三人造成损害的赔偿责任却并未作规定。而实践中已经大量出现了公司董事、高级管理人员侵害第三人利益的现象，为了解决现行法律对债权人保护力度的不足，强化公司的治理水平，同时统一此前公司法以及相关法律法规中散布的董事、高管对于公司第三人承担赔偿责任的情形，新公司法增设了本条款。

裁判要旨

董事、高级管理人员在执行职务时给他人造成损害的，公司应当承担赔偿责任。董事、高级管理人员存在故意或者重大过失的，应当与公司一起承担赔偿责任。

案情简介

一、水某公司在2011年9月召开股东大会形成决议、修订公司章程确认了增资事项，并将有关事项在工商管理部门进行登记。

二、2011年9月13日信某公司向水某公司银行账户转账完成增资，深圳某会计师事务所出具验资报告后，次日出资款以往来款的形式被转入南昌某贸易有

---

① 本节作者王佳楠，北京云亭律师事务所律师。

限公司账户，用途摘要载明"往来"。该转出行为并未经过任何法定程序，双方也不存在任何交易往来。信某公司在原审庭审中确认其知晓并许可增资以及通过中介公司垫资完成增资登记等事项。信某公司承认其以获取验资为目的，短暂地将资金转入并转出。

三、2011 年 9 月 13 日水某公司进行增资时，李某进担任水某公司的执行董事、总经理，系公司法定代表人。李某进在整个增资过程中没有监督股东信某公司履行出资义务，其对于股东信某公司以验资为目的将增资的资金转入并转出的行为予以协助。

四、最高人民法院再审[1]认为，信某公司作为公司股东对水某公司于 2011 年 9 月 13 日通过修改章程并进行登记确认的增资事项具有出资义务。信某公司以获取验资为目的，短暂地将资金转入并转出的行为，构成抽逃出资，应当承担返还义务。李某进作为水某公司的执行董事、总经理不但未监督股东信某公司向水某公司履行出资义务，反而放任并协助股东信某公司抽逃出资，应对股东信某公司的返还出资责任承担连带责任。最终最高人民法院驳回信某公司、李某进的再审申请。

律师分析

新《公司法》增设了董事、高管侵害第三人利益承担赔偿责任的规则，首先需要厘清第三人的范围是什么。我们认为只有对公司享有权利的主体才可能受到董事、高管行为的损害，因此第三人应当指向的是与公司具备债权债务法律关系的群体，即新《公司法》规定的侵害第三人利益实际上指向的是董监高侵害公司债权人的利益。

新《公司法》为何要求董事、高管对债权人承担赔偿责任？问题产生的原因在于公司法设立的公司独立人格、股东有限责任制度将导致公司股东会以出资额为限向债权人承担有限责任，超过有限责任的部分责任将最终全部转嫁给债权人，试想当公司陷入财务困境时公司已经无力负担债权人债务，而此时债权人又无法通过合同纠纷起诉公司等法律手段去实现债权，因此就需要新公司法提供相应的制度从公司内部去消除债权人的风险。其次许多案件中公司的资产不足基本系由资本不足导致，公司出现财务困境时通常也要考量董事、高管在商业决策中是否尽到了应有的忠实与勤勉义务，这与新公司法实施前公司资本制度下董事对公司承担的信义义务基本相同。

---

[1] （2021）最高法民申 4683 号。

因此在围绕公司资本制度的各个方面，新《公司法》构建了全面的董事信义义务体系，即董事在未尽催缴义务、瑕疵减资、违法利润分配以及股东抽逃出资等情形下，主观上存在故意或重大过失的需要承担赔偿责任，具体规则如下：

一、催缴义务

新《公司法》第五十一条、《公司法司法解释三》第十三条明确了设立与增资环节出现瑕疵的，董事需对公司债权人承担责任。规定的背后逻辑系公司在设立与增资时，股东的出资、增资瑕疵可能导致公司在非破产情形下资产不足以清偿全部债务，会直接损害债权人利益。在上述环节，如果董事、高管故意不履行职责或履行职责存在重大过错，将会与公司一起承担赔偿责任。

二、瑕疵减资

新《公司法》第二百二十四条规定，债权人可以要求公司清偿债务或者提供相应的担保目的在于保护公司债权人，原因系债权人是公司瑕疵减资的主要以及最终受害者。瑕疵减资可能会先直接损害公司利益，公司利益受损最终会转嫁给债权人。公司减资决议通常系由股东会作出，但减资程序的具体操作流程则多由董事、高级管理人员实施。新《公司法》规定董事、高级管理人员如果在瑕疵减资过程中存在故意或重大过失损害债权人利益的亦应承担赔偿责任。

三、违法利润分配

新《公司法》第五十九条、第六十七条、第二百一十条规定，董事会负责制订公司的利润分配方案，股东会负责审议批准董事会的方案合法分配利润。如董事、高管与股东沆瀣一气，配合股东通过违法分配利润的方式损害债权人的利益，此种情形下的董事、高管应当对债权人承担赔偿责任。

四、抽逃出资

新《公司法》第五十三条规定，公司成立后，股东不得抽逃出资，负有责任的董事、监事、高级管理人员应当与该股东承担连带赔偿责任。当股东采用虚增利润进行分配、利用虚假债权债务关系或关联交易转移公司财产抽逃出资的，基本需要公司的董事、高管进行配合实施，如董高违背信义义务与配合股东抽逃出资的，应当向债权人承担赔偿责任。

实操建议

通过上述对新《公司法》第一百九十一条的系统分析，具体梳理实操建议如下：

1. 承担责任的董事范围

当公司无力清偿债权人的债务并且该结果与董事、高管违反信义义务的行为具有相关性时，才可追究董事、高管的责任。换言之，那些不掌握公司控制权又不参与公司管理的挂名董事、形式董事不应承担赔偿责任。

2. 举证责任

针对董事、高级管理人员侵害第三人利益的行为，以抽逃出资为例，第三人应举证证明董事、高级管理人员实施了协助抽逃出资的行为，造成了第三人损失以及抽逃出资行为与损失之间存在因果关系。[①]

3. 主观要件系故意和重大过失

在审判实践中，只要董事、高管在其内心对其行为尽到了适当、合理的注意义务，按照公司的日常运作模式发挥了管理作用，根据公司决策认真执行，并善意地相信公司股东以及其他人员的行为、意见以及提供的信息是真实可信的，其据此做出的行为符合公司利益并且不损害债权人利益的，即使存在一定过失，亦不构成本条所述之故意和重大过失。只有结合案件的具体情况，根据主客观相结合的标准进行衡量，才能直接认定董事、高管行为是否违反信义义务，是否在主观上构成故意或重大过失。

078 控股股东、实际控制人在何种情形下与公司董高一起承担连带责任[②]

法律条文

第一百九十二条 公司的控股股东、实际控制人指示董事、高级管理人员从事损害公司或者股东利益的行为的，与该董事、高级管理人员承担连带责任。

条文演变

本条为新增条款，被称为"影子董事"的本土化，此条款实际上沿用了我

---

① （2021）辽02民终1927号案中法院认为，应由原告举证证明某君安公司存在协助股东某房屋公司抽逃出资的积极行为，否则由负有举证证明责任的当事人承担不利的后果。

② 本节作者王佳楠，北京云亭律师事务所律师。

国《民法典》中共同侵权的相关规定，早在 2005 年修订的《公司法》中实际控制人概念的明确就是对英国"影子董事"制度的借鉴，《信息披露违法行为行政责任认定规则（2011）》第十八条亦有类似规定。本条作为新增规定，意在解决控股股东、实际控制人虽然不在公司任职，但实际控制公司事务，通过关联交易、财务造假等行为损害公司及中小股东利益的问题，将影子董事暴露在阳光之下，提高公司治理的效率。

裁判要旨

在案证据能够形成证据链条，并结合日常生活逻辑和经验法则，证明实际控制人存在授意、指挥行为，则可以认定实际控制人与公司的董事共同实施了损害公司或者股东利益的行为，实际控制人应当与该董事承担连带责任。

案情简介

一、宁波某公司 2014 年度经审计的净利润为负值，时任董事长胡某预计宁波某公司 2015 年度净利润亦将为负值，为防止公司股票被深圳证券交易所特别处理，胡某在宁波某公司主业亏损的情况下，寻求增加营业外收入，使公司扭亏为盈。

二、胡某了解到某影视公司拥有某影片的版权，就通过与某影视公司签订影视版权转让协议虚增收入。双方随后签订影片版权转让协议书，约定某影视公司将某影片全部版权作价 3000 万元转让给宁波某公司，某影视公司应于 2015 年 12 月 10 日前取得该影片的《电影片公映许可证》，否则须向宁波某公司支付违约金 1000 万元。当月，宁波某公司向某影视公司支付了转让费 3000 万元。2015 年 12 月 21 日，宁波某公司向北京市朝阳区人民法院提起民事诉讼，因某影视公司未依约定取得《电影公映许可证》，请求法院判决某影视公司返还本金并支付违约金。2015 年 12 月 29 日，宁波某公司与某影视公司签订调解协议书，约定某影视公司于 2016 年 2 月 29 日前向宁波某公司支付 4000 万元，其中包含 1000 万元违约金。影视版权转让费及违约后退回的本金及违约金均系通过覃某所有的星某典公司控制的多家关联公司循环支付完成。

三、2005 年 12 月 31 日，胡某请求宁波市江北区慈城镇人民政府帮助，形成以获得政府补助的形式虚增利润的方案：慈城镇政府无须实际出资，由宁波某金公司以税收保证金的名义向慈城镇政府转账 1000 万元，然后再由慈城镇政府以财政补助的名义将钱打给宁波某公司。

四、宁波某公司的第一大股东为宁波某金公司；宁波某金公司是星某典全资子公司；覃某持有星某典 100% 股权。

五、上述两项交易使得宁波某公司 2015 年度年报合计虚增收入和利润 2000 万元，虚增净利润 1500 万元。

六、中国证监会认为宁波某公司的上述行为构成信息披露违法行为。胡某操作涉案事项过程中向覃某汇报，覃某对相关汇报内容表示同意，知悉并授意涉案行为，构成信息披露违法行为，对覃某给予警告，并处以 60 万元罚款。覃某不服处罚决定向北京市第一中级人民法院提出行政诉讼。

七、北京市第一中级人民法院审理①认为，宁波某公司 2015 年度报告存在虚假记载，构成信息披露违法行为。覃某作为宁波某公司的实际控制人，指使宁波某公司从事涉案信息披露违法行为。其一，覃某对公司董事会及管理层具有控制权，并实际参与公司经营决策。其二，覃某知悉宁波某公司 2015 年业绩存在亏损并具有财务造假动机。其三，宁波某公司涉案两项违法事实均发生在 2015 年底财务确认收入前，目的均是通过虚构收入确保公司 2015 年度利润扭亏为盈。在案证据能够形成证据链条，共同证明覃某对宁波某公司财务造假具有实施指使的动机，其对涉案虚假收入知情，相关资金流转均经其实际控制的公司调配、划转。覃某提出的相关理由不能推翻在案证据已经形成的证据链条，最终法院判决驳回覃某的诉讼请求。

律师分析

在公司的运转过程中，存在一种隐藏在董事、高级管理人员之后却实际掌握公司控制权的群体。此前，我国法律对于这一群体需要承担的责任并未作出明确规定，这就导致这一群体实际上掌控着公司却置身于公司治理结构之外，将公司变成自己牟取私利的工具，给公司以及中小股东造成巨大损害，近些年来最为著名的某美药业财务造假案件，总计给投资者造成了 24.59 亿元损失。二十世纪初英国公司法中将这一群体命名为"影子董事"（Shadow Director），即指一些不具有董事资格却操纵着董事会的某大股东或实际控制人，为避免承担个人责任通常躲藏在董事高级管理人员影子下活动，就像操控提线木偶一样持续操纵公司的董事。新《公司法》第一百九十二条实际是借鉴英国公司法中的"影子董事"制度，目的在于规范控股股东、实际控制人的行为，防止其只为追求个人利益而忽

---

① （2019）京 01 行初 670 号。

略并损害公司以及广大中小股东利益。

新公司法对影子董事的规制，目的是形成高效透明的公司董事会治理机制，解决公司经营和决策过程中责任主体的混乱问题，要求公司的董事必须遵守法律法规和公司章程的规范，不得以权谋私，最大限度地维护公司整体和所有利益相关者的权益。影子董事的规制亦是为了增加我国公司尤其是上市公司董事会治理的透明度和规范性，限制控股股东、实际控制人权力的滥用，减少不正当的关联交易、财务造假行为，根本目的还是提高企业的自身竞争力，要求企业合法合规经营。

本条规定还明确了影子董事的责任条款，即控股股东、实际控制人指示董事、高级管理人员损害公司利益时，与此损害行为有关联的控股股东、实际控制人以及该董事、高级管理人员承担连带责任。新公司法出台前，对于相关人员的责任立法规定不明，新法修订后，影子董事作为共同侵权人，与显名董事一起承担连带侵权责任。新法对"影子董事"的设计有利于对控股股东、实际控制人进行监管，为上述人员上了"金箍"，促使他们审慎而为。

司法实践中，实际控制人往往采取各种隐蔽的方式将自己的意志表达给公司管理层，进而实现影响、控制公司的经营决策，让公司"执行"自己的意志实施相关违法行为。因此，往往不存在证明上述事实的直接证据，法院通常系通过间接证据的组合，结合公司经营管理的实际情况、日常生活逻辑、经验法则综合认定。具体到本案中，虽然覃某本人否认，也没有相应的书证、物证等证据直接证明覃某实施了指示董事财务造假的行为，甚至时任董事长胡某东在诉讼中还出庭作证财务造假行为系其本人策划实施。但结合在案证据可知两则虚构收入事项的进行均超出了公司董事会的能力范畴：第一，虚构版权事项，相关款项经过多家与宁波某公司无业务往来、无资金关系的公司循环支付完成，而这些公司均是由覃某本人所控制的公司。如果没有覃某的同意，宁波某公司及胡某东无法调动多家公司的资金。第二，虚构财政补助事项，系由宁波某公司第一大股东宁波某金公司出资给地方镇政府。而宁波某金公司是覃某100%控股公司，对于此项资金的调动，没有覃某的同意是不可能支付的。同时，宁波某公司当时的经营状况处于亏损状态，其股票将被特别处理，覃某有行为动机指使公司进行财务造假。最终本案在不存在直接证据的情况下，法院认为间接证据的组合已经形成完整的证据链，证明了实际控制人覃某指示公司董事财务造假与公司董事共同侵权的事实。

实操建议

通过上述对新《公司法》第一百九十二条的系统分析，具体梳理实操建议如下：

1. 指示董高共同侵权的具体情形

从实践看，控股股东、实际控制人滥用支配权，操控公司违法经营的方式和途径种类繁多，直接指挥公司决策会因为太过明显而不为实际控制人所采取，他们往往是采取更为隐蔽的方式。所以本条的指示不仅仅限定在直接的指挥、授意。具体而言，控股股东、实际控制人滥用支配权指示董高侵权应当包含以下三种情形：一是主动组织违法行为，进行策划、分工、协调及指挥；二是授权或委托他人组织违法行为，进行策划、分工、协调及指挥；三是对于他人提出的违法行为实施方案予以肯定，在违法行为实施过程中进行协调或给予帮助，积极促成违法行为效果的实现。

2. 共同侵权行为的证明标准

控股股东、实际控制人实施"指示"往往不会采取直接的指挥行为，不会留下直接证据。司法实践中会依据所有证据进行综合客观认定，并不会简单地依据实际控制人或者显名董事的言词证据来认定事实，法院审理案件时会考量涉案行为是否超出了董事、高管的职权范围，相关事项是否需要实际控制人的作用发挥才能正常进行，再结合公司经营管理的实际、日常生活逻辑、经验法则，综合认定涉案行为系通过实际控制人的指示才能完成的。进而确定实际控制人与董高共同实施了侵害行为，应当承担连带责任。

五、公司主体变动篇
（登记设立、合并分立、解散注销）

079 有限公司签署"设立协议"的必要性及其与章程的区别①

法律条文

第四十三条　有限责任公司设立时的股东可以签订设立协议，明确各自在公司设立过程中的权利和义务。

条文演变

原《公司法》没有对有限责任公司设立过程中是否需要签署"设立协议"作出明确的规定。但此次公司法修改对此增设了新的条款，对股东在公司设立过程中签署"设立协议"作出了必要提示。相较于原《公司法》第七十九条以及新《公司法》第九十三条股份有限公司发起人"应当"签订"发起人协议"的规定，有限责任公司的"设立协议"不在法律的强制要求范畴内。

裁判要旨

公司设立协议调整的是发起人之间的关系，是公司设立过程的法律关系和法律行为，只在发起人之间具有法律约束力。而公司章程调整的是所有股东之间、股东与公司之间、公司的管理机构与公司之间的法律关系。公司设立协议明显区别于公司章程的是，公司章程所调整的所有股东之间的法律关系，无论是制定公司章程的原始股东还是章程制定后加入公司的新股东，都要受章程的约束，而公司设立协议具有合同相对性，只约束发起人。

---

① 本节作者彭镇坤，北京云亭律师事务所律师。

案情简介

一、2008 年 10 月 10 日，成都公司、电力公司股东易某和吴某、房地产公司、系统分公司、建材公司共同签订了一份《联合开发协议》。

二、2008 年 11 月 24 日，成都公司与四川公司签订了《股权转让协议书》，成都公司将其持有的电力股权转让给四川公司。

三、2010 年 6 月 23 日，四川公司与易某、吴某、建材公司签订《股权转让协议》，约定将易某、吴某、建材公司的部分股权转让给四川公司。

四、2011 年 9 月 28 日，四川公司将所持电力公司 72.51% 股权转让给重庆公司。

五、建材公司认为本案所涉水电站建设未按《联合开发协议》中规定，成都公司向其承诺的"工程总工期不超过 30 个月"内完成水电建设并网发电，给其造成损失，故依据《联合开发协议》第十一条、第十二条的约定诉至法院向重庆公司主张损失 4189363.20 元，同时以电力公司为项目业主，主张其承担连带责任。

六、最高人民法院再审①认为：《联合开发协议》不属于公司设立协议。建材公司请求权是基于《联合开发协议》的合同请求权，故原判决将案由确定为合同纠纷并无不当。一、二审诉讼中，建材公司也未对此提出异议，其于再审申请中主张本案由应为损害股东利益责任纠纷，理据不足，不能成立。另外，鉴于《联合开发协议》第十一条、第十二条的约定在公司章程中并无体现，且重庆公司对此亦不认可，故不能要求重庆公司依此约定承担赔偿责任。对其申请再审主张，本院不予支持。

律师分析

凉山中院曾在一审中以重庆公司"当然承继"了成都公司在《联合开发协议》中的权利义务为由，作出了部分支持建材公司赔偿损失诉请的判决。

然而，《联合开发协议》只是对电力公司股权结构变更的确认，并不涉及水电资源开发权的转让，其并未有因违反法律、行政法规的强制性规定而无效的情形。重庆公司并不是该协议相对人，并不直接负有《联合开发协议》约定的合同义务。股东之间基于合同关系产生的权利义务关系与股东与公司之间基于股权

---

① （2016）最高法民申 3077 号。

产生的权利义务关系属于两种不同的法律关系。股权转让后，股东基于股权与公司所发生的全部权利义务关系均一体转移给受让人，但是股东之间基于合同关系产生的权利义务并不当然随着股权转让转移给受让人。本案中，成都公司对建材公司的承诺是成都公司基于合同关系与建材公司产生的权利义务关系，并不是成都公司基于股权与公司所发生的权利义务，因此，该权利义务并不随股权转让而当然转移给受让人。在重庆公司没有作出愿意承接成都公司在《联合开发协议》中权利义务的意思表示的情况下，该权利义务对重庆公司并不具有约束力。

即使将《联合开发协议》认定为公司设立协议，其调整的也只是发起人之间的关系，只在发起人之间具有法律约束力。而公司章程调整的是所有股东之间、股东与公司之间、公司的管理机构与公司之间的法律关系。公司设立协议明显区别于公司章程的是，公司章程所调整的所有股东之间的法律关系，尤论是制定公司章程的原始股东还是章程制定后加入公司的新股东，都要受章程的约束，而公司设立协议具有合同相对性，只约束发起人。

最高人民法院在人民法院案例库的参考案例 2023-08-2-494-002 就明确认为：股东为成立公司签订的《合作协议》中关于公司设立和公司经营的部分内容已被公司章程吸收，属于公司治理范畴；关于公司经营管理设计的部分内容涉及公司经营理念，并非对于股东之间合同权利义务的约定。公司成立后，股东一方以公司违反《合作协议》前述约定为由要求解除《合作协议》的，不予支持。

实操建议

通过上述对新《公司法》新增第四十三条的系统分析，我们了解到虽然法律没有对"设立协议"作出明确的强制要求，但是其以新增条款的方式作出了必要的提示，仍彰显了"设立协议"在解决发起人之间权利义务纠纷中的重要性，为此我们实操建议如下：

一、在设立公司之初，尽可能通过签署"设立协议"的方式明确各发起人的权利义务以及对外债权债务的处理。公司的设立有一定周期和程序，法律上也有相应的要求，存在设立失败的可能，尤其是在公司初始规模比较大、业务比较复杂、发起人众多的情况下。因此，尽可能在开始就将各发起人的权利义务以及对外债权债务的处理安排清楚，对于纠纷发生后的高效、公平处理就显得尤为重要。

二、公司设立后，有必要将设立协议中的相关内容反映到公司章程中，以章程的形式明确下来。"设立协议"的私密性和封闭性，使其天然具有相对性，通常很难对非合同主体产生约束力。公司章程是公司管理的"宪法"性文件，其相较于设立协议更具开放性和公示效力。当公司章程与"设立协议"不一致时，其效力优先级的认定要区分对内还是对外。对于公司发起人之间的纠纷，通常应以"设立协议"的约定为准，对于公司发起人与其他股东、股东之间的纠纷以及公司外部的事务处理，通常公司章程的约定效力更高。

三、最后需注意，发起人之间的一些特殊安排，可以不反映到公司章程中，但在股东发生变更时，务必要注意该等特殊安排是否要继续履行，继续履行的主体是否也对应发生变动等，以避免该等特殊安排因主体变动而落空。

080 公司设立失败，发起人应当如何承担责任①

法律条文

第四十四条　有限责任公司设立时的股东为设立公司从事的民事活动，其法律后果由公司承受。

公司未成立的，其法律后果由公司设立时的股东承受；设立时的股东为二人以上的，享有连带债权，承担连带债务。

设立时的股东为设立公司以自己的名义从事民事活动产生的民事责任，第三人有权选择请求公司或者公司设立时的股东承担。

设立时的股东因履行公司设立职责造成他人损害的，公司或者无过错的股东承担赔偿责任后，可以向有过错的股东追偿。

---

① 本节作者李桂英，北京云亭律师事务所律师。

条文演变

本条对《公司法司法解释三》第二条①、第三条②、第四条③、第五条④和《法典》第七十五条⑤进行概括总结，对先公司交易行为及其法律后果承受问题予以规定，对于公司未成立的责任承担，内容没有实质性变化。对于发起人"以自己名义"成功设立公司后的责任承担问题，《民法典》赋予了第三人直接选择权，为保持一致，《公司法司法解释三》第二条也做了修订，删除了第三人向公司主张权利需公司予以确认等限制条件。新《公司法》第四十四条第三款与《民法典》第七十五条该内容部分规定一致，第三人可直接向公司或发起人主张权利。

裁判要旨

双方在洽谈合作、筹备设立公司过程中，并未对公司设立过程中的出资、亏损分担、责任承担比例达成明确意见，公司设立失败，发起人应按照均等份额分担责任。

---

① 《公司法司法解释三》第二条　发起人为设立公司以自己名义对外签订合同，合同相对人请求该发起人承担合同责任的，人民法院应予支持；公司成立后合同相对人请求公司承担合同责任的，人民法院应予支持。

② 第三条　发起人以设立中公司名义对外签订合同，公司成立后合同相对人请求公司承担合同责任的，人民法院应予支持。

公司成立后有证据证明发起人利用设立中公司的名义为自己的利益与相对人签订合同，公司以此为由主张不承担合同责任的，人民法院应予支持，但相对人为善意的除外。

③ 第四条　公司因故未成立，债权人请求全体或者部分发起人对设立公司行为所产生的费用和债务承担连带清偿责任的，人民法院应予支持。

部分发起人依照前款规定承担责任后，请求其他发起人分担的，人民法院应当判令其他发起人按照约定的责任承担比例分担责任；没有约定责任承担比例的，按照约定的出资比例分担责任；没有约定出资比例的，按照均等份额分担责任。

因部分发起人的过错导致公司未成立，其他发起人主张其承担设立行为所产生的费用和债务的，人民法院应当根据过错情况，确定过错一方的责任范围。

④ 第五条　发起人因履行公司设立职责造成他人损害，公司成立后受害人请求公司承担侵权赔偿责任的，人民法院应予支持；公司未成立，受害人请求全体发起人承担连带赔偿责任的，人民法院应予支持。

公司或者无过错的发起人承担赔偿责任后，可以向有过错的发起人追偿。

⑤ 《民法典》第七十五条　设立人为设立法人从事的民事活动，其法律后果由法人承受；法人未成立的，其法律后果由设立人承受，设立人为二人以上的，享有连带债权，承担连带债务。

设立人为设立法人以自己的名义从事民事活动产生的民事责任，第三人有权选择请求法人或者设立人承担。

案情简介

一、2017 年 7 月，郭某、马某拟合作设立黑龙江某新能源科技开发有限责任公司，双方未对公司设立过程中的出资、亏损分担、责任承担比例达成明确意见。

二、在筹备中，郭某、马某共同与深圳某科技发展有限公司徐州分公司签署技术转让协议，郭某先期垫付了交通费、食宿费、培训费等相关费用。

三、2017 年 8 月 24 日，郭某、马某共同向大庆市市场监督管理局高新技术产业开发区分局申请企业名称预先核准，后因故公司未设立。

四、郭某诉至法院，要求马某支付合伙期间支出的费用及利息。本案争议焦点是，设立黑龙江某新能源科技开发有限责任公司产生的前期投资费用如何分担。

五、黑龙江省高级人民法院再审①认为，双方对合作设立黑龙江某能源科技开发有限责任公司虽未达成书面协议，但综观郭某提交的证据，能够证实双方以合伙人、发起人的身份共同设立黑龙江某新能源科技开发有限责任公司，应按照均等份额分担责任。

律师分析

新修改的《公司法》第四十四条吸收了《公司法司法解释三》第二条至第五条和《民法典》第七十五条的内容，关于公司设立失败的责任承担问题，将责任承担分为对外责任和对内责任。对外，全体发起人在设立公司时的法律行为本质上就是合伙，发起人应对债权人承担连带清偿责任。

发起人在对外承担责任后，如何对内承担责任，则要看发起人对于责任承担是否有约定。如发起人筹建公司期间没有关于出资、责任承担等约定，则一般按照均等份额分担责任。本文上述案例中，发起人未对公司设立过程中的出资、亏损分担、责任承担比例达成明确意见，黑龙江省高院判决，应按照均等份额分担责任。但若发起人签订书面协议或以其他方式进行约定，法院一般会尊重发起人之间的约定，按照约定承担责任。在黄某等与陈某公司设立纠纷二审案②中，北京市第二中级人民法院认为，各发起人为设立公司而签订入股协议，约定各自出资比例及股权比重，并约定按出资额比例分享利润、分担亏损，公司因故未能设

---

① （2020）黑民申 2680 号。
② （2021）京 02 民终 9687 号。

立，部分发起人依照约定承担责任后，请求其他发起人分担的，人民法院应当判令其他发起人按照约定的责任比例分担责任。

对于公司设立失败，给他人造成损害，部分发起人有过错的，这种情况下责任如何承担？其他发起人对外承担了法律责任以及设立公司所产生的费用，则可以向有过错的发起人追偿因此所产生的费用和对外已经承担的债务，至于过错发起人承担多大比例的责任，最终由人民法院来确定责任比例。如在常州市某防水设备厂与某机器人（上海）有限公司发起人责任纠纷二审案①中，上海市第一中级人民法院认为，新的公司名称已获核准，但常州市某防水设备厂在投入 30 万元资金后，即以其他名目为由连续起诉要求返还款项，该行为表明其不愿意继续投资，故对新的公司最终未能实际成立负有不可推卸的过错。某机器人（上海）有限公司主张常州市某防水设备厂承担设立行为所产生的费用和债务，有法律依据，常州市某防水设备厂应承担相应过错责任。

实操建议

通过上述对《公司法》第四十四条的系统分析，我们了解到，公司设立失败的责任承担，对内而言，发起人有约定责任承担比例的，按照约定分担责任，没有约定责任承担比例的，按照约定的出资比例分担责任，没有约定出资比例的，按照均等份额分担责任。因部分发起人的过错导致公司未成立，无过错发起人主张其承担责任的，人民法院应当根据过错情况确定责任范围。具体梳理实操建议如下：

1. 实践中，因没有约定或者没有书面协议，发起人之间缺少协议约束，权利和义务的边界模糊，当公司设立活动出现与预想结果不同的情况时，极大增加了纠纷和诉讼可能性，建议设立公司时合伙人尽量签订书面筹建协议。

2. 明确约定各方的权责义务、违约责任；没有约定的，也要及时与其他发起人进行确认，以避免法定的债务负担方式对部分股东产生不公。

3. 明确约定发起人对公司设立有过错时，应承担的债务比例。

4. 在设立公司期间产生的费用问题，可指定某个人新设用于公司收付的专款账户，如有垫付费用的产生，应保有相关支出明细及证明，如发票、收据等。

5. 应保留好为设立公司与第三人签订的合同及相关可以证明自己发起人身份的材料，材料尽量持有原件。

---

① （2019）沪 01 民终 12028 号。

081 公司设立成功，债权人能否选择承担责任主体①

法律条文

第四十四条第三款　设立时的股东为设立公司以自己的名义从事民事活动产生的民事责任，第三人有权选择请求公司或者公司设立时的股东承担。

裁判要旨

香港某公司以自己名义与深圳市某装饰公司山东分公司和深圳市某装饰公司履行的装修设计事宜，系香港某公司从事的个人行为，并非为设立泰安市某酒店公司所产生的费用和债务，泰安市某酒店公司不应承担责任；泰安市某路桥公司既未收到设计图纸，也未使用该设计成果，两者之间不存在设计合同法律关系，在公司设立成功的情况下，要求其支付设计费，没有法律和事实依据。

案情简介

一、2007年10月16日，泰安市某路桥公司与香港某公司约定共同出资成立泰安市某酒店公司，香港某公司以现金出资，泰安市某路桥公司以不动产出资。后双方签订补充协议，注册资金到账后发生的实际费用需经双方认可。

二、2007年11月3日，第三人泰安某置业公司以自己名义委托深圳市某装饰公司山东分公司承担目标酒店的设计工作。后香港某公司也在《委托设计书》上盖章，深圳市某装饰公司与其山东分公司向香港某公司交付了设计成果。

三、2008年2月28日，泰安市工商行政管理局向泰安市某酒店公司颁发营业执照。香港某公司没有注入资本，泰安市某酒店公司也没有实际经营。

四、后委托方未依约支付设计费，深圳市某装饰公司山东分公司和深圳市某装饰公司诉至法院，请求泰安某置业公司、泰安市某酒店公司、泰安市某路桥公司、香港某公司共同支付设计费。本案的争议焦点之一是：本案中应由谁承担设计费用之责任。

---

① 本节作者李桂英，北京云亭律师事务所律师。

五、最高人民法院再审判决①，泰安市某酒店公司已经成立，泰安市某路桥公司作为发起人不应承担责任。泰安某酒店公司成立后没有开展经营活动，其既未明示确认由其支付设计费，也未实际使用设计成果或履行合同义务，根据合同的相对性，应由香港某公司承担合同责任。

律师分析

新《公司法》第四十四条第三款规定，公司设立成功后，债权人有权选择请求公司设立时的股东或者公司承担责任。而上述案件中，最高人民法院认为，泰安某酒店公司成立后没有开展经营活动，其既未明示确认由其支付设计费，也未实际使用设计成果或履行合同义务。建设工程设计合同只有在香港某公司注册资金到位后才会履行双方发起人的认可审核合同手续，从而决定是否由泰安某酒店公司承担合同债务，在合同经审核前，则应由香港某公司承担合同责任。该案依据未修改的《公司法司法解释三》第二条之规定，即要求设立后的公司承担责任的，需要公司对债权予以认可或者实际享有合同的权利义务。新公司法第四十四条第三款已经不要求公司对债权进行确认等限制条件，第三人可直接向公司主张权利。

公司设立成功后，债权人能否要求未登记为股东的发起人承担责任？在昌都市某医院有限公司、昌都市某国际大酒店有限公司房屋租赁合同纠纷二审案件②中，最高法认为：《房屋租赁合同》签订主体及承诺付款义务人为夏某，昌都市某医院成立之后，夏某虽不是公司股东，但债权人为了实现合法债权，依据合同相对性原则向夏某主张权利，该行为并无不当，应予支持。

公司设立成功后，股东代公司履行的债务，能要求公司其他股东承担吗？在王某、刘小某等与公司有关的纠纷再审案③中，最高人民法院认为，王某与刘某同为某煤业公司的发起人，如公司未能依法设立，则应共同对债权人承担清偿责任并互有追偿权利。但某煤业公司已于2003年7月28日核准登记，已成为享有独立财产权利并独立承担民事责任的法人，公司股东仅在其认缴的出资额范围内对公司而非外部债权人承担有限责任，王某和刘某之间不负有共同承担公司外部债务的法定义务，请求刘某继承人苑某和刘小某承担清偿责任缺乏法律根据和事

---

① （2013）民提字第212号。
② （2019）最高法民终1694号。
③ （2021）最高法民申4524号。

实依据。

发起人为谋取自身利益，滥用设立中公司名义签订合同，成立后的公司需要承担民事责任吗？《公司法司法解释三》第三条第二款规定："公司成立后有证据证明发起人利用设立中公司的名义为自己的利益与相对人签订合同，公司以此为由主张不承担合同责任的，人民法院应予支持，但相对人为善意的除外。"成立后公司是否承担法律责任，要看第三人是否善意而确定。即虽然发起人打着设立中公司的旗号为自己谋取私利，但是第三人对此并不知晓，认为自己交易的对象是设立中的公司，那么成立后的公司要对发起人的此项民事活动承担法律责任；反之，如公司有证据证明第三人有恶意串通等非善意的情形存在，成立后的公司无须承担法律责任。

债权人能否要求发起人和目标公司承担连带责任？在司法实践中，一般是择一支持，且一般是判决成立后的公司承担合同责任。

实操建议

通过上述对《公司法》第四十四条第三款的系统分析，我们了解到，公司设立成功后，权利人可请求发起人或公司承担责任，具体梳理实操建议如下：

1. 为了防止不必要的纠纷，建议发起人对外签订合同时，无论是发起人还是合同相对方都应该充分考虑实际情况，把双方交易的本意及合同目的在合同条款中进行约定。

2. 建议拟定发起人协议时，详细约定各发起人之间的权利义务、责任承担、违约责任、成本问题、退出方式等内容。

3. 建议发起人在公司设立过程中，尽量以设立中的公司名义签订合同，降低发起人个人直接承担合同义务的风险。

082 有限公司初始章程与修订章程关注要点有哪些[①]

法律条文

第四十五条 设立有限责任公司，应当由股东共同制定公司章程。

---

① 本节作者梁玉茹，北京云亭律师事务所律师。

条文演变

原《公司法》第二十三条规定了有限公司的设立条件，其中第三项是"股东共同制定公司章程"，新公司法将该项单列为一个独立条文，于第四十五条规定为"设立有限责任公司，应当由股东共同制定公司章程"。在设立时由全体股东共同制定的这份公司章程系初始章程，将初始章程的制定单列成为一个新条文，并增加"应当"突出有限公司初始章程须经全体股东合意达成。

裁判要旨

初始章程须经全体股东一致同意工商登记后生效，经法定程序修改的公司章程如未约定生效时间或约定不明，则公司章程自股东达成修改章程的合意后即发生法律效力，未经工商登记不影响其效力。

案情简介

一、某瑞水电开发公司原注册资本 1200 万元，初始股东为某尔晟公司、某河电站、唐某云、张某云。

二、2008 年 6 月，唐某云、张某云拟增资扩股，遂与万某裕协商，由万某裕出资 510 万元，占某瑞公司 30% 股权。后万某裕将个人贷款 510 万元打入了某瑞公司账户，某瑞公司会计凭证记载为"实收资本"。

三、2008 年 8 月 10 日，唐某云、张某云和万某裕共同修订并签署了新的《某瑞公司章程》（其中唐某云同时还代表某瑞公司另一法人股东某尔晟公司，章程经过了代表三分之二以上表决权的股东通过），章程载明万某裕出资 510 万元，占公司注册资本的 30%。

四、《某瑞公司章程》第六十四条规定"本章程经公司登记机关登记后生效"，第六十六条规定"本章程于二〇〇八年八月十日订立生效"。某瑞公司后未将该章程在工商登记部门备案。

五、后万某裕向法院起诉请求判令：确认其系某瑞公司股东。本案公司章程是否生效，能否作为万某裕具备股东身份的依据是本案的争议焦点之一，被告某瑞公司主张因该章程未在工商部门登记，因而没有生效。

六、最高人民法院再审①认为：经法定程序修改的章程，自股东达成修改章

---

① （2014）民提字第 00054 号。

程的合意后即发生法律效力，工商登记并非章程的生效要件，这与公司设立时制定的初始章程应报经工商部门登记后才能生效有所不同。

律师分析

新公司法虽未将公司章程明确为公司对外公示的登记事项，但单独列出初始章程须经全体股东同意方能通过，明确确立了公司设立时的章程制定要件。作为规范公司、股东、董事、监事、高级管理人员的公司宪法性文件，章程的重要性不言而喻。在人民法院案例库录入的指导案例 96 号宋某军诉西安市大某餐饮有限公司股东资格确认纠纷案中，更是凸显了经全体股东一致同意的初始章程约定的重要性。"国有企业改制为有限责任公司，其初始章程对股权转让进行限制，明确约定公司回购条款，只要不违反公司法等法律强制性规定，可认定为有效。有限责任公司按照初始章程约定，支付合理对价回购股东股权，且通过转让给其他股东等方式进行合理处置的，人民法院应予支持。"而该规则为股权限制性转让约定提供了实践指引。

公司法中著名的"公司章程另有规定除外"，全体股东设立初始章程时若能充分重视并运用好这句话，将为日后的公司治理奠定坚实的基础。除上述指导案例中可以事先约定回购条款外，小股东还可以通过初始章程充分实现自己的权益保护，预先达成股东可自费聘请第三方审计机构对公司财务记录和会计账簿进行审计，提前安排分红的最低时间间隔和现金分红的最低比例，设计对董事经理等高管的提名权等，切实使得股东知情权、分红权等权益有章可依，落到实处。

不同于初始章程要求全体股东一致同意工商登记后生效，公司修改章程经代表三分之二以上表决权的股东通过后即生效，正如上述最高法判例给出的裁判要旨，但这并不意味着只要资本多数决，通过的章程修正案就一定有效。在最高法公报案例姚某城与鸿某（上海）投资管理有限公司、章某等公司决议纠纷案①中，法院认为有限责任公司章程或股东出资协议确定的股东出资期限系股东之间达成的合意。除法律规定或存在其他合理性、紧迫性事由需要修改出资期限的情形外，股东会会议作出修改出资期限的决议应经全体股东一致通过。公司股东滥用控股地位，以多数决方式通过修改出资期限决议，损害其他股东期限权益，其他股东请求确认该项决议无效的，人民法院应予支持。资本多数决是公司运作的重要原则，但多数股东在行使表决权时，不得违反禁止权利滥用和诚实信用原

---

① 《最高人民法院公报》2021 年第 3 期（总第 293 期）第 42-48 页，（2019）沪 02 民终 8024 号。

则，形成侵害小股东利益的决议。公司章程修正案绝不仅是资本多数决即有效，须综合考量合法要素，尤其应注意避免增设中小股东义务、侵害中小股东权利等。

章程制定修改需遵循一定之规，那么公示又需注意哪些因素呢？比如当公司章程与年报公示信息不一致时又应当以哪一信息为准呢？2022年全国法院十大商事案件中的兴某公司诉张某等股东瑕疵出资纠纷案①中，再审法院明确最终以年报公示信息为准：虽然八某公司新章程中各股东的出资期限至2025年12月31日届满，但其在国家企业信用信息公示系统上公示的年度报告记载三位股东均已于2015年5月18日实缴。公示年报信息是企业的法定义务，各股东对于八某公司对外公示的实缴出资信息应当知晓而未依法提出异议，应当认定为其明知且认可年报信息。而兴某公司从国家企业信用信息公示系统上获知该实缴出资信息，自然相信该信息是真实准确的，根据《民法典》第六十五条的规定，应当依法保护兴某公司作为善意相对人因此产生的合理信赖。即使八某公司股东新章程中约定的出资期限未届满，但兴某公司主张应按八某公司年报公示的实缴出资时间作为出资期限的请求依据充分，应当予以支持。

实操建议

通过上述对《公司法》新增第四十五条的系统分析，我们了解到公司章程制定和修改过程中均有不同的关注要点，具体梳理实操建议如下：

1. 在制定公司初始章程时充分考虑弹性可另行约定事项。章程有大量的自治空间，照搬法条或章程模板不是"暗爽"而多为"暗礁"，建议创始股东在制定章程时应结合自身情况和实际需求，用好用足公司法授权弹性条款，未雨绸缪规定好诸如股权比例分配、股权转让限制、高管限定范围、继承离婚等事件安排、公司解散事由等重要事项，提前规避不必要的风险。

2. 在修改公司章程时要做到程序、内容皆合法。除关注修订章程需要资本多数决外，须特别关注修改章程的实质内容合法性，否则很容易出现违背诚实信用原则或侵犯小股东权利等进而导致章程修改决议无效或被撤销的情形。建议修改章程时不得变更股东的既得权或增设股东义务、增设部分股东的权利；不得侵害中小股东权利，如变更开除股东资格的法定情形、变更公司强制清算的相关规定等，或不合理地限制和排除股东知情权、撤销管理层忠诚义务、不合理降低注

① （2020）粤民申3743号。

意义务等其他违反章程不能变更或排除的规范①。

3. 最后需注意，对外公示登记信息需与章程保持一致，从而保护交易相对方的合理信赖与公司登记的公信效力，避免公司因公示虚假信息陷入违法失信的境地。

083 公司合并中，哪些情形无须被合并公司和合并股东会同意②

法律条文

第二百一十九条　公司与其持股百分之九十以上的公司合并，被合并的公司不需经股东会决议，但应当通知其他股东，其他股东有权请求公司按照合理的价格收购其股权或者股份。

公司合并支付的价款不超过本公司净资产百分之十的，可以不经股东会决议；但是，公司章程另有规定的除外。

公司依照前两款规定合并不经股东会决议的，应当经董事会决议。

条文演变

原《公司法》对此没有约定，本条系本次修法新增条款。

律师分析

公司合并是指两个或者两个以上的公司依法达成合意，归并为一个公司或者创设一个新公司的法律行为。公司合并在公司经营中经常发生，合并的目的可能是希望减少竞争对手，希望产生相互间的密切合作，也可能是希望迅速扩展公司业务，扩大公司实力。公司合并有利于促进合并双方资源的优化配置，促进企业的组织结构调整和产品结构调整。

为确保合并的顺利进行，有效保护合并各方的权益，公司合并应当按照法律规定的程序进行。新《公司法》第一百一十六条第三款规定："股东会作出修改公司章程、增加或者减少注册资本的决议，以及公司合并、分立、解散或者变更

---

① 谢鸿飞：《公司章程、议事规则与公司治理》。
② 本节作者王超，北京云亭律师事务所律师。

公司形式的决议，应当经出席会议的股东所持表决权的三分之二以上通过。"因此，一般情况下，在公司代表人与合并方就合并协议达成合意之后，需要将合并协议提交公司股东会表决并经出席会议的股东所持表决权的三分之二以上通过。

但是，在实际的商业运作中，存在母公司与子公司之间简易合并的特殊情形。这类合并的特点是，合并双方之间关系密切，对合并方案没有争议。母公司直接控制子公司，使得被合并公司股东会的表决既没有意义，也没有必要。如果对这类合并依然坚持按照新《公司法》第一百一十六条第三款的规定召开股东会，经出席会议的股东所持表决权的三分之二以上通过，无疑徒增程序困扰，大大降低了商业运作的效率。因此，新《公司法》的修订充分考虑了母子公司合并的实际情况，明确规定"公司与其持股百分之九十以上的公司合并，被合并公司不须经股东会决议"。在注重效率的基础上，新《公司法》也兼顾对小股东权益的保护。对于公司合并方案，被合并公司的小股东虽无表决权，但仍享有知情权和评估权，小股东如对合并事项持不同意见，法律规定小股东"有权请求公司按照合理的价格收购其股权或者股份"。

同样是基于简化程序、提高商事效率的考虑，本次修法也对"小规模合并"的程序进行了简化，即"公司合并支付的价款不超过本公司净资产百分之十的，可以不经股东会决议；但是，公司章程另有规定的除外"。对于此种"小规模合并"，法律赋予公司自治权，公司章程约定需召开股东会的，可以按照章程约定召开股东会；公司章程没有约定的，为提高效率，法律规定可以不经股东会决议。同时，该条款第三款规定，依照前两款规定的简易合并和小规模合并不经股东会决议的，仍须经董事会决议。董事会会议应当有过半数的董事出席方可举行，董事一人一票，董事会决议应当经全体董事的过半数通过。

084 分立后公司在何种情形下需要对公司债务承担连带责任[1]

法律条文

第二百二十二条 公司分立，其财产作相应的分割。

公司分立，应当编制资产负债表及财产清单。公司应当自作出分立决议之日

---

[1] 本节作者邢辉，北京云亭律师事务所律师。

起十日内通知债权人，并于三十日内在报纸上或者国家企业信用信息公示系统公告。

第二百二十三条 公司分立前的债务由分立后的公司承担连带责任。但是，公司在分立前与债权人就债务清偿达成的书面协议另有约定的除外。

条文演变

关于公司分立的规则，原《公司法》规定在第一百七十五条、第一百七十六条①。就条文内容而言，新《公司法》增加了公告方式，即在原有报纸的基础上增加了国家企业信用信息公示系统，这一变化是在国家企业信用信息公示系统已作为信息化时代下获取公司相关信息的重要工具的基础上做出的，体现了时代的特征。

裁判要旨

除公司在分立前与债权人就债务清偿达成的书面协议另有约定的之外，公司债务由分立后的公司承担连带责任。

案情简介

一、2011 年，雍某与甘肃金某公司法定代表人蔡某芝口头约定，雍某承建该公司发包的工程项目。

二、雍某组织人员按照约定进行施工，该工程于 2012 年 11 月 20 日竣工验收合格并交付甘肃金某公司使用。

三、2013 年 1 月 20 日，甘肃金某公司会计与雍某进行结算并出具工程结算表一份。同年 2 月 28 日，三某工程公司对雍某所承建的工程进行造价审定。

四、2013 年 3 月 29 日，甘肃金某公司出具证明，证实其公司欠付雍某承建工程的工程款及人工工资 200 万元。2013 年 3 月 29 日之后金某公司陆续向雍某支付工程款 141 万元。

五、2014 年 6 月 25 日，甘肃金某公司以其宁夏境内的资产单独成立宁夏金某公司。

---

① 原《公司法》第一百七十五条　公司分立，其财产作相应的分割。

公司分立，应当编制资产负债表及财产清单。公司应当自作出分立决议之日起十日内通知债权人，并于三十日内在报纸上公告。

第一百七十六条　公司分立前的债务由分立后的公司承担连带责任。但是，公司在分立前与债权人就债务清偿达成的书面协议另有约定的除外。

六、雍某向人民法院提起诉讼，请求判令甘肃金某公司、宁夏金某公司共同给付欠付工程款及利息。一审法院认定对宁夏金某公司以涉案工程款为甘肃金某公司债务，与该公司无关的抗辩理由不能成立，判决甘肃金某公司支付工程欠款，宁夏金某公司承担连带责任。二审法院①维持一审判决。

律师分析

本案中，甘肃金某公司以其部分资产成立宁夏金某公司的行为属甘肃金某公司分立公司的行为，该行为发生在雍某对甘肃金某公司的债权成立之后，且甘肃金某公司未在分立前与雍某就债务清偿达成其他书面协议，故人民法院判决宁夏金某公司应对甘肃金某公司欠付雍某的工程款及利息承担连带清偿责任。

公司的分立，是指一个公司通过依法签订分立协议，将其营业分成两个以上公司的法律行为。② 公司的分立可分为新设分立与派生分立两种方式。新设分立，是指一个公司分立为多个公司，原公司解散。派生分立，是指一个公司分立出后的一部分业务成立另一个公司，原公司继续存在。③ 依据新《公司法》规定，公司分立应履行相应的程序，包括（1）董事会制定分立方案；（2）股东会对分立方案作出决议；（3）公司编制资产负债表和财产清单；（4）通知债权人并进行公告；（5）变更相应的登记事项。

在公司分立中，债权人要实现分立后公司对分立前公司形成的债务承担连带责任，需要具备以下几个条件：一是公司另设公司的行为构成分立；二是债权发生在分立行为之前；三是分立前公司未与债权人就债务清偿达成协议。需要注意的是，首先，公司分立不同于减资、合并，本质上不会影响公司的偿债能力，因此法律并未规定分立时公司需要为债权人提供担保或提前清偿债务，只是强调公司应当将分立事项通知债权人。其次，分立后的公司对分立前的债务所承担的连带责任实质上并未改变债务人责任财产的范围，依旧为分立前公司的责任财产。可能出现的问题在于，股东对分立决议持反对意见的，可要求公司按照合理价格回购其所持有的股权，触发回购机制也就意味着公司的责任财产减少、偿债能力降低，此时如何保障外部债权人的权益，法律尚未有规定。

① （2017）宁民终 79 号。
② 赵旭东主编：《公司法学》，高等教育出版社 2015 年版，第 353 页。
③ 范健、王建文：《公司法》，法律出版社 2018 年版，第 390 页。

实操建议

一、债权人需要重点关注债务人公司如分立之类的重大事项变动。当发现有分立公告时，可选择与公司就债务进行协商并签订书面协议，并可要求提供相应的担保；如协商不成或未及时发现有分立公告时，债务人应当及时采取诉讼方式向分立后的公司主张连带责任。

二、公司履行分立程序前，应当就已经发生的债务积极与债权人进行沟通协商，对债务在分立后如何处理进行妥善安排，否则分立后的公司将很难避免与分立前的公司共同向债权人承担连带责任。

三、公司分立需要履行相应的法定程序，尤其是法定的公告程序，否则极易侵害到债权人的利益，导致不必要的纠纷。

085 公司解散需注意哪些事项①

法律条文

第二百二十九条　公司因下列原因解散：

（一）公司章程规定的营业期限届满或者公司章程规定的其他解散事由出现；

（二）股东会决议解散；

（三）因公司合并或者分立需要解散；

（四）依法被吊销营业执照、责令关闭或者被撤销；

（五）人民法院依照本法第二百三十一条的规定予以解散。

公司出现前款规定的解散事由，应当在十日内将解散事由通过国家企业信用信息公示系统予以公示。

第二百三十条　公司有前条第一款第一项、第二项情形，且尚未向股东分配财产的，可以通过修改公司章程或者经股东会决议而存续。

依照前款规定修改公司章程或者经股东会决议，有限责任公司须经持有三分之二以上表决权的股东通过，股份有限公司须经出席股东会会议的股东所持表决权的三分之二以上通过。

---

① 本节作者钟万梅，北京云亭律师事务所律师。

第二百三十一条 公司经营管理发生严重困难，继续存续会使股东利益受到重大损失，通过其他途径不能解决的，持有公司百分之十以上表决权的股东，可以请求人民法院解散公司。

条文演变

新《公司法》第二百二十九条吸收了原《公司法》第一百八十条的规定，并另新增第二款规定："公司出现前款规定的解散事由，应当在十日内将解散事由通过统一的企业信息公示系统予以公示。"明确公司在出现解散事由时，公司应当将解散事由在十天内通过企业信息公示系统予以公示，突出了公司公示义务。

相比原《公司法》第一百八十一条，新《公司法》第二百三十条也新增规定，在公司尚未向股东分配财产时，可通过修改公司章程或经股东会决议而令公司继续存续。无论是修改公司章程还是经股东会决议，有限责任公司须经持有三分之二以上表决权的股东通过，股份有限公司须经出席股东会会议的股东所持表决权的三分之二以上通过。

因公司经营管理发生严重困难，股东请求解散公司之诉的规定，新《公司法》第二百三十一条与原《公司法》第一百八十二条一致，《公司法司法解释二》第一条的相关内容仍有适用空间。

裁判要旨

"公司经营管理是否发生严重困难"，应从公司组织机构的运行状态进行综合分析，公司虽处于盈利状态，但其股东会机制长期失灵，内部管理有严重障碍，已陷入僵局状态，可以认定为公司经营管理发生严重困难。

案情简介

一、林某与戴某各出资 109 万元，注册成立某凯公司，双方各占 50%的股权。

二、林某任某凯公司监事，戴某任某凯公司法定代表人和执行董事。

三、某凯公司及其所属分公司经营状况良好，并未发生严重困难。作为某凯公司主营业务的租金收入稳定，某凯公司与商户关系良好，利润逐年增加。

四、林某作为某凯公司的监事，要求查询财务账册，未予同意。

五、从 2006 年 6 月 1 日至今，某凯公司未召开过股东会。

六、服装城管委会调解委员会根据原审判决及林某的申请，对某凯公司股东林某与戴某的纠纷进行调解，未成功。

七、林某向法院起诉请求判令：解散某凯公司，并成立清算组依法进行清算，待清算结束后办理某凯公司的工商注销登记手续。

八、江苏省高级人民法院二审①认为：公司本身是否处于盈利状况并非判断公司经营管理是否发生严重困难的必要条件。根据《公司法》第一百八十三条以及《公司法司法解释二》第一条的相关规定，"公司经营管理发生严重困难"主要是指管理方面存有严重内部障碍，如股东会机制失灵、无法就公司的经营管理进行决策等，不应理解为资金缺乏、亏损严重等经营性困难。综上，某凯公司作为一个法律拟制的法人机构，其权力机构、执行机构、监督机构均无法正常运行，某凯公司的经营管理已发生严重困难。

律师分析

因公司僵局，股东请求解散公司时应注意符合一定的条件，且并不以公司的财务状况为审查前提。根据公司法第二百二十九条、第二百三十一条和《公司法司法解释二》第一条，首先，提起公司解散之诉，应当是单独或者合计持有公司百分之十以上表决权的股东。关于股东的持股比例，在公司不能提供相反证据的情况下，应以工商登记及股东名册确定的股权比例来认定股东是否具有提起解散之诉的资格②；同时，对于未履行或者未全面履行出资义务的股东，根据《公司法司法解释三》第十六条的规定，基于公司章程或者股东决议，其受限的股东权利为利润分配请求权、新股优先认购权、剩余财产分配请求权，并不包括其提起解散公司之诉的权利③。其次，股东应举证证明公司经营管理发生严重困难。《公司法司法解释二》第一条对适用原《公司法》第一百八十二条的情形明确列举了四种情形，其中包括：（1）公司持续两年以上无法召开股东会或者股东大会，公司经营管理发生严重困难的；（2）股东表决时无法达到法定或者公司章程规定的比例，持续两年以上不能作出有效的股东会或者股东大会决议，公司经营管理发生严重困难的；（3）公司董事长期冲突，且无法通过股东会或者股东大会解决，公司经营管理发生严重困难的；（4）经营管理发生其他严重困难，

---

① （2010）苏商终字第 0043 号，最高人民法院指导案例 8 号。

② 参见人民法院案例库：甘肃某某集团有限公司诉兰州某车辆公司等解散纠纷案，（2021）最高法民申 1623 号。

③ 参见人民法院案例库：陈某诉陕西某文化传播公司公司解散纠纷案，（2021）最高法民申 6453 号。

公司继续存续会使股东利益受到重大损失的情形①。因此，判断一个公司的经营管理是否出现严重困难，应从上述组织机构的运行现状入手，加以综合分析，实务中，主要是股东会机制失灵，无法就公司的经营管理进行决策②。再次，公司本身是否处于盈利状况并非判断公司经营管理是否发生严重困难的必要条件，实务中，反对解散的公司和股东往往提出，公司的经营情况良好，一旦解散会导致大量员工失业、公司业务机会丧失等理由来反对公司解散。司法裁判观点普遍认为，即使公司处于盈利状态，但其股东会机制长期失灵，内部管理有严重障碍，已陷入僵局状态，仍可以认定为公司经营管理发生严重困难③。又次，公司继续存续会使股东利益受到重大损失。股东利益受损不是指个别股东利益受到损失，而是指由于公司经营管理机制"瘫痪"导致出资者整体利益受损④。如果股东一直都不能通过行使表决权参与公司决策，也不能有效行使监督权来监督公司运行，股东设立公司的目的无法实现，合法权益必将遭受损害。最后，通过其他途径不能解决公司的僵局。这种情况主要表现为公司无法通过内部、外部各种协调机制、收购等来打破公司僵局，实务中，如果股东间存在股权回购条款，享有回购请求权的股东可以要求其他主体回购案涉股权，属于可以通过其他途径解决公司僵局的情形，不符合公司解散的法定条件⑤。

实操建议

通过对新《公司法》第二百二十九条、第二百三十条、第二百三十一条的分析，就公司解散，尤其是公司陷入公司僵局时，股东请求解散公司时应关注的法律要点，现具体梳理实操建议如下：

一、应首先关注公司是否存在章程规定的营业期限届满、其他解散事由、股东会决议解散、公司合并或者分立需要解散、依法被吊销营业执照、责令关闭或者被撤销的情形，以上情形是公司法规定的法定解散公司事由，裁判尺度相对明确统一。一旦满足以上情形而又无法通过修改公司章程、股东会决议进行存续

---

① 参见安凤德等：《公司案件疑难问题裁判精要》，法律出版社2021年版，第336页。

② 参见人民法院案例库：无锡某甲置业有限公司诉无锡某乙置业有限公司、晋某有限公司公司解散纠纷案，（2017）苏民终1312号。

③ （2017）最高法民申4394号。

④ 参见人民法院案例库：无锡某甲置业有限公司诉无锡某乙置业有限公司、晋某有限公司公司解散纠纷案，（2017）苏民终1312号。

⑤ 参见人民法院案例库：湖南某投资有限公司诉兰州某投资有限公司、甘肃某工贸有限公司公司解散纠纷案，（2021）最高法民申1623号。

的，则公司解散的条件已经满足，根据新公司法的最新规定，公司注意应在十日内将解散事由在国家企业信用信息公示系统予以公示。

二、除以上事由外，如股东希望适用新《公司法》第二百二十九条第一款第五项和第二百三十一条的规定，直接提起解散公司之诉解散公司的，应当注意满足一定的主体、实质、程序性条件。

三、首先，主体方面，要注意请求解散公司的股东持股权应分别或者合计持有10%以上表决权，如果表决权尚未达到10%，则无从提起相关诉讼，需要联合更多的股东以达到法定的表决权条件。其次，实质条件方面，股东应就公司经营管理发生严重困难举证，尤其注意举证证明公司存在《公司法司法解释二》第一条规定的四种情形，如果尚不满足，则建议尽早利用公司议事规则发起召开相关股东会、保留股东会无法形成决议、公司董事冲突的证据等。最后，程序条件方面，注意收集股东已通过其他途径仍不能解决公司僵局的证据。比如多次协商、寻求行业协会主持调解、法院调解、收购谈判等方式仍不能解决公司僵局等证据。

086 清算组和清算义务人在哪些情形下承担责任①

法律条文

第二百三十二条　公司因本法第二百二十九条第一款第一项、第二项、第四项、第五项规定而解散的，应当清算。董事为公司清算义务人，应当在解散事由出现之日起十五日内组成清算组进行清算。

清算组由董事组成，但是公司章程另有规定或者股东会决议另选他人的除外。

清算义务人未及时履行清算义务，给公司或者债权人造成损失的，应当承担赔偿责任。

条文演变

新《公司法》第二百三十二条规定了四种公司解散应当清算的情形，具体包括：（1）公司章程规定的营业期限届满或者公司章程规定的其他解散事由需要解散公司；（2）股东会决议解散公司；（3）公司依法被吊销营业执照、责令

---

① 本节作者钟万梅，北京云亭律师事务所律师。

关闭或者被撤销；（4）公司经法院确认需要解散的。该规定与原《公司法》第一百八十三条规定一致，也与《民法典》第七十条"法人解散的，除合并或者分立的情形外，清算义务人应当及时组成清算组进行清算"相呼应。

关于清算义务人的构成，原《公司法》第一百八十三条规定，有限责任公司的清算组由股东组成，股份有限公司的清算组由董事或者股东大会确定的人员组成。新《公司法》第二百三十二条则直接规定，董事为公司清算义务人，清算组由董事组成，同时体现公司意思自治，规定公司章程另有规定或者股东会决议另选他人的除外。而《民法典》第七十条也规定，法人的董事、理事等执行机构或者决策机构的成员为清算义务人。法律、行政法规另有规定的，依照其规定。相比原《公司法》第一百八十三条，新《公司法》第二百三十二条和《民法典》第七十条均直接将董事作为公司的清算义务人，有限责任公司的股东不再直接确定为清算义务人。

关于清算组和清算义务人的清算责任，新《公司法》第二百三十二条新增规定，清算义务人未及时履行清算义务，给公司或者债权人造成损失的，应当承担民事责任，该规定也与《民法典》第七十条规定一致，督促清算义务人及时履行清算义务，如果怠于履责的，需要承担法律责任。

裁判要旨

公司被吊销营业执照应当清算而未清算时，公司股东（利害关系人）直接通过诉讼方式请求确认其对公司财产享有所有权，不符合法律规定的债务履行程序，存在损害其他债权人利益的可能，将不予支持。

案情简介

一、雷某1和雷某2在香港设立远某地产公司，远某地产公司后未再进行商业登记。根据香港地区法律，远某地产公司不得在没有商业登记的情况下以其名义经营业务。后雷某2声明，将其在远某地产公司的所有股份转让给雷某1。

二、远某地产公司设立独资企业王某公司，该公司于2001年被吊销企业法人营业执照，至今尚未清算。

三、1994年10月25日，厦门某建设局与王某公司签订《厦门海沧投资区国有土地使用权有偿出让合同》，将某地块出让给王某公司。王某公司后取得该地块对应的《国有土地使用权证》《建设工程规划许可证》《建设用地规划许可证》，对应的某地产项目的开发商亦为王某公司。

四、雷某1起诉王某公司及王某公司股东远某地产公司，请求将王某公司名下的王某花园项目所有权和土地使用权确认归其所有。

五、王某公司诉讼中认可雷某1的全部主张，并积极主张调解，同意将王某花园项目确权给雷某1所有。

六、最高人民法院二审①认为：公司因被吊销营业执照而解散的，应当在解散事由出现之日起十五日内成立清算组，开始清算。逾期不成立清算组进行清算的，债权人可以申请人民法院指定有关人员组成清算组进行清算。人民法院应当受理该申请，并及时组织清算组进行清算。王某公司被吊销营业执照后，应当启动清算程序。雷某1可通过清算程序确认其所享有的权益，并在确认基础上履行相应义务。如王某公司及其股东远某地产公司不履行清算义务，雷某1可依法申请人民法院组成清算组进行清算或请求判令王某公司及远某地产公司承担清算义务。王某公司诉讼中的自认及提出的调解意见，均是对王某花园项目房地产的处分，在其未启动清算程序、对雷某1享有权益进行确认前，对公司主要资产进行处分，不符合法律规定的债务履行程序。如果王某公司尚有其他债务，其在清算前将公司主要资产处分给雷某1，必然损害其他债权人利益，不符合公平原则。

律师分析

如前述，新《公司法》第二百三十二条规定了四种公司解散应当清算的情形。当出现该四种情形时，公司应当在解散事由出现之日起十五日内组成清算组进行清算。司法实践中，公司往往因各种原因，在公司解散事由出现时未能进行清算，此时无论是股东，还是其他债权人，如果希望直接通过诉讼方式寻求自身合法权益的保护，均应注意通过清算程序进行。特别注意的是，清算期间不得开展与清算无关的经营活动，包括对个别债权人的清偿、债权转让，也不能未经清算就将公司财产分配给股东。

同时，新《公司法》第二百三十二条第三款也新增明确规定："清算义务人未及时履行清算义务，给公司或者债权人造成损失的，应当承担赔偿责任。"因此，公司清算组和清算义务人未来如果未能及时履行清算义务，也可能被公司或者外部债权人列为被告，并承担赔偿责任。此种情形下，将极大督促清算义务人及时履职，推动清算程序的进行。

---

① （2006）民一终字第29号，《最高人民法院公报》2007年第11期。

实操建议

通过对新《公司法》第二百三十二条的分析，就公司出现解散事由应进行清算时，需关注的法律要点，现具体梳理实操建议如下：

1. 公司一旦出现法定解散事由，除合并或者分立外，公司应当积极启动清算程序，由董事或者其他公司章程或者股东会决议确定的人员担任清算义务人，组成清算组，积极履行清算义务。

2. 清算期间内，只能从事与清算有关的事务，需注意不能对个别债权人清偿，或者债权转让。

3. 清算期间内，股东如果希望对公司剩余财产主张权益，也应当在清算程序中依法进行，不能擅自将公司的财产变更至股东名下或者据为己有。

087 谁可以在哪种情形下申请法院强制清算①

法律条文

第二百三十三条 公司依照前条第一款的规定应当清算，逾期不成立清算组进行清算或者成立清算组后不清算的，利害关系人可以申请人民法院指定有关人员组成清算组进行清算。人民法院应当受理该申请，并及时组织清算组进行清算。

公司因本法第二百二十九条第一款第四项的规定而解散的，作出吊销营业执照、责令关闭或者撤销决定的部门或者公司登记机关，可以申请人民法院指定有关人员组成清算组进行清算。

条文演变

原《公司法》第一百八十三条规定，逾期不成立清算组进行清算的，债权人可以申请法院指定有关人员组成清算组清算。《公司法司法解释二》第七条第二款规定，有下列情形之一，债权人、公司股东、董事或其他利害关系人申请人民法院指定清算组进行清算的，人民法院应予受理：（一）公司解散逾期不成立

---

① 本节作者钟万梅，北京云亭律师事务所律师。

清算组进行清算的；（二）虽然成立清算组但故意拖延清算的；（三）违法清算可能严重损害债权人或者股东利益的。《民法典》第七十条将申请强制清算的主体扩大至其他利害关系人和主管机关。现公司法第二百三十三条与《民法典》第七十条规定一致并进行了更加详细的规定，并指出当公司被吊销营业执照、责令关闭或者撤销的，作出相关决定的行政主管部门、公司登记机关，也可以申请法院强制清算。

案情简介

一、国某公司已于 2011 年被吊销营业执照。

二、郭某依据另案判决，但该判决书未明确郭某与国某公司之间的债权债务关系，而申请法院对国某公司进行强制清算。

三、国某公司对郭某债权人身份提出异议。

四、最高人民法院认为[①]：国某被吊销营业执照，已具备解散的事由。但申请对公司进行强制清算还需符合主体要件，即要求申请主体为股东、债权人以及利害关系人。国某公司对郭某债权人身份提出异议，虽然郭某提交了另案判决作为证据，但该判决书未明确郭某与国某公司之间的债权债务关系，不足以证明其系国某公司的债权人或其他利害关系人，本案并不具备《强制清算会议纪要》第十三条中规定的"对异议事项已有生效法律文书予以确认"的情形，二审法院对郭某的强制清算申请不予受理并无不当。

律师分析

根据新《公司法》第二百三十二条，公司应当在解散事由出现之日起十五日内组成清算组进行清算。因此，只要公司在解散事由发生之后超出十五日未成立清算组的，即构成逾期成立清算组，同时公司虽成立了清算组，但清算工作一直未能实际开展，未及时履行清算义务在法定时限内自行清算的[②]，也符合强制清算的情形。

一、关于强制清算程序申请条件

首先，公司已存在解散事由。如：通过内部或者外部查询公司的章程、工商内档、内部文件资料、企业公示信息等途径，查询公司是否存在营业期限届满、

---

① （2021）最高法民申 7534 号。
② （2020）最高法民申 791 号、（2020）黑民再 224 号。

决议解散、被吊销营业执照等情形。如果没有该等情况，可能还需要主动提起解散之诉，促成公司解散事由成立。而根据《公司法司法解释二》第二条规定，股东提起解散公司诉讼，同时又申请人民法院对公司进行清算的，人民法院对其提出的清算申请不予受理。此种情形下，持有公司10%以上表决权的股东可以先按照新《公司法》第二百三十一条提起解散之诉，再申请强制清算。

其次，公司是否存在怠于清算的情形。具体包括两种：一是解散事由发生后一直未成立清算组；二是成立清算组但不开展清算的工作。申请人可以通过国家企业信用信息公示系统查询公司是否有清算组信息、清算组是否清理公司财产、编制资产负债表和财产清单；是否通知债权人申报债权、有无处理公司未了结的业务、清缴企业所欠税款等判断公司是否存在怠于清算的情形并提交相关证据。如果不能提交，则法院将不予受理。

二、关于申请主体资格条件

申请强制清算，申请人需要对公司具有法律上的利害关系，申请人对公司享有债权、股权、管理职能等。实务中，除债权人、股东外，公司的职工也可能成为利害关系人，但有权申请对企业法人强制清算的职工应限定在可能参与法人财产分配的主体范围内。[①]《最高人民法院关于审理公司强制清算案件工作座谈会纪要》第十三条规定，被申请人就申请人对其是否享有债权或者股权，或者对被申请人是否发生解散事由提出异议的，人民法院对申请人提出的强制清算申请应不予受理。申请人可就有关争议单独提起诉讼或者仲裁予以确认后，另行向人民法院提起强制清算申请。但对上述异议事项已有生效法律文书予以确认，以及发生被吊销企业法人营业执照、责令关闭或者被撤销等解散事由有明确、充分证据的除外。同时，根据新公司法的规定，相关主管部门对于作出吊销企业营业执照、责令关闭或者撤销的公司，如果相关主体怠于清算的，该等机构也可以申请法院进行强制清算，使得申请主体更加多元化，加快公司的清理与退出。

实操建议

通过对新《公司法》第二百三十三条的分析，就公司强制清算应关注的法律要点，现具体梳理实操建议如下：

一、任何人希望申请强制清算，首先应关注被申请人是否存在解散的事由。如果企业不存在解散事由，则申请强制清算无从谈起。对于债权人而言，因其无

---

① （2021）最高法民申 7223 号。

法直接修改公司章程、参加股东会会议而决定企业营业期限的长短，也无权提起公司解散之诉，因此其只能被动等待公司解散事由的出现。债权人可通过国家企业信用信息公示系统、查询公司工商档案等方式关注被申请人是否存在解散事由的情况，以便及时提起相关申请。

二、当股东作为申请人，尤其是公司陷入僵局时，股东希望申请法院介入清算程序的，除积极联合其他股东达成公司解散合意外，还可提起相关解散之诉促成公司解散条件成立。待解散条件满足后，股东还可以收集公司怠于组成清算组的证据，尤其注意收集与其他股东、法定代表人、董监高、实际控制人关于公司清算事宜的沟通情况或通知的邮寄与送达情况，以证明已按照法律和章程的规定就公司清算事宜穷尽了公司内部救济措施，而无法展开自行清算。

三、对于申请主体的身份举证要求，申请人应重点举证自身满足与被申请企业存在"利害关系"的相关证据，如已有生效判决确认申请人与公司之前存在债权、工商的登记信息、出资证明等证明申请人系公司的股东、在职职工，公司对其有未付薪酬，或者虽已经解除劳动合同，但有相关法律文书证明自身对公司享有相应债权等。

088 简易注销的情形和流程有哪些①

法律条文

第二百四十条 公司在存续期间未产生债务，或者已清偿全部债务的，经全体股东承诺，可以按照规定通过简易程序注销公司登记。

通过简易程序注销公司登记，应当通过国家企业信用信息公示系统予以公告，公告期限不少于二十日。公告期限届满后，未有异议的，公司可以在二十日内向公司登记机关申请注销公司登记。

公司通过简易程序注销公司登记，股东对本条第一款规定的内容承诺不实的，应当对注销登记前的债务承担连带责任。

---

① 本节作者钟万梅，北京云亭律师事务所律师。

条文演变

本次公司法第二百四十条首次新增简易注销的规定，直接以"法律"形式明确简易注销的适用情形、操作流程以及相应的法律责任，进一步完善市场主体退出机制。

在此前，主要是行政法规、部门规章对简易注销进行制度性规定并执行，具体包括：（1）《市场主体登记管理条例》（国务院令第746号）第三十三条规定："市场主体未发生债权债务或者已将债权债务清偿完结，未发生或者已结清清偿费用、职工工资、社会保险费用、法定补偿金、应缴纳税款（滞纳金、罚款），并由全体投资人书面承诺对上述情况的真实性承担法律责任的，可以按照简易程序办理注销登记。市场主体应当将承诺书及注销登记申请通过国家企业信用信息公示系统公示，公示期为20日。在公示期内无相关部门、债权人及其他利害关系人提出异议的，市场主体可以于公示期届满之日起20日内向登记机关申请注销登记。个体工商户按照简易程序办理注销登记的，无需公示，由登记机关将个体工商户的注销登记申请推送至税务等有关部门，有关部门在10日内没有提出异议的，可以直接办理注销登记。市场主体注销依法须经批准的，或者市场主体被吊销营业执照、责令关闭、撤销，或者被列入经营异常名录的，不适用简易注销程序。"（2）《关于全面推进企业简易注销登记改革的指导意见》（工商企注字〔2016〕253号）：首次规定从2017年3月1日起，在全国范围内全面实行企业简易注销登记改革，对领取营业执照后未开展经营活动（以下简称未开业）、申请注销登记前未发生债权债务或已将债权债务清算完结（以下简称无债权债务）的有限责任公司、非公司企业法人、个人独资企业、合伙企业，由其自主选择适用一般注销程序或简易注销程序。（3）《关于加强信息共享和联合监管的通知》（工商企注字〔2018〕11号）进一步规定：工商部门和税务部门协同推进企业简易注销登记改革，工商部门应当及时将企业简易注销结果推送给税务部门。（4）《关于进一步完善简易注销登记便捷中小微企业市场退出的通知》（国市监注发〔2021〕45号）进一步规定：①拓展简易注销登记适用范围，将简易注销登记的适用范围拓展至未发生债权债务或已将债权债务清偿完结的市场主体（上市股份有限公司除外）。②实施个体工商户简易注销登记。③压缩简易注销登记公示时间，将简易注销登记的公示时间由45天压缩为20天。④建立简易注销登记容错机制，对存在"被列入企业经营异常名录""股权（投资权益）被冻结、出质或动产抵押等情形""企业所属的非法人分支机构未办注销登记的"等不适用简易注销登记程序的，无须撤销简易注销公示，待异常状态消失后可再次依程序公示申请简易注销登记。

可以看出，简易注销经过几年的实践探索，已形成相对成熟的实施路径，本次公司法将简易注销作为新增条文，进一步提升简易注销程序的法律地位，凸显国家简政放权、充分释放市场活力的决心。

案情简介

一、瑜某公司与国某公司签订《技术委托开发合同》，国某公司仅支付了瑜某公司部分款项，尚有余款未付。

二、国某公司的股东包括黄某1、黄某2等多人，该公司以其原公司名"成都牧某公司"进行简易注销公告。公告期满，盖有国某公司印章及有法定代表人黄某2签名的《公司注销登记申请书》中载明，公司注销原因为"股东决定、股东会、股东大会决议解散"，适用简易注销情形为"无债权债务""未发生债权债务""债权债务已清算完毕"，债权债务清理情况为"已清理完毕"。国某公司全体股东签名的《全体投资人承诺书》中载明"本企业申请注销登记前未发生债权债务/已将债权债务清算完结，不存在未结清算费用、职工工资、社会保险费用、法定补偿金和未交清的应缴纳税款及其他未了结事务，清算工作已全面完结……本企业承诺申请注销登记时不存在以下情形：……不适用企业简易注销登记的其他情形。本企业全体投资人对以上承诺的真实性负责，如果违法失信，则由全体投资人承担相应的法律后果和责任，并自愿接受相关行政执法部门的约束和惩戒"。后国某公司注销。

三、瑜某公司请求：（1）黄某1、黄某2等清偿国某公司应承担的技术委托开发报酬918000元；（2）黄某1、黄某2等向瑜某公司清偿合同违约金275400元。

四、最高人民法院二审认为[①]：国某公司未经依法清算即办理简易注销登记违反了《公司法司法解释二》第二十条的规定，国某公司的股东出具《全体投资人承诺书》承诺对公司注销的违法失信行为承担相应的法律后果和责任，瑜某公司主张国某公司股东包括黄某2等人对国某公司债务承担清偿责任，原审法院予以支持，合法适当，本院予以确认。

---

① （2021）最高法知民终2123号。

律师分析

简易注销程序相比正式清算程序可以极大减轻公司注销负担，实践中已有大量企业通过简易程序完成了注销。但需注意的是，在简易注销程序中，登记机关仅对申请材料进行形式审查，申请主体必须对其是否适用简易注销情形自行确认。如果公司在不符合条件的情况下采取了简易注销程序，甚至恶意利用简易注销程序逃避债务或侵害他人合法权利，股东等可能面临被追偿的后果。

简易注销程序适用的核心条件是：未开业或者无债权债务。且有下列情形之一的，不适用简易注销程序：涉及国家规定实施准入特别管理措施的外商投资企业；被列入企业经营异常名录或严重违法失信企业名单的；存在股权（投资权益）被冻结、出质或动产抵押等情形；有正在被立案调查或采取行政强制、司法协助、被予以行政处罚等情形的；企业所属的非法人分支机构未办理注销登记的；曾被终止简易注销程序的；法律、行政法规或者国务院决定规定在注销登记前须经批准的；不适用企业简易注销登记的其他情形。

在满足简易注销程序适用条件后，申请简易注销的流程主要有：（1）先通过国家企业信用信息公示系统《简易注销公告》专栏公告公司拟申请简易注销登记及全体投资人承诺等信息，公告期为二十天。（2）公告期满后，公司向企业登记机关提出简易注销登记申请并提交申请文件，具体包括：《申请书》《指定代表或者共同委托代理人授权委托书》《全体投资人承诺书》（强制清算终结的企业提交人民法院终结强制清算程序的裁定，破产程序终结的企业提交人民法院终结破产程序的裁定）、营业执照正、副本即可，不再提交清算报告、投资人决议、清税证明、清算组备案证明、刊登公告的报纸样张等材料。（3）登记机关在收到申请后，对申请材料进行形式审查并作出相应决定。

实操建议

通过对新《公司法》第二百四十条的分析，就公司简易注销应关注的法律要点，现具体梳理实操建议如下：

一、公司如果希望通过简易程序完成企业注销，应注意公司需符合简易注销的适用条件，不存在限制注销的情形。

二、简易注销程序并未减免清算责任人的清算责任，如果公司尚有未结清的债务，却向登记机关出具承诺书，声称"已将债权债务清算完结"，尽管完成了注销手续，但并不能免除自身股东的清偿责任。因此，如果公司希望适用简易程序注销公司，在申请注销之前，应当注意公司的债务是否处理完毕。

089 强制注销的情形和流程有哪些[①]

法律条文

第二百四十一条　公司被吊销营业执照、责令关闭或者被撤销，满三年未向公司登记机关申请注销公司登记的，公司登记机关可以通过国家企业信用信息公示系统予以公告，公告期限不少于六十日。公告期限届满后，未有异议的，公司登记机关可以注销公司登记。

依照前款规定注销公司登记的，原公司股东、清算义务人的责任不受影响。

条文演变

强制注销是本次公司法新增条文。2019 年，国家发展改革委、最高人民法院等部委曾联合印发《加快完善市场主体退出制度改革方案》（发改财金〔2019〕1104 号）首次指出："研究建立市场主体强制退出制度，完善相关法律法规，对因经营异常、违法失信而被吊销营业执照、责令关闭的企业和个体工商户等市场主体，依照法定程序实施强制退出。"2020 年，国务院发布《全国深化"放管服"改革优化营商环境电视电话会议重点任务分工方案》（国办发〔2020〕43号），再次指出："探索开展长期吊销未注销企业强制注销试点，明确强制注销的适用情形、具体条件和办理程序，并依法保障当事人合法权利，进一步提高市场主体退出效率。"后多地也有立法跟进并具体实施[②]。本次公司法在法律层面为强制注销制度提供制度支撑，便于加快"僵尸企业"的退出效率，避免社会资源和行政管理资源的浪费，更大程度地激发市场活力。

---

① 本节作者钟万梅，北京云亭律师事务所律师。
② 上海发布《上海市浦东新区市场主体退出若干规定》，深圳发布《深圳经济特区商事登记若干规定》。
义乌市市场监督管理局强制注销企业决定公告（义市监企监〔2021〕01号），http://sjb1.ywcity.cn/content/202103/04/content_ 97114.html。
霍邱县市场监督管理局关于拟强制注销企业的公告：https://www.huoqiu.gov.cn/public/6600661/36476241.html。

案情简介

一、天某公司成立于 2002 年，2009 年 12 月被吊销营业执照。

二、李某和朱某是天某公司的股东，朱某为天某公司小股东。

三、盛某公司系天某公司债权人，对天某公司享有 560 万元债权及利息，经强制执行，未获清偿。

四、天某公司于 2020 年 12 月被强制注销。

五、盛某公司向法院起诉请求：（1）李某和朱某向盛某公司支付 560 万元；（2）李某和朱某给付债务利息等。

六、北京市第三中级人民法院再审认为①：天某公司被依法吊销营业执照后清算义务人未在法定期间内依法进行清算，后经盛某公司申请破产清算，根据管理人的调查，二位股东经实地走访下落不明，未参与清算，未接收到天某公司任何可供分配财产。因天某公司的有关人员不履行法定义务，其行为导致天某公司无法清算，裁定宣告天某公司破产，终结天某公司破产程序，现天某公司已被强制注销。经查，李某持有天某公司 80% 股权，实际经营天某公司，朱某持有天某公司 20% 股权，任职监事，其二人作为公司股东、清算义务人怠于履行义务与天某公司无法清算具有因果关系。故原审法院判决朱某对盛某公司的损失承担赔偿责任并无不当。

律师分析

公司登记机关依职权进行强制注销的条件是公司出现被吊销营业执照、责令关闭或者被撤销满三年仍未申请注销公司登记。根据新《公司法》第二百四十一条，强制注销的流程包括：第一，公司已被吊销营业执照、责令关闭或者被撤销，符合公司解散的情形；第二，解散情形已持续三年仍未申请注销公司登记。当满足以上条件后，登记机关有权进行注销公告登记，公告期限不少于六十日。公告的主要内容包括拟注销的企业名称、要求企业组织清算、进行注销登记等。在公告期限届满后，未有异议的，公司登记机关可依法注销公司登记。

强制注销并不以公司是否进行清算为前提，只要出现解散事由达到三年未申请，登记机关即可依职权进行强制注销，而注销的后果并不免除原公司股东、清算义务人的责任。根据新《公司法》第二百三十二条，公司出现解散事由时，公司应当清算，如果清算义务人未及时履行清算义务，给公司或者债权人造成损

---

① （2022）京 03 民申 128 号。

失的，应当承担赔偿责任。因此，强制注销程序也督促公司尽早依法履行自身的清算义务，如果长期怠于履行清算义务而被强制注销，此时公司已经不复存在，外部债权人就有权要求股东、清算义务人依法承担赔偿责任。《最高人民法院关于民事执行中变更、追加当事人若干问题的规定》第二十一条也规定："作为被执行人的公司，未经清算即办理注销登记，导致公司无法进行清算，申请执行人申请变更、追加有限责任公司的股东、股份有限公司的董事和控股股东为被执行人，对公司债务承担连带清偿责任的，人民法院应予支持。"因此，一旦公司被强制注销导致公司无法进行清算，债权人有权申请变更公司的股东为被执行人，对公司的债务承担连带清偿责任。①

需要注意的是，公司被强制注销后，对于外部债权人而言，需要注意诉讼时效经过的问题。根据《九民纪要》"关于公司纠纷案件的审理"部分"（五）关于有限责任公司清算义务人的责任第 16 条：公司债权人以《公司法司法解释二》第 18 条第 2 款为依据，请求有限责任公司的股东对公司债务承担连带清偿责任的，诉讼时效期间自公司债权人知道或者应当知道公司无法进行清算之日起计算"。债权人如果希望以清算责任纠纷请求公司股东承担连带清偿责任，司法实践一般推定从公司核准注销之日起清算诉讼时效。因此，债权人应及时关注公司注销的时间，防止诉讼时效经过而权利失效。

实操建议

通过对新《公司法》第二百四十一条的分析，就公司强制注销应关注的法律要点，现具体梳理实操建议如下：

1. 公司出现被吊销营业执照、责令关闭或者被撤销后，公司股东及清算义务人应积极履行法定的清算义务，及时完成公司的清算并依法注销，以免除公司被强制注销而对公司债务承担连带责任。

2. 对公司债权人而言，应及时通过全国企业信用信息公示系统、企查查等公开渠道关注公司的存续状态。另外，当公司存在法定解散事由时，债权人作为利害关系人，可以主动联系债务人公司核实其是否已进行清算或清算工作开展进展，如果公司存在未清算或者虽成立清算组，但一直怠于清算的，可依法申请法院强制清算。如果公司已经被强制注销，债权人应当及时提起相关诉讼，要求股东承担连带责任，以免诉讼时效经过。

---

① （2021）浙 0481 执异 36 号。

六、上市公司、国家出资公司、一人公司篇

090 上市公司拒绝股东临时提案是否影响董事会、股东会决议效力[①]

法律条文

第一百一十五条第二款 单独或者合计持有公司百分之一以上股份的股东，可以在股东会会议召开十日前提出临时提案并书面提交董事会。临时提案应当有明确议题和具体决议事项。董事会应当在收到提案后二日内通知其他股东，并将该临时提案提交股东会审议；但临时提案违反法律、行政法规或者公司章程的规定，或者不属于股东会职权范围的除外。公司不得提高提出临时提案股东的持股比例。

条文演变

新《公司法》第一百一十五条第二款关于股东会临时提案权的内容，源于原《公司法》第一百零二条第二款[②]，原来规定股东持股比例单独或合计3%以上方可享有临时提案权，新《公司法》将临时提案权的股权比例降低至1%以上。

此外，《上市公司股东大会规则》第十三条、第十四条[③]及《全国中小企业

[①] 本节作者杨颖超，北京云亭律师事务所律师。

[②] 原《公司法》第一百零二条第二款 单独或者合计持有公司百分之三以上股份的股东，可以在股东大会召开十日前提出临时提案并书面提交董事会；董事会应当在收到提案后二日内通知其他股东，并将该临时提案提交股东大会审议。临时提案的内容应当属于股东大会职权范围，并有明确议题和具体决议事项。

[③] 《上市公司股东大会规则》（2022修订）第十三条 提案的内容应当属于股东大会职权范围，有明确议题和具体决议事项，并且符合法律、行政法规和公司章程的有关规定。

第十四条 单独或者合计持有公司百分之三以上股份的普通股股东（含表决权恢复的优先股股东），可以在股东大会召开十日前提出临时提案并书面提交召集人。召集人应当在收到提案后二日内发出股东大会补充通知，公告临时提案的内容。

除前款规定外，召集人在发出股东大会通知后，不得修改股东大会通知中已列明的提案或增加新的提案。

股东大会通知中未列明或不符合本规则第十三条规定的提案，股东大会不得进行表决并作出决议。

股份转让系统挂牌公司治理规则》第十一条、第十三条第一款①等亦规定了相关内容。

裁判要旨②

一、股东提出临时议案的法定要求有三项，一是提出临时议案的股东必须符合一定的条件，即单独或者合计持有公司百分之三以上股份；二是临时议案的提出必须在股东大会召开十日前并应向董事会提交；三是临时提案的内容应当属于股东大会职权范围，并有明确议题和具体决议事项。

二、电子邮件作为书面形式的一种，已在商业交往中被广泛运用，加之双方的历史沟通习惯，应当认为股东通过邮件提出股东大会临时议案是可行有效的。

三、如果公司认为股东的临时提案因文件缺失而有瑕疵，应在收悉的第一时间与股东就补交事项进行积极沟通，而不是径自以此为由拒绝将案涉临时提案列入临时股东大会议程。

案情简介

一、CXYL 系一家深圳证券交易所上市公司，富某公司是 CXYL 的小股东。

二、2020 年 10 月 30 日，富某公司联合其他两名小股东合计持有 10% 以上股份，共同向 CXYL 第五届董事会提请召开临时股东大会进行董事会和监事会的换届选举。

三、2020 年 11 月 10 日，CXYL 发布《第五届董事会 2020 年第二次临时会议决议公告》，决定于 2020 年 11 月 25 日召开 2020 年第一次临时股东大会，进行董事会、监事会换届，并提名了第六届董事会、监事会的候选人。

四、2020 年 11 月 12 日，富某公司等三名股东作为合计持有 CXYL 3% 以上股份的股东，通过电子邮件向 CXYL 董事会发送了股东大会临时提案，提请增加临时提案。

---

① 《全国中小企业股份转让系统挂牌公司治理规则》（股转系统公告〔2021〕1018 号）第十一条 股东大会提案的内容应当符合法律法规和公司章程的有关规定，属于股东大会职权范围，有明确议题和具体决议事项。

第十三条第一款 单独或者合计持有公司 3% 以上股份的股东可以在股东大会召开 10 日前提出临时提案并书面提交召集人；召集人应当在收到提案后 2 日内发出股东大会补充通知，并将该临时提案提交股东大会审议。

② （2021）浙 06 民终 3045 号。

五、2020 年 11 月 13 日，富某公司将上述临时提案的纸质材料送至 CXYL 董事会办公室联系地址，但其送达受到身份不明人员阻挠。

六、2020 年 11 月 18 日，CXYL 发布《关于收到股东临时提案的公告》《第五届董事会 2020 年第三次临时会议决议公告》，披露收到提案纸质材料的时间为 2020 年 11 月 16 日，董事会以收到临时提案纸质材料的时间距离 2020 年第一次临时股东大会召开日期 2020 年 11 月 25 日不足十日为由，认定该临时议案为无效议案，并决定不提交 2020 年第一次临时股东大会审议。

七、2020 年 11 月 25 日，CXYL 召开 2020 年第一次临时股东大会，会议并未增加富某公司等提出的临时议案，仍以原候选人选举出了第六届董事会。监事会换届不成功，原监事会继续履职。

八、2020 年 11 月 25 日，浙江证监局出具警示函，认定 CXYL 2020 年 11 月 18 日披露收到富某公司等提案书面材料的时间为 2020 年 11 月 16 日，该公告与事实不符，确认富某公司 2020 年 11 月 13 日已将临时提案纸质材料送至 CXYL。庭审中，法庭对此也予以确认。

九、2020 年 12 月 24 日，富某公司提起诉讼，要求确认案涉董事会决议无效、撤销案涉临时股东大会决议。

十、一审判决，撤销 CXYL 第五届董事会 2020 年第三次临时会议决议；撤销 CXYL 2020 年第一次临时股东大会对关于董事会换届选举、监事会换届的决议。二审法院维持了一审判决。

律师分析

设置股东会临时提案权的目的是激发中小股东积极参与公司治理，维护中小股东的合法权益。新《公司法》本次修改，主要在三个方面进行了完善：

第一，将提出临时提案权的股东持股比例从 3% 降低至 1%，进一步降低了中小股东参与公司治理的门槛。

第二，明确公司不得提高临时提案股东的持股比例。实践中，曾有不少大股东利用控制公司的便利，通过修改公司章程的方式，设置更高的临时提案权持股比例，给小股东行使股东权利设置障碍，甚至将这些手段作为反收购条款来保障大股东对公司的控制权。

第三，明确不得以临时议案方式审议的重大事项，包括选举、解任董事、监事，修改公司章程，增加或者减少注册资本的决议，以及公司合并、分立、解散或者变更公司形式等。

董事会是否有权对临时提案进行事先审查？审查的权限有多大？是程序性审查，还是实质性审查？如果董事会不审查临时提案，部分股东可能借此滥用提案权，扰乱股东会的正常召开；如果董事会过度审查临时提案，也可能成为某些大股东阻挠股东行使临时提案权的手段。

对于上述问题，新《公司法》也进行了积极的回应，即只要临时提案符合相关要求，董事会不得拒绝将临时提案提交股东会审议。本次明确了董事会对临时提案仅能进行形式性审查，无权进行实质性审查。临时提案的具体要求包括：①提案股东持股比例超过1%；②临时提案以书面形式提出；③提案时间在股东会召开十日前；④提案有明确议题和具体决议事项；⑤提案属于股东会职权范围；⑥提案不违反法律、行政法规或者公司章程的规定。

实操建议

作为公司方的律师，我们建议公司可以在公司章程中进一步明确股东行使临时提案权的相关事项，例如：股东应当提交的股东身份证明资料、书面行使临时提案权的具体方式、董事会接到临时提案后的审查程序等。

作为中小股东方的律师，我们建议中小股东行使临时提案权时需注意：提案股东应当符合持股比例要求、提案内容应当明确具体、向股东会通知中注明的联系人及联系方式发出提案、临时提案的行使程序应当符合公司章程规定、对发出临时提案的过程及资料进行留痕。如果公司无理由拒绝中小股东发出的临时提案，那么中小股东可及时通过司法程序申请撤销相关董事会、股东会决议，还可以向监管部门举报。

091 上市公司重要事项未经审计委员会审议有什么后果[①]

法律条文

第一百三十七条　上市公司在董事会中设置审计委员会的，董事会对下列事项作出决议前应当经审计委员会全体成员过半数通过：

---

① 本节作者杨颖超，北京云亭律师事务所律师。

（一）聘用、解聘承办公司审计业务的会计师事务所；

（二）聘任、解聘财务负责人；

（三）披露财务会计报告；

（四）国务院证券监督管理机构规定的其他事项。

条文演变

本条主要来源于《上市公司独立董事管理办法》第二十六条①的规定。

此外，《上市公司治理准则》（2018 年修订）、《国有企业、上市公司选聘会计师事务所管理办法》（财会〔2023〕4 号）、《上海证券交易所股票上市规则》（2023 年 8 月修订）、《上海证券交易所科创板股票上市规则》（2023 年 8 月修订）、《深圳证券交易所股票上市规则》（2023 年 8 月修订）、《深圳证券交易所创业板股票上市规则》（2023 年 8 月修订）、《北京证券交易所股票上市规则（试行）》等部门规范性文件、证券交易所业务规则也规定了类似内容。

案情简介

2020 年 8 月，深圳证监局在对某上市公司进行现场检查中发现该公司存在相关问题，深圳证监局作出《行政监管措施决定书》②，对该公司采取责令改正的行政监管措施。该公司存在的问题包括公司治理不完善、财务核算不规范、信息披露不准确等。其中，公司治理不完善问题主要系公司 2017 年至 2019 年期间变更、续聘会计师事务所未经董事会审计委员会审议，不符合《上市公司治理准则》第三十九条③的规定。

另外一家上市公司曾因未按时披露 2022 年年度报告多次收到上海证券交易

---

① 《上市公司独立董事管理办法》第二十六条第一款　上市公司董事会审计委员会负责审核公司财务信息及其披露、监督及评估内外部审计工作和内部控制，下列事项应当经审计委员会全体成员过半数同意后，提交董事会审议：（一）披露财务会计报告及定期报告中的财务信息、内部控制评价报告；（二）聘用或者解聘承办上市公司审计业务的会计师事务所；（三）聘任或者解聘上市公司财务负责人；（四）因会计准则变更以外的原因作出会计政策、会计估计变更或者重大会计差错更正；（五）法律、行政法规、中国证监会规定和公司章程规定的其他事项。

② 中国证券监督管理委员会深圳监管局〔2020〕156 号《行政监管措施决定书》。

③ 《上市公司治理准则》（2018 年修订）第三十九条　审计委员会的主要职责包括：（一）监督及评估外部审计工作，提议聘请或者更换外部审计机构；（二）监督及评估内部审计工作，负责内部审计与外部审计的协调；（三）审核公司的财务信息及其披露；（四）监督及评估公司的内部控制；（五）负责法律法规、公司章程和董事会授权的其他事项。

所的监管工作函①，最终公司及其时任董事长、代董事会秘书、联席代理总裁、财务总监等人被上海证监局给予警告并处以罚款。该公司年报披露过程中，曾涉及解聘会计师事务所未经审计委员会、董事会、股东大会审议的问题被上海证券交易所下发监管工作函，要求公司全体董事逐一发表意见、律师出具专项意见。上市公司及六名董事、律师事务所认为，公司未履行法定程序直接通知会计师事务所解除审计业务约定书仅是解除合同，并非对会计师事务所作为审计机构的法律地位的否定。另外，五名董事则认为，控股股东在未经审计委员会审议，也未提请董事会审议、更未提请股东大会表决的情况下，单方面越权解聘会计师事务所，该解除行为无效。

律师分析

中国证监会、证券交易所等监管部门对上市公司规范性要求很高，在公司治理层面，除了股东会、董事会、监事会三会之外，审计委员会等专门委员会的规范运作也是现场检查的重点内容。

新《公司法》下新审计委员会的职能，其实与《上市公司治理准则》中原审计委员会的职能差异较大，新的审计委员会称为"监督委员会"更贴切，因为新审计委员会可以完全替代监事会行使全面的监督职能，不只是原来的财务审计相关职能。新《公司法》生效后，上市公司同样可以选择单层制或双层制的治理结构，如果上市公司选择在董事会中设置审计委员会的单层制治理结构，也不需要再设置监事会。

原审计委员会审议事项主要系董事会的前置审议程序，即便相关事项未经审计委员会审议直接提交董事会，董事会作出的决议通常并不会因此而无效。

但审计委员会是否规范运作属于上市公司治理的重要一环，如果上市公司不重视审计委员会，可能会受到证券监管部门的行政监管措施。

除聘任、解聘会计师事务所未经审计委员会事前审议等问题外，部分上市公司审计委员会等专门委员会在运作过程中也存在其他问题，例如：

一、会议召集程序不合规。上市公司审计委员会、提名委员会、薪酬与考核委员会中独立董事应当占多数并担任召集人，且审计委员会的召集人应当为会计

---

① 上海证券交易所上证公函〔2023〕0526号《监管工作函》。

专业人士①。深圳证监局在对某上市公司进行现场检查时发现，该公司存在"部分薪酬与考核委员会会议召集人为非独立董事"等情形，深圳证监局对该公司采取责令改正的监管措施。

二、开会次数不合规。通常专门委员会每年度至少应召开一次定期会议，其中审计委员会更加特殊，每季度需要召开一次会议。深圳证监局在对某上市公司进行现场检查时发现，该公司存在"公司董事会战略发展、提名、薪酬与考核委员会均未召开会议，有关专门委员会没有实际运作。此外，审计委员会也未按照公司《董事会审计委员会实施细则》的规定每年召开四次会议，未能充分发挥审计委员会的作用"等情形，深圳证监局对该公司采取责令改正的监管措施。

三、公司章程中未规定专门委员会。《上市公司治理准则》（2018年修订）第三十八条、《上市公司章程指引》（2023年修改）第一百零七条第二款规定，上市公司董事会应当设立审计委员会等专门委员会，专门委员会对董事会负责，依照公司章程和董事会授权履行职责。深圳证监局对某上市公司进行现场检查中发现，公司虽然已设立审计、战略等董事会专门委员会，但《公司章程》未对专门委员会进行规定，深圳证监局对该公司采取责令改正的行政监管措施。

实操建议

一、上市公司应当按照《上市公司治理准则》《上市公司章程指引》等要求，在公司章程中规定审计委员会等专门委员会的组成、职责等，并明确审计委员会的召集人应当为会计专业人士。

二、上市公司应当制定审计委员会等专门委员会的工作规程，明确专门委员会的人员构成、委员任期、职责范围、议事规则和档案保存等相关事项，规范专门委员会的运作。

三、董事会审议聘用或解聘会计师事务所、任免财务负责人等相关事项时，应当提前召开审计委员会会议审议，经审计委员会全体成员过半数通过后再提交董事会审议。

四、审计委员会应当每季度至少召开一次会议，审议相关的年度报告、半年度报告、季度报告等财务会计报告。

---

① 《上市公司治理准则》（2018年修订）第三十八条第二款 专门委员会成员全部由董事组成，其中审计委员会、提名委员会、薪酬与考核委员会中独立董事应当占多数并担任召集人，审计委员会的召集人应当为会计专业人士。

092 上市公司控股股东信息披露不完整会被监管处罚①

法律条文

第一百四十条第一款 上市公司应当依法披露股东、实际控制人的信息，相关信息应当真实、准确、完整。

条文演变

新《公司法》第一百四十条第一款关于上市公司应当依法披露股东、实际控制人信息的规定，主要源于《中华人民共和国证券法》《上市公司信息披露管理办法》《首次公开发行股票注册管理办法》《公开发行证券的公司信息披露内容与格式准则第 57 号——招股说明书》《公开发行证券的公司信息披露内容与格式准则第 46 号——北京证券交易所公司招股说明书》等上市公司、拟上市公司信息披露相关法律法规、中国证监会部门规章及部门规范性文件的规定。

《中华人民共和国证券法》第七十九条、第八十条②规定了上市公司应当披露的定期报告及临时报告，其中第八十条第二款第八项规定了持有上市公司百分之五以上股份的股东或者实际控制人相关情况发生较大变化时的信息披露义务。

《上市公司信息披露管理办法》是关于上市公司信息披露的专门性部门规章，其中第三条第一款、第十四条第四项、第十五条第三项、第二十七条、第三

---

① 本节作者杨颖超，北京云亭律师事务所律师。

② 《中华人民共和国证券法》第七十九条 上市公司、公司债券上市交易的公司、股票在国务院批准的其他全国性证券交易场所交易的公司，应当按照国务院证券监督管理机构和证券交易场所规定的内容和格式编制定期报告，并按照以下规定报送和公告：

（一）在每一会计年度结束之日起四个月内，报送并公告年度报告，其中的年度财务会计报告应当经符合本法规定的会计师事务所审计；

（二）在每一会计年度的上半年结束之日起二个月内，报送并公告中期报告。

第八十条第一款 发生可能对上市公司、股票在国务院批准的其他全国性证券交易场所交易的公司的股票交易价格产生较大影响的重大事件，投资者尚未得知时，公司应当立即将有关该重大事件的情况向国务院证券监督管理机构和证券交易场所报送临时报告，并予公告，说明事件的起因、目前的状态和可能产生的法律后果。

第二款第八项 前款所称重大事件包括：

（八）持有公司百分之五以上股份的股东或者实际控制人持有股份或者控制公司的情况发生较大变化，公司的实际控制人及其控制的其他企业从事与公司相同或者相似业务的情况发生较大变化。

十九条第一款第一项①规定了信息披露原则、年度报告、中期报告、临时报告中有关上市公司披露股东、实际控制人信息的详细内容等。此外，《上海证券交易所股票上市规则》《上海证券交易所科创板股票上市规则》《深圳证券交易所股票上市规则》《深圳证券交易所创业板股票上市规则》《北京证券交易所股票上市规则（试行）》等证券交易所的业务规则也规定了相关内容。

我们认为，新《公司法》第一百四十条第一款不仅适用于上市公司，拟上市公司在首次公开发行股票并上市（IPO）过程中同样应当适用。《公开发行证券的公司信息披露内容与格式准则第 57 号——招股说明书》规定了首次公开发行股票并在上海证券交易所、深圳证券交易所上市的公司应按要求编制招股说明书，其中第三十条、第三十二条②等规定了拟上市企业应当在招股说明书中披露

---

① 《上市公司信息披露管理办法》第三条第一款　信息披露义务人应当及时依法履行信息披露义务，披露的信息应当真实、准确、完整，简明清晰、通俗易懂，不得有虚假记载、误导性陈述或者重大遗漏。

第十四条　年度报告应当记载以下内容：……

（四）持股百分之五以上股东、控股股东及实际控制人情况……

第十五条　中期报告应当记载以下内容：……

（三）公司股票、债券发行及变动情况、股东总数、公司前十大股东持股情况，控股股东及实际控制人发生变化的情况……

第二十七条　涉及上市公司的收购、合并、分立、发行股份、回购股份等行为导致上市公司股本总额、股东、实际控制人等发生重大变化的，信息披露义务人应当依法履行报告、公告义务，披露权益变动情况。

第三十九条　上市公司的股东、实际控制人发生以下事件时，应当主动告知上市公司董事会，并配合上市公司履行信息披露义务：

（一）持有公司百分之五以上股份的股东或者实际控制人持有股份或者控制公司的情况发生较大变化，公司的实际控制人及其控制的其他企业从事与公司相同或者相似业务的情况发生较大变化……

② 《公开发行证券的公司信息披露内容与格式准则第 57 号——招股说明书》第三十条　发行人应采用方框图或其他有效形式，全面披露持有发行人百分之五以上股份或表决权的主要股东、实际控制人，发行人的分公司、子公司及参股公司。

第三十二条　发行人应披露持有发行人百分之五以上股份或表决权的主要股东及实际控制人的基本情况，主要包括：

（一）控股股东、实际控制人的基本情况。控股股东、实际控制人为法人的，应披露成立时间、注册资本、实收资本、注册地和主要生产经营地、股东构成、主营业务及其与发行人主营业务的关系、最近一年及一期末的总资产和净资产、最近一年及一期的营业收入和净利润，并标明财务数据是否经过审计及审计机构名称；控股股东、实际控制人为自然人的，应披露国籍、是否拥有永久境外居留权、身份证号码；控股股东、实际控制人为合伙企业等非法人组织的，应披露出资人构成、出资比例及实际控制人；

（二）控股股东和实际控制人直接或间接持有发行人的股份是否存在被质押、冻结或发生诉讼纠纷等情形，上述情形产生的原因及对发行人可能产生的影响；

（三）实际控制人应披露至最终的国有控股主体、集体组织、自然人等；

（四）无控股股东、实际控制人的，应参照本条对发行人控股股东及实际控制人的要求披露对发行人有重大影响的股东情况；

（五）其他持有发行人百分之五以上股份或表决权的主要股东的基本情况。主要股东为法人的，应披露成立时间、注册资本、实收资本、注册地和主要生产经营地、股东构成、主营业务及其与发行人主营业务的关系；主要股东为自然人的，应披露国籍、是否拥有永久境外居留权、身份证号码；主要股东为合伙企业等非法人组织的，应披露出资人构成、出资比例。

主要股东、实际控制人的相关信息。《公开发行证券的公司信息披露内容与格式准则第 46 号——北京证券交易所公司招股说明书》对于首次公开发行股票并在北京证券交易所上市的公司亦有类似的要求。

案情简介

一、2022 年 12 月 21 日，上市公司 YBDL 发生控制权变更，控股股东、实际控制人发生变化①。YBDL 的新控股股东润某科技有限公司公告《详式权益变动报告书》，其中披露了润某科技有限公司的基本情况、股权及控制关系、润某科技有限公司及其控股股东、实际控制人控制的核心企业和核心业务情况等。

二、2023 年 11 月 30 日，江苏证监局对 YBDL 的控股股东润某科技有限公司采取责令改正的行政监管措施②，认定润某科技有限公司于 2022 年 12 月 21 日公告的《详式权益变动报告书》中有关实际控制人（同为 YBDL 的实际控制人）控制的核心企业及主营业务基本信息披露不完整，未披露实际控制人实际控制的其他三家公司，对润某科技有限公司采取责令改正的行政监管措施，记入证券期货市场诚信档案，并要求其提交书面报告。此外，基于前述事项及其他相关事项，江苏证监局对 YBDL 采取责令改正措施、对 YBDL 的实际控制人采取出具警示函措施。

三、2023 年 12 月 14 日，深圳证券交易所对 YBDL 的控股股东润某科技有限公司出具监管函③，基于相同行为，要求控股股东充分重视上述问题，吸取教训，及时整改，杜绝上述问题的再次发生。

律师分析

上市公司的一言一行都可能对社会公众投资者造成很大的影响，信息披露是社会公众了解上市公司的重要窗口，更是全面注册制下上市公司的监管重点。

上市公司信息披露，一般包括上市后的持续信息披露，如上市公司发布的年度报告、半年度报告、季度报告等定期报告以及重大事项的临时报告；还包括首

---

① 原实际控制人对本次上市公司控制权变更事宜存在争议，之后陆续提起诉讼，请求法院撤销上市公司相关董事会决议、股东大会决议。截至 2023 年 12 月 31 日，原实际控制人相关诉讼案件已胜诉，但上市公司控制权之争尚未最终确定结果。

② 中国证券监督管理委员会江苏监管局〔2023〕第 160 号《行政监管措施决定书》。

③ 深圳证券交易所创业板监管函〔2023〕第 142 号《监管函》。

次公开发行股票并上市时（IPO）的信息披露，如招股说明书等。

2020年10月05日，《国务院关于进一步提高上市公司质量的意见》（国发〔2020〕14号）强调提升信息披露质量。以提升透明度为目标，优化规则体系，督促上市公司、股东及相关信息披露义务人真实、准确、完整、及时、公平披露信息。

上市公司信息披露的基本原则是真实、准确、完整、及时、公平，披露内容应当简明清晰、通俗易懂，不得有虚假记载、误导性陈述或者重大遗漏。

除了上市公司本身，上市公司的董事、监事、高级管理人员、股东、实际控制人，上市公司收购、重大资产重组、再融资、重大交易中的交易各方，上市公司及交易各方聘请的财务顾问、律师事务所、会计师事务所等证券服务机构，都承担着相应的信息披露义务。

新《公司法》第一百四十条第一款规定了上市公司股东、实际控制人信息披露的原则，这些内容是上市公司财务信息之外比较重要的信息披露内容。由于上市公司大股东、实际控制人减持股票时受到较多的监管和限制，大股东或收购方在首次公开发行并上市（IPO）、上市公司收购过程中可能有隐藏股东信息的违规倾向，新《公司法》增加本条款，也是加强对类似行为的监管。

实操建议

一、上市公司应当完善信息披露管理制度，建立内外部重要信息的管理与反馈机制。董事长、董事会秘书作为上市公司信息披露的主要责任人，应当严格把握及时、准确、完整、真实、公平等信息披露原则，加强对股东、实际控制人、董事、监事、高级管理人员及其他内部信息披露人员的培训，督促并认真审核股东、实际控制人等主体提交的信息披露内容。

二、股东、实际控制人等主体要加强对上市公司信息披露法律法规及交易所业务规则的掌握和了解，在自身涉及股份减持、权益变动、股份质押、承诺事项、关联方等事项时，及时向上市公司报送，通过上市公司发布公告履行信息披露义务。此外，股东、实际控制人还应当关注上市公司定期报告的披露，关注涉及自身的信息披露内容是否真实、准确、完整。

093 上市公司股份代持协议是否有效①

法律条文

第一百四十条第二款 禁止违反法律、行政法规的规定代持上市公司股票。

条文演变

关于禁止代持上市公司股票的规定，是新《公司法》本次新增加的条款。

此前关于上市公司股票是否可以代持，并没有明确的规定，但在《中华人民共和国证券法》（2019 修订）第七十八条及第八十二条②、《上市公司信息披露管理办法》（2021 修订）第三条第一款③、《首次公开发行股票并上市管理办法》第十三条④、《首次公开发行股票注册管理办法》第十二条⑤等规定中，隐含着上市公司股票不得代持的要求，即上市公司应当股权清晰，不存在重大权属纠纷，上市公司应当真实、准确、完整地披露包括股东持股情况在内的相关信息。

---

① 本节作者杨颖超，北京云亭律师事务所律师。

② 《中华人民共和国证券法》（2019 修订）第七十八条 发行人及法律、行政法规和国务院证券监督管理机构规定的其他信息披露义务人，应当及时依法履行信息披露义务。

信息披露义务人披露的信息，应当真实、准确、完整，简明清晰，通俗易懂，不得有虚假记载、误导性陈述或者重大遗漏。

证券同时在境内境外公开发行、交易的，其信息披露义务人在境外披露的信息，应当在境内同时披露。

第八十二条 发行人的董事、高级管理人员应当对证券发行文件和定期报告签署书面确认意见。

发行人的监事会应当对董事会编制的证券发行文件和定期报告进行审核并提出书面审核意见。监事应当签署书面确认意见。

发行人的董事、监事和高级管理人员应当保证发行人及时、公平地披露信息，所披露的信息真实、准确、完整。

董事、监事和高级管理人员无法保证证券发行文件和定期报告内容的真实性、准确性、完整性或者有异议的，应当在书面确认意见中发表意见并陈述理由，发行人应当披露。发行人不予披露的，董事、监事和高级管理人员可以直接申请披露。

③ 《上市公司信息披露管理办法》（2021 修订）第三条第一款 信息披露义务人应当及时依法履行信息披露义务，披露的信息应当真实、准确、完整，简明清晰，通俗易懂，不得有虚假记载、误导性陈述或者重大遗漏。

④ 《首次公开发行股票并上市管理办法》（已废止）第十三条 发行人的股权清晰，控股股东和受控股股东、实际控制人支配的股东持有的发行人股份不存在重大权属纠纷。

⑤ 《首次公开发行股票注册管理办法》第十二条 发行人业务完整，具有直接面向市场独立持续经营的能力：……（二）……发行人的股份权属清晰，不存在导致控制权可能变更的重大权属纠纷……

裁判要旨①

一、对于上市公司股份代持协议效力的认定，需要考虑多方面因素。首先，根据《首次公开发行股票并上市管理办法》《中华人民共和国证券法》《上市公司信息披露管理办法》等相关法律法规，公司上市发行人必须股权清晰，且股份不存在重大权属纠纷，公司上市需遵守如实披露的义务，披露的信息必须真实、准确、完整，这是证券行业监管的基本要求，也是证券行业的基本共识。上市公司发行人必须真实，不允许发行过程中隐匿真实股东，否则公司股票不得上市发行，通俗而言，即上市公司股权不得隐名代持。其次，中国证券监督管理委员会对证券行业进行监督管理，保护广大非特定投资者的合法权益。要求拟上市公司股权必须清晰，约束上市公司不得隐名代持股权，系对上市公司监管的基本要求，否则如果上市公司真实股东都不清晰，其他对于上市公司系列信息披露要求、关联交易审查、高管人员任职回避等监管举措必然落空，必然损害到广大非特定投资者的合法权益，从而损害到资本市场基本交易秩序与基本交易安全，损害到金融安全与社会稳定，从而损害到社会公共利益。

二、上市公司股份代持协议无效，并不否认委托投资关系的效力及委托投资的事实，隐名股东可以请求公平分割相关委托投资利益。

案情简介

一、2010年10月，亚某顿公司上市前夕，杨某国与林某坤先后签订《协议书》《委托投资协议书》，杨某国受让林某坤合法持有的亚某顿公司总股本1%（1200万股）的股权，杨某国出资1200万元，以林某坤名义投资收购亚某顿公司的股权，林某坤承诺代杨某国持有亚某顿公司总股本1%（1200万股）的股权。投资所产生的利润和其他收益归杨某国所有，林某坤则获得收益的20%作为管理服务费用。

二、2011年10月，亚某顿公司在A股市场公开发行股票，林某坤是公司实际控制人之一。

三、2013年7月，杨某国诉至法院，请求确认林某坤名下证券账户内的1200万股亚某顿公司股票及相应红利为其所有，并要求林某坤、亚某顿公司为其办理变更股东登记等相关手续。

---

① （2017）最高法民申2454号《民事裁定书》。

四、2016 年 5 月，一审判决，认定《委托投资协议书》的标的未达成合意，合同不成立，驳回杨某国的诉讼请求。2017 年 4 月，二审判决，认定《委托投资协议书》《协议书》依法成立并生效，双方之间形成股权转让关系，但双方股权转让标的数量应为 120 万股，判令林某坤、亚某顿公司配合杨某国办理 120 万股股票的变更登记手续。

五、2018 年 3 月，最高人民法院作出（2017）最高法民申 2454 号《民事裁定书》，认定杨某国与林某坤签订的《委托投资协议书》等协议实质上构成上市公司股权的隐名代持，诉争协议因损害社会公共利益应认定为无效。因原审判决认定基本事实尚不清楚，缺乏证据证明，指令江苏省高级人民法院再审。

六、2018 年 8 月，江苏省高级人民法院作出（2018）苏民再 232 号《民事判决书》，撤销原判决，杨某国与林某坤各自按照 50% 比例分配亚某顿公司 1200 万股股票的现金价值。

律师分析

司法实践中，对上市公司股份代持协议效力的认定，经历过几次重要转变。

在杨某国、林某坤股权转让纠纷再审案［以下简称（2017）最高法民申 2454 号案］之前，各级法院在认定上市公司股份代持协议效力时，普遍参照《公司法司法解释三》关于有限责任公司股权代持效力的认定规则，如无特殊情形，上市公司股权代持协议有效，如（2017）最高法民申 5055 号、（2014）一中民初字第 1076 号、（2017）湘民终 104 号等案例。

但在（2017）最高法民申 2454 号案之后，各级法院认定上市公司股份代持协议效力时更为谨慎，普遍参照该案，将证券监管部门的规章与"社会公共利益"挂钩，否定上市公司股份代持协议的效力，如（2018）沪 74 民初 585 号、（2020）沪民终 512 号、（2019）沪民终 295 号等案例。此外，《九民纪要》第三十一条第一款也进一步明确："违反规章一般情况下不影响合同效力，但该规章的内容涉及金融安全、市场秩序、国家宏观政策等公序良俗的，应当认定合同无效。"

但《九民纪要》同时也提出，人民法院在认定规章是否涉及公序良俗时，要在考察规范对象基础上，兼顾监管强度、交易安全保护以及社会影响等方面进行慎重考量。实际上，在（2017）最高法民申 2454 号案之后，仍有部分案例以代持股份比例较小、代持协议签订在上市之前、上市公司已经披露了股份代持情况、不涉及上市公司董监高或实际控制人等情况，认定上市公司股份代持协议有效，如（2018）最高法民终 60 号、（2021）京 03 民终 6293 号、（2020）苏 02 民终 1411 号、（2018）粤民终 2011 号等案例。

在新《公司法》生效后，禁止代持上市公司股票的规则有了上位法的加持，法院在认定上市公司股份代持协议无效时，说理过程可能会更加直接、明确。

但我们也注意到，《民法典》第一百五十三条第一款①给违反强制性规定的民事法律行为的效力设置了例外规则，即该强制性规定不导致该民事法律行为无效的除外。如《最高人民法院关于适用〈中华人民共和国民法典〉合同编通则若干问题的解释》（法释〔2023〕13 号）第十六条第一款第一项②的情形，合同违反了法律、行政法规的强制性规定，但该强制性规定虽然旨在维护社会公共秩序，但是合同的实际履行对社会公共秩序造成的影响显著轻微，认定合同无效将导致案件处理结果有失公平公正，由行为人承担行政责任或者刑事责任能够实现强制性规定的立法目的的，法院可以认定该合同不因违反强制性规定无效。类似上市公司代持股份比例较小、代持协议签订在上市之前等情形，对社会公共秩序造成的影响显著轻微，也可能依据《民法典》第一百五十三条第一款的规定，继续认定上市股份代持协议有效。

由于上市公司涉及广大非特定投资者的合法权益，其股东隐名持股可能危及金融管理秩序、损害社会公共利益，因此新《公司法》对其股份代持行为给予

---

① 《民法典》第一百五十三条　违反法律、行政法规的强制性规定的民事法律行为无效。但是，该强制性规定不导致该民事法律行为无效的除外。

违背公序良俗的民事法律行为无效。

② 《最高人民法院关于适用〈中华人民共和国民法典〉合同编通则若干问题的解释》（法释〔2023〕13 号）第十六条　合同违反法律、行政法规的强制性规定，有下列情形之一，由行为人承担行政责任或者刑事责任能够实现强制性规定的立法目的的，人民法院可以依据民法典第一百五十三条第一款关于"该强制性规定不导致该民事法律行为无效的除外"的规定认定该合同不因违反强制性规定无效：（一）强制性规定虽然旨在维护社会公共秩序，但是合同的实际履行对社会公共秩序造成的影响显著轻微，认定合同无效将导致案件处理结果有失公平公正；（二）强制性规定旨在维护政府的税收、土地出让金等国家利益或者其他民事主体的合法利益而非合同当事人的民事权益，认定合同有效不会影响该规范目的的实现；（三）强制性规定旨在要求当事人一方加强风险控制、内部管理等，对方无能力或者无义务审查合同是否违反强制性规定，认定合同无效将使其承担不利后果；（四）当事人一方虽然在订立合同时违反强制性规定，但是在合同订立后其已经具备补正违反强制性规定的条件却违背诚信原则不予补正；（五）法律、司法解释规定的其他情形。

法律、行政法规的强制性规定旨在规制合同订立后的履行行为，当事人以合同违反强制性规定为由请求认定合同无效的，人民法院不予支持。但是，合同履行必然导致违反强制性规定或者法律、司法解释另有规定的除外。

依据前两款认定合同有效，但是当事人的违法行为未经处理的，人民法院应当向有关行政管理部门提出司法建议。当事人的行为涉嫌犯罪的，应当将案件线索移送刑事侦查机关；属于刑事自诉案件的，应当告知当事人可以向有管辖权的人民法院另行提起诉讼。

了否定性评价。但对于上市公司之外的其他股份有限公司，司法实践中普遍认可其股份代持行为的效力，与有限责任公司的股权代持认定规则基本一致，股份有限公司实际出资人的显名条件甚至比有限责任公司更加宽松。例如，人民法院案例库"吕某某诉赵某某、甘肃某投资公司、平凉某房地产公司、尚某某股东资格确认纠纷案"① 认定，有限责任公司的实际出资人显名须具备三个条件：代持股协议合法有效、实际出资或认缴出资、经公司其他股东半数以上同意；股份有限公司不具有人合性特点，故股份有限公司的实际出资人要求显名具备代持协议合法有效和实际出资或认缴出资两个条件即可。

实操建议

新《公司法》已经明确了禁止代持上市公司股票，因此无论上市公司或拟上市公司（正在申请首次公开发行股票并上市的公司），均应当真实、准确、完整地披露股东信息，如存在股份代持情形，应当及时解除，保证公司股权清晰。

解除股份代持时，一般由名义股东将代持股份还原给实际股东，公司将实际股东登记为股东，名义股东与实际股东双方共同对股份代持的形成原因、演变情况、解除过程、是否存在纠纷或潜在纠纷等予以确认。

如果实际股东因身份限制等原因，不适合登记为公司股东，则可以由名义股东将代持股份折价支付给实际股东，将实际股东清退，名义股东与其持股情况名实相符。

094 新公司法下如何处理交叉持股情形②

法律条文

第一百四十一条 上市公司控股子公司不得取得该上市公司的股份。

上市公司控股子公司因公司合并、质权行使等原因持有上市公司股份的，不得行使所持股份对应的表决权，并应当及时处分相关上市公司股份。

---

① 一审案号（2020）甘08民初7号、二审案号（2021）甘民终127号、再审案号（2022）甘民申1122号。

② 本节作者张昇立，北京云亭律师事务所律师。

条文演变

在公司与其股东均为法人时，原公司法未禁止子公司取得母公司股份（以下简称交叉持股）。但向前追溯至公司法出台前，原国家经济体制改革委员会曾颁布《股份公司规范意见》①，其中第二十四条曾禁止交叉持股，即规定"一个公司拥有另一个企业百分之十以上的股份，则后者不能购买前者的股份"。

上市公司监管层面，我国三家交易所均对交叉持股有明确限制。例如，《上海证券交易所科创板股票上市规则（2023 年 8 月修订）》第 4.3.17 规定"上市公司控股子公司不得取得该上市公司发行的股份。确因特殊原因持有股份的，应当在一年内依法消除该情形。前述情形消除前，相关子公司不得行使所持股份对应的表决权"。

本条为新增法条，重新吸收了对上市公司的交叉持股限制，对其他的股份公司有一定参考。

裁判要旨

显著的交叉持股的形态成为公司逃避债务的工具，亦容易破坏公司间的独立性，进而导致法定代表人的意思表示所代表的主体不清晰。对公司债权人而言难以辨别，损害了不特定债权人的利益。

案情简介②

一、某担保公司系某案件被执行人，执行阶段追加该公司股东某研究中心为被执行人。追加理由为某担保公司与某研究中心间存在交叉持股，即某担保公司与某研究中心互为股东。

二、某担保公司在被执行前已将对某研究中心的股权出让给 A 工会和 B 公司，因此其自认为不应当再作为股东承担连带责任。

三、原审六安市金安区法院查明，某软件中心、某担保公司与多家公司相互

---

① 行政监管层面对交叉持股的态度并不统一，如原国防科学技术工业委员会等于 2007 年联合发布的《关于推进军工企业股份制改造的指导意见》（科工法〔2007〕546 号）曾鼓励军工企业交叉持股。司法层面态度也较谨慎。《最高人民法院关于人民法院为企业兼并重组提供司法保障的指导意见》（法发〔2014〕7 号）中明确说明"对交叉持股表决方式、公司简易合并等目前尚无明确法律规定的问题，应结合个案事实和行为结果，审慎确定行为效力。"

② （2015）六民一终字第 00969 号。

持股，且相互多次变更股权，形成相互控制，法人的行为能力处于相互依存的状态，呈现放射型交叉持股的形态，成为某软件中心与某科公司之间逃避债务的工具。此外，法院查明上述全部公司的公章均由一人集中保管。

四、最终六安市中级人民法院驳回上诉，维持原判。

律师分析

交叉持股是实务中可能主动或被动出现的常见情形。子公司持股母公司股份是交叉持股的一种表现，也可以称为"逆向持股"。另一种常见情形是 A 公司持有 B 公司股份，B 公司持有 C 公司股份，C 公司持有 A 公司股份，也可以称为"循环持股"。无论是逆向持股还是循环持股，其本质都会导致一定的出资不实，其结果是股权结构不清晰。

1993 年公司法首次公布前相关规定已经关注到交叉持股问题并明确禁止，但公司法公布后却将相应禁止删除，仅在上市公司监管中保留。其原因可能是如果不允许"零星的、暂时的、被动的"交叉持股现象，可能会导致部分体量较大的公司无法依法合并和分立。而针对故意的交叉持股，可以通过工商变更监管来排除，因此仅有必要在上市公司中保留。

本次修订将交叉持股的禁止性条款重新纳入公司法体系，主要原因可能是近年来股东积极行权的比例提高，包括"异议股东回购请求权"等小股东利益有进一步保障，因此如不限制交叉持股形成的小股东权利，可能会引起不必要的诉累。因此，交叉持股形成了"禁止—不禁止—限制"的立法思路变化。

实操建议

通过上述对《公司法》修订的第一百四十一条的系统分析，我们了解到交叉持股现象会影响股东权利行使，具体梳理实操建议如下：

一是合法性问题。股东设立公司应当注意避免违反资本充实原则，而交叉持股是典型的违反该原则的行为。资本充实原则体现在新《公司法》第五十七条，即股东不得抽逃出资。子公司持有母公司股份，实际上是将原股东的出资又以出资形式返回原股东，是一种变相的抽逃出资。存在交叉持股现象的公司可能会进一步增加被法院认定为相关公司间混同。我们建议有限公司和股份公司的股东均应避免逆向持股、循环持股等交叉持股现象。

二是公司治理问题。除违反资本充实原则外，存在多层循环持股等合法性存疑的股权结构时，其公司治理存在较大漏洞。首先，公司的股权结构不清晰。即无法准确计算单一股东对特定子公司的直接持股和间接持股累计的股东权益，此时会影响公司分红的准确性，存在潜在纠纷。其次，公司的表决权行使混乱。例如，在前述公司循环持股的情形下，子公司和母公司均可直接或间接向对方行使股东权利，股权的循环最终变为股东权利的循环，股东的表决治理部分失效乃至全部失效。

三是实务情形。如因并购等产生零星的交叉持股，应当及时处理。根据新《公司法》规定，首先需要冻结相应交叉持股股东的表决权，具体可以在公司章程中明确约定交叉持股股东的表决权是否行权、是否参与表决（不计入出席股东大会的表决股票总数）；其次交叉持股股东应当及时处置股份，具体可以采用转让、委托表决、回购注销等方式将相关股份转移至第三方控制或注销。

此外，新《公司法》并未限制交叉持股股票的分红权，因此建议在公司章程中进一步限制该交叉持股股票的分红权或根据实际情况约定分红后的相关资金处理方式。

095 上市公司违反规定提供财务资助会有什么后果[①]

法律条文

第一百六十三条　公司不得为他人取得本公司或者其母公司的股份提供赠与、借款、担保以及其他财务资助，公司实施员工持股计划的除外。

为公司利益，经股东会决议，或者董事会按照公司章程或者股东会的授权作出决议，公司可以为他人取得本公司或者其母公司的股份提供财务资助，但财务资助的累计总额不得超过已发行股本总额的百分之十。董事会作出决议应当经全体董事的三分之二以上通过。

违反前两款规定，给公司造成损失的，负有责任的董事、监事、高级管理人员应当承担赔偿责任。

---

① 本节作者李寒蕾，北京云亭律师事务所律师。

条文演变

本法条是新《公司法》修订后所新增。但证监会关于上市公司的财务资助制度却早有规定。例如，2006 年 5 月 8 日施行的《上市公司证券发行管理办法》第七十三条规定，上市公司和保荐机构、承销商向参与认购的投资者提供财务资助或补偿的，证监会可以责令改正；情节严重的，处以警告、罚款。

参照深圳证券交易所的相关规则，财务资助是指上市公司及其控股子公司有偿或者无偿对外提供资金、委托贷款等行为。而上海证券交易所《信息披露公告类别登记指南》则规定，财务资助一般是指一个主体直接或间接地将自有的货币资金或其他形式的资产以一定的方式或条件提供给其他主体的行为，且所收取的使用费低于行业一般水平。这种行为与日常生产经营活动不直接相关，包括借款或委托贷款、提供劳务或资产使用权、承担费用等。

案情简介

案例一：《中国证券监督管理委员会〔2022〕55 号行政复议决定书（程某）》

……提供财务资助未履行审议程序和披露义务……根据《行政复议法》第二十八条第一款第一项的规定，本会决定：维持《关于对莱某达体育发展股份有限公司及相关人员采取出具警示函措施的决定》（〔2021〕131 号）对申请人作出的警示函措施。

案例二：《深圳证券交易所公司部监管函〔2022〕第 160 号》

根据郴州市金某银业股份有限公司 2022 年 6 月 17 日披露的《关于对深圳证券交易所 2021 年年报问询函的回复公告》，金某银业存在以下违规行为：违规对外提供财务资助……违反了深圳证券交易所《股票上市规则（2018 年 4 月修订）》第 1.4 条、《中小企业板上市公司规范运作指引（2015 年修订）》第7.4.3 条、《上市公司规范运作指引（2020 年修订）》第 1.2 条、第 2.1.1 条的规定。请金某银业充分重视上述问题，吸取教训，及时整改，杜绝上述问题的再次发生。

案例三：《中国证监会〔2019〕2 号市场禁入决定书（周某明、傅某度）》

经查明，澄某股份存在以下违法事实：未按规定披露与控股股东及其关联方的非经营性资金往来，通过银行划款方式向澄某股份及其控股子公司提供财务资助；根据当事人违法行为的事实、性质、情节与社会危害程度，依据《证券法》第二百三十三条和《证券市场禁入规定》（证监会令第33号）第三条第一项、第四条、第五条的规定，我会决定：对周某明采取十年证券市场禁入措施，对傅某度采取三年证券市场禁入措施，自我会宣布决定之日起，在禁入期间，上述当事人不得从事证券业务或者担任上市公司董事、监事、高级管理人员职务。

案例四：《中国证监会〔2023〕45号行政处罚决定书（东某证券及相关责任人员）》

证监会认定东某证券未对发行对象认购资金来源审慎核查，对天某远洋实际出资与其承诺"本企业本次认购股份涉及的资金均为本企业合法拥有的自有资金，本企业及本企业的合伙人不存在接受豫某刚石及其关联方任何借款、担保或其他形式的财务资助或补偿的情形"不符。最后根据当事人的违法事实、性质、情节与社会危害程度，依据2005年《证券法》第一百九十二条的规定，对东某证券处以责令改正，给予警告、没收保荐业务收入并处以三倍罚款，对相关责任人给予警告，并分别给以罚款的处罚。

律师分析

上述这些案例表明，上市公司在违规提供财务资助时，可能会受到相应的行政处罚或自律监管。具体来说，如果上市公司未按规定及时披露财务资助事项并履行董事会、股东会审议程序，或者未按规定就对外投资事项履行决议程序和信息披露义务，或者未披露关联交易相关情况，这些行为都被视为违规。结合违规情形会处以被公开谴责、出具警示函、责令改正、给予警告、没收收入并处以罚款直至市场禁入等处罚措施。

为避免侵占上市公司利益、违反公平竞争、破坏市场秩序等行为发生，证监会禁止上市公司为部分特定对象提供财务资助。但沪深交易所不同板块关于财务资助的定义存在一定差别，如深交所强调"有偿或者无偿对外提供资金、委托贷款等行为"，沪主板则强调"有息或无息借款、委托贷款"等，不同板块的上市公司在实务中需要有所关注和区分。

新《公司法》修订新增禁止财务资助的法条，意味着对上市公司违规进行对外财务资助的行为会实施更严格的监管，因此上市公司应对此引起足够的重视，保证规范运作。

实操建议

上市公司违规提供财务资助的情况并不少见。根据已有的案例，财务资助的形式多样，除了直接提供资金、代付社保、债务未清偿即解除担保、第三方应收款未及时收回等都构成上市公司对外财务资助。

当上市公司提供财务资助时，需要严格遵守相关法律法规，经过严格的审议披露程序，加强内部管理，确保财务资助行为的合规性并确保准确、全面识别出财务资助的行为，以避免违规风险。可以参照已有上市公司根据《证券法》《上市公司信息披露管理办法》《上海证券交易所信息披露公告类别登记指南》《深圳证券交易所创业板股票上市规则》《深圳证券交易所创业板上市公司规范运作指引》等法律、法规、规章、规范性文件及公司章程的有关规定，结合公司实际情况制定的《对外提供财务资助管理制度》，对公司对外提供财务资助的行为进行规范，防范财务风险，提高公司信息披露质量，确保公司经营稳健。

096 上市公司的法定信息披露范围扩张了吗①

法律条文

第一百六十六条　上市公司应当依照法律、行政法规的规定披露相关信息。

条文演变

新《公司法》第一百六十六条有较大调整。原《公司法》规定的公开内容是列明式的，包括"公开其财务状况、经营情况及重大诉讼，在每会计年度内半年公布一次财务会计报告"。新《公司法》修改为"依照法律、行政法规"的规定披露相关信息。

现行的上市公司信息披露主要依据证监会2021年修订的《上市公司信息披露管理办法》，属于行政规章，不完全等同于"行政法规"，也非法律。而其他"依照法律、行政法规"规定的信息披露义务多散见于其他法律，如《证券法》第五章及第二十一条，主要是集中在证券发行环节的披露。发行完毕后的日常经

① 本节作者张昇立，北京云亭律师事务所律师。

营和持续披露，也多是依据证监会及各个交易所的规则指引。

本条规定还直接与新《公司法》第五十七条等规定的股东的知情权相关。

裁判要旨

章程相关条款未规定公司必须或者应当向投资者提供重大合同等信息及事项，更未明确会计账簿、会计凭证属于与投资人沟通的范围。

案情简介①

北京维某公司系拟上市的股份公司，按照上市公司标准建立信息披露制度，沙某系公司股东。2018 年 4 月，沙某以了解公司经营情况为由向公司寄送了《股东查阅公司会计账簿申请书》，要求查阅、复制公司的公司章程、股东会会议记录、董事会会议决议、监事会会议决议和财务会计报告、会计账簿（包括总账、明细账、日记账及其他辅助性账簿）和会计凭证（含记账凭证、相关原始凭证及作为原始凭证附件入账备查的有关资料）。北京维某公司回复沙某，要求沙某填写制式的《查询申请书》及《问询函》后提交公司，公司收到前述申请文件并经审核同意后会安排查阅的时间和场地。

公司章程规定，公司股东享有的知情权包括：……（三）对公司的经营进行监督，提出建议或者质询……（五）查阅本章程、股东名册、公司债券存根、股东大会会议记录、董事会会议决议、监事会会议决议、财务会计报告……（八）法律、行政法规、部门规章或本章程规定的其他权利。即不包括会计账簿、会计凭证和重大合同。但是，公司章程在投资者关系一节有规定，公司与投资者沟通的内容明确包括会计账簿、会计凭证和重大合同。存在一定矛盾。

本案一审法院认为，股东沙某的诉讼请求为查阅公司的会计账簿及与公司经营相关的重大合同文件，而公司法及公司章程均未规定股东行使知情权的范围包含这类文件资料，故不予支持。二审法院进一步分析认为，章程相关条款未规定公司必须或者应当向投资者提供上述信息及事项，更未明确会计账簿、会计凭证属于与投资人沟通的范围。也未对"重大合同"有明确解释，故维持一审判决。

律师分析

新《公司法》第一百六十六条突破了原来以枚举陈列的方式来描述上市公

---

① （2019）京 01 民终 10970 号。

司的法定信息披露义务，直接允许援引"法律、行政法规"对信息披露的规定。从这个层面看，上市公司的法定信息披露中扩充了行政法规的内容，属于扩张了披露范围。

但是，实务中关于信息披露的规定和规则多是由部委及下属管理的机构设置的，效力层级并未达到行政法规级别，因此大量的信息披露标准是否可以在诉讼中被法官认可存在一定风险。大量的披露规则是以证券交易所的公告形式发布，如《北京证券交易所上市公司业务办理指南第 7 号——信息披露业务办理》《上海证券交易所债券自律监管规则适用指引第 1 号——公司债券持续信息披露》等，其效力层级远低于法律和行政法规。

当然，上述风险并不会影响法官全面吸收和参考合规性依据。新《公司法》修改前很多与上市公司相关的案件中，证监会制定的信息披露规则尤其是《上市公司信息披露管理办法》都是法官考量上市公司披露义务是否履行的标尺。例如，在（2020）苏 01 民初 1465 号案中，江苏省南京市中级人民法院就同时引用了《证券法》和《上市公司信息披露管理办法》的规定来确认上市公司的责任。

实操建议

根据经验，处理上市公司信息披露范围及内容相关争议，应当注意以下问题：

第一，新《公司法》下上市公司的信息披露义务可能被其他法律、行政法规扩张，其他法律主要是《证券法》的规定。实务中一直引用的部门规章、监管公告、自律规则、办理指引等层级的披露规则也可能被作为披露义务来源。部分信息披露对于异常事项的披露要求较高，会计账簿、会计凭证等在特定情况下可能是上市公司应当履行的义务。

第二，对上市公司而言，为了避免信息披露义务的无限和不合理扩大，可以考虑采取主动措施。具体包括制定明确的内部信息披露管理办法，明确信息披露的路径和内容。另外，公司章程中也应当对信息披露义务与法定信披义务有所衔接，把法定信披义务通过章程约定加以明确，避免规定不清。

第三，对于围绕上市公司信息披露范围的争议，应当梳理诉讼请求要求披露的文件范围，明确其是属于股东执行权行使，还是公司主动向投资者披露的公司信息。两者的区别在于，股东知情权行使所需的信息和文件如果超过法律规定的范围，公司并无义务提供，股东也无权查看。后者面对投资者的信息，上市公司是可以而非应当提供，因此需要做好的是涉密和保密工作，避免因为投资者披露错误导致的侵权责任。

097 国有独资公司股权回购条款是否需报履行出资人职责的机构审批后才生效①

法律条文

第一百七十二条　国有独资公司不设股东会，由履行出资人职责的机构行使股东会职权。履行出资人职责的机构可以授权公司董事会行使股东会的部分职权，但公司章程的制定和修改，公司的合并、分立、解散、申请破产，增加或者减少注册资本，分配利润，应当由履行出资人职责的机构决定。

条文演变

原《公司法》② 要求国有独资公司在合并、分立、解散、申请破产的重大事项上须经监督管理机构审核以及本级人民政府批准后方可实施。新《公司法》将国家出资公司重大事项的决策权统一交由履行出资人职责的机构决定，删除需报本级人民政府批准的规定。新《公司法》将国家出资企业所有事项的决策权统一交由企业管理层以及出资人，简化企业在面对市场经济发展变化时的决策程序，在一定程度上减少企业委托代理成本。

裁判要旨

国有企业签订的对赌协议中的股权回购条款不属于法律规定的应当由国资管理部门审批生效的条款，不因未经审批而未生效。

---

① 本节作者王倩，北京云亭律师事务所律师。

② 原《公司法》第六十六条　国有独资公司不设股东会，由国有资产监督管理机构行使股东会职权。国有资产监督管理机构可以授权公司董事会行使股东会的部分职权，决定公司的重大事项，但公司的合并、分立、解散、增加或者减少注册资本和发行公司债券，必须由国有资产监督管理机构决定；其中，重要的国有独资公司合并、分立、解散、申请破产的，应当由国有资产监督管理机构审核后，报本级人民政府批准。

前款所称重要的国有独资公司，按照国务院的规定确定。

案情简介

一、2010 年 4 月 30 日，汇某中心等与时某股份公司、报某集团及时某投资公司签订《增资协议》，同日各方又签订《备忘录》，约定若时某股份公司在《备忘录》签署三年后未实现上市，汇某中心等应将其持有的时某股份公司的全部股权转让给报某集团和时某投资公司，且约定了股权转让价格。

二、报某集团、时某投资公司向最高人民法院提起了再审申请，称由于股权回购涉及国有资产重大交易，《备忘录》未经审批，依法属未生效合同。本案二审判决认定案涉《备忘录》已生效，属于适用法律错误。

三、最高人民法院经审查认定①案涉《备忘录》已生效适用法律并无不当。《备忘录》中没有关于股权回购需经审批的约定，且该回购协议与《增资协议》是分开的以及签署当日有不同的约定。《增资协议》涉及公司增资问题，已经履行了审批手续而生效，而《备忘录》涉及股权回购问题，无须审批即生效。故裁定驳回报某集团、时某投资公司的再审申请。

律师分析

一、案涉《备忘录》中并无关于股权回购协议需经审批的约定，且该回购协议与案涉《增资协议》系相同主体于同一天签署，当事人对于《增资协议》明确约定需经审批生效，而《备忘录》未作需审批生效的相关约定，应认定《备忘录》系当事人自愿对协议效力所作出的安排。

二、新《公司法》第一百七十二条仅规定国有独资公司章程的制定和修改，公司的合并、分立、解散、申请破产，增加或者减少注册资本，分配利润，应当由履行出资人职责的机构决定，并不涉及股权回购事宜。另外，《企业国有资产法》第三十条规定，国家出资企业的合并、分立、增减注册资本、进行重大投资等重大事项，应遵守相关规定，不得损害出资人和债权人的权益，并无关于股权回购需经审批的规定。《企业国有资产监督管理暂行条例》第二十三条系关于国有股权转让的规定，若致使国家不再拥有控股地位的，须经政府批准；第二十一条、第二十四条等规定的情形，均无股权回购须经批准的规定。因此，案涉《备忘录》所涉及的股权回购事项可以由当事人自行约定，无须强制性的审批程序。二审判决确认《备忘录》已生效，并无不当。

---

① 最高人民法院，再审申请裁定书，（2022）最高法民申 232 号。

三、《增资协议》和《备忘录》为同一天由相同主体签订的两份独立协议，分别涉及增资和股权回购事项。这两份协议的性质不同，对于是否需要审批以及生效的要求也有所不同。《增资协议》因涉及公司增资需经过审批程序生效，而《备忘录》则不受此限制，其效力依据当事人之间的真实意思表示确定，与新《公司法》第一百七十二条关于国有独资公司的规定相符，未违反公司法的相关条款。

四、关于是否存在同案不同判的情形。报某集团和时某投资公司指出，类似的江苏省某公司的股权转让案件与本案情形一致，但判决结果为股权转让合同未生效，认为本案存在同案不同判。然而，最高人民法院认为，江苏省某公司案件中股权回购协议明确需要审批才能生效，而本案《备忘录》无此约定，因此不存在同案不同判。

另外，人民法院在审理类似案由时，一般需要审查当事人约定事项或公司决议事项是否属于依法必须经审批程序生效事项。例如，湖南省高级人民法院（2018）湘01民终6549号判决书中认为："根据《中华人民共和国企业国有资产管理法》第三十条以及第三十一条之规定，国有独资公司的国有资产大额捐助行为应经董事会决定。土地开发公司作为国有独资公司，其作出的大额捐助行为未经公司董事会决议，属于《中华人民共和国合同法》第五十二条'违反法律、行政法规的强制性规定，合同无效'规定之情形，故2011年和解协议无效。"再如，云南省文山壮族苗族自治州中级人民法院（2019）云26民终287号判决书中认为："根据《中华人民共和国企业国有资产管理法》第三十二条规定，国有独资企业、国有独资公司有本法第三十条所列事项的，除依照本法第三十一条和有关法律、行政法规以及企业章程的规定，由履行出资人职责的机构决定的以外，国有独资企业由企业负责人集体讨论决定，国有独资公司由董事会决定。根据上述规定，为他人提供大额担保，由国有独资企业由企业负责人集体讨论决定，国有独资公司由董事会决定。本案中，被告作为国有独资公司，为原告提供大额担保应当由董事会决定。"

实操建议

结合上述案例，在新《公司法》第一百七十二条的背景下，我们为国有独资企业提供以下法律建议：

1. 明确决策权限：国有独资公司应在公司章程中清晰界定履行出资人职责

的机构与公司董事会之间的职权范围，并具体指出履行出资人职责的机构授权给董事会哪些职权。同时应确保关于公司章程的制定和修改、公司的合并、分立、解散、申请破产以及增加或减少注册资本和分配利润等重大事项仍由履行出资人职责的机构决定。

2. 详细记录决策过程：在进行重大事项决策时，应详细记录决策过程和结果，包括会议记录、投票结果、相关批准文件等，确保所有决策都有详尽的文件记录作为支持。

3. 审慎处理交易合同：在涉及国有资产的交易，特别是股权转让或回购时，必须审慎考虑是否需要履行出资人职责的机构审批。合同中应明确指出交易是否受审批程序约束，并在实际操作中遵循约定。

4. 完善内部控制：应建立和完善国有独资公司的内部控制体系，确保履行出资人职责的机构与董事会之间的权责清晰、运作规范，避免权力滥用和决策失误。

098 国有独资公司单层治理架构的有效运行①

法律条文

第一百七十六条　国有独资公司在董事会中设置由董事组成的审计委员会行使本法规定的监事会职权的，不设监事会或者监事。

条文演变

根据原《公司法》第七十条，国有独资公司采取的是监事会制度，国有独资公司监事会成员由国有资产监督管理机构委派，监事会成员中的职工代表由公司职工代表大会选举产生。面对国有企业中监事会、监事职能行使长期缺位、监督能力受限等问题，同时为了落实中央关于监事会改革的要求，新《公司法》于第一百七十六条为国有独资公司提供制度的选择权——使用审计委员会制度的不设监事会或监事，以董事会项下审计委员会代替监事会职责，明确国有独资公司可以采用单层制的公司治理架构。这改变了自1993年公司法实施以来一直所

---

① 本节作者梁玉茹，北京云亭律师事务所律师。

采用的监事会作为公司治理中法定监督机构的制度，属于公司监督模式的一大创新。

裁判要旨

董事会审计委员会应当监督公司的内部审计制度及其实施，负责内部审计与外部审计之间的沟通，并审查公司的内控制度。审计委员会应当评估内部控制评价和审计的结果，督促内控缺陷的整改。

案情简介

一、2013 年至 2015 年，杨某连任某明机床上市公司独立董事，并担任审计委员会主任委员。

二、2018 年 2 月 5 日，证监会认为杨某负有勤勉尽责义务，其在 2013 年至 2015 年年度报告上签字，应对相关信息披露事项进行确认和审核，确保所披露的信息真实、准确、完整，决定对杨某给予警告并处以 3 万元罚款。

三、2018 年 3 月 8 日，杨某不服该处罚，申请了行政复议，证监会维持处罚决定。杨某不服遂诉至法院，请求撤销被诉处罚决定中针对其作出的处罚决定以及被诉复议决定。

四、本案再审审查的重点是在某明机床存在信息披露违法行为的前提下，杨某能否证明其对该信息披露行为已尽勤勉义务。最高人民法院再审认为①：杨某作为某明机床独立董事、审计委员会主任委员应当综合运用内部审计等手段，针对企业财务管理方面存在的"危险信号"进行检查、预防和应对，但杨某仅停留在口头层面的"督促"尚不足以证明其对案涉信息披露行为已尽勤勉义务，杨某未穷尽其应当采取的合理措施主动调查、获取决策所需要的信息，并在此基础上作出审慎决策，且未能就已发现的重大事项予以实质性应对，原审法院据此认定杨某未尽到勤勉尽责义务并无不当。

律师分析

长期以来，国有独资公司通过外派监事的形式对公司经营进行监督，但在实践中其监督功能往往被严重虚化。究其原因，主要在于以下几个方面：首先，缺乏与派出监事会制度相适应的内部监督机制。派出监事会人员一般不直接经营管

① （2019）最高法行申 12736 号。

理公司，对公司的相关信息了解不足，信息不对称使得这种外部监督难以有效落地。此外，国有独资公司的唯一所有权人是国家，而在大多数情况下所有者的监督会更多地显示出行政性，如对所有国企采用一揽子的规定和标准，这样可能导致对公司的过度约束、限制其灵活性和创新能力，同时还带有明显的"事后惩罚型监管"的特点。其次，派出监事会的组成存在缺陷。一是因监事、董事、经理等重要职务人员都是由国有资产监督管理机构派出，可能出自同一单位，董事和监事在履行职责时，可能会发生矛盾和冲突，甚至出现一方试图规避另一方监督的情形，从而削弱监督功能。二是监事会成员中的职工代表作为公司员工，与公司存在隶属关系，职工监事被制约而难以有效行使监督权。最后，监事制度存在共同的问题——监事行权缺乏制度保障，相关制度不够细化。如新《公司法》第七十八条第一项规定了监事会的财务检查权，但何时检查、检查的程序以及检查被阻时如何救济等并不明确，尤其当有些监事试图通过诉讼行权时，更有判决直接认定"监事会在行使监督职权方面不享有独立的诉权"①。

在此情形下，新《公司法》增加审计委员会以替代选择外派监事会，这亦源自一定实践基础，中国最早提到董事会审计委员会的规范性文件是原国内贸易部于1995年颁布的《国内贸易部直属企业内部审计工作规定》②，但该规范性文件并未提及审计委员会的组成及职责。直到2002年1月，《上市公司治理准则》③中才首次对审计委员会的组成、人员资质、职责等作出了具体规定，虽不是强制性规定，但准则发布后许多上市公司均遵循该规定陆续设立了审计委员会。2018年修订的《上市公司治理准则》则进一步将其确定为上市公司必设机构。多年实践证明，审计委员会的确是健全公司治理结构的一项有效途径，有助于实现切实有力的内部监督，而前文案例上市公司审计委员会成员未尽到相关职责从而应承担责任亦证明了审计委员会对公司负有监督职能。

出于对上市公司董事会审计委员会的已有实践的认可，在原有国有独资公司监事会难以尽到其应尽的监督职能情形下，新《公司法》允许此等模式实现对监事会的替代，将审计委员会功能和国有独资公司监事会职能整合，使得单层公司治理架构可以从一个新的综合视角更好地行使监督职责。在当前公司治理的改革背景下，审计委员会承接监事会的原有职能亦有其优越性：一是审计委员会实

① （2021）粤06民终682号。
② 见内贸审字〔1995〕第109号，已失效。
③ 见证监发〔2002〕1号，已失效。

现了监督职能的集中、协调。长期以来，审计机关与外派监事会在经济监督上同时存在监督盲点和重复监督的问题，审计委员会通过综合监督职能可有效改善这些问题，其对各类监督力量进行整合协调，更有利于发挥综合监督效能。二是审计委员会对国有独资公司监督的独立性、权威性更强。在中央审计委员会成立后，党中央加强对审计工作的领导，正在逐步建立"集中统一、全面覆盖、权威高效的审计监督体系"。

早在 2004 年，《中央企业内部审计管理暂行办法》第七条中就有关于国有独资公司设立审计委员会的规定："国有控股公司和国有独资公司，应当依据完善公司治理结构和完备内部控制机制的要求，在董事会下设立独立的审计委员会。企业审计委员会成员应当由熟悉企业财务、会计和审计等方面专业知识并具备相应业务能力的董事组成，其中主任委员应当由外部董事担任。"① 但这一条文未被严格遵循，而且当时规定的审计委员会主要职责是财务监督，由于新《公司法》规定可以审计委员会替代监事会，故审计委员会职责除经济审计外，应相应扩张至对国有独资公司整体的监督。但新《公司法》只有纲领性的一句话，缺乏相应制度设计，审计委员会职权不明晰，对组成人员也无专业性与独立性的相应要求。此外，审计委员会作为董事会下设的专业委员会之一，其监督属性与董事会本身的属性如何区分，也是未来推动制度落实的关键和重点。2023 年 5 月开始陆续有地方国企根据中央深化国有企业监事会改革有关文件规定，全面取消监事会和监事，将其职责统筹整合到董事会下设审计委员会、内部审计监督部门②。

实操建议

通过以上对国有独资公司监事会的发展历程、审计委员会的起源及未来设计进行的系统分析，结合新《公司法》第一百七十六条，对相关人员提出具体实操建议如下：

1. 作为审计委员会成员，建议全面系统地了解公司的基本情况，根据法律法规、公司章程的规定认真履职，严格遵守法律法规，以维护公司利益。同时对于其履职活动应注意留痕，保存好相关履职资料，以防范失职风险。

2. 现行法律对于审计委员会如何更好履行监督职能的相关规定并不明确，

---

① 见国务院国有资产监督管理委员会令第 8 号，现行有效。

② 见上海证券交易所《咸宁高新投资集团有限公司关于取消公司监事会的公告》《厦门建发集团有限公司关于取消监事会和监事的公告》等公告。

建议公司内部细化出可操作的履职和管理体系：

（1）加强对审计委员会成员任职能力的培训。定期安排提高任职能力的培训，通过定期学习交流，有效提高其履职能力，增强其履职风险防范意识。

（2）完善加强履职协同，提高监督效果。公司各专业职能部门相互配合，对审计委员会的履职提供有效支持。审计委员会也可将履职时发现的问题和值得关注的事项及时与公司交流意见，推动公司提高风险管理水平。

（3）建立尽职合规免责机制并完善追责标准。建议公司尽快建立完善的尽职合规免责机制和追责标准并进行公示，新《公司法》第一百七十七条也要求国家出资公司依法建立健全内部监督管理和风险控制制度，加强内部合规管理。这样可使审计委员会在其履职过程中有效避免因自身履职行为不当而对自己造成相关责任风险，促使审计委员会可明白履职、放心履职。

099 国家出资公司未设立股权转让审批程序，其股权转让行为是否无效①

法律条文

第一百七十七条 国家出资公司应当依法建立健全内部监督管理和风险控制制度，加强内部合规管理。

条文演变

新《公司法》在原《公司法》第六十五条②和《中华人民共和国企业国有资产法》第二十一条③的基础上，将国家出资企业的合规管理提升到制定法层面，负有"合规管理义务"的公司范围也扩大到"国家出资企业"。

国家出资公司作为国有资产的重要载体，其经营管理和风险控制直接关系到

---

① 本节作者王倩，北京云亭律师事务所律师。

② 原《公司法》第六十五条 国有独资公司章程由国有资产监督管理机构制定，或者由董事会制订报国有资产监督管理机构批准。

③ 《中华人民共和国企业国有资产法》第二十一条 国家出资企业对其所出资企业依法享有资产收益、参与重大决策和选择管理者等出资人权利。

国家出资企业对其所出资企业，应当依照法律、行政法规的规定，通过制定或者参与制定所出资企业的章程，建立权责明确、有效制衡的企业内部监督管理和风险控制制度，维护其出资人权益。

国家经济安全和社会稳定，因此有必要在《公司法》中明确规定国家出资公司应当建立健全内部监督管理和风险控制制度，加强内部合规管理，以适应国有企业改革和国有资产监管的新形势。

裁判要旨

国家出资企业应通过制定或者参与制定章程，建立权责明确、有效制衡的企业内部监督管理和风险控制制度，维护其出资人权益。出资人以国有企业对外签订的股权转让协议未经公司股东会、股东大会或者董事会决定为由，请求确认协议无效的，人民法院不予支持。

案情简介

一、计某公司与轴某公司共同出资成立的国某公司，后者将其持有的博某公司50%的股权转让给合某公司。计某公司认为股权转让价格过低，且转让程序未经股东会或董事会决议，请求人民法院确认该转让合同无效。

二、一审法院认为，股权转让价格基于资产评估报告确定，转让程序符合《中华人民共和国公司法》规定。故驳回计某公司的诉讼请求，认定股权转让合同合法有效。

三、计某公司不服一审判决，上诉称吉某作为国某公司的法定代表人，其违反《中华人民共和国企业国有资产法》第三十条①和第三十三条②相关规定，超越权限擅自订立合同，属于无权代表（而非表见代表），而合某公司在明知或者应知《中华人民共和国企业国有资产法》相关规定的情况下没有审查国某公司的股东会决议或者董事会决议，径行签订《股权转让协议》，不是善意相对人。《股权转让协议》对计某公司不发生效力。

四、二审法院认为③国某公司应当按照其公司章程规定开展经营活动，现国

---

① 《中华人民共和国企业国有资产法》第三十条　国家出资企业合并、分立、改制、上市，增加或者减少注册资本，发行债券，进行重大投资，为他人提供大额担保，转让重大财产，进行大额捐赠，分配利润，以及解散、申请破产等重大事项，应当遵守法律、行政法规以及企业章程的规定，不得损害出资人和债权人的权益。

② 《中华人民共和国企业国有资产法》第三十三条　国有资本控股公司、国有资本参股公司有本法第三十条所列事项的，依照法律、行政法规以及公司章程的规定，由公司股东会、股东大会或者董事会决定。由股东会、股东大会决定的，履行出资人职责的机构委派的股东代表应当依照本法第十三条的规定行使权利。

③ 辽宁省高级人民法院，民事判决书〔2019〕辽民终1704号。

某公司章程并未规定其转让案涉持有股权事宜需经公司股东会、股东大会或者董事会决定。股权转让价格公允，转让程序合法，故判决维持原判，驳回上诉。

律师分析

一、在该案件中，计某公司、合某公司及国某公司之间的争议焦点为确认股权转让合同是否因未履行股东会、董事会的决策程序无效。

二、尽管依据《中华人民共和国企业国有资产法》第三十三条规定，国有资本控股公司、国有资本参股公司有合并、分立、改制等重大事项应依照法律、行政法规以及公司章程的规定，由公司股东会、股东大会或者董事会决定。但是，国某公司的公司章程及内部规章制度并未规定其转让案涉持有股权事宜需经公司股东会、股东大会或者董事会决定。

三、在本案中，计某公司主张国某公司转让博某公司股权的行为没有经过股东会或董事会决议，违反了《中华人民共和国企业国有资产法》的规定，因而股权转让协议无效。然而，作为持有国某公司 40.01% 的股份的出资人，计某公司对国某公司的经营决策具有一定的影响力，其未通过制定和参与制定公司章程、建立相应的内部监督管理机制，明确转让股权事项应由公司股东会、股东大会或者董事会决定，应承担合规管理不力的后果。

四、结合新《公司法》第一百七十七条，国家出资公司有责任建立健全的内部监督管理和风险控制制度。该条明确了国有企业在经营管理过程中，不仅要遵守国家法律法规、监管规定、行业准则等外部规范，还要遵守公司章程、规章制度等内部规范，确保企业经营管理行为和员工履职行为符合合规要求。在本案中，如果国某公司没有依据法律规定和公司章程建立相应的内部监督管理机制，那么其股权转让行为可能会被质疑是否符合内部合规要求，并承担相应的违规责任后果。

五、根据国务院国资委出台的相关文件精神①，国有企业的合规管理义务主要包括以下几个方面：

（1）建立健全合规管理体系。国有企业应当按照国资委的指导，结合自身实际，构建分级分类的合规管理制度体系，明确总体目标、机构职责、运行机

---

① 《中央企业合规管理办法》，国务院国有资产监督管理委员会令第 42 号，2022 年 10 月 1 日实施；《国务院国资委政策法规局负责人就〈中央企业合规管理办法〉答记者问》，2022 年 9 月 19 日，来源：国资委网站。

制、考核评价、监督问责等内容。

（2）开展合规风险识别评估预警。国有企业应当全面梳理经营管理活动中的合规风险，建立并定期更新合规风险数据库，对风险发生的可能性、影响程度、潜在后果等进行分析，对典型性、普遍性或者可能产生严重后果的风险及时预警。

（3）实施合规审查和风险应对。国有企业应当将合规审查作为必经程序嵌入经营管理流程，重大决策事项的合规审查意见应当由首席合规官签字，对决策事项的合规性提出明确意见。国有企业发生合规风险，相关业务及职能部门应当及时采取应对措施，并按照规定向合规管理部门报告。

（4）加强合规培训和宣传。国有企业应当将合规培训纳入员工培训体系，定期对管理人员、重要风险岗位人员、海外人员等进行针对性的合规培训，增强合规意识和能力。国有企业应当通过多种形式和渠道，宣传合规管理的重要性和必要性，营造良好的合规氛围。

（5）严格执行合规监督问责。国有企业应当建立合规检查与考核机制，对合规管理体系的执行落实情况进行定期检查和评价，对发现的问题和隐患及时整改。国有企业应当建立违规问题整改和责任追究机制，对违规行为进行调查，按照规定对相关责任人进行处理。

实操建议

结合上述案例，在新《公司法》第一百七十七条的背景下，我们为国有出资企业履行合规管理义务提供以下建议措施：

1. 梳理并完善内部决策流程：确保所有重大决策，包括股权转让、重要资产处置等，都经过严格的内部审批流程。这应包括股东会、董事会决议，以及必要时的股东批准，确保每项决策都有完整的文件记录和合法的授权基础。

2. 加强对法定代表人的监督：确保法定代表人的行为完全符合公司章程和法律法规的要求。加强对法定代表人权力的制约和监督机制，防止其超越授权范围行事。

3. 定期进行法律法规培训：组织定期的法律法规培训，特别是针对公司章程、合同法、公司法等相关法律法规的培训，确保管理层和员工充分理解其法律义务和责任。

4. 建立风险评估和内部审计机制：定期对公司的经营活动、投资决策和资产处置等进行风险评估和内部审计，及时发现问题并纠正。

100 公司构成人格混同的判断要素是什么[①]

法律条文

第二十三条 公司股东滥用公司法人独立地位和股东有限责任，逃避债务，严重损害公司债权人利益的，应当对公司债务承担连带责任。

股东利用其控制的两个以上公司实施前款规定行为的，各公司应当对任一公司的债务承担连带责任。

只有一个股东的公司，股东不能证明公司财产独立于股东自己的财产的，应当对公司债务承担连带责任。

条文演变

整体上看，新《公司法》第二十三条构建起人格否认规则。其中，第一款与原《公司法》第二十条第三款[②]内容相同，条文表述未作任何改变；第二款为新增内容，明确规定了"股东利用其控制的两个以上公司实施前款规定行为的"，将导致法人人格被否认，系对《九民纪要》第十一条第二款[③]的吸收，为横向人格否认；第三款是对原《公司法》第六十三条[④]的变更修订，随着"一人有限责任公司的特别规定"作为一节的内容在新公司法中被删除，一人有限责任公司的举证责任倒置规则也相应地放宽适用于所有一人公司。

本篇文章及后两篇文章《关联企业之间能否适用公司人格否认制度》《夫妻公司是一人公司吗》共同解读本条文，本篇文章为本条第一款解读。

---

① 本节作者邢辉，北京云亭律师事务所律师。

② 原《公司法》第二十条第三款 公司股东滥用公司法人独立地位和股东有限责任，逃避债务，严重损害公司债权人利益的，应当对公司债务承担连带责任。

③ 《九民纪要》第十一条第二款 控制股东或实际控制人控制多个子公司或者关联公司，滥用控制权使多个子公司或者关联公司财产边界不清、财务混同，利益相互输送，丧失人格独立性，沦为控制股东逃避债务、非法经营，甚至违法犯罪工具的，可以综合案件事实，否认子公司或者关联公司法人人格，判令承担连带责任。

④ 原《公司法》第六十三条 一人有限责任公司的股东不能证明公司财产独立于股东自己的财产的，应当对公司债务承担连带责任。

裁判要旨

人格混同的核心判断要素是股东与公司的财产无法区分，人员、业务、经营场所的混同只是人格混同的补强。

案情简介

一、河北融某担保集团有限公司（以下简称融某担保公司）于 2007 年 4 月设立。2014 年 9 月 23 日，河北融某控股集团有限公司（以下简称融某控股集团）成为第一大股东，持股比例为 45.95%。

二、融某控股集团于 2011 年 4 月设立，设立时注册资本 2 亿元，为国有独资公司。

三、融某控股集团对融某担保公司的人员、业务、财务进行统一管理，二者存在大量的资金往来。

四、2014 年 11 月 5 日，刘某山、嘉某公司签订借款合同，融某担保公司对该笔借款提供担保。

五、2017 年 4 月 2 日，刘某山（转让人、原债权人）与盛某公司（受让人、新债权人）订立债权转让协议，后盛某公司通过快递向嘉某公司、融某担保公司送达债权转让通知书。

六、盛某公司起诉要求融某担保公司对借款承担连带责任，盛某公司称融某控股集团与融某担保公司构成人格混同，主张融某控股集团对融投担保的债务承担连带责任。一审法院认定不构成人格混同，二审维持一审判决，最高法再审驳回了原告盛某公司的再审申请。

律师分析

公司的人格独立是公司法的基本价值理念。公司的人格独立是常态，人格否认是例外。公司法规定了公司法人人格否认制度，即特殊情形下股东需要对公司的债务承担连带责任。因此，核心问题是何种情形为"特殊情形"，能够导致公司法人人格被否认。对此，原《公司法》规定较为原则，即"滥用公司法人独立地位和股东有限责任"，并未说明滥用的具体情形有哪些，应当从哪些角度判断是否存在滥用行为。《九民纪要》对上述问题给出了较为详细的判断标准，首先明确滥用行为主要有三类：人格混同、过度支配与控制、资本显著不足，并对每一类行为的具体表现形式进行了列举式的阐释。其中，认定人格混同最根本的判断标准是公司是否具有独立意思和独立财产，最主要的表现是公司的财产与股东的财产混同且无法区分。在认定是否构成人格混同时，应当综合考虑以下因素：（1）股东无偿使用公司资金或者财产，不作财务记载的；（2）股东用公司的资金偿还股东的债务，或者将公司的资金供关联公司无偿使用，不作财务记载的；（3）公司账簿与股东账簿不分，致使公司财产与股东财产无法区分的；（4）股东自身收益与公司盈利不加区分，致使双方利益不清的；（5）公司的财产记载于股东名下，由股东占有、使用的；（6）人格混同的其他情形。在出现人格混同的情况下，往往同时出现以下混同：公司业务和股东业务混同；公司员工与股东员工混同，特别是财务人员混同；公司住所与股东住所混同。人民法院在审理案件时，关键要审查是否构成人格混同，而不要求同时具备其他方面的混同，其他方面的混同往往只是人格混同的补强。由此可见，混同的考量因素可有多种，包括财产混同、人员混同、业务混同、经营场所混同，而其中最核心的认定因素是财产混同，只要出现财产混同，即可认定为人格混同，至于其他方面的混同，不构成人格混同的决定因素。

本案中，债权人嘉某公司主张融某控股集团与融某担保公司存在人格混同。对于公司与股东是否存在人格混同的认定标准，最高人民法院在本案①中认为：融某担保公司与融某控股集团是否存在人格混同的实质性因素还是在于是否存在财产混同的情形。虽然融某担保公司是融某控股集团的子公司，2009 年融某担保公司董事、监事人员与 2011 年融某控股集团董事、监事人员部分一致，融某担保公司与融某控股集团存在大量资金往来，融某控股集团对融某担保公司的人员、业务、财务进行统一管理，但法院没有仅仅依据这些表征因素就认定二者构成人格混同，而是着眼于审查二者是否存在财产混同。最终认定，虽然两公司存在大量资金往来，但有证据证明双方的资金权属不变、独立核算，所谓资金往来仅仅是母公司对子公司进行财务管理的经营模式，不构成财产混同；两公司人员交叉以及代缴养老保险费等问题，并不足以认定两公司存在人格混同。结合案件事实及证据，人民法院认定融某担保公司具有独立的人格。

实践中，当公司出现股东对公司过度支配与控制或者股东出资显著不足两种情形时，也极有可能构成公司人格否认。此时，存在过度支配与控制的股东以及

---

① （2021）最高法民申 2540 号。

实缴出资存在严重不足又没有合法理由予以说明的股东，根据《九民纪要》之规定，将对公司的债务承担连带责任。

实操建议

通过上述对新《公司法》第二十三条第一款关于人格否认判断要素的整体分析，我们应当关注如何避免产生人格否认，具体梳理实操建议如下：

一、建立规范的财务制度。虽然公司作为法人，首要特征是人格独立，但并不能绝对地认为不产生公司人格否认。当人格出现混同时，法人人格当然会被否认，而财产混同又是认定人格混同的实质要素。因此，公司在经营过程中，要确保公司的财产与股东的财产权是相互独立的，包括财产权属独立、人员不存在交叉、账目清晰、有必要的财务资料等。即使发生诉讼，也能提供相应的证据证明财务独立的事实。

二、避免其他因素混同。虽然其他因素的混同不会直接导致否认公司法人的独立地位，但为了减少诉讼纠纷，应尽量避免其他因素混同。如果股东与公司均为法人，在人员方面，应当避免董事、监事、高级管理人员、财务人员的重合或交叉任职；在经营场所方面，应当在不同场所经营办公，对外宣传也要注意区分；在业务范围方面，也应尽量区分，通常业务范围的重合要结合其他因素综合考虑。

三、股东依法行使权利。股东要在法律规定的权利范围内行使表决权、分红权、知情权等，如果滥用权利导致对公司的过度支配与控制，将有可能对公司的债务承担连带责任。

101 关联公司人格混同能否导致人格否认而承担连带责任[①]

法律条文

第二十三条第二款 股东利用其控制的两个以上公司实施前款规定行为的，各公司应当对任一公司的债务承担连带责任。

———————————

① 本节作者邢辉，北京云亭律师事务所律师。

裁判要旨

关联公司人格混同，导致各自财产无法区分，丧失独立人格的，适用人格否认制度。

案情简介

一、川某机械公司成立于 1999 年，股东为四川省公路桥梁工程总公司某公司、王某礼、倪某、杨某刚等。2001 年，股东变更为王某礼、李某、倪某。2008 年，股东再次变更为王某礼、倪某。

二、瑞某公司成立于 2004 年，股东为王某礼、李某、倪某。2007 年，股东变更为王某礼、倪某。

三、川某工贸公司成立于 2005 年，股东为吴某、张某蓉、凌某、过某利、汤某明、武某、郭某，何某庆 2007 年入股。2008 年，股东变更为张某蓉（占90%股份）、吴某（占 10%股份），其中张某蓉系王某礼之妻。

四、在公司人员方面，三个公司经理均为王某礼，财务负责人均为凌某，出纳会计均为卢某，工商手续经办人均为张某；三个公司的管理人员存在交叉任职的情形。在公司业务方面，三个公司在工商行政管理部门登记的经营范围均涉及工程机械且部分重合，三个公司在对外宣传中区分不明。在公司财务方面，三个公司共用结算账户，存在混用财务专用章现象。

五、徐某机械公司向人民法院起诉，请求川某工贸公司支付所欠货款，并请求川某机械公司、瑞某公司及股东王某礼等个人对上述债务承担连带清偿责任。一审法院判决川某工贸公司向徐某机械公司支付所欠货款，川某机械公司、瑞某公司承担连带责任，驳回原告对股东王某礼等人的诉讼请求。二审①维持一审判决。

律师分析

原《公司法》虽明文规定了人格否认制度，但内容仅限于股东为公司债务承担连带责任。本案例是最高人民法院指导案例 15 号，是对原《公司法》第二十条第三款的扩张适用，将人格否认制度扩张适用于关联公司。《九民纪要》将

① 人民法院案例库：指导案例 15 号：徐某集团工程机械股份有限公司诉成都川某工贸有限责任公司等买卖合同纠纷案，（2011）苏商终字第 0107 号。

关联公司的人格否认制度给出了较为明确的适用规则"控制股东或实际控制人控制多个子公司或者关联公司，滥用控制权使多个子公司或者关联公司财产边界不清、财务混同，利益相互输送，丧失人格独立性，沦为控制股东逃避债务、非法经营，甚至违法犯罪工具的，可以综合案件事实，否认子公司或者关联公司法人人格，判令承担连带责任"——规则载于"过度支配与控制"部分，可以看出最高法院的观点是关联公司的人格否认实际上是股东过度支配与控制公司的一种表现形式。

新《公司法》首次将关联公司的人格否认正式以法律条文的形式进行规定，这是非常有必要的。公司人格独立和股东有限责任是现代公司法人制度的基石，公司以其独立的人格和独立的财产对外承担民事责任。但是当股东或者实际控制人将所控制的多个公司作为傀儡，使得公司完全丧失自主权和独立地位，沦落为股东逃避债务、损害债权人合法权益的工具时，继续坚持公司的独立人格和股东的有限责任会背离这一基本原则的价值理念，此时应当通过否定法人人格来予以纠正。

本案①认定三家公司承担连带责任，第一，川某机械公司与瑞某公司、川某工贸公司构成关联公司；第二，三公司存在公司混同的表征因素，即人员、业务、财务等高度混同；第三，三公司之间财产归属不明，具备人格混同的实质因素；第四，三公司人格混同导致了严重的后果，即川某工贸公司以承担所有关联公司的债务使其他关联公司逃避巨额债务，但其自身又无力清偿，严重损害了债权人的利益。综合以上原因，法院认为川某工贸公司的行为违背了法人制度设立的宗旨，违背了诚实信用原则，其行为本质和危害结果与原《公司法》第二十条第三款规定的情形相当，最终认定川某机械公司、瑞某公司承担连带清偿责任。由于彼时尚未有明文规定，故法院参照适用原《公司法》第二十条第三款进行裁判。

此外，原告在诉讼请求中还要求股东为公司债务承担连带责任，但由于证据不足，无法证明股东与公司之间存在财务混同等情形，法院并未支持原告的该项诉讼请求。在（2022）最高法民终69号案件中，原告既举证证明了关联公司之间在工作人员、经营范围、财务制度之间高度关联，法院由此认定股东构成过度支配与控制，关联公司之间对债务承担连带责任；也举证证明了股东与公司之间的财产存在混同，法院由此认定股东应当对公司债务承担连带责任。因此，当股东实施过度支配与控制，以及与公司发生人格混同的情形同时出现时，关联公司

---

① （2009）徐民二初字第0065号、（2011）苏商终字第0107号。

及实施股东都应当为公司债务承担连带责任。

自该指导案例确立以来，诸多案例采纳了该案的裁判观点，指导案例 165 号①在破产程序中认定了关联公司人格混同时可进行实质合并破产清算。在人民法院案例库某台资塑胶公司诉浙江某进出口公司及其股东宁波某塑胶公司买卖合同纠纷案（2016）浙民终 599 号案例中，某进出口公司与宁波某塑胶公司系关联公司，在组织机构、公司员工、经营范围、办公场所、公司财产方面存在交叉混同，滥用法人独立，逃避债务，损害债权人利益，应依法承担连带责任。人民法院案例库郑州某某公司诉河南某某公司等买卖合同纠纷案（2020）豫 01 民终 16156 号持相同裁判观点。在人民法院案例库某银行股份有限公司鹤岗分行诉鹤岗市某家电有限责任公司、鹤岗市某生物科技有限公司、鹤岗市某商贸有限公司申请破产清算案（2022）黑破监 1 号案例中，人民法院认为某家电公司等三家公司系关联企业，在人事管理、经营场所和经营业务范围、财务管理三方面持续高度混同，三公司法人人格高度混同。由于认定区分某家电公司等三公司财产成本过高，厘清某家电公司等三公司的债权债务关系难度较大，应进行实质合并破产清算，有利于整体推进破产清算工作，最大限度维护债权人合法权益。人民法院案例库上海某兴铝业有限公司等三公司关联企业实质合并破产案（2019）沪 03 破监 2 号、人民法院案例库青海省某投资有限公司等十七家企业申请破产重整案（2020）青 01 破 2 号之六、破 3-18 号之五、（2020）青 01 破 2 号之七、破 3-18 号之六持相同裁判观点。

实操建议

通过上述对新《公司法》第二十三条第二款的分析，我们了解到关联公司之间亦可适用人格否认制度，具体梳理实操建议如下：

一、保证关联公司的法人独立地位。首先，要避免关联公司出现表征性混同因素。在人员、业务、财务等表征性因素上，尽可能避免出现人员交叉任职、业务不分以及账簿、账户混同等情形。其次，要确保公司之间财产归属明晰、财产独立。关联公司之间即便发生财务往来，应当保证是正当合法的财产流动，并有明确记载，有完整财务资料，避免出现财物滥用、资金随意转移、收益无法区分等现象。

二、在公司章程中对关联公司交易规定限制条件。对于中小股东而言，关联

---

① 人民法院案例库：指导案例 165 号：重庆金某印染有限公司、重庆川某针纺有限公司破产管理人申请实质合并破产清算案（2015）津法民破字第 00001 号之四。

公司之间随意转让财产或者低价出让、高价受让资产，很容易损害其权益。因此，中小股东可以在公司章程中纳入有关关联公司交易的限制条件，以此维护自己的投资利益。

三、对于债权人而言，发现关联公司时，可主张关联公司之间人格否认。公司以其全部财产承担责任，对于债权人而言，主张关联公司之间人格否认，令其共同承担债务，能够提高受偿概率。

102 夫妻公司可否认定为实质一人公司①

法律条文

第二十三条第三款 只有一个股东的公司，股东不能证明公司财产独立于股东自己的财产的，应当对公司债务承担连带责任。

裁判要旨

夫妻共同出资设立的公司，因公司股权实质来源于同一财产权，并为一个所有权共同享有和支配，是实质意义上的一人有限责任公司。

案情简介

一、2011 年 8 月 3 日，熊某平与沈某霞登记结婚。2011 年 11 月，熊某平、沈某霞出资成立青某瑞公司。青某瑞公司为有限责任公司，熊某平、沈某霞各持股 50%。

二、2015 年 6 月 24 日，人民法院作出民事调解书，确认青某瑞公司于 2015 年 7 月 31 日前一次性支付猫某公司货款 2983704.65 元。

三、猫某公司认为执行过程中，被执行人青某瑞公司无财产可供执行，青某瑞公司符合一人公司的实质要件，向人民法院提起执行异议之诉，请求追加熊某平、沈某霞为被执行人。

四、一审法院判决驳回原告猫某公司诉讼请求，二审法院改判追加熊某平与沈某霞为被执行人，最高法②再审维持二审判决。

---

① 本节作者邢辉，北京云亭律师事务所律师。
② （2019）最高法民再 372 号。

律师分析

公司法规定的一人公司是指仅有一个股东的公司，股东可为自然人也可为法人。实践中，"一人公司"的存在形态并不限于登记的一个股东，也可能形式上为多个股东，但由于股东之间存在特殊的关系，实质上仍有可能被视为一人公司，如夫妻公司、父子公司、母子公司、股权代持等。

关于夫妻公司是否可认定为实质一人公司，司法裁判立场并不一致：有些法官严守公司法给出的定义；有些法官不局限法条文本，深入分析股东之间的关系，认定实质一人公司的存在。本案中，人民法院采取了后者理论，认定实质上为一人公司。持前者立场观点的理论认为：夫妻两人同为公司股东，应当依照公司章程或者工商登记的股权比例分别行使股东权利，享有各自股东权益。出资来源与利益归属虽然均为夫妻共同财产，但不代表夫妻两人股东意思必然统一，不能得出夫妻股东实为同一股东的结论。[①] 本案二审及再审法院则认为：夫妻在婚姻存续期间共同出资设立的公司，公司的全部股权实质来源于夫妻共同财产这一同一的财产权，并由夫妻共同财产这一同一的所有权共同享有和支配，股东主体具有利益的一致性和实质的单一性。另外，法律对一人有限责任公司的特别规定之一是，一人有限责任公司的法人人格否认适用举证责任倒置规则。如此规定的原因是一人有限责任公司只有一个股东，缺乏社团性和相应的公司机关，没有分权制衡的内部治理结构，缺少内部监督。股东既是所有者，又是管理者，个人财产和公司财产极易混同，极易损害公司债权人利益。故通过举证责任倒置，强化一人有限责任公司的财产独立性，从而加强对债权人的保护。[②] 据此观点，熊某平与沈某霞被认定为实质上的一人公司，而要实现对一人公司债务不承担连带责任的目的，则应当由该两人承担公司人格独立的证明责任。显然，在此情形下，熊某平与沈某霞的举证责任更加重大。最终因未能完成举证义务而被认定对青某瑞公司债务承担连带责任，成为共同被执行人。

在父子、母子这样的家庭关系之下，是否属于一人有限责任公司，司法实践的立场也很不一致。在（2021）桂 1225 民初 320 号案件中，法官认为公司的股东为父女关系，出资人的财产为家庭成员共同财产，其出资体是单一的，实质为

---

① 江苏省高级人民法院发布 6 起公司纠纷审判典型案例之三：机械公司诉廖某、张某股东损害公司债权人利益责任纠纷案。

② （2019）最高法民再 372 号。

一人公司。在（2021）桂 01 民终 10183 号案件中，法官认为父子型公司在无证据证明出资财产独立的情况下，实质为一人公司。在（2022）京 03 民终 12639 号案件中，法官认为母子之间的财产不必然为共同共有，难以认定公司的股权来源于同一财产权且受单一所有权支配和控制，母子型公司不应认定为一人公司。

在股权代持关系之下，参照人民法院案例库兰某诉新疆某矿业公司、钟某某股东资格确认纠纷案（2021）新 2302 民初 1569 号案例，一人公司股权代持关系应当审查代持人是否实际出资及是否享有股东权利。在股权代持关系成立的前提条件之下，应当根据登记事项还是实际关系来认定公司是否为一人公司，司法实践的立场也不统一。在（2017）吉 04 民初 33 号案件中，法官认为登记股东为挂名股东的情况下，公司属于一人公司。在（2020）豫民申 7327 号案件中，法官认为要坚持商法交易中的公示主义与外观主义原则，公司在登记为一人公司的情况下，是否有其他人参与该公司的出资和经营，系其出资人之间的内部关系，不影响法律规定的其外部责任的承担。

实操建议

通过上述对新《公司法》新增第二十二条第三款的系统分析，我们了解到一人公司认定的相关问题，具体梳理实操建议如下：

一、避免只有夫妻两人或者家庭成员两人出资设立公司。虽然目前司法裁判立场对夫妻公司及家庭公司是否为一人公司的认定有分歧，但是为了避免承担人格混同时倒置的举证责任等不必要的法律负担，公司的股东应避免只有夫妻两人或家庭成员两人。

二、股权代持关系之下，即使工商登记有多个股东，仍然存在被认定为一人公司的可能。身为实际唯一控制人的股东要做好自己与公司财务、业务等方面的区分，在涉及人格否认时可以提供相应的证据材料证明股东与公司相互独立。

三、对于债权人而言，在面对夫妻公司、家庭公司、挂名股东的情形下，可尝试主张债务人为一人公司，要求债务人对公司独立人格承担举证责任，以此保障自身债权得到受偿。

后 记

　　本书是北京云亭律师事务所公司法专业委员会集体创作的成果，由 30 多位云亭律师，自 2023 年 9 月 1 日启动至 2024 年 3 月 1 日完稿，共计历时六个月而完成。首先公司法专委会抽选梁玉茹、张德荣、李巧霞、肖义刚、杨颖超、张昇立六位公司业务经验丰富的律师成立新公司法写作小组，由六位组员具体研究写作的话题和体例，并负责文章的修订；其次由公司法写作小组开始对比原公司法、公司法一审稿、二审稿、三审稿的变化，归纳出本次公司法修订所涉及的变动点；再次由公司法专委会成员根据业务专长和个人兴趣，选择一到多个变动点进行研究和写作；同时要求每一篇文章必须包含历史沿革、案情简介、律师分析、实操建议等模块，力争做到每个法条的解读都有最典型的案例、每个最典型的案例都做深度分析；最后在新公司法公布之后，我们又组织公司法专委会成员对全部文章统一进行了多次修订，以保证最终解读的条文没有错误。

　　但是我国并不是判例法国家，本书所引述分析的判例大多不是指导性案例，对同类案件的审理和裁判中并无约束力。同时，尤其需要注意的是，司法实践中，每个案例的细节千差万别，切不可将本书裁判观点直接援引。我们对不同案件裁判文书的梳理和研究，旨在为更多读者提供不同的研究角度和观察的视角，并不意味着我们对本文案例裁判观点的认同和支持，也不意味着法院在处理类似案件时，对该等裁判规则必然应当援引或参照。

北京云亭律师事务所

公司法专业委员会

2024 年 7 月 1 日

图书在版编目（CIP）数据

公司法重点条文及经典案例解读 / 梁玉茹，张德荣
主编；李巧霞等副主编. -- 北京 : 中国法治出版社，
2024.12. -- ISBN 978-7-5216-4819-5

Ⅰ. D922.291.915

中国国家版本馆 CIP 数据核字第 2024DS3048 号

策划编辑：赵　宏　　　　　　　　责任编辑：陈晓冉　　　　　　　　封面设计：赵　博

公司法重点条文及经典案例解读
GONGSIFA ZHONGDIAN TIAOWEN JI JINGDIAN ANLI JIEDU

主编/梁玉茹，张德荣
副主编/李巧霞等
经销/新华书店
印刷/保定市中画美凯印刷有限公司
开本/710 毫米×1000 毫米　16 开　　　　　　　　　　印张/ 24　字数/ 382 千
版次/2024 年 12 月第 1 版　　　　　　　　　　　　　2024 年 12 月第 1 次印刷

中国法治出版社出版
书号 ISBN 978-7-5216-4819-5　　　　　　　　　　　　　定价：109.00 元

北京市西城区西便门西里甲 16 号西便门办公区
邮政编码：100053　　　　　　　　　　　　　　　　　传真：010-63141600
网址：http://www.zgfzs.com　　　　　　　　　　　编辑部电话：010-63141835
市场营销部电话：010-63141612　　　　　　　　　　印务部电话：010-63141606

（如有印装质量问题，请与本社印务部联系。）